中国皇帝全传

中国皇帝

全传

桑山◎编

中国华侨出版社

北京

图书在版编目（CIP）数据

中国皇帝全传 / 桑山编. —北京：中国华侨出版
社，2017.12（2020.10重印）

ISBN 978-7-5113-7124-9

Ⅰ.①中… Ⅱ.①桑… Ⅲ.①皇帝—列传—中国—古
代 Ⅳ.①K827=2

中国版本图书馆CIP数据核字（2017）第265240号

中国皇帝全传

编　　者：桑　山

责任编辑：千　寻

封面设计：阳春白雪

文字编辑：古明筝

美术编辑：宇　枫

经　　销：新华书店

开　　本：720毫米×1020毫米　　1/16　　印张：24　　字数：366千字

印　　刷：北京德富泰印务有限公司

版　　次：2018年6月第1版　2020年10月第2次印刷

书　　号：ISBN 978-7-5113-7124-9

定　　价：45.00 元

中国华侨出版社　北京市朝阳区西坝河东里77号楼底商5号　　邮编：100028

发 行 部：（010）88866079　　　　　传　真：（010）88877396

如发现印装质量问题，影响阅读，请与印刷厂联系调换。

前言

"普天之下，莫非王土；率土之滨，莫非王臣。"无法否认，在中国2000多年的封建历史上，皇帝是国家的最高统治者，是封建统治阶级的代表和象征。

皇帝，最初只是皇、帝的合称。"皇者，大也，言其煌煌盛美。帝者，德象天地，言其能行天道，举措审谛。"《春秋繁露》中又说："德侔天地者，称皇帝。"所以人们在考量上古的贤君时，根据他们各自的功绩，将能够配得上皇、帝之称的八人合称为"三皇五帝"。可见，这时的"皇"和"帝"还分别为两个称号，不同时用于一人身上。秦始皇统一中国后，自认为"德兼三皇，功高五帝"，于是将"皇""帝"两个人间最高的称呼结合起来，作为自己的帝号。自此以后，"皇帝"一词便正式成为中国封建王朝最高统治者的专称。

从秦始皇到清朝灭亡的2000多年间，中国大地上共出现了400多位皇帝，他们或经历中华民族大发展的高峰，或崛起于民族危亡的低谷，或消沉在陌路悲歌里，或堕落在盛世赞歌中。虽然这些皇帝们已作古，但朝代更迭的波澜壮阔以及发生在他们身上的一切，在中国历史大背景下，无不令人惊叹！

"以史为鉴，可以知兴替。"在封建统治时代，皇帝的一言一行，直接或间接地对历史的发展产生了不可低估的影响。从某种角度上说，皇帝就是历史的缩影。因此，了解这些皇帝们所处的时代背景和他们本人的所作所为，研究他们的是非功过，治乱兴替，在一定意义上事关国家盛衰、民族兴亡、个人成败，无疑是了解中国封建历史的最佳途径之一，而且可以让当代人借鉴与警醒！

为了便于读者了解史实，理清历朝历代的脉络，并对其有一个较为清晰准确的认识和把握，我们编写了这部《中国皇帝全传》。为了呈现更准确、更真实的皇帝形象和朝代历史，全书化繁为简，精益求精，舍弃了那些备受争议、缺乏史实依据以及生平记述较为简略的皇帝人物，而是甄选了历史上主要朝代具有代表性皇帝的传记，以期在有限的篇幅内，为读者呈现经典的人物故事，让读者对历史上知名皇帝的生平事迹能有更全面、更确切的认识和把握。全书按朝代先后顺序编排，对于其中一些著名的、在历史上有重大影响的皇帝，如秦始皇、汉武帝、唐太宗等，记述较为详尽，对于那些昏庸荒奢但史事颇多、恶迹昭彰的亡国之君如隋炀帝、陈后主等也叙述较详，而一些如同傀儡的皇帝则以简笔勾勒。既重点突出，又全面兼顾。

本书的编写以史实为主，其材料基本来自正史，也兼采别史、稗史的记载；以政事为主，兼涉逸闻、生活，具有史料性、知识性、可读性。从中可见历代皇帝们的朝廷政务、后宫生活；得位根由、身死原因；脾性嗜好等。每位皇帝独立成传，既带有浓厚的传记色彩，也不乏鲜为人知的趣闻。还为每个皇帝都建了一个档案，可以方便读者查阅相关历史知识。档案介绍了每个皇帝的生卒年、父母、后妃、年号、在位时间、庙号、谥号、所葬皇陵以及性格，全面而详细，可谓一部实用的中国历史工具书。同时也是历史爱好者的理想读物，适合广大读者收藏。

这是一部全新、优秀的历史人物图书。我们力图通过全新设计，立体、真实地再现历代皇帝的人生历程，深刻揭示中国古代社会由乱到治、由治到乱以及繁荣衰败的内在规律，诠释中华民族嬗变兴替的艰辛过程，使历史研究更好地服务于当代。

目录

隋·唐·五代十国

宋·辽·金·西夏

元·明·清

元

秦·汉·三国

秦

🐉 始皇帝嬴政

秦始皇档案:

生卒年: 公元前259~公元前210年

父母: 父,秦庄襄王子楚; 母,赵太后

后妃: 不详

年号: 无

在位时间: 公元前246~公元前210年

谥号: 无

庙号: 无

陵寝: 秦陵

性格: 智略果毅,暴戾贪婪

秦始皇名叫嬴政,是秦庄襄王嬴子楚的儿子,秦王朝的开国皇帝。他结束了多年的战国混战,开创了中国的统一时代。他以锐意进取的精神、统一天下的气魄、改革创新的胆识,创建了中国历史上的第一个封建王朝,这对中国乃至世界历史都产生了深远而厚重的影响,他被明代思想家李贽誉为"千古一帝"。然而,他的骄奢淫逸、贪婪残暴又为世人所痛恨。自古以来,嬴政一直是一个备受争议的皇帝。

传奇人生的开始

作为一位开创历史的伟大君王,嬴政的童年也引起了无数人的好奇。很多人都想知道，什么样的环境造就了他的传奇。

嬴政的父亲名叫子楚，又名异人，是秦昭王的孙子、秦太子安国君的儿子。不过这个尊贵的身份并没有给他带来什么好处，因为安国君妻妾众多，生下的儿子共有20多个，子楚排行居中，根本不受宠。战国七雄争霸，七国为了各自的利益，时而结盟，时而攻占，瞬息即变。就在短暂的结盟时期，子楚被送到赵国邯郸做质子。即使当时秦国在七雄中实力最强，可是作为人质的子楚生活得很窘迫，衣食都难以维持。他身边只有一个叫赵升的仆人，这就是后来那个"指鹿为马"的赵高的父亲。

任何时代都有投机者，动乱的战国时期自然也少不了。其中有一个卫国人叫吕不韦，他是个既有头脑又有野心的人。他做投机生意发了财，就想怎么样在政治上捞一笔。他常年往来各国都市，熟悉各国形势，即使宫闱秘闻也了如指掌。他认真研究了天下形势，认为统一是大势所趋。而最有能力统一天下的，就是最强大的秦国。秦昭王这时已疾病缠身、日薄西山了，太子安国君很快就会继位。安国君虽儿子不少，他的正妻华阳夫人却无子。经过一番筹划，吕不韦把眼光投向了此时穷困潦倒的质子子楚，认为奇货可居。他想在子楚身上实现自己成为"定国立君"大功臣的政治梦想。

吕不韦先前往赵国结交了子楚，并送给他大量金钱珠宝。在他的资助下，子楚不仅锦衣玉食，而且很快就与各国公子结交，成为邯郸有影响的人物。接着，吕不韦就来到秦国，拜访了华阳夫人。因为无子，华阳夫人时刻都在担心着自己的地位不保。吕不韦就在这一点上做文章，劝说华阳夫人在安国君的儿子中选一位孝顺的，过继到自己名下，并正式立其为继承人，这样她的地位就有保证了。这番话说到了华阳夫人的心坎上。见她心动，吕不韦又谈到子楚在赵国的作为，说他是个有能力的人，而且子楚时时感念着华阳夫人以前对他的照顾。华阳夫人听得心花怒放，当即就下决心要立子楚为嗣。华阳夫人先与安国君商量此事，但安国君不为所动。于是，她就联合秦昭王的王后一起给秦昭王吹耳边风，从而顺利获得了昭王的首肯。这样，立子楚为嗣的大事最终确定了下来。

吕不韦为子楚争取到王位继承权后，就返回邯郸，终日与他为伴，并支持他广交天下英豪，为继位做好准备。嬴政的母亲赵姬就是这个时候吕不韦送给子楚的。

赵姬本是街头卖唱女，后来做了吕不韦的小妾。吕不韦认为君王身边要有一个自己掌控的人，以后自己的从政大计才好实施，就决定把自己宠爱的赵姬送过去。赵姬本不情愿，但吕不韦巧言劝导，说她嫁给了子楚，以后就是王后，天下最有权势的女人就是她了。赵姬这才勉强同意了。而子楚当了多年的落魄质子，如今20多岁了，还没婚配。此时吕不韦送来年轻貌美的赵姬，他自然如获珍宝，对赵姬十分宠爱，对吕不韦则更是感恩戴德，言听计从了。

赵姬不久生下了一个儿子，就是嬴政。按当时的习俗，孩子在哪里出生，就采用当地的姓氏。嬴政生于赵国，又是正月出生，所以子楚为他起名赵政，谐音为正。后来秦灭了赵国，他才从秦姓，改名为嬴政。就这样，千古一帝秦始皇，在一位投机商人的策划中来到了人间。

此时秦赵两国失和，又打起来了。在嬴政9个月大和1岁多时，秦军两次进攻邯郸。在他3岁时，秦将王龁又指挥重兵进攻邯郸，破城只在旦夕间。已经穷途末路的赵国，就打算杀了子楚来泄愤。子楚得到消息，就和吕不韦商议对策，后来他向守城官吏重金行贿，才逃出邯郸，去投奔围城的秦军，接着就顺利返回了秦国。子楚逃走后，嬴政母子就成了赵国杀戮的对象。他们在吕不韦的帮助下，四处躲藏，最终幸运地逃过劫难，但是也开始了多年的流浪生活。

嬴政8岁时，秦国的政局发生了变化。秦昭王去世，太子安国君即位，称秦孝文王。华阳夫人为王后，子楚为太子。这时秦赵两国在赵国割地求和后，也息兵休战。两国关系缓和了，赵国就把嬴政母子送回了秦国。

安国君做了几十年太子，终于等到继位，可他做王的时间太短了。为秦昭王服丧一年后，他正式称王，仅过3天就死了。接着子楚继位，称为秦庄襄王。不过他也只坐了3年的王位，就归天了。这样，年仅13岁的嬴政就登上王位，开始了他的称霸之路。

清君侧 灭六国

嬴政即位后，并未掌握实权。王权由母亲赵太后和相国吕不韦把持。子楚为王时，吕不韦就做了相国，并被封为文信侯。到了嬴政做秦王，他的势力也进一步扩大了。赵太后诏令吕不韦做嬴政的"仲父"，并代嬴政执政。

赵太后就是赵姬，还不到30岁就成了太后。她原本就与吕不韦关系匪浅，现在年轻守寡，很快就与他旧情复炽。虽然两人极力隐瞒奸情，但宫闱丑闻总有传出去的一天，何况嬴政已经逐渐长大，对母亲的私情也有所察觉。精明的吕不韦为了避免大祸临头，就找了个替身嫪毐冒充宦官，送进王宫，侍奉赵太后。嫪毐深得太后的宠爱，很快就身居要职，也成了朝中官员争相结交的对象。这样，吕不韦和嫪毐两大政治集团，就成了嬴政亲政的主要障碍。

嬴政从小就被人嘲笑为"私生子"，他个性倔强，不甘受气，经常与人打架，带着一身伤痕回家。因此，他一直对送母亲赵姬给父亲子楚的人——吕不韦，特别痛恨。嬴政做了秦王却没有实权，权力都被吕不韦掌控不说，还要称他"仲父"，自己的母亲还与他关系暧昧。嬴政更觉得这是奇耻大辱，对吕不韦恨到了骨子里。现在又多了一个太后的情夫嫪毐，他自然也容不下。

此时的吕不韦权势滔天，野心自然也越来越大。他召集3000门客，让这些人著录见闻，然后以自己的名义集结成书，命名为《吕氏春秋》。这样，秦国吕氏之书就可以包罗万象，压倒诸子百家了，其狂妄可见一斑。而嫪毐自做了太后的情夫、列土封侯，气焰更是嚣张，他以为可以掌控天下了。此时的嫪毐已不满足于高官厚禄，竟然企图谋害嬴政，好让太后与自己的私生子做秦王。

秦王八年（公元前239年），此时嬴政已经21岁了，按祖制他再等一年就可以亲政。但是多年的磨砺养成了他坚韧好强的性格，他君王的尊严不容亵渎，加上严峻的政治形势，他再也没有耐心等待下去了。

秦王九年（公元前238年），嬴政前往雍州举行加冠仪式，嫪毐趁机盗用了秦王玺和太后玺，妄图杀王夺政。早就等待多时的嬴政果断反击，成功镇压了暴乱，活捉了嫪毐。最后他车裂了嫪毐，诛其三族，并处决了乱党。嬴政还杀死了太后与嫪毐的两个私生子，同时把太后幽禁于雍城宫。后经群臣多次劝谏，他才把母亲迎回咸阳。

铁血夺权走出了成功的第一步后，年轻气盛的嬴政并没有被这小小的胜利冲昏头脑。对为相多年、势力盘根错节的吕不韦，他并没有贸然清除。直到秦王十年（公元前237年），嬴政已经牢掌大权，才开始行动。他先免去吕不韦相国的职务，命其迁居封邑洛阳，然后以其勾结山东六国叛乱为名，派人给吕不韦送去一封质问书。信中强烈谴责吕不韦于秦无功却封土洛阳，食邑十万，与秦无亲却妄尊仲父，最后表示要吕不韦迁居西蜀。吕不韦是个聪明人，知道嬴政对自己已经动了杀机，就干脆服毒自杀了。吕不韦一死，嬴政很轻松地彻底摧毁了他经营多年的政治集团。

这样，年仅24岁的嬴政运用他睿智的头脑和冷酷的手腕，终于肃清了政治上的全部障碍，开始了统一天下的宏图伟略。

嬴政的大半生几乎都是在战争中度过。他是天生的将才、天才的领袖。为了早日一统天下，他一边铁血清君侧，一边时刻关注山东六国的局势。他慧眼识才，提拔了一大批文武名臣，其中包括一代名将王翦、蒙恬，社交家顿弱、姚贾和谋士尉缭与李斯等人。在众人的辅佐下，嬴政的灭六国之战进展十分顺利。他先与实力强大的楚国和齐国交好，然后就讨伐国力较弱的韩国、赵国、燕国和魏国。这样楚国和齐国坐看几个小国灭亡，不仅不相助，还趁火打劫，分一杯羹。不过秦军的矛头很快就指向了它们。这样楚、齐两国也孤立无援，很快就被灭掉了。从秦王十七年（公元前230年）灭韩开始，到秦始皇二十六年（公元前221年），嬴政用10年的时间，终于完成了统一中国的大业。

全面革新 创立帝国

俗话说，创业难守业更难。嬴政征战多年才实现了中国的大一统。不过他武力统一的只是政权，现在他要面对的是多年战乱后满目疮痍的土地，流离失所的百姓；还有长期割据所形成的地域差异。于是，嬴政以秦国制度为基础，对秦王朝的所有方面都做了改革。中国历史上第一个庞大而统一的封建王朝，就从这里开始起步。

为了确立秦作为王朝的至高无上地位，嬴政先到泰山封禅，祭告天地，宣布秦为秦王朝，定咸阳（今陕西咸阳市秦都区）为首都。接着嬴政又把"王"的称号改了，他认为自己功业空前，远超五帝，"王"根本无法彰显自己的功德和权威，就取了"三皇"与"五帝"中的"皇"和"帝"，国君就称为"皇帝"。他又自称"朕"，并把"朕""制""诏"作为皇帝的专用语，其他人不得使用。嬴政自称秦始皇，他说："朕为始皇帝。后世以计数，二世三世至于万世，传之无穷。"

为了处理好中央与地方的关系，掌控所有权力，秦始皇采用李斯的建议，废除分封制，采用郡县制，把天下分为36郡，并建立了一套有利于中央集权和皇帝专权的行政机构。朝中以皇帝为首，下设三公九卿。三公协助皇帝处理军政大事，九卿则处理各方面的具体事务。地方上设有从郡县到乡里的各级官员。这套行政制度，层层控制，有利于权力的向上集中，形成了一张庞大的统治网，这样，秦始皇就把军政大权都牢牢握在自己手中了。

为了维护王朝统治，秦始皇统一了全国的法律，从而结束了战国时代各国法律条文不一致的混乱状况。接着他又统一了货币、度量衡，简化和统一了汉字，这些在历史上被称为"车同轨，书同文"。这些措施都对秦王朝的巩固和发展起到了巨大作用。

七国一统后，秦始皇又派大将蒙恬北伐匈奴，并在那里设置34个县，移民垦荒，还征发几十万人大规模修筑长城作为秦王朝的北疆防御。秦长城绵延万里，堪称世界的奇迹。除此之外，他还南戍五岭，征服了"南越"居住的岭南广大地区。这样，秦王朝的疆域在中国的历史上空前辽阔。

荒淫暴君 焚书坑儒

秦始皇在政治上的励精图治，确实使中国大地发生了巨大的变化。他的很多革新创举都对后来的王朝产生了深远的影响。然而，戎马半生的始皇并不是一个贤明的帝王，在宫闱的云谲波诡中长大的他也根本没有仁爱之心。

秦始皇性格残暴，以严刑峻法治国，他对百姓或朝臣，动则杀戮，以致杀人如麻。同时他又贪婪奢侈，认为自己是无上的帝王，就该享受天下所有最好的东西。为此，他广修宫室别馆，搜罗奇珍美人。他营建的宫殿就有房屋万千，美人无数，珍宝如瓦砾般堆积如山。他还在骊山为自己修建了巨大的陵墓，规模庞大，堪称天下第一陵。

皇帝的荒淫带给百姓的就是巨大的灾难。秦始皇统一天下时，中国的人口有3000多万。仅修骊山墓，就征用精壮劳力140多万人。再加上修长城、造官道、建离宫等，秦王朝长年动用民力在300万人以上。如此沉重的兵役徭役，压得人民无法喘息。

秦始皇的荒淫残暴，很快就激起了所有人的反抗。那些幸存的六国贵族，一直对他恨之入骨，就多次派人行刺；而广大百姓刚脱离了割据的战乱，又陷入了暴政的深渊，他们苦不堪言，都诅咒秦始皇早点死，秦王朝快点亡。秦始皇生性多疑，总害怕有人图谋他的性命和江山，所以不愿相信任何人，还时常捕风捉影，滥杀无辜。在他的朝堂上，任何人都不能靠近他，连带刀的护卫都离他远远的。

秦始皇专制，那些士人无法施展抱负，也对秦王朝的统治政策强烈不满。面对士人的指责，秦始皇采用了丞相李斯的建议，在全国开展了一场大规模的"焚书"活动。他下令将《秦记》以外的史书统统烧毁，把除博士官掌管收藏外的天下所有《诗》《书》和诸子百家书籍全部烧毁，只准保留医药、卜筮和农书。

不过焚书也没堵住士人的嘴，他的残暴专制反而激起了更大的民愤，士人的议论也有增无减。秦始皇怒不可遏，派出御史去调查，结果查出"犯禁者"460多人。这些人全被拖到骊山深谷中活埋了，因为其中儒生很多，所以此事史称"坑儒"。

焚书坑儒，用残暴手段镇压百姓，这样就引起了百姓更大的怨恨。当时楚地流传着"楚虽三户，亡秦必楚"的歌谣。还有人在一块陨石上刻写"始皇死而地分"的字样。这些事又引来秦始皇更凶残的杀戮。在他的暴政下，百姓的反抗也更强烈了，秦王朝的覆灭之路就这样开始了。

妄求长生　身死异乡

秦始皇享受了人间所有的奢侈生活后，最怕的就是死。如果死了，所有的一切就没有了。所以虽然他一直在修骊山墓，营建死后的极乐世界，但他更现实的做法则是寻访仙山，希求长生。为此，他四次大规模的巡游，足迹几乎遍及全国各地。他在考察民情、巡视边防的同时，也到过很多传说中的仙山。他总认为神仙在东海，因而每次出游都到沿海地区。他还派出大量的方士去寻找神仙，求取长生的仙药。为此，他多次被骗子捉弄，成为千古笑柄。其中一个叫徐福的方士，骗过秦始皇一次后，又来行骗。徐福说："上次没有为皇上求得仙药，是因为海上有大蛟龙阻挠。"秦始皇信以为真，又给他准备了很多大船和财物、随从，命他继续出海找神仙，徐福自然又带着财物跑得远远的。

始皇三十七年（公元前210年）七月，秦始皇第五次出游。他从咸阳出发，先后到达云梦、钱塘，到会稽山祭过大禹后，就北上琅玡，寻访仙踪。这次自然又无功而返，在回来的路上，秦始皇就病倒了，当巡游队伍走到沙丘（今河北广宗西北）时，秦始皇已经生命垂危了。这时他才明白长生不可得，只好开始考虑身后事，确定皇位继承人。他的随同人员有李斯和赵高，还有他的小儿子胡亥。秦始皇留下玺书，诏令在北边监军的长子扶苏急回咸阳主持丧事，并明确传位给扶苏。他让赵高去办这件事，可还没等到回音，秦始皇就死了。而赵高早有不轨之心，他不但不把遗诏公布发出，还秘不发丧，把始皇的遗体依旧放在豪华的巡游车里，按原路回咸阳。因为当时天气炎热，回京途中尸体就已经发臭。为了掩盖臭味，赵高命人在车上装了大量的鲍鱼。就这样，秦始皇与鲍鱼一起臭气熏天地回到咸阳，完成了他人生中的最后一次巡游。秦始皇在位36年，其中称王25年，称帝11年，终年50岁。

回到咸阳后，赵高勾结李斯篡改了秦始皇的遗诏，扶持胡亥称帝，又逼死扶苏。胡亥就是秦二世，当年九月，他为秦始皇举行了隆重的葬礼，安葬于骊山。这座耗费无数人力物力财力的帝陵，奢华庞大得让人无法想象。司马迁在《史记》中对它有过生动的描述："始皇初即位，穿治郦山，及并天下，天下徒送诣七十馀万人，穿三泉，下铜而致椁，宫观百官奇器珍怪徙藏满之。令匠作机弩矢，有所穿近者辄射之。以水银为百川江河大海，机相灌输，上具天文，下具地理。以人鱼膏为烛，度不灭者久之。"从这精密奢华庞大的布局中，可见死后的秦始皇仍然希望掌控天下。地宫到底是什么样子，已经成为埋藏在地下千年的秘密。而如今发掘出的兵马俑、车马坑，再现了秦始皇庞大的地下军团，令世人震惊。秦始皇陵是世界上最大的地下皇陵。

秦始皇是中国的第一位皇帝，也是皇帝尊号的创立者，还是中国皇帝制度的开创者。他使中国第一次实现了政治上的统一，为之后的各朝谋求统一奠定了基础。秦始皇开启了一个时代，从他开始，中国进入了长达几千年的封建社会。在他的统治下创立的一套政治体制，沿用了几千年，这对整个中国历史都产生了深远的影响。而他的残暴贪婪，又给人民带来了深重的灾难，也最终导致了秦王朝的灭亡。他的功过是非，只能由历史来评说。

🐉 二世嬴胡亥

秦二世档案：

生卒年：公元前230~公元前207年

父母：父，秦始皇嬴政；母，不详

后妃：不详

年号：无

在位时间：公元前210~公元前207年

谥号：无

庙号：无

陵寝：杜南宜春苑

性格：愚蠢顽劣，任性贪婪

　　嬴胡亥，秦朝的第二代皇帝，秦始皇的第18个儿子。他一生毫无建树，是个典型的纨绔子弟，既愚蠢又荒淫。他是秦二世，也是秦朝的最后一代帝王。他能成为皇帝，全靠赵高；而最终被逼自尽身亡，也因赵高。可以说，他的一生，成也赵高，败也赵高。

　　胡亥是秦始皇的小儿子，虽然作为皇子也接受了良好的宫廷教育，但这些对他好像没有起任何作用。他生性就是一个公子哥的脾气，没有任何帝王家应有的风范。有一次，秦始皇大宴群臣，把儿子们也都召来就餐。秦制规定，臣子朝见皇帝，入殿前都必须脱鞋，而鞋子都要有序地放在殿外台阶上。胡亥一向娇惯，根本不讲礼仪，又喜欢胡闹。他吃饱喝足后，不想待在大殿里听群臣谈论政事，就跑出去四处闲逛。在大殿外看到整齐排列的鞋子，他一时兴起，就顺着鞋子行列，边走边踢，把所有的鞋子踢得乱七八糟的，才满意离开。后来他做了皇帝，也是一样胡闹，秦王朝就是在他嬉闹之中灭亡的。

秦始皇儿子众多，他并不喜欢长子扶苏。不过作为一代帝王，为了秦家"传之万世"，他还是很理智地选择了众位儿子中最有才能的长子作为继承人来培养。而胡亥作为小儿子，在荒淫玩乐上却与他最像，因而很得宠爱。

秦始皇最后一次巡游天下时，胡亥已经21岁了。可他依然好玩，很想跟着父皇去游乐，秦始皇就答应了。这时的公子扶苏被秦始皇派到北部边郡监军去了。谁也没有想到秦始皇会死在这次巡游归途中。丞相李斯见秦始皇死在途中，恐怕咸阳的诸位公子争夺继承权和天下叛乱，就决定秘不发丧，继续赶回咸阳。胡亥的命运从这一刻开始改写了，不过却是因为一个叫赵高的人。

赵高本是个宦官，他的父亲赵升乃是当年陪伴秦始皇的父亲子楚到赵国为质的仆人。赵高与秦始皇同年出生，自幼相随，而且他精通狱法，身高体壮，又能写一手好字，被秦始皇提拔为中车府令，掌管皇帝的车马仪仗队，是为数不多的几个深得始皇信任的人。其实他为人阴险狡诈，野心勃勃。始皇死时，传位给扶苏的遗诏握在赵高的手中，他却秘不发送。赵高想篡改遗诏，借机掌控政权，就需要一位无能的皇子做傀儡，而胡亥，就是最好的人选。

胡亥胸无大志，根本没想过做皇帝，赵高就巧言唆使。胡亥虽没想过做皇帝，但想到做了皇帝就可以随心所欲地享乐，也就动了夺权之心。还有李斯也是见过遗诏的。李斯为秦朝的丞相，他给秦始皇提过很多改革措施和建议，包括秦始皇焚书坑儒也是他的建议导致的，这样因他而死的人就数不胜数。扶苏对这些措施一直都不满。赵高威胁李斯，如果扶苏当了皇帝，第一个要杀的就是他。李斯害怕了，为了保命，只好答应支持胡亥继承皇位。于是，在赵高、李斯等人操纵下，伪造诏书逼死了长公子扶苏，然后胡亥登基称帝，成了秦二世。

胡亥的皇位来得不正当，他自己也心虚，因而想到首先要剪除异己，才可以真正坐稳皇位。已经成为宠臣的赵高就唆使胡亥采用铁血政策。胡亥的统治比秦始皇更加残暴，一场血腥的屠杀很快展开。

胡亥首先杀害了蒙恬、蒙毅兄弟。蒙家世代将才辈出，为秦王朝的统一立下了汗马功劳。胡亥决定拿他们开刀。然后又以此为由头，让赵高承办此案，以致株连无数。赵高也趁机安插亲信，开始培植自己的势力。而胡亥愚蠢地以为赵高的亲信就是自己的亲信。最惨的是胡亥的兄弟姐妹。其中12个兄弟被砍头，6个兄弟和10个姐妹被碾死，剩下的也被逼自尽。其中公子高眼见躲不过，自己提出为父皇殉葬骊山脚下，胡亥答应了，于是他算是死得体面点。

朝中大臣、皇室子女杀得差不多了，胡亥在赵高的唆使下，又杀了大批的地方官吏。最后，连扶持他上位的李斯也未幸免。李斯揭发赵高有野心，却被赵高反咬一口。胡亥昏聩无能，只听赵高的。最终赵高罗织了李斯的罪名，并屈打成招。胡亥登基的第二年，李斯被处以腰斩之刑，最后竟被剁成肉酱，并满门抄斩。

用极端的严刑峻法杀光了碍眼的人后，胡亥彻底高枕无忧了。他本就喜欢玩乐，现在他也像父亲一样，横征暴敛，征发民夫，广修宫室。很快就民力枯竭，曾经强盛的秦王朝竟到了无人可征的地步。

于是民怨渐盛，最终爆发了武装斗争。在秦二世元年（公元前209年）七月，征发到北边渔阳的戍卒，因为大雨而耽误了行期。按秦二世修改后的法律，误了日期是死罪。走投无路之下，以陈胜、吴广为首的戍卒，毅然竖起了反秦的大旗。不长时间，各地都爆发了起义。六国旧诸侯们也恢复国号，各自称王，纷纷反秦。而秦二世此时仍只知享乐，以为是几个盗贼而已，根本不放在心上。下面的官员怕丢了脑袋，也没人敢说真话。

野心家赵高扶胡亥上位，自然要控制胡亥，好自己掌权。胡亥做了那么多坏事，都与赵高的调唆有关。他还哄骗胡亥，说皇帝就该享受，操心的事都让他人去做。胡亥也真信他，竟然把国事都交给他代劳，自己就待在深宫中享乐。这样赵高就成了实际上的独裁者。

胡亥做皇帝的第3年，赵高就不满足于做幕后皇帝了，他想踢开胡亥，自己做皇帝。为了了解大臣们对自己的态度，他导演了一场指鹿为马的闹剧。他把一头鹿送给胡亥，却说这是马。胡亥反驳，而很多大臣畏惧赵高，都说是马。事后赵高就把少数说是鹿的大臣都杀了，朝中再无人敢反对他。可笑的是，胡亥以为自己得了迷惑病，找太卜掐算。太卜瞎说是因为他祭祀时斋戒不好引起的，赵高也骗他去躲灾，他就躲到行宫去了。

就在胡亥稀里糊涂度日时，秦王朝的形势越来越严峻了。各地反秦的大军节节胜利。陈胜大军逼近咸阳，项羽楚军破釜沉舟，前来决战。秦军无力抵抗，有些将士甚至投降敌军。胡亥这时才慌了，开始责怪赵高，而赵高就干脆趁机篡位。赵高的女婿阎乐带人直闯胡亥行宫，逼得胡亥抽剑自刎。胡亥最终死在了最宠信的奸臣赵高之手。

胡亥死时只有24岁，皇帝也仅仅当了3年，死后按黔首（即百姓，因为秦朝崇尚穿黑衣）的身份埋葬在杜南（现在西安西南）的宜春苑中。没有庙号和谥号。他一生中几乎没做过一件像样的事，秦王朝也最终亡在他的手上。

汉·西汉

🌀 高帝刘邦

汉高帝档案：

生卒年：公元前256~公元前195年

父母：父，刘太公；母，刘媪

后妃：吕皇后、戚夫人、薄姬、管夫人、赵子儿等

年号：无

在位时间：公元前206~公元前195年

谥号：高皇帝

庙号：高祖

陵寝：长安长陵

性格：放荡不羁，慷慨豁达，从谏如流

汉高帝名叫刘邦，是中国历史上第一个由农民起义领袖登上皇位的平民皇帝。他既狡诈又仗义，起兵以后很善于用人，懂得抓住有利时机，最终在秦末的军阀混战中脱颖而出，建立了伟大的西汉王朝，这对中国历史文化的发展产生了最深远的影响。

审时度势 "无赖"成英雄

周赧王五十九年（公元前256年），家住沛郡丰邑（今江苏丰县）中阳里的乡野草民刘太公，迎来了他的第三个儿子，取名刘季，这就是后来的刘邦。不过刘邦的出生并没有引起刘家多大的重视。后来刘太公又有了第四个儿子，排在中间的老三刘邦就更没人注意了。刘邦生得聪明伶俐，刘太公也曾让他去念书，可他根本不感兴趣，读了几天就不想去了。刘家只是一个普通的殷实农家，又不指望刘邦读书做官，见他不想读书，也不勉强，就让他在家种地。可刘邦却又不愿意种地，父亲多次责骂，也无济于事。刘太公对这个不争气的儿子无可奈何，只好由着他。刘邦什么事也不做，就天天在村镇里四处晃荡，成了一个典型的混混。不过他性格豪爽豁达，为人大度，很快就结交了一大帮朋友。这群人成天东游西荡，恶名远扬。老父亲刘太公气得捶胸顿足，骂刘邦是个"无赖"。

刘邦就这样混混沌沌地长大了，他感觉日子过得有些无聊，就想找点事情做。此时，秦始皇已经统一了全国，正在大刀阔斧地进行全面改革。刘邦当上了泗水亭长。亭长的职能就是辅助衙门维护治安、缉拿盗贼，刘邦就这样从打架斗殴的"不法分子"，摇身变成了"正气凛然"的执法者。

刘邦在这里混得如鱼得水，他出色的交际能力也施展出来了。他与郡县的大小官吏都有很好的交情，而以前的无赖朋友们也很拥护他。这样刘邦有了一定的名气。他此时结识的萧何、樊哙、周勃、夏侯婴等人后来都成了他的得力助手。不过刘邦又贪杯好色，到处与女人勾搭，行为不端，甚至与一个姓曹的女子私通，还生下了儿子，这就是刘邦的长子，后来被他封为齐王的刘肥。

刘邦志向还是很远大的。一次，他负责押送服役的民夫去咸阳，途中正好遇上秦始皇出巡的大队人马。刘邦远远看到秦始皇坐在华丽的车中，周围是威风凛凛的仪仗护卫，他不禁赞叹说："嗟乎，大丈夫当如此也！"

刘邦从咸阳回来后不久就结婚了。他娶了单父（今山东单县南）人吕公的女儿为妻。吕公因为要躲避仇家，才搬来沛县居住，他与沛县的县令很有交情。听说吕公是县老爷的贵客，地方上的乡绅们纷纷送礼拜见。当时负责安排宴席的是沛县的主吏萧何，他向来客宣布："凡贺礼不满一千钱的，都坐到堂下去。"刘邦也是来客，不过他连钱都没带，却又很要面子，就对接待的管事说："我贺钱一万！"管事的把话传进去，吕公听说有人送这么重的礼，赶紧亲自出来迎接。吕公很善于看相，他见刘邦长得高鼻龙颜，器宇不凡，认为这是富贵之相，就对刘邦另眼相看。虽然旁边有人提醒说，刘邦是个有名的无赖。吕公还是相信自己的眼光，并主动提出把自己的大女儿吕雉嫁给他。刘邦虽然还没有结婚，其实儿子都有了，不过他一向好色，见吕雉长得漂亮，吕公又富有，就高兴地答应了。这个吕雉就是后来历史上有名的吕太后。

刘邦结婚后，还继续做亭长。此时秦始皇正在广修宫室，大建陵墓。刘邦每年都要押送几次因徒民夫去骊山修皇陵。而在秦始皇的暴政下，百姓根本没有活路，去修陵的人几乎都是有去无回，所以，很多人在路上就逃跑了。

秦始皇三十七年（公元前210年），刘邦又一次奉命押送刑夫去骊山服役。走到丰邑县的大泽乡时，就有很多人逃跑了。刘邦也很无奈，因为秦朝法律严酷，囚徒逃跑或延误日期，押送的人也要被杀头。他心情郁闷，又喝了些酒，就干脆把捆绑囚徒的绳子都解开了，放他们逃跑。有十几个人见他如此义气，就不愿丢下他，愿意留下来跟着刘邦走。于是，刘邦带着差役樊哙、周勃等和他们一起逃跑。为了安全起见，他派人去前面探路。探路的人回来告诉他，说前面有条大蛇横在路上，无法通行。刘邦向来胆大，又喝了酒，就拔出剑跑到前面把蛇杀了。这件事最多也就能证明刘邦有胆量，可是后来跟随刘邦逃奔的人越来越多了。为了树立刘邦的威信，机灵的樊哙就把他杀蛇的事编造成一个离奇的故事。据说刘邦杀蛇后，有一个老太婆坐在路边哭，说有人把她的儿子杀了，她的儿子是白帝的儿子，刚才变成蛇被杀了，而杀他的人是赤帝，说完老太婆就不见了。于是，刘邦的身上就笼罩了一层神秘的光环，使人畏服，也使更多的人开始跟随他。刘邦就带着好几百人跑到了芒荡山区安顿下来。这地方很隐秘，也没有当权者愿意管。可夫人吕氏却带着孩子跑来看望他，刘邦很奇怪，就问吕氏是如何找来的，吕氏很有心计，故意当着众人说："你在哪里，天空就会出现五彩祥云，所以我很容易就找到了。"周围人听了，更加相信刘邦不是凡人。于是，刘邦后来"顺从"民意，自称是赤帝的儿子，逐渐网罗了一批人，他就成为了当时人们公认的沛县豪杰。

秦二世元年（公元前209年）七月，为秦始皇的暴政所迫，陈胜、吴广在大泽乡（今安徽宿县西南）发动起义，他们很快就攻下了陈（今河南淮阳），陈胜称王，建立了张楚政权。各地豪杰纷纷起兵，打着反秦的旗号，趁机壮大自己的势力。刘邦也在众人的支持下，在沛县主吏萧何、曹参的配合下，率兵攻下了沛县，杀了鱼肉百姓的县令，刘邦被人们拥立为"沛公"。

抢占先机 入主关中

刘邦能从一个平头百姓一跃成为英雄"沛公"，已经足以光宗耀祖了。不过他并不就此满足，宣布起义反秦后，萧何、樊哙等都成为他的心腹，这几个人都是既有谋略又有胆识的人，他们分头去招兵买马，沛郡子弟踊跃参加，很快就召集到了3000多人。刘邦也就成了一个小有实力的军阀。

在刘邦起义的同时，还有不少豪杰陆续起兵，包括不少六国贵族。项羽就是其中最有实力的一个，他原本是楚国名将项燕的儿子。他与叔叔项梁一起，率领8000多江东子弟兵，杀了会稽太守，从吴中（今江苏苏州吴中区）起兵，很快就成为众多起义军的首领。到了秦二世二年（公元前208年），竖起起义大旗的吴广、陈胜先后遇害。项羽就以起义盟主的身份召集各部将领到薛县集会，刘邦也被他召来了。他们拥立老楚怀王的孙子熊心为楚怀王，定都盱眙（今江苏盱眙），项羽的叔父项梁为大将军。几天后，项梁率领的楚军与章邯率领的秦军展开了激烈的战斗。项梁连连得胜，就变得骄傲大意起来，结果楚军在定陶被章邯打败，项梁也战死了。章邯打败楚军后，觉得楚国已经不会再成气候，就将主力转去攻打赵国。赵国势力弱小，赶紧向楚国求援。楚怀王熊心与众将士商量后决定分兵两路去援助赵国。一路由项羽和宋义统领，直接北上救援；一路由刘邦率领西进关中，从后方牵制秦军。楚怀王与诸将约定："先入定关中者，王之！"也就是说，谁先破了秦军，攻入咸阳的，就是秦王。

项羽很有野心，原本是打算自己借此机会名正言顺称王的。他直接去救赵，一路地势平坦，沿途又有六国的补给，还带了十几路诸侯的人马，可以说是稳操胜券。而刘邦，仅有自己手下的几千人，孤军深入，加上入关中的沿途全是易守难攻的重重关隘，实在是用鸡蛋碰石头。万万没想到刘邦会有这么好的运气，居然顺利地先进了关中！

由于秦军的主力都在章邯那里，正攻打赵国，所以刘邦一路上也没打多少硬仗。到了汉王元年（公元前206年）八月，刘邦顺利攻入武关，来到咸阳城下。这时秦朝廷却是一团糟，丞相赵高杀了秦二世胡亥，然后派人向刘邦求和，却遭到拒绝。赵高本想趁机称王的，见找不出合理的借口，就又扶了一个傀儡皇帝——秦始皇的子孙子婴。没想到子婴找机会把赵高给杀了，夺回了大权，不过秦王朝已经处在风雨飘摇之中，根本维持不下去了。此时刘邦率兵绕过峣关，已经打到咸阳东郊的灞上（今陕西西安东）。到了十月，秦王子婴见走投无路，只好捧着玉玺出城向刘邦投降，秦王朝就这样被刘邦灭了。

刘邦刚进咸阳时，真的把自己当成"关中王"了。秦始皇和秦二世都很荒淫奢侈，修建的宫殿富丽堂皇，宫中美人珍宝无数。刘邦出身平民，哪里见过这些？他很快就沉溺于富贵享乐之中。幸好刘邦身边有几位得力的干将，樊哙、张良等人都劝他要吸取秦亡的教训，还有现在天下的局势也不容乐观。刘邦这才逐渐清醒，不敢留在秦宫，就带领军队又驻守到灞上。刘邦又把精力集中在维持治安，安抚百姓上。他废除了秦朝的许多残酷法律，整顿吏治，安置流民，恢复生产，这使他得到了老百姓的大力拥护，军力也得到了发展。

杀机四伏的鸿门宴

项羽虽有重兵，却处处不顺。一是他率领的十几路诸侯人心不齐，都打着自己的小算盘；二是他们遇到的是秦军的主力。项羽杀了统领之一的宋义，自己独掌大权，经过破釜沉舟、巨鹿之战等艰苦卓绝的战斗，他终于消灭了秦军主力，也降服了各路有异心的诸侯。而他在战场上所向无敌的勇猛，对20万投降秦兵的无情坑杀，对攻陷城池的凶残屠城，都令所有人对他又恨又怕。项羽打到函谷关时，才知道刘邦早就入了咸阳。他非常恼怒，命军队驻扎在鸿门，这里离刘邦驻军的灞上仅40里。在谋士范增的建议下，他决定领军去攻打刘邦。

刘邦听说项羽率重兵前来，要与他争夺做"关中王"，顿时慌了手脚。因为他只有10万的军队，而项羽有40万身经百战的精兵，且项羽本人在战场上也是威名赫赫。不过刘邦很善于用人，他一向待人仁义，很得人心，正好与项羽的残暴嗜杀相反。正是这个优点，救了刘邦。

在项羽下决心攻打刘邦的这天晚上，项羽的叔叔项伯就悄悄来到刘邦军中，向曾经救过自己性命的张良报信。项伯本意是希望张良赶紧逃命的，可张良却不愿离开刘邦，就把这个消息告诉了刘邦。刘邦听了十分惊慌，不过张良已经帮他想好了对策。刘邦马上隆重地接待了项伯，还与项伯结成儿女亲家。把项伯捧得飘飘然之后，刘邦很恭敬地请他向项羽转达自己不敢与之争王的诚意，项伯满口答应，还提醒刘邦说："你明日一定要早点来军营，亲自向我们大王赔礼！"刘邦也满口答应了。

第二天一大早，刘邦就带着张良、樊哙和100多名亲兵来到鸿门见项羽。筵席之上，刘邦低声下气，言语谦卑，极力表白自己绝无做关中王之意。项羽一向骄傲自大，见刘邦如此伏低做小，也就消了火气，他甚至还告诉刘邦："我们兄弟兵分二路，同心反秦。是你的手下曹无伤向我告密，说你有称王的野心，不然我怎么会到这里呢？"刘邦又连连重申自己绝无此心，项羽终于打消了疑虑。筵席之上，范增多次示意项羽杀了刘邦，他也当作没看见。范增只好跑出去找来项庄，让他在席间舞剑，趁机杀了刘邦。项伯这时已经完全站在了刘邦这边，他也起身舞剑，阻止项庄。张良见情况不妙，也赶紧跑出去把樊哙叫进来。樊哙有勇有谋，他在项羽面前义正言词地指责其违背盟约，不顾恩义。听得项羽就更不想杀刘邦了。刘邦趁机以上厕所为借口离席，然后在亲兵的护卫下抄小路回到灞上。一回到军营，他就诛杀了奸细曹无伤。这就是历史上著名的"鸿门宴"。

暗度陈仓　楚汉相争

鸿门宴后，项羽就以反秦盟主的身份，自封为西楚霸王，然后又在戏亭分封天下诸侯。为了防备刘邦，项羽还是听从了范增的建议，封刘邦为汉王，把他打发到偏远的巴蜀南郑。刘邦深知自己的实力根本无法与项羽抗衡，就顺从地去南郑。他听从张良的建议，一入蜀地，就把栈道烧毁了，表示自己再也无意出兵，以此来消除项羽的猜疑。

刘邦来到巴蜀后，任用萧何为相国，曹参为大将，其他有能力的人也都得到重用，汉王朝廷很快就有了一定的规模。经过汉王朝廷的辛勤经营，巴蜀很快就兵精粮足了。刘邦觉得万事俱备了，就与萧何等人谋划出巴蜀与项羽争天下的大事。萧何作为丞相留守后方，他向刘邦推荐了将才韩信。刘邦就以韩信为大将军，全面部署军事。汉王元年（公元前206年）五月，刘邦与韩信率领大军，明修栈道，暗度陈仓（今陕西宝鸡东），迅速占领整个关中，正式拉开了楚汉相争的大幕。

此时的项羽，正忙得不可开交。由于戏亭分封不公，诸侯们都不服，天下很快就又乱了起来。刘邦秣马厉兵的这段时间里，项羽一直忙着出兵征讨各地造反的诸侯。刘邦的汉军一路顺风顺水，各路诸侯纷纷归附，在他攻下项羽的老巢彭城时，手下已经有了五六十万人马。项羽原本打算铲除了齐国诸侯田荣的叛乱，再来全力对付刘邦。可如今彭城被抢，他实在咽不下这口气，就急忙赶赴彭城。趁着刘邦与诸侯将士在彭城庆功，项羽带领3万精兵突然袭击汉军，杀得汉军措手不及，四处溃散，死伤竟达十几万。刘邦带着残军一路逃奔，途中又被杀了十几万人，最后他只在数十名亲卫的保护下逃得性命。刘邦惨败，连父亲和妻子也被楚军俘虏了，原来依附他的各诸侯也如鸟兽散。

为了重整旗鼓，萧何几乎征集了关中所有的成年男丁入伍，前来援助刘邦。刘邦总算在荥阳（今河南郑州西部）落下了脚。萧何与韩信兵合一处，汉军开始重拾军心。刘邦还派人说服了项羽手下的得力干将英布叛楚。这样项羽不仅损失一员大将，还得花极大的精力对付英布的叛军，从而减轻了汉军的压力。不过，虽然刘邦等人想尽办法，还是无法阻止战场形势的恶化。在项羽包围荥阳时，刘邦只好无奈地请和，愿意以荥阳西为汉。项羽本想答应，不过范增却提醒他应该趁机灭汉，绝不能纵虎归山。刘邦听从手下陈平的建议，使用离间计让项羽赶走了范增。范增眼看项羽铸成大错，却无法阻止，只好挟怨离去。结果，他还没回到老家彭城，就气得背上生疮，毒发身亡了。

项羽的凶残暴虐使得人心尽失，他的刚愎自用又导致手下猛将谋士越来越少，形势渐渐转为对楚军不利。楚汉两军在荥阳对峙了10个月，项羽眼看粮草已经不足，就想用损招来逼迫刘邦投降。项羽把刘邦的父亲刘太公拉到阵前，当着两方将士扬言，如果刘邦不投降，就把他的老父亲杀了炖汤。没想到刘邦比他更无赖，竟然说："我与你一同受命怀王，结为兄弟。我的父亲就是你的父亲，如果你一定要杀了你的父亲，别忘了分碗汤给我！"项羽最好面子，当即气得要死，要与刘邦决斗。谁知刘邦根本不应战，还揭项羽的老底，公布他所谓的"十大罪状"。项羽快气疯了，张弓搭箭射伤了刘邦，不过他还是拿刘邦没办法。项伯就趁机做和事佬，项羽不想被天下人说成不义，就把刘邦的父亲和妻子都送还给了刘邦。楚汉最终讲和，双方约定，"中分天下"，东归楚，西归汉，这就是历史上著名的"楚河汉界"。

不过刘邦手下谋士众多，他们的意见刘邦一向都很重视。订好合约后，项羽东去，刘邦也准备西还。张良和陈平提醒刘邦，楚军现在兵士疲惫，粮草已绝，正是天要亡楚的大好时机，绝不能纵虎归山。刘邦幡然醒悟，立即率兵追击楚军。汉王五年（公元前202年）十月，刘邦追上项羽，不过又被楚军打败了。而刘邦部下的韩信、彭越等手握重兵的大将，都不是很愿意出兵援助他。为了得到韩信、彭越的支持，刘邦采用张良的计策，派人通知二人，说只要他们合力击楚，打败项羽后，就封他们为齐王和梁王。韩信、彭越二人听了，马上积极配合出兵。原来叛离的一些诸侯也纷纷前来助战。到了十二月，汉军30万在垓下将楚军团团包围。四面楚歌响起，楚军心乱，逃离了不少。项羽兵尽粮绝，他见败局已定，就打算第二天与刘邦拼死一战。当晚，他在大帐中与爱妾虞姬饮酒作别，连心爱的坐骑乌骓马也牵到身边。项羽心中悲痛，慷慨放歌："力拔山兮气盖世。时不利兮骓不逝。骓不逝兮可奈何！虞兮虞兮奈若何！"虞姬悲不自胜，拔剑自刎。项羽率领800余部浴血奋战，最终被迫在乌江边自刎身亡。楚汉相争，终于以刘邦的胜利而告终。

威加海内 创立汉室

汉王六年（公元前201年）正月，刘邦兑现先前的承诺，封韩信为齐王，彭越为梁王。二王联合原来的燕王、赵王等共七个诸侯王一同上书，共尊刘邦为帝。刘邦假意推辞一番就应了下来。这年二月，55岁的刘邦在山东定陶正式称帝，定国号为汉，他就是汉高帝。接着，他下诏册封吕雉为皇后，吕雉之子刘盈为皇太子，并定都长安（今陕西西安），史称"西汉"。

刘邦确实是个很能干的人，他不仅能在马上得天下，也能在马下治天下。经过几十年秦朝的苛政，又经过了十来年的战乱，刘邦得到的天下其实是一个千疮百孔的烂摊子。人口锐减，经济凋敝，连年饥荒，流民、乞丐数不胜数。刘邦做了皇帝，首先要做的就是发展生产。他采取了休养生息的政策，减轻徭役和赋税，释放刑徒，裁减军队，鼓励生育，劝农重桑，对私人工商业也予以鼓励。这样一来，不仅农业恢复了生机，工商业也逐渐兴盛。

为了给老百姓创造一个安定的生产和生活环境，刘邦还特别注重同周边少数民族的关系。他采用"和亲"的政策，让宗室女子以公主身份嫁给匈奴的莫顿单于，并送给匈奴大批财物，使得大汉与匈奴关系缓和。

民生的问题得以解决，刘邦就注重在政治上巩固皇权。汉朝的政治制度基本延续秦制度，他只做了稍微变动，就这样，一个统一的中央集权的封建王朝就重新建立起来了。为了维护统治，刘邦还特别注重从礼仪制度和道德观念上教化臣民。刘邦本是小农户出身，文化也不高，但他却是个天才的政治家。为了维护皇权的威严，他制定了专门维护等级尊卑的律法——《九章律》。他尊父亲刘太公为太上皇，但刘太公必须以臣下之礼拜见他，这样刘邦就成了最具威严的帝王。

刘邦巩固皇权的过程中，遇到的最大障碍就是那些位高权重的诸侯王。这些人都是跟随刘邦打天下，凭军功受封的。他们都是很有才干的猛将，在军中很有威望，一旦有异心，就是刘邦的大患。刘邦花了巨大的精力来铲除这些"功高震主"的王侯。

刘邦首先以谋反之罪剥夺了威望最高的韩信的兵权，并将之软禁在京城，不过到汉高帝十一年（公元前196年），吕后还是令萧何设计杀了韩信。其他诸侯王也被刘邦逐一铲除，接着，他又把原先六国的贵族及其亲属全部迁徙到关中，加强监视，以防止有人叛乱。最后，跟随刘邦起事的萧何也被投入监狱，连刘邦的妹夫樊哙也差点被治罪。

只有谋士张良是个聪明人，他曾劝告韩信："狡兔死，走狗烹；高鸟尽，良弓藏；敌国破，谋臣亡。"不过韩信不听，后来丢了性命。张良在刘邦称帝后，就迅速地把一切职权都交出去，躲在家里装病，总算保住了性命。

刘邦经过几年的努力，皇权不断巩固，老百姓也过上了好日子，西汉开始出现勃勃生机。而他却没有福气享受太平盛世，汉高帝十一年（公元前196年），刘邦率兵征讨英布，结果中了流矢，伤重难愈。第二年，刘邦就病死在长乐宫中。

刘邦称王4年，称帝8年，终年62岁。他死后，葬于长陵（今陕西咸阳附近），谥号"高皇帝"，庙号"高祖"。刘邦从乡野平民起家，凭借知人善用的才干和审时度势的政治魄力，终于在历尽坎坷之后，建立了强大的西汉王朝。他采取的宽松无为、休养生息政策，安抚了饱经战乱的百姓，也为汉朝后来的繁盛奠定了基础。他是一位杰出的政治家，他开创的大汉王朝延续400多年，汉文化对中国历史，乃至世界历史，都产生了深远的影响。

🐉 惠帝刘盈

汉惠帝档案：

生卒年：公元前211~公元前188年

父母：父，高帝刘邦；母，吕雉

后妃：张皇后

年号：无

在位时间：公元前195~公元前188年

谥号：孝惠皇帝

庙号：无

陵寝：长安安陵

性格：优柔寡断，软弱仁孝

汉惠帝名叫刘盈，是汉朝开国皇帝刘邦与吕后之子，西汉王朝的第二位皇帝。他继续推行汉高帝刘邦颁布的休养生息政策，促进了汉朝经济的繁荣；他又解除了秦朝延续下来的思想禁锢，提倡黄老哲学，促进了汉代思想文化的发展。不过他生性善良却又懦弱，一生都活在母亲吕太后的淫威之下，没有做出太大的成绩。

刘盈是刘邦的次子，是刘邦与吕雉所生。刘邦年轻时很风流，在与吕雉结婚前就与曹氏私通，生下了长子刘肥。不过吕氏乃是他明媒正娶的妻子，所以他称王称帝后都封嫡子刘盈为太子。刘盈生于秦始皇三十六年（公元前211年），那时刘邦只是一个沛县的小小亭长。由于家境并不富裕，所以刘盈经常跟随母亲和姐姐一起下地劳动。后来刘邦起兵反秦，成了秦朝缉拿的要犯，刘盈就与家人过起了四处漂泊的日子。楚汉相争时，刘邦战败逃跑，连老父妻儿也不顾。结果刘太公与吕雉被楚军俘虏，刘盈和姐姐幸亏有滕公夏侯婴冒死相救，才逃得性命。后来刘邦得了帝位，9岁的刘盈才过上了安定的日子。

刘盈虽然顺利做了皇太子，但他的帝王之路也走得十分不易，幸亏有他的母亲吕雉支持。刘邦一直在外面"创事业"，根本没有对妻子和儿女尽过心，反而害得他们吃了很多苦头。现在刘邦做了皇帝，对刘盈母子的补偿也不过是皇后和太子的身份。吕雉艰辛奔波多年，已经年长色衰，而刘邦现在贵为天子，想要什么样的美人都有，自然看不上结发老妻了。刘邦也不喜欢刘盈，认为他性格柔弱，不像自己。刘邦最宠爱的是年轻美貌、能跳"翘袖折腰"之舞的戚夫人和她生的儿子赵王刘如意。戚夫人有些心计，她见刘邦不喜欢皇后和太子，就趁机为自己的儿子做打算。她在刘邦身边"日夜涕泣"，请立如意为太子，刘邦真的被她的"枕头风"吹动心了。不过戚夫人的这点小聪明根本比不上皇后吕雉。吕后已经感觉到刘邦想对他们母子动手，就赶紧想对策。她向足智多谋的张良请教。张良建议她去请刘邦很尊重的"四皓"（四位德高望重的老者）来辅佐太子。吕后依计行事，"四皓"果然起了很大的作用。刘邦见太子有这样的人才辅佐，觉得太子已经有了声望，不能改立了。汉高帝十二年（公元前195年），汉高帝刘邦病逝，年仅17岁的刘盈就顺利地登上了帝位，即汉惠帝。

刘盈当了皇帝，他接手的是一个正在蓬勃发展的大汉王朝。作为守成之君，他只需延续高祖的各项政策就可以了。于是，他继续推行休养生息政策，进一步降低赋税，并鼓励生产，奖励生育，放宽对商业的限制。为了创造安定的国内环境，刘盈也用和亲政策来稳定与周边匈奴等少数民族的关系。在刘盈的治理下，西汉王朝人口繁盛，经济繁荣，国力逐渐增强。

刘盈还做了一件大事，就是修建长安城。刘邦定都长安时，长安城很简陋，后来刘邦也只修建了几座宫殿，连城墙都没有。刘盈对长安城做出了整体规划，按照一个京都的最高标准去修建。前后用了5年时间，征发几十万人，汉长安城的规模才基本完成了。长安城建成后，城墙周围有65里，是当时世界上规模最大的都城，在那时的欧洲，也只有罗马城能与之齐名。都城布局严整，分类明确，作为政治、经济的中心，很快就繁荣兴盛起来。

刘盈在思想文化上也做出了很大的贡献。从秦朝焚书坑儒以来，一直是主张严刑酷法的法家学说占主导地位。刘盈解除了这种禁锢，用黄老思想代替法家学说。他废除了秦时压制思想的"挟书律"，各种思想文化纷纷活跃起来，尤其是儒家学说，这就为后来汉武帝"独尊儒术"奠定了基础。

刘盈虽然想做一个有为的好皇帝，但是母亲吕太后专权，他处处受制，精神上很抑郁，这也是导致他英年早逝的一大因素。刘盈是个仁者，心地善良，对母亲很孝顺。汉朝推崇孝道，皇帝的谥号前都加一个"孝"字，就是从他开始的。

吕后是中国历史上第一个以专权闻名的太后。她既有心计又有野心，更兼阴险狠毒。她是刘邦的结发妻子，从其做亭长到当皇帝，她都是一路跟随，是真正的患难夫妻。可是刘邦做了皇帝后，就另寻新欢，彻底地冷落了她。吕雉不仅恨刘邦薄情，更恨那些得到刘邦欢心的姬妾。刘邦最宠爱的戚夫人和赵王如意就是吕后最痛恨的人。

刘邦死后，吕后就马上报仇泄愤。她残酷迫害以前刘邦宠幸过的所有姬妾，手段残忍得令人难以置信，尤其是对戚夫人母子。吕后把戚夫人囚禁在永巷，命人拔掉她的头发，让她戴着刑具，穿着囚服，天天做苦工。戚夫人悲恸欲绝，她常常唱着凄凉的歌："子为王，母为虏，终日舂薄暮，常与死为伍！相去三千里，当谁使告汝？"吕后得知戚夫人还指望儿子来救她，就打算把如意召回长安，准备将他们母子一起处死。刘盈心善，得知母后的阴谋后，就抢先接如意到自己宫中保护起来。不过吕后还是找到机会毒死了刘如意。接着吕后对戚夫人的折磨更是变态至极。她命人将戚夫人手脚砍断，挖掉眼珠，熏聋耳朵，还灌药毒哑，然后扔在厕所里，称为"人彘"。吕后还叫来儿子观赏，刘盈见了吓得魂不附体。吕后得意地告诉他这就是戚夫人。刘盈惊得痛哭失声，痛苦地说道："这不是人干的事情！我作为你的儿子，也无颜再做皇帝了！"刘盈回去后大病了一场，从此就每日饮酒淫乐，再也无心朝政了。

吕后见儿子不理政事，就趁机包揽所有的大权。她铲除了许多有威望的老臣，在朝中四处安插吕氏一族的人。为了保证自己的权力不被新的外戚分享，她还做了一件更荒唐的事。汉惠帝四年（公元前191年），她让刘盈亲姐姐鲁元公主的女儿张嫣嫁给刘盈为皇后。刘盈对这种舅舅娶亲外甥女的荒唐婚姻极力反对，但最后还是被迫接受了。不过刘盈实在不愿接受，就只与张皇后做挂名夫妻。而吕太后却想张皇后生子，好确保吕氏的地位。吕后见张皇后始终没有怀孕，就让她假装怀孕，然后夺了后宫美人生的儿子，又杀其生母，立为太子。母亲的残忍狠毒，让刘盈再次遭受沉重的精神打击，进而疾病不断。

汉惠帝七年（公元前188年），在位不到7年的刘盈就病逝了，终年24岁。他死后葬于安陵，谥号"孝惠"皇帝。在刘盈治理下，西汉经济得到了继续发展，国力不断增强，为后来的"文景之治"奠定了坚实的基础。不过他性格懦弱，不敢冲破母后的专权，结果盛年即殁，没有做出太大的成就，实在令人惋惜！

🐉 文帝刘恒

汉文帝档案：

生卒年：公元前202~公元前157年

父母：父，高帝刘邦；母，薄太后

后妃：窦皇后、慎夫人、尹姬等

年号：无

在位时间：公元前180~公元前157年

谥号：孝文皇帝

庙号：太宗

陵寝：长安霸陵

性格：仁孝宽厚，谦逊克己

汉文帝名叫刘恒，是汉高帝刘邦的第四子，西汉王朝的第三位皇帝。他开创了我国封建王朝的第一个太平盛世——"文景之治"，并以此彪炳史册。同时，他也是一位备受史家赞誉的皇帝，他励精图治的行为，宽仁节俭的美德，爱民重农的思想，无不对后世产生深远的影响。

文帝的意外与幸运

说起这位赫赫有名的皇帝，最让人感叹的不是他的骄人政绩，而是他离奇的命运。从他的出生到继位，可以说是一连串的偶然和意外，充满了传奇色彩。

文帝的母亲是薄太后，年轻时被称为薄姬，具体名字已经无从知晓。薄姬父亲是苏州人士，年轻时浪迹到地处山西的魏地，与原魏国宗室之女魏媪相好，未婚而生下了她。也就是说，薄姬乃是一个私生子，地位卑贱。更可悲的是，在她一个弟弟出生后不久，父亲便死在了魏国山阴。苦命的魏媪独自拉扯着一双儿女，苦熬岁月。

当时，陈胜吴广起兵反抗暴秦，天下分崩离析。在这乱世之中，战国诸侯遗族和四方英雄豪杰，纷纷聚兵自立，图谋割据称雄，乃至取代秦朝而王天下。魏国宗室魏豹就是其中的一员，他占据魏国故地，自立为王。这时，薄姬已经出落成美丽的少女，魏媪心怀故国，便将自己的女儿送进了魏豹王宫，薄姬成了魏豹的妃子。

这个时候，楚汉战争正酣，项羽和刘邦正倾尽全力争夺天下。魏豹本已归附刘邦，却突然叛汉。刘邦勃然大怒，发兵灭掉魏豹。薄姬连同魏豹的其他嫔妃，都被送到刘邦的汉王宫中，做下贱的织布宫女。刘邦天性好色，有一天忽然想起从魏豹那里俘获的宫人，便来到织室，挑选几个美貌女子，纳入自己的后宫，这里面便有薄姬。这薄姬本以为时来运转，可是没想到再陷深渊。进宫一年多，刘邦都没有召幸过她。

奇迹总是不可思议地发生。原先在魏豹宫中，薄姬和管夫人、赵子儿关系非常亲密，她们三人相约："谁先得了富贵，就不要忘记其他二人。"后来，管夫人和赵子儿得到了刘邦的宠幸，颇为得意。有一次，她们无意间谈起了以前与薄姬的誓言，取笑薄姬命薄，没想到被刘邦听到了。刘邦心中鄙视二人，对薄姬动了恻隐之心，当天晚上就召幸了她。

在见到刘邦后，薄姬告诉他："昨晚做了个怪梦，梦见有一条苍龙盘踞在我的肚子上。"刘邦听了很高兴，对薄姬说："这是你将要富贵的征兆，让我来成全你。"说来奇怪，仅仅一次同宿，薄姬就怀了身孕。就这样，伟大的汉文帝刘恒意外地来到了人间。

但是，刘邦并没有因此而喜欢薄姬。此后，他几乎再没有召见薄姬，连儿子也很少看一眼。就这样，在幽幽的深宫里，薄姬母子二人，过着孤寂暗淡的生活。因为极其不受刘邦宠爱，再加上为刘邦生子被宫中受宠的嫔妃忌妒，刘恒和母亲都养成了谨小慎微、忍让低调的性格。也许正是因为这种低调，博得了朝廷大臣的同情。刘恒7岁那年，在众臣劝说下，刘邦封他为代王。可是，母子的处境并未发生什么大的变化。

世事的发展总是出人意料。在刘恒8岁那年，高祖刘邦驾崩，汉宫风云突变，太后吕雉掌握了大权。这位备受刘邦冷落的狠毒女人，对刘邦生前宠爱的嫔妃进行了残忍的报复和无情的打击。最受刘邦宠爱的戚夫人被吕后砍掉四肢，投进猪圈折磨而死，她的儿子赵王如意也被吕后毒杀。但是，吕后独独对薄姬青睐有加，也许是因为薄姬为人小心谨慎，也许是因为薄姬和她一样，曾备受刘邦冷落，二人同病相怜。不管怎样，吕后没有难为薄姬母子，并特别恩准，允许薄姬到儿子的封地母子团圆，并给予她"代王太后"的称号。母子二人得以离开云谲波诡的政治中心长安城，过上了平安富贵日子。

公元前180年，雄霸狠辣的吕后病死，她的娘家人吕氏一族图谋发动政变取代刘氏。而刘姓宗室和以周勃、陈平为首的功臣集团结成联盟，杀尽吕氏一族。诛灭诸吕以后，宗室大臣商议由谁来继承皇位。当时，刘邦的儿子已经被吕后害死了四个，只剩下了刘恒和刘长。出于对外戚势力的恐惧和自身利益的考量，刘姓宗亲和功臣们在反复掂量之后，决定拥立谨慎谦和、母家没有势力的代王刘恒为皇帝。就这样，皇冠落在了幸运的刘恒头上。

身在偏远苦寒之地的刘恒，做梦也没有想到自己的运气竟然这么好。当他见到迎驾使者时，第一反应是不相信，第二反应是怀疑有人想害他。也难怪，母子二人一直被人忽视，何曾有好事找过他们。他把所有的属臣召来，反复商议，都没有形成统一意见。于是，便用占卜来决定凶吉。卜得"大横"之兆，预示"代王不久就将即位天王"。

虽然如此，一贯谨慎的刘恒还是不放心，先派舅舅薄昭去长安见太尉周勃。薄昭了解到朝中实情，以及宗亲大臣拥立代王的缘由，回报代王，刘恒这才决定赴长安即位。临到长安城，刘恒又派宋昌先进城了解情况。宋昌回来禀报，丞相以下的大臣们都站在渭桥迎驾。刘恒这才确信，驱车来到渭桥接见众臣，并下车答礼。从城外到城里，代王刘恒对众大臣反复试探，最终在陈平、周勃等人的拥戴下登上了帝位。

无为而治开盛世

文帝从偏远之地来到京师，又无雄厚的政治基础，所以，他即位后首先要做的就是巩固政权。虽然文帝没有受过太好的教育，但并不缺少政治智慧。他深知军权对政权的意义，在他进入未央宫的当天，就命令宋昌为卫将军，统领南北两军；命张武为郎中令，负责宫中保卫工作。随后，他连夜派灌婴与东牟侯刘兴居清除宫殿，分别诛杀少帝刘弘以及吕氏所封的梁王、淮阳王与常山王，清除诸吕残余势力。紧接着，他连夜颁布诏令，宣布大赦天下。

在当时的政治形势下，文帝深知，要巩固政权必须倚重勋臣宿将，优宠刘氏宗亲。为此，他在参拜了高祖帝庙后，任命周勃为右丞相，陈平为左丞相，升灌婴为太尉，并对铲除诸吕，拥戴有功的其他将军和大臣们加官晋爵，赏赐黄金。为安抚宗室，他为被吕后贬斥的刘姓诸王恢复封号，将他们原先的封地重新赏还。

就这样，通过清除吕氏势力，重用功臣，封立宗室，汉文帝刘恒成功搭建起自己的领导团队，开始执政治国。当然，他的执政之路并不是一帆风顺的。因为重用功臣必然会有功臣欺主，优待宗亲必然会有诸王骄横。

在功臣之中，绛侯周勃因为拥戴有功，每次上朝总是显出很傲慢的样子，不把文帝放在眼里。于是，文帝便以严肃的神色对待他，迫使他敬畏。后来，借故免除了他的相职。几番折腾，最终降服了周勃。在诸侯王中，济北王刘兴居和淮南王刘长举兵叛乱。文帝果断派兵镇压，刘兴居和刘长先后自杀。通过诸多努力，文帝最终巩固了自己的势力，彻底控制了朝政。

西汉王朝建立后，一直推行休养生息政策，着力发展农业生产，收到了显著的成效。汉文帝信奉"黄老之学"，主张"无为而治"。他重视农业，接受贾谊、晁错等人的建议，实施一系列安民务本、轻徭薄赋的政策，谋求经济的发展。

为了激发农民的生产积极性，吸引农民努力耕作，文帝减轻田租税率，将田租由1/15减为1/30，还有13年还全部免收。此外，还把每人每年120钱的算赋降为每年40钱。汉文帝尽可能地取消国家的兴作活动，轻易不征发民众，使成年男子每三年只为国家服役一次。文帝即位之初，列侯大多不在封地而居于长安，以致长安粮食和商品的转输负担十分沉重。为了改变这种状况，他下令列侯回到自己的封地，以减轻人民的负担。文帝十二年（公元前168年），刘恒采纳晁错的建议，采取公开标价的方式，出卖国家爵位，筹措边防军粮。所得粮食，足够边军5年之需。边境和郡县的粮仓得到充实，农民的负担便因此减轻。

为了发展生产，文帝下令，开放原来归属国家的所有山林川泽，准许私人开采矿产，利用和开发渔盐资源，从而促进了盐铁生产的发展。结果使"富商大贾周流天下，交易之物莫不通"。汉代设关卡以控制人口流动，行旅往来出入关隘时，要持有通关凭证方可放行。文帝取消这种制度，方便商旅出入关口，也方便了商品流通，促进了经济的发展。

"无为而治"的要义是减少皇宫和政府活动和开支，尽量不扰民。为此，文帝大力提倡并躬行节俭。他在位23年，宫室、园林、服饰、车驾等都没有增添。有一次，他打算建造一座露台，召来工匠一算，造价要上百斤黄金，相当于10家中等平民的家产，便放弃了。他还屡次下诏，禁止郡国向皇宫进献奇珍异宝。他本人平时穿戴的都是用粗糙的黑丝绸做的衣服，就连他宠爱的慎夫人，也不准穿拖地长裙，不准使用绣彩色花纹帷帐。文帝为自己预修的陵墓，不准用金银铜锡等金属做装饰，只使用瓦器，也不修高大的坟堆。在中国历代帝王中，文帝是一生都注重简朴、为世人称道的皇帝。

汉文帝对周边少数民族不轻易用兵，尽力维持相安友好关系，即便是对待汉王朝的死敌匈奴也是如此。他对匈奴一直采取克制忍让的态度，执行和亲政策。虽然匈奴人多次背约入侵劫掠，而文帝也只命令边塞戒备防守，不开战端。对与汉王朝分庭抗礼的南越王国，文帝即位后，立即采取安抚政策，感化赵佗，最终赵佗取消帝号，汉越修好。这些措施的主要目的就是避免给百姓带来困扰和劳苦。

上述方针和措施的实行，使流民归田，粮食丰收，户口繁息，百业兴旺，商旅往来不绝，社会经济繁荣发展。

为政宽仁　废除苛法

"无为而治"另一个要义是做事"循守成法"。也就是说，它既不是毫无作为，也不是随意放任，而是行政做事都不超越既定的法律规定。而我们知道，汉承秦制，法度森严，虽然高祖吕后有所更张，但到文帝时依然是法严刑峻。比如，当时还保留着很多的肉刑，如用刀划面额然后涂墨的黥刑、割鼻子的劓刑、砍脚的剕刑、破坏生殖器的宫刑等残忍刑罚。此外，还保留着"一人犯罪，连累全家族受罚"的连坐法。

文帝性情宽厚，认为这些刑罚太残忍，应该废除。即位不久，文帝就提出废除连坐法，大臣陈平和周勃开始不同意。但在文帝一再坚持下，最后他们才妥协，起草了相关诏书，将连坐法废除。

汉文帝十三年（公元前167年），齐太仓令淳于公犯罪，依法应当受刑，而且是肉刑。淳于公幼女缇萦非常悲痛，随父赶到长安，向文帝上书说："臣妾愿意入官府为奴婢，来抵赎父罪。"文帝深受感动，下令赦免了淳于公的肉刑。随后，他又下诏废除肉刑，改为处以笞刑和杖刑，后来又下令减少施刑次数，最终减轻了刑罚。

秦汉时期，皇帝不能随便议论，更不能有所怨恨，否则就是犯了"诽谤妖言罪"。当时的老百姓，不高兴时常诅咒天帝，这就间接触犯了"天子"，犯了需要严惩的"民诅上罪"。文帝认为，这些罪名不仅惩罚面太宽，而且使大臣们不敢说真话，对国家政事很不利，就下令废除了。

文帝一方面废除苛法，另一方面也要求严守法度，并在守法方面以身作则。一次，文帝出行路过渭桥，有人从桥下走出惊了皇帝车驾。廷尉张释之判罚那人四两金。文帝很生气，要求处死。张释之力争说："法律是天子和天下人共同制定的，如果我们轻易地改变法律，就会使人们对法律失去信任，不知怎样做才对。"文帝最终同意了他的判罚。还有一次，文帝让张释之重重处罚偷窃高祖庙玉环的人。张释之按照法律规定判处砍头，并陈尸示众。文帝想让他处以诛杀全族之刑。张释之抗辩说："国法没有规定盗哪个庙的东西重处，盗哪个庙的东西轻处。如果现在判此人族刑，那将来万一有小民盗挖高祖的陵墓上的坟土，陛下又要用什么国法来治罪呢？"文帝觉得张释之说得有理，认可了他的判罚。

文帝仁德，施政常常惠及臣下与百姓，与民同乐。在册立皇后的时候，他下令赐给天下无妻、无夫、无父、无子的穷困人以及年过80岁的老人，不满9岁的孤儿每人若干布、帛、米、肉，让天下这些贫苦之人可以享有一些快乐。在对待臣子上，文帝也十分宽容。大臣张武等人接受别人的贿赂，事情被发觉。文帝没有把他们交给执法官吏处理，而是从皇宫仓库中取出金钱赐给他们，采用这种办法使他们羞愧、悔悟。

文帝是古代"以德治国"的典范，他一心致力于用仁德感化臣民，因此天下富足，礼义兴盛。公元前157年夏，文帝去世，终年46岁，死后安葬在霸陵。其人虽逝，但他开创的社会安定、经济繁荣的政治局面，却永载史册。

🐉 武帝刘彻

汉武帝档案：

生卒年：公元前156~公元前87年

父母：父，景帝刘启；母，王娡

后妃：陈皇后、卫皇后、李夫人、钩弋夫人等

年号：建元、元光、元朔、元狩、元鼎、元封、太初、天汉、太始、征
和、后元

在位时间：公元前141~公元前87年

谥号：孝武皇帝

庙号：世宗

陵寝：长安茂陵

性格：冷酷多情，雄才大略，好大喜功

汉武帝名叫刘彻，是汉景帝的第十子，西汉王朝的第五位皇帝。他雄才大略，革故鼎新，开疆拓土，使西汉王朝发展到最繁盛的顶峰时代。他在位54年，是我国古代最杰出的帝王之一，在国际上也享有盛誉。

金屋藏娇　贵人相助

刘彻生于汉景帝元年（公元前156年），这时他的父亲刘启已经做了皇帝，所以他一出生就是皇子。刘彻的母亲叫王娡，据说怀孕时曾梦见太阳入怀，景帝得知后很高兴，认为这是吉兆，说明这个孩子以后一定不凡。后来王娡生下一个儿子，起名刘彘，后来改名刘彻。这个小家伙确实聪慧过人，景帝非常喜欢。

不过刘彻离皇位还是很遥远的。他是景帝的第10个儿子，而且母亲王氏

只是一个美人，身份低微。按照立嫡长子的封建传统，刘彻的大哥、栗姬之子刘荣被立为太子。而刘彻在4岁时被封为胶东王，这样他长大后也就是一个小诸侯王。没想到刘彻一个小孩子的诺言，竟然意外得到贵人相助，将太子之位送到了他的面前。

这个贵人就是景帝的亲姐姐、长公主刘嫖。景帝待人宽仁，与姐姐刘嫖的关系很好。刘嫖有一个女儿叫陈阿娇，长得很漂亮，刘嫖对她非常宠爱，一心想让她当皇后。于是，刘嫖就把主意打到太子刘荣身上。谁知刘荣的生母栗姬却不喜欢长公主，因为景帝的很多美人都是她引进来得宠的，栗姬心中怨恨，就一口拒绝联姻之事。长公主碰壁之后很生气，就另想他法。刘彻自小聪明伶俐，长公主也很喜欢。她就当着景帝的面，问刘彻，想不想娶阿娇做媳妇。这时阿娇10岁，而刘彻才6岁。可是小刘彻很认真地回答，若娶了阿娇，一定要造个金屋子给她住。长公主听了非常高兴，就极力怂恿景帝答应刘彻与阿娇的亲事。景帝对刘彻的回答也很惊奇，就同意了。后来刘彻当了皇帝，还真的造了一座金屋让皇后阿娇居住，这就是成语"金屋藏娇"的由来。

因为刘彻的一句童言承诺，长公主下决心为他争得太子之位，好让自己的女儿以后能当皇后。刘嫖与景帝都是窦太后所生，所以她不仅地位尊贵，对景帝也有很大影响，她在朝中是个举足轻重的人物。经过她一番精心谋划，加上刘彻确实出色，王美人终于被景帝立为皇后，刘彻也取代刘荣，被立为太子，时年7岁。"刘彻"这个名字，就是景帝此时为他特意改的。

刘彻当了太子后，就开始接受正统教育，并学习帝王之术，名士卫绾也成了他的老师。卫绾学识渊博，他教导了刘彻六七年，对刘彻后来的治国政策影响很大。刘彻的学习范围很广，不仅包括经史文学，还涉猎骑马射箭，这些为他以后的文治武功都打下了坚实的基础。景帝后元三年（公元前141年），景帝驾崩，16岁的刘彻即位，即汉武帝。

革除弊政 独尊儒术

刘彻登上皇位时，西汉王朝经过四代帝王，尤其是"文景之治"的休养生息，经济已经非常繁荣，国库充足，百姓康乐，吏治清明。不过这种繁荣的背后，长期潜伏的各种矛盾也逐渐激化了。在国内，许多农民为逃税而脱了户籍，政府就无法有效地管理；地方豪强巨贾的势力恶性膨胀，严重影响到国计民生；曾被打压的诸侯王又开始蠢蠢欲动。在边疆，匈奴的实力也增强了，对边境的侵略越来越频繁。所有这些，都对刘彻的统治构成了严重威胁。

刘彻很有革除弊政的魄力，他任用了一大批儒生，一起推行政治改革。他通过考试，选拔出大儒董仲舒，听取其很多有见地的治国安邦良策，历史上称之为"贤良对策"。为了提倡儒术，刘彻在朝臣任免上做出了重大调整。他任命窦婴为丞相，田蚡为太尉。这二人都喜欢儒学，他们又推荐了儒生赵绾为御史大夫，王臧为郎中令。赵、王二人又推荐了自己的老师、《诗经》博士申培任太中大夫。这样，武帝的朝堂成了儒家的天下。

刘彻与这些儒臣一起对大汉朝政进行了全面的兴利除弊。除了用休养生息来稳定经济发展外，武帝还鼓励大臣检举皇亲国戚的不法行为，以倡导法制；命滞留京城的王侯都回封地居住，以消除对皇权的威胁；将皇家苑地关闭，并分给贫苦百姓耕种，以此来减轻百姓的负担。除此之外，刘彻还设立"明堂"，重新规范礼乐制度。

刘彻的这些措施都产生了很好的效果。可是儒学的盛行却遭到了窦太后的强烈反对。窦太后是景帝的母亲，是身历四朝的老太后，她稳居后宫40多年，威望自然非同一般。刘彻年少称帝，朝政大权还是由她把持。窦氏一族的势力盘根错节，更是不容小觑。他们之中有很多人仗势作恶，遭到大臣的弹劾。这些人都跑去向老太后告状，并借机诽谤新政。窦太后深受前几任皇帝的影响，喜好黄老之言。她本就不喜欢儒家，现在又听了这么多人的一面之词，就怒斥孙子，逼迫他废除新政。刘彻上台不久，人又年轻，没有多大势力，只好屈从老祖母。他不仅放弃修建明堂，还罢免了窦婴和田蚡，又把赵绾和王臧也下狱治罪，这才平息了老太后的怒气。

不过刘彻年轻也是优势，他避过了窦太后的风头，就韬光养晦，等待时机。汉建元六年（公元前135年）窦太后寿终正寝。而刘彻的母亲王太后很疼儿子，不干涉政事。这样22岁的刘彻终于可以放开手脚大干一场了。

刘彻翦除了窦太后在朝中的所有亲信党羽，重新启用田蚡为相，任韩安国为御史大夫。"清静无为"的黄老之学，在定国安邦、休养生息的时代确实发挥过巨大作用，但它早已不适应一个庞大、进取的强盛时代。而儒学博大精深，包括政治、经济、文化、教育、伦理等各个方面，它提倡"仁政"，是统治阶级在强盛时代统治百姓的最好武器。所以，大儒董仲舒提出的"罢黜百家，独尊儒术"的主张，正好顺应了时代发展趋势，也切合了刘彻的心意。

刘彻初登帝位就开始向这个方面努力，虽然遇到挫折，但也有很大的收获，现在他的思想也更加成熟了。刘彻就全面推广董仲舒的主张。他将儒学确立为正统思想，强调大一统，弘扬仁义，树立君臣伦理观念。为了普及儒学，实现思想上的真正统一，刘彻从教育入手，用儒家思想来培养人才。在董仲舒的建议下，他兴办了太学，聘请儒学博士授课，教学内容就是儒家五经。太学的规模也逐年扩大，到西汉末年太学生已达万人。同时，地方郡国也兴办学校，内容也以儒学为主。官吏选拔考试也以儒学为主。这样用不了多少年，从中央到地方的官僚都换成了儒士，他们成为封建专制主义中央集权的坚决维护者。这样从教育到用人到思想的大一统，为刘彻后面的改革奠定了良好的基础。

大刀阔斧 推行新政

刘彻的独尊儒术、统一思想顺利推广开后，他就开始大刀阔斧地进行彻底改革。

刘彻首先是大力加强中央集权。这些措施中，最主要的是削弱丞相的权力。汉代的几朝丞相都是开国功臣，如大名鼎鼎的萧何，这些人权势很大，有时甚至凌驾于皇权之上。刘彻就借着许多功臣元老年迈亡故的时机，对朝中官员来一次大换血。先前颁布的教育改革措施起到了很好的效果，已经形成了人才培养的良性循环。刘彻打破传统的出身等级等限制，任人唯贤，重新建构了属于皇帝个人的权力机构。而丞相则只被允许处理外廷，内廷的事都由刘彻亲自掌握。这样，丞相的权力就大大缩水了。

刘彻把大权都抓到手中，政令就能畅通实施了。他马上又开始解决长期以来困扰汉朝几代皇帝的诸侯王问题。他做了一件惠及后来所有封建王朝的大变动。公元前127年，他采用主父偃提出的"推恩令"。就是以律法的形式诏令所有诸侯王，让他们把土地分封给所有的子弟，恩泽所有后代。这样诸侯国就越分越小，几代之后，就都成了平头百姓。这个方法彻底解决了长期以来诸侯王威胁中央朝廷的问题，实在是封建社会历史上的一个伟大创举，影响深远。

刘彻削藩成功后，又开始整治地方官员。这些人权力虽然不大，但直接与老百姓接触，一旦有人营私舞弊、贪污受贿，就会引起百姓不满，造成社会不安定，同样会影响皇权的稳固。汉元封五年（公元前106年），刘彻对汉初以来的监察制度实行改革。他把全国分成13个监察区，每区派一个刺史，刺史由皇帝的内廷直接管理。他们不处理地方上的一般事务，而是每年秋天巡游郡国，专门检查各地豪强和官吏等有无恃强凌弱、营私舞弊等行为，同时也推荐优秀的地方官直接到中央任职，他们其实就是皇帝的钦差大臣。这一措施限制了地方豪强的势力，得到了普通官员和百姓的拥护。

刘彻在政治改革的同时，还推出了许多新的经济措施，加强经济管理，打击商人的不法行为，实行重农抑商政策。首先，他改革货币制度，把铸币权收回中央专有。其次，他采纳了经济学家桑弘羊的建议，把影响国计民生的盐、铁、酒等商品都收归国家专营，严禁商人参与。最后，他推行"平准"和"均输"法。"平准令"就是随时平抑物价；而"均输令"则是针对农产品旺季和淡季价格不一的情况，为打击商贾旺季囤积，淡季高价出售而设，从而保护了农民的利益。刘彻的经济新政，在一定程度上限制了豪强富商的经济扩张，保护了普通百姓的利益，增加了西汉政府的财政收入，从经济上加强了中央集权。不过民间工商业受制，商品经济停滞不发展，也是重农抑商政策的弊端。

讨伐匈奴 威名远播

年轻有为的皇帝带领一班才干非凡的文臣，在巩固政权、繁荣经济上做出了巨大成就。不过刘彻并未就此停步，他还要率领手下猛将去开疆拓土，扬名四海。刘彻是个文武双全的皇帝，他在位54年，其中有44年是在打匈奴和扩张疆土，还取得了巨大的功绩。

刘彻之前的四代皇帝，对匈奴都实行和亲政策，暂时稳定了边境局势，为国内的休养生息创造了安定的环境。但匈奴贵族贪得无厌，得到大汉公主和财物后，还是照样杀戮劫掠。在文帝、景帝时，他们就越过了边境，侵略范围扩大到辽西、河北、山西和陕西等地，令京都长安都不得安宁。他们甚至想把华北平原变成大草原，奴役汉人来为自己放牧。刘彻从小就讨厌匈奴，他不愿像祖辈父辈一样忍辱求安，而是用武力来征讨，彻底除掉这个边疆大患。

武帝决定攻打匈奴，不仅出于他个人的雄心壮志，而且有国内雄厚的经济实力为后盾。他手下也有一批能征惯战的武将，如卫青、李广、霍去病、韩安国等。他与匈奴的战役持续了43年，其中关键性的大战役有3次。

元朔二年（公元前127年），匈奴入侵上谷、渔阳两地，卫青、李息领兵迎战，汉军大获全胜，还夺回了河南地方（今河套地区），这场大捷极大地鼓舞了全国军民。刘彻趁着匈奴兵败，两军势均力敌的时机，于公元前121年，派霍去病远征陇西。匈奴节节败退，汉军乘胜追击到皋兰山（今兰州附近），成功捣毁了匈奴的老巢，最后浑邪王率4万余部投降。刘彻立即在那里设郡，甘肃从此正式归入中国的版图。这次战役后，形势转变为敌弱我强。公元前119年，刘彻再次派出卫青、霍去病等，分兵出定襄、代郡，彻底把匈奴摧毁，逼使其远徙中亚。这场持久的战役，终于以大汉的胜利告终，这是历史上从未有过的大事。

武帝赶走匈奴后，就开始向更远的地方开拓疆土。他派张骞出使西域，沟通了与新疆及更远地方少数民族的关系，确立了西汉对西域的宗主地位。西域畅通，也形成了沟通古代欧亚的"丝绸之路"。随后，武帝又平息了闽越和南越的叛乱。经过刘彻40多年的努力，西汉的领土达到了空前的辽阔。北方匈奴被赶走，新疆、甘肃西部都归入中国版图，东北的疆域也延伸到浑江、鸭绿江流域。一个最强盛的伟大帝国屹立在世界的东方，汉武帝的威名震慑四方。

春秋千古　晚年悔过

刘彻一生，励精图治，开拓疆土，开创了中国历史上一个辉煌的时代。不过荣耀的背后，也存在许多弊端。武帝好大喜功，对外征战40多年，穷兵黩武的政策也使原本殷实的国库变得空虚。

刘彻在追求享乐上也走向了极端，与秦始皇很相似。他的宫殿、园囿都极尽奢华，宫中美人无数。他幼年承诺建金屋让阿娇来住，称帝后封陈阿娇为皇后，真的让其住入了金屋。但是随着阿娇年长色衰，生性又善妒，刘彻也对她彻底冷落了。后来阿娇幽居长门，重金请司马相如做《长门赋》，试图挽回刘彻的心，也没有成功。后宫之中李夫人、卫子夫等美人都先后得宠，但没有谁能真正留住这位皇帝的花心。刘彻有了后宫美人数千并不满足，他喜欢像秦始皇一样外出巡游，遇上美丽的女子，就带回宫中。后来的汉昭帝刘弗陵之母赵婕妤，也是他从外带回的。

刘彻在享尽荣华美色后，到了晚年，他对自己的日渐衰老感到恐慌。他比秦始皇更相信方士，迷信仙方，追求长生。他多次出游，也是为了寻访仙踪，求得仙药。他也同样被方士所骗，甚至把自己的大女儿卫长公主嫁给方士栾大，并赐给高官厚禄，命其专门为自己寻药。直到公元前110年，栾大的谎言被揭穿，武帝怒而腰斩了栾大。但他求长生之心仍不死，又继续不断派人出海求仙。

刘彻晚年多病，他的疑心病也变重了，因此造成了很多惨祸。一次，他梦见许多木头人围攻他，醒来后就病倒了。他怀疑是有臣子在诅咒自己，就派江充去调查。谁知江充是个心地险恶的小人，他与皇后卫子夫所生的太子刘据不合，就趁机诬陷太子用巫蛊诅咒皇上。太子为了保命，就杀了江充，然后又去皇后宫中调来士卒保护自己，于是有人诬告太子谋反。刘彻震怒，马上派丞相去平叛。双方在京城大战数日，最终太子兵败自杀，卫皇后也自尽身亡。这场因刘彻一个梦而引起的"巫蛊之祸"并未就此结束，反而越演越烈，从皇宫牵连到朝堂丞相等人，又延伸到边关的将军等人，先后有数万人因此而死。

等到刘彻头脑清醒过来，查明真相后，他深受打击，后悔不已，开始检讨自己的过失。征和四年（公元前89年），武帝召集群臣，坦言："朕即位以来，所为狂悖，使天下愁苦，不可追悔。自今事有伤百姓，靡费天下者，悉罢之。"武帝一生雄心勃勃，自信无比，能坦诚过错，在历代帝王中都是少有的。他也采取了一些弥补措施，比如废止方士的迷信活动，不再穷兵黩武，把治国的重心转移到发展生产、关注民生上来。

武帝垂暮之年，对皇位继承人也做了慎重考虑。后元元年（公元前88年），69岁的刘彻决定立7岁的少子刘弗陵为太子。但太子年幼，其母赵婕妤正当盛年，为了不让吕后专权的历史重演，刘彻赐死了赵婕妤。他还将一张周公背成王朝见大臣的图，赐给奉车都尉霍光，命其辅佐太子。武帝用自己卓绝的帝王之术，为儿子刘弗陵称帝铺平了道路。

后元二年（公元前87年），武帝在五柞宫病逝，享年70岁。他死后葬于茂陵（今陕西兴平东北），谥号"孝武"，庙号"世宗"。汉武帝在位54年，一生成就辉煌，他使汉朝成为当时世界上最强大的国家，是中国历史上最有作为的君王，他的威名流传万世。

汉·东汉

光武帝刘秀

汉光武帝档案:

生卒年:公元前6~57年

父母:父,南顿县令刘钦;母,樊娴都

后妃:郭皇后、阴皇后、许美人等

年号:建武、建武中元

在位时间:25~57年

谥号:光武皇帝

庙号:世祖

陵寝:河南原陵

性格:谦和谨慎,开明厚道

　　汉光武帝名叫刘秀,是南顿县令刘钦的第三子,东汉王朝的开国皇帝。他恢复了大汉王朝,巩固了统一政权,结束了多年战乱。称帝后以柔治国,勤政爱民,减赋轻刑,崇尚节俭,使得国力重新强盛起来。他是中国封建社会历史上很有影响的一位皇帝。

帝王气象　平常志向

　　刘秀是汉高帝刘邦的第九代孙。虽是汉室正统,但到了他父亲这一代,早已没落。他的父亲刘钦只当了个南顿县(今河南项城西南)的县令,并且在刘秀9岁时,就去世了,留下夫人樊娴都带着3儿3女艰难度日。好在刘钦的弟弟刘良对他们比较照顾，不过刘良自己也是个小官，做了个萧县令。

刘秀这个名字，来源于他出生时的异象。公元前6年，刘秀生于济阳（今河南兰考东北）。据说他出生时，有红光照堂中，亮如白昼。刘钦很惊异，就找了当地颇有名气的占卜先生王长。王长算了一卦，避开众人，才对他说："此兆吉不可言！"异象还不止这一件。当年济阳县有个地方的稻谷一根茎居然生了九个穗。按字义，谷类抽穗开花叫秀。因而家人为他起名刘秀。相传当时有个叫苏伯阿的"望气者"到了此地，惊叹此地："气佳哉！郁郁葱葱然。"甚至到后来刘秀起兵时，也有人说他家后宅南边有火光直冲天空，很快就不见了。

虽然出生如此不凡，但是刘秀并没有多大的志向。刘秀长得一表人才，性格温和，处事谨慎，很有儒士风范。他喜欢务农，生活简单。年轻的刘秀一次在新野见到了阴氏有名的美女阴丽华，便为其倾倒。后来他为了进太学读书，来到长安，见到执金吾（负责监督、检查京都及附近地区治安的长官）出行，仪仗浩大，便感慨说："仕宦当作执金吾，娶妻当得阴丽华。"可见，刘秀立业与成家的理想也不过如此而已。

相比之下，他大哥就比较有大志了。刘秀在三兄弟中年纪最小，在他之上是大哥刘縯和二哥刘仲。刘縯对自己的皇族身份很看重，对王莽新政十分不满。他不事家业，一心结交豪杰人物，很有夺天下的雄心。对弟弟刘秀的"鼠目寸光"很是不屑。可世事弄人，后来做皇帝的就是刘秀。

大乱之中图霸业

王莽新政末年，连年灾荒，民不聊生，各地纷纷起义，天下已经大乱。新地皇三年（22年），素有雄心壮志的刘縯，为了恢复刘姓统治，在舂陵（今湖北枣阳南）起义，组成"舂陵军"。本想做良民的刘秀为了帮大哥，也参加了进来。这年十月，刘縯、刘秀与李通、李秩等带着起义军加入了当时最大的起义军——绿林军。

绿林军的队伍迅速壮大，很快发展到10万多人。军队人多，却没有统一的领导人，将领们就主张拥立一个刘姓的皇帝，以此来统一号令，同时也顺应民心。刘縯在军中素有威望，南阳一带的豪杰都拥立他。而新市、平林军的将领们却怕威望大的人当了皇帝，他们就权力受损，因而拥立懦弱无能的刘玄。两方互不相让，最终还是刘玄当了皇帝。刘玄是舂陵侯刘仁的曾孙，在军中号称更始将军，因而改元更始年。刘玄称帝后，绿林军将领们都有了官衔。刘縯被封为大司徒，刘秀则受封为太常偏将军。

刘秀从前并不为人重视，他的才能在这段混战中逐渐展现了出来。刘玄称帝使得王莽震惊，他迅速调集了43万人，命司空王邑和司徒王寻率领，前往镇压。莽军首先与刘秀带领的起义军相遇。刘军本身粮草不多，又见敌人多自己几倍，将领们便生胆怯，不敢打，都跑回了昆阳城。刘秀向将领们冷静地分析了目前的形势和前景，说如果打还有胜的希望，如果逃，则只会被分散各个击破，死路一条。他的话使得动摇的军心很快稳定了下来，然后刘秀又提出了自己的作战措施，得到了大家的一致认同。当时昆阳城中只有八九千人，刘秀让将领们把城外的军队都带入城中，统一调度。刘秀亲自率领1000多人当前锋，奋勇杀敌。由此士气大振，人人争着杀敌。而莽军仗着人多，十分轻敌。最终莽军大败，王邑被杀，王寻仅带着几千人逃回洛阳。

昆阳一战，刘秀展露锋芒，王莽政权也由此彻底走向覆灭。海内豪杰并起，起义如火如荼，他们纷纷接受更始皇帝的年号。然而拥立刘玄的将领们，看到刘縯、刘秀兄弟威名渐起，深感不安，就劝刘玄早除刘秀兄弟。就连与刘秀兄弟一同起事的李轶，也转投新贵。刘玄就借机杀了刘縯等人，而刘秀见情况不妙，赶紧跑去请罪，并且不为哥哥举丧，对更始皇帝也毫无怨怼之言。这使得刘玄不好找借口杀他，反而有些惭愧，便拜他为破虏大将军，封武信侯。其实刘秀每至夜深人静时就为兄长之死默默伤怀。刘秀回到宛城并受封武信侯后不久，就迎娶了他心仪多年的新野美女阴丽华。这一年，他29岁。

　　刘秀暂时保住了自己的性命，不敢真正放下心来，从此，他一直小心谨慎，做事不让人找到任何把柄。刘玄到洛阳后，派刘秀去河北一代宣示朝廷旨意，要那里的郡国尊奉更始政权的诏令。刘秀感到这是个避开灾祸的好机会，就欣然前往。他在河北选贤任能，考察民情，平反冤狱，废除王莽时期的苛政，政绩十分突出，充分显示了他的政治才华。甚至他还粉碎了一起假冒汉成帝之子另立王朝的反叛事件。当假冒刘子舆的王郎兵败后，刘秀在清理缴获的文书档案，发现了几千份河北官员勾结王郎污蔑自己的材料。这若是追查下去，牵连甚广，人心不安，后果严重。于是，他当着众官员的面，一把火烧掉了所有的文书。他说这样做，是让心怀不安的人安心。这一举动为他赢得了更多的人心。

　　刘秀治理好河北，有了根据地后，就"招揽英雄，务悦民心，以立高祖之业"。这个时候，他是真的想做皇帝了。更始帝始终对刘秀不放心，他派使节到河北，封刘秀为萧王，并命令刘秀立即回京城。刘秀心中警钟大鸣，以"河北未平"为理由，拒绝回长安。刘秀翅膀硬了，刘玄也无可奈何。这样，刘秀与刘玄在明面上决裂了。

　　更始二年（24年）秋天，刘秀召集河北各郡兵马，先后击破并收编了占据河北州郡的铜马、高潮、重连等农民起义军。这些起义军将领并不愿意臣服，刘秀就下令让他们各自回营统领自己的队伍，然后刘秀单人独骑去各营巡视，这份胆识和气度终于赢得了将士们的真心归属。他的军事实力也大大加强了，当时关中的人都称河北刘秀为"铜马帝"。

　　此时天下形势又发生了变化。活动在河南东部的赤眉军正在猛攻长安。刘秀感到自己争夺天下的时机已经成熟。他一边派将军邓禹率精兵夺取关中，一边把地势险要，财物富足的河内（今河南武陟县）作为进取中原的据点。然后自己带一支军队回冀中、冀北一带。

　　刘秀为人谨慎，虽然他早就有称帝打算，但从不表露。在回河北的路上，将士们就提议尊他为帝，不过都被拒绝了，刘秀还故作惶恐地说："这种杀头的话也敢讲？"后来将领们一再苦劝，他才相信大家是真心拥立他的，就勉强答应下来。于是刘秀在河北鄗城的千秋亭即皇帝位。为表兴复汉室之意，刘秀建国仍然使用"汉"的国号，史称东汉（唐末五代之后也根据都城洛阳位于东方而称刘秀所建之汉朝为东汉），刘秀就是东汉世祖光武皇帝。

平定四方　以柔治国

刘秀虽然称了帝，但整个国家还是一团乱，定都哪里也是个问题。长安是所有人心中真正的京都，但此时那里正被赤眉军围困，也不是短期内能拿到的。经过一番思虑，最终定都洛阳。不过洛阳此时都不在他手里，还要想办法去夺。守洛阳的李轶、朱鲔都曾劝刘玄杀刘縯，是刘秀的杀兄仇人。李轶见刘秀大军袭来，就写信给他，表示愿意归降。刘秀把李轶的投降信给官员们传阅，说这种反复无常的小人，大家要警惕。这件事很快被朱鲔知道了，他认为李轶会出卖自己，就派人刺杀了李轶，此事引得洛阳军中大乱。刘秀借刀杀人，又动摇了敌方的军心，接着就兵围洛阳城。刘秀劝朱鲔投降，朱鲔却不敢。刘秀向他保证既往不咎，朱鲔才带领洛阳守军归降了刘秀。刘秀也不食言，任命朱鲔为平狄将军，并封他为扶沟侯。

定都洛阳后，刘秀就向长安进发了。更始政权是赤眉军打垮的，刘秀与赤眉军立场一致，也算盟友。不过刘秀称帝后，两方就反目成仇了。赤眉军没有战略眼光，他们在长安烧杀掳掠一通后，就没有斗志了，最终处处受到追击阻截。他们走投无路时，只好投降了刘秀，把在长安抢的传国玉玺也交给了他，刘秀自然趁机收纳。赤眉军拥立的小皇帝刘盆子，刘秀也善待，让他在自己叔叔刘良手下当了个小官。由此，天下逐渐平定，刘秀终于统一了纷乱的割据政权。

刘秀的江山都是自己一步一步打下来的，他深感得之不易，在治国上就更加谨慎。他吸取了西汉灭亡的教训，创立了一套好儒任文、以柔治国的新方略。

为了适应由打天下向治天下转变，刘秀筹划着改造他的官员队伍。其中最重要的就是重用文人儒士。刘秀很喜欢儒学，早在征战时他就认识到了儒学的重要性。他一直坚持"未及下车，先访儒雅"。这样，他的身边就会集了很多著名的儒学人士。刘秀对他们以礼相待，虚心向他们学习。现在四方平定下来，还用武力治国根本行不通。而他手下的很多官员都是跟随他打仗建功提拔的，这些人能征惯战，却不会治理百姓。所以现在的刘秀根本不需要他们了，不过刘秀对功臣的处理堪称历代皇帝的典范。他极力劝服众人交出大权，回家享福去，没有杀戮一人。然后他就用文臣代替武将，逐步改变了官员队伍的素质和结构。

刘秀性格温和，待人平易，当了皇帝后也没变。一次，刘秀回乡，赏赐给族人们一些酒食和财物。众人见他谦和如前，就放开胆子说话，说他小时候就很有度量，与人为善，就是性子太温柔了。刘秀听了大笑，说："我治天下也要以柔道行之。"

刘秀的柔道，首先表现在对割据地方的安抚上。刘秀并不好打仗，他认为征战不是为了攻城掠地，而是要稳定秩序，安抚百姓，发展经济。所以各方割据势力，只要愿意投降的，都能得到刘秀的善待。其次表现在善待奴婢上。他颁布了很多保护奴婢的政令，对虐待残害奴婢的人依法论罪。最后表现在省刑轻赋、裁汰冗员上。这不仅大大减轻了百姓负担，缓和了社会矛盾，东汉初年的经济逐步恢复发展起来。

除了这些利国利民的政策外，颁行图谶、神化皇权也是刘秀柔道治国的内容。这些东西，其实他自己都不信，不过它们确实有利于维护皇权，于是刘秀就大力提倡。在其统治末年，刘秀还"宣布图谶于天下"，将儒家学说与谶纬神学混合起来，用于加强对百姓的思想统治。

🐉 献帝刘协

汉献帝档案：

生卒年：181~234年

父母：父，灵帝刘宏；母，王美人

后妃：伏皇后、曹皇后

年号：初平、兴平、建安、延康

在位时间：189~220年

谥号：孝献皇帝

庙号：无

陵寝：河南禅陵

性格：聪明，软弱

汉献帝名叫刘协，是汉灵帝刘宏的小儿子，东汉王朝的第十二位皇帝。他聪明睿智，可惜生不逢时，在乱世中无能为力。他做过几家枭雄的傀儡，在寥落中隐忍偷生，最后为两汉王朝送终。

艰难出世的少年天子

刘协能来到世间，实在是不太容易。他的母亲王美人，出身名门，容貌艳美，性情贤淑，琴棋书画样样精通，是位典型的才女，深得灵帝宠爱。

此时，屠户出生的何氏，因生下刘宏的长子而被册封为皇后。何皇后专横善妒，对后宫嫔妃经常打压。对圣宠正浓的王美人，自然视为眼中钉、肉中刺。王美人很快有了身孕，因为怕何皇后的迫害，她不敢告诉灵帝，而是自己偷偷地吃药堕胎。但最终打胎没有成功，刘协就这样艰难地来到了人世。

刘协的出生，对何皇后来说，是个巨大的威胁。她杀机顿起，指使心腹在王美人的汤药中下毒。可怜王美人就这样死于非命，而刘协小小年纪就没了母亲。虽然后来灵帝查出是何皇后指使下毒，但顾虑何皇后的哥哥何进手握重兵，最终也没有追究。不过灵帝痛失王美人，担心还未满月的刘协再遭毒害，就将他抱到母亲董太后的宫中。从此，刘协就由董太后抚养长大。

189年，汉灵帝病逝，刘辩称帝。9岁的刘协被封为渤海王，后来又改封为陈留王。

不过刘协与皇位失之交臂只是短暂的，不到一年，皇帝宝座就又摆在了他的面前。刘辩称帝后，朝中大权由舅舅何进把持，内廷宦官与朝中大臣展开了争权夺利的斗争。先是何进杀了宦官蹇硕，刘辩之母何太后杀了灵帝的母亲老太皇太后董氏，然后何进又被宦官张让等人诛杀，接着何进的部下又与司隶校尉袁绍等人一起诛杀宦官。最后，无力抗击的宦官又挟持着少帝刘辩和陈留王刘协逃出了皇宫。

刘协等人在皇宫外遇上了董卓。董卓时任并州牧，本是奉何进之命带兵入京来诛杀宦官的，在黄河边意外地截获了他们。挟持刘协等人的宦官被杀，不过刘辩与刘协并不好过，他们刚出狼窝，又入了虎穴。董卓挟持少帝刘辩和陈留王刘协在手，号令群臣。因为刘辩懦弱，在被董卓找到时吓得话都说不出来，而刘协却能有条不紊地说清楚事情经过，所以董卓认为刘协更有才识胆量。又因为董卓与被何太后杀死的老太后董氏同族，刘协又是董氏抚养，于是萌生了废少帝、立刘协的想法。董卓的军队进入京城后，就收编了何进的余部。局势一控制下来，董卓就以司空的身份召集百官，威逼何太后废了少帝刘辩，改立刘协。刘协于189年称帝，时年9岁，即汉献帝，他也是东汉的最后一位皇帝。

生不逢时的傀儡皇帝

此时，天下已经大乱，各地豪杰并起，互相攻伐，都打着为皇上讨贼的旗号，其实是为自己谋利益。汉末的军阀混战就这样拉开了帷幕。刘协作为汉室唯一的皇帝，被各派军阀争抢，在乱世中艰难求生。

董卓把刘协拥上皇位后，就独揽朝政。他自封为相国，后又加封为太师，位在诸侯王之上。他上朝不参拜，佩剑着履，对皇帝毫无敬意，中央政权完全在他的掌控下。董卓又十分贪婪好色，他纵容手下在洛阳城里烧杀劫掠，无恶不作。190年春，各地州郡牧守打着讨伐董卓的旗号，从关东（潼关以东）起兵，历史上称他们为"关东军"。关东军由渤海太守袁绍率领，从东、西、北三面包围洛阳。董卓不敌大军，就挟持献帝刘协跑到长安。

董卓在长安大肆杀戮掠夺，他的倒行逆施引起了全天下人的愤怒。192年，心怀汉室的司徒王允，借吕布之手铲除了董卓。

董卓死了，王允以功臣自居，他与吕布二人把持朝政。吕布有勇无谋，王允骄傲自满，根本无法维持关中的局势。很快王允就被人杀了。乱世之中，小皇帝刘协根本无法掌握自己的命运，他又被董卓的手下李傕、郭汜抢到手中控制。

献帝在位期间，虽也想做出点政绩，但始终有心无力。兴平元年（194年），天下大旱，谷价暴涨，长安城中到了人吃人的地步。刘协命侍御史侯汶开仓赈灾，可惜侯汶克扣赈灾粮，中饱私囊，以致城中仍然有人饿死。刘协派人查实后，打了侯汶50棍，长安的灾民才得以活命。

195年，把持朝政的李傕、郭汜发生内讧，各自拥兵为政。刘协在李傕的部下杨奉、杨定、董承等人的协助下，脱离了李傕和郭汜的控制，历尽坎坷，用了半年才回到了洛阳。此时的洛阳已是一片凄凉。刘协还没来得及喘息，就又落入了曹操的手中。

这时中原已经是军阀割据，到处都在厮杀。其中实力最强的是袁绍和曹操。献帝回到洛阳，就成了军阀们眼中的肥肉，谁都想抢。曹操动作最快，他率军进驻洛阳，有了"挟天子以令诸侯"的优势。后来，又把刘协挟持到自己的根据地许昌。

曹操挟持了献帝，自然又是独揽大权。在颠沛流离中成长的刘协已经18岁了，他一直都以傀儡身份为耻辱，就决定反抗。他用鲜血写成一封诏书，秘密地藏在衣带中，赐给董承，让他与刘备、王服等人谋划诛杀曹操之事。可惜曹操是个精明的人，生性多疑，对小皇帝一直都防备着。"衣带诏"事件败露后，除了刘备提前借故出走外，其余几位主谋都被处死，甚至株连三族。董承的女儿是刘协的贵人，已经怀孕在身，也被曹操杀了。曹操还借机杀了一大批忠于汉室的大臣。

刘协为了改变自己的命运，多次抗争，但都以失败告终。刘协的皇后伏氏，为了帮助他，传信给自己的哥哥伏完，让伏完伺机除掉曹操。结果事情败露，刘协不得不在曹操的威胁下废了皇后，不久伏皇后就被曹操杀死了，连她生的两个儿子也未能幸免，伏氏家族也受株连处死了100多人。接着曹操又逼迫献帝立自己的女儿曹节为皇后，封自己为魏王。刘协也彻底心灰意懒，再也没有夺回皇权的希望了。

为汉送终的禅位君王

建安二十五年（220年），曹操病死，长子曹丕承袭爵位为魏王。曹丕和曹操一样，也很有野心，于是就决定自己称帝。他先是指使手下捏造谣言，说汉室气数已尽，将由魏来代替。又写好退位诏书，逼迫献帝颁布诏书，交出玉玺。孤立无援的献帝根本无力反对。

220年十月，献帝最后一次祭告祖庙，派张音拿着玉玺诏书，禅位给曹丕。曹丕当上皇帝，定都洛阳，改元黄初，国号为魏。废汉献帝为山阳公，并令其搬出皇宫。历时195年的东汉政权正式灭亡。

献帝被废为山阳公，食邑1万户。14年之后，即曹魏青龙二年（234年），献帝去世，终年54岁。以天子礼仪葬于禅陵，谥号"孝献皇帝"。献帝幼年称帝，在位31年，始终都是傀儡，虽有聪明才智，却始终无处施展，最后不得不眼睁睁看着大汉王朝在自己手中灭亡。他的一生，是悲剧的一生。

三国·魏

文帝曹丕

魏文帝档案：

生卒年：187~226年

父母：父，武帝曹操；母，卞氏

后妃：甄皇后、郭皇后、李贵人等

年号：黄初

在位时间：220~226年

谥号：文帝

庙号：高祖

陵寝：河南首阳陵

性格：风雅狭隘，刻薄寡恩

魏文帝名叫曹丕，是魏武帝曹操的第二子，曹魏王朝的开国皇帝。他结束了汉朝400多年的统治，是三国时代的第一位皇帝。他在位期间采取宽仁政策，减轻徭役和兵役，使得饱受战乱的北方地区逐渐安定下来，为以后北方的繁荣富强做出了巨大的贡献。但是他心胸狭隘，对诸兄弟刻薄寡恩，残酷压制，在中国历史上也是备受谴责的皇帝。

满门英豪 诸子争嗣

曹丕，字子恒，中平四年（187年）生于沛国谯县（今安徽亳州谯城）。他5岁就开始学习骑马射箭，跟随父亲曹操南征北战，在马背上长大。他后来的卓越学识许多都来自于这一段马背生活。不仅如此，戎马生涯更是磨炼得他胆识超人。建安二年（197年），曹操与张绣作战，曹军被围，曹操的长子曹昂和侄子曹安民，以及他手下猛将典韦都战死了，可随军出征的曹丕却骑马突围脱身，这时他才11岁，实在令人称奇。

曹丕十几岁时就开始领兵打仗，并且屡建奇功。像他这样文武双全的少年英雄，在历史上也并不多见。此时曹操正"挟天子以令诸侯"，他以汉丞相的名义征讨四方。在剪除异己的过程中，曹操的实力迅速壮大，成了实际上的中原霸主。曹丕的其他兄弟也是在征战中成长的。他们与曹丕一样，都文武双全，且很有政治野心。

曹操在战场上杀伐一生，他虽有称帝的野心，但考虑到时机还不成熟，没有这样做，篡汉立魏的大业就只能由儿子们来完成了。这样，立嗣就成了一个十分重要的问题。

曹操儿子可不少，有25个。曹操不仅是个枭雄，也确实是个伟大的父亲，他培养出了好几个优秀的儿子。其中最出名的有3个，曹丕、曹植和曹冲。长子曹昂在被张绣围攻战死后，次子曹丕就成了长子。25个儿子中，只有曹丕、曹彰、曹植和曹熊是正室夫人卞氏所生，其他都是庶出，没有资格成为继承人。按照嫡长子继位的传统，曹丕是最有优势的。何况他能文能武，24岁已经是五官中郎将和副丞相。不过，曹操不是普通的父亲，他雄才伟略，有敢于灭汉自立的魄力，就不会拘泥于嫡庶之别。况且曹丕还有几位同样文韬武略、雄心勃勃的兄弟。他的太子之路注定不会平坦。

能者居上 曹丕得立

曹丕要做太子，就要打败那一大群兄弟。令人惊讶的是，他的头号政敌居然是小小年纪的曹冲。曹冲是曹丕的同父异母弟弟，容貌俊美，仪表不凡。他聪敏早熟，五六岁时就展现出成年人的才识和智慧，因而最得曹操欢心，曹操经常在朝臣面前夸赞他，说他既有才识，又有仁心，言辞中很有立曹冲为嗣的意思，可惜曹冲13岁就病死了。曹操对曹冲的死十分悲痛，曹丕曾劝慰他节哀，曹操说："这是我的不幸，却是你们兄弟的大幸。"可见曹冲不死，曹丕的帝位不一定能坐上。曹丕后来自己也承认这一点，他说："若是仓舒（曹冲的字）在世，我也不会有天下。"

曹丕的另一个劲敌是他的二弟曹植。曹植生于192年，只比曹丕小5岁，他也是在跟随父亲四处征战中成长起来的。曹植同样文武双全，胸怀大志，并且才思敏捷，比曹丕还要有才华，在历史上曹植的文才也是很有名气的。210年，曹操在邺城（今河北临漳县）筑铜雀台，这就是后来唐代大诗人杜牧在《赤壁怀古》中"铜雀春深锁二乔"的铜雀台。曹操带着儿子们登台作赋，其中曹植一挥而就，文辞通达优美，令曹操惊叹。曹植也意在太子之位，心思都放在政事上。所以曹操每次问他国事，他都应答如流。曹操因而对曹植很满意，许多大臣也劝曹操立曹植为太子。

曹丕眼看曹植风头正盛，不敢掉以轻心，就与亲信精心谋划。其实曹植只是文采胜过曹丕，在政治谋略上却不如他。曹丕听从谋士贾诩建议，厉行节俭，待人宽厚，做事兢兢业业，这就逐渐引得了曹操对他的关注。而曹植文人习气较重，经常一时兴起，饮酒放纵，他不拘小节，也不懂得掩饰自己的缺点，曹操见了就对他越来越不满。加上曹植之妻喜好奢华，经常衣着华丽，曹操好俭朴，很不喜欢她，后来还以其违反服饰制度为由赐死了她。如此一来，曹操在立太子的问题上，重心也不再偏向曹植。曹操就曾立嗣之事私下询问过贾诩。贾诩笑而不答，曹操追问，他就说："我正在思考袁本初、刘景升父子之事。"袁本初（袁绍）和刘景升（刘表）都是因为废长立幼而导致灭亡的，曹操因为这句话正式确定了立嗣人选。

东汉建安二十二年（217年），31岁的曹丕终于被曹操立为魏王太子。三年后（220年），曹操头疼病发作，不久病逝于洛阳。曹丕一边与文武百官一起办理曹操的丧事，一边派御史大夫华歆进皇宫，逼迫汉献帝下诏退位，交出玉玺，让位给曹丕。一天之内，曹丕继位称帝的仪式全部筹备好了。十月二十八日这天，曹丕受禅称帝，他就是曹魏帝国的第一位皇帝魏文帝。曹丕废汉献帝自立，国号魏，史称曹魏，定都洛阳，建年号为黄初，终结了汉朝400多年的统治。

勤勉治国　贬抑诸弟

曹丕文韬武略，在治国上很有才华。他一直都很重视对人才的培养和选拔。早在他任五官中郎将时，就开始培植自己的势力，府中宾客如云。后来他又听从吏部尚书陈群的建议，创立九品中正制。就是通过品评，将人分为上上、上中、上下、中上、中中、中下、下上、下中、下下九等，朝廷任命中正官到各地主持品评，被评为上等的人士将被推荐到各级政府中去做官。这是对汉代实行的州郡察举选官制度的改革。察举制是指，凡要进入官场，必须经过大臣的举荐。九品中正制赋予了中正官考察各地士人的权力，后来就变成了人才的高下都由中正来判定。而担任中正的都是豪族显贵，所以他们判定上品的人才自然出自名门大族。这种制度对后来门阀政治的形成起了重要作用。

曹丕成为魏王太子的当年六月，就领军南征，以便向臣民展示自己治国将兵的能力。曹丕大军于八月浩浩荡荡地来到安徽亳县，使得孙权震惊，遣使送来珍宝向他示好求和。其实孙权实力也相当雄厚，当初曹操都拿他无可奈何，曹丕与他真枪实战，也不一定能打成平手。于是曹丕顺水推舟，接受孙权的求和。这样既不用交战，又树立了自己的威信。在不到半年的时间里，曹丕与孙、刘对抗，都占了上风。于是，曹丕的威望大增。

曹丕称帝之后，主要精力放在内政上。为了广征贤才，他规定凡人口达到万户的郡国都要推举孝廉一人。为了弘扬儒学，他恢复了因汉末战乱而关闭的太学，并专设"春秋谷梁"博士，又在全国大修孔庙。他还设立中书省，总理全国事务。他吸取东汉后期后妃及外戚专权的教训，下诏明文规定妇人不得干政，太后不得临朝，外戚不得担任辅政大臣。在曹丕的治理下，魏国政治清明，百姓也逐渐安定，北方很快就兴盛繁荣起来。

曹丕的帝位几经争斗，来之不易。那些曾经与之争储的兄弟，自然都是曹丕的心腹大患。于是他对这20多人都进行了残酷的打击和压制。

曹丕打击的第一个就是曹植。曹植才华出众，身边又有一大群文人协助，实力不容小觑，曹丕就先铲除他的谋士。名士丁仪很有才干，曾协助曹植争夺太子之位。后来曹植争储失败，丁仪仍然与他把酒赋诗，关系甚密。曹丕一当上太子，就找了个借口将丁仪兄弟逮捕入狱。曹植托与曹丕关系密切的夏侯尚去说情，但曹丕还是杀了丁氏兄弟，甚至把丁氏所有男丁都诛杀了。

接着，文帝曹丕又分遣诸兄弟回各自的封地。其中曹彰自认为曾追随先父曹操征战有功，很有将才，希望能得到皇帝的重用。但曹丕认为他手握重兵，对自己是个巨大的威胁，就坚决地收回他的兵权，遣回封地中牟县，后来又封曹彰为任城王（今山东济宁），把他遣得远远地。曹植更是惶惶不安，生怕引起曹丕的忌恨，就胆战心惊地回自己的封地临淄了。

221年，曹丕称帝已经一年了。为了彰显曹魏王朝的福祉，他为功臣们加官晋爵。为了掩饰自己的薄情，他也将各位兄弟们晋爵为公，不过却没有晋封二弟曹植。原来曹植当了临淄侯，离开了原来的那群文人朋友，心中郁闷，终日饮酒，醉后胡言乱语。监督他的监国官灌均就上奏文帝，说曹植"醉酒悖慢，劫胁使者"。曹丕大怒，立即派人把曹植抓到京城来治罪。他们的母亲卞太后连忙求情，说曹植只是文人习气，恃才放旷，念在是同胞兄弟，希望能饶他一命。曹丕虽然想杀曹植，但也不好拒绝母亲的请求。他就说："子建（曹植的字）是我兄弟，我也爱惜他的才华，我只是想治一治他的疏狂脾气，不会真的杀他。"曹丕的心腹华歆劝曹丕除去曹植这个心腹大患。因为有了太后求情，曹丕不好答应。华歆就帮他出主意，说："人人都说子建才高，能出口成章，我看是吹牛，皇上可以试试他的才华，如果传言是假，正好杀了他；如果他真有才，就贬他。"曹丕也觉得这是个好办法。曹植被抓到京城，自知情况不妙，就赶紧向曹丕请罪。曹丕说："你我虽为兄弟，朝堂上却是君臣。你竟敢恃才无视礼仪，实在罪不可恕。先王在时，你就自诩文章第一，我怀疑那些都是旁人代笔。现在你若七步之内能赋诗一首，我就相信你有真才，免你死罪。如若不能，就从重处罚！"曹植请他出题，曹丕说："你就以'兄弟'为题吧，但不许涉及'兄弟'二字。"曹植脱口而出："煮豆燃豆萁，漉豉以为汁，萁在釜下燃，豆在釜中泣。本是同根生，相煎何太急！"曹丕听了，想到两人毕竟是一母同胞的兄弟，也不禁心软下来。于是贬曹植为安乡侯，并未杀他。后来虽然曹植郁郁而终，但曹丕始终没有杀他，除了因为他文人习气，对自己威胁不大外，这首七步诗或多或少也有一定的影响。

相比曹植，曹彰的命运就更惨。曹彰长得虎背熊腰，在众兄弟中，他的武艺最好，加上他精通用兵之道，实在是一个不可多得的将才。不过他越优秀，曹丕就对他越忌惮，时刻担心他会起兵造反，威胁到自己的统治。于是，曹丕就一直想除去这个隐患。223年，曹彰进京朝见，曹丕就指使人在食物中下毒，毒死了曹彰。

曹丕对诸位兄弟的严厉打压，虽然稳定了自己的统治，却也使得皇室孤立无援，这样也导致了后来司马懿父子能轻松篡夺曹魏的政权。

争雄三国 文领风骚

曹丕在国内励精图治，兴复了北方经济。同时，他任用原辽东郡守公孙恭为车骑将军，稳定了辽东地区；任命张既为凉州刺史，平息了胡人的叛乱。又重新与西域建立联系，密切了与边疆少数民族的关系。这些措施，都巩固了曹魏政权的统治。

曹丕称帝前，天下已是三足鼎立的局面。到了221年，刘备在成都称帝，起兵几十万攻打东吴孙权，要为自己死去的结拜兄弟关羽报仇。孙权见形势严峻，就派人拜见曹丕，愿意臣服。曹丕欣然接受了孙权的降表，封孙权为吴王。此时蜀吴之战还在继续。蜀军用树木做栅栏，连营700多里，这一点犯了兵家的大忌。结果孙权任命的大都督陆逊，在彝陵用火攻大破刘备军。为了控制孙权，曹丕提出让他把儿子送到洛阳做人质，以便双方能放心合作。不料孙权百般托词，就是不答应。曹丕见孙权没有诚意，勃然大怒。他想着蜀吴战事刚刚结束，吴军疲敝，就决定出兵伐吴。属下刘晔等认为时机不合适，且吴地水泽众多，对魏军也不利，但是曹丕仍然不听刘晔等人的劝阻。率曹军10万伐吴，却因东吴戒备森严，无功而返。回来路上，东吴部将高寿率500勇士在途中突袭曹丕军营。结果高寿抢了曹丕的御车"羽盖"扬长而去。曹丕征战一生，立过无数功勋，但他一生的最后一次战役就这样结束了。

曹丕的文才虽不及曹植，却有他的独到之处，在文学上同样取得了辉煌的成就。曹丕的诗歌多描写男女爱情和游子思妇题材，细腻婉转，非常优美，而且形式多样，四言、五言、六言、七言、杂言无所不有，其中五言诗和七言诗成就较高。他写的《燕歌行》，语言浅显清丽，可能是中国现存最早最完整的七言诗。曹丕也比较擅长散文，他著有《典论》一书，虽然大部分已经散佚或残缺不全，但其中保存下来的《论文》篇，可以说是中国现存最早的文学理论批评专著。此外，他的《与吴质书》《又与吴质书》悼念亡友，凄楚感人，对后来短篇抒情散文的发展是有影响的。曹丕曾下令，命王象等儒学者们撰集经传名曰《皇览》《皇览》是中国最早的一部类书。曹丕还是当时文坛领袖，邺下（今河南安阳）文人集团的实际领导人。他收集整理编纂了许多文人的作品。"建安七子"的称谓也是最早出现在他的《典论·论文》中。

黄初七年（226年），南征归来的魏文帝曹丕，率疲敝之卒回到了许昌。10万大军出征，却隔着浩荡的长江对吴束手无策，归途中还被500人弄得惊慌失措，实在让他感到耻辱。在即将进城前，许昌的南城门突然倒塌。曹丕认为此乃不祥之兆，就决定不进城，转头去了洛阳。不想他刚到洛阳就一病不起了，弥留之际，他下令立曹叡为太子，司马懿为辅政大臣。这年五月，文帝曹丕在洛阳病逝，终年40岁，葬于首阳陵（今河南渑池首阳山南）。曹丕在位7年，他雄图伟略，文采风流，对中国历史影响深远。

三国·蜀

昭烈帝刘备

蜀汉昭烈帝档案：

生卒年：161~223年

父母：父，刘弘；母，不详

后妃：吴皇后、甘夫人、糜夫人、孙夫人

年号：章武

在位时间：221~223年

谥号：昭烈帝

庙号：烈祖

陵寝：四川惠陵（武侯祠正殿西侧）

性格：深沉宽厚，大仁大义

汉昭烈帝名叫刘备，是蜀汉王朝的开国皇帝。刘备是西汉中山靖王刘胜之后，刘弘之子。他以仁厚著称，善于用人，皇族意识很强，以光复汉室为己任，在乱世之中开创了蜀汉基业。

桃园结义 乱世起兵

刘备，字玄德，东汉延熹四年（161年）生于涿县（今属河北）。从血统上说，刘备确实是"帝室之胄"，他的先祖刘胜，是西汉景帝刘启的儿子、汉武帝刘彻的兄弟，曾受封为中山靖王。刘胜一生享尽荣华，死了都是金装玉裹。今在河北满城出土的金缕玉衣就是他的，可见其荣耀。不过，由于汉武帝实行"推恩令"，把诸侯王的属地一代代分割给子孙，到了刘备的父亲刘弘这一代，就剩下一个汉室皇孙的名义了。刘备的父亲刘弘曾做过州郡一级的小官，不过他死得很早，留下刘备与母亲相依为命。刘备从小家境贫寒，只好自己编织一些草鞋、凉席拿到街上去卖，以此来维持生计。

刘备从小就不喜欢读书，他喜欢结交豪杰，想做大人物。渐渐地，刘备在涿县一带认识了不少朋友，有了一点儿名气。

刘备一直都想做大事，在他24岁时，机会终于来了。东汉灵帝光和七年（184年），爆发了黄巾大起义。东汉朝廷派兵镇压起义军时，各地的军阀豪强也纷纷打着讨贼的旗号起兵，占地为王，扩充自己的实力。刘备也在地主乡绅的资助下，趁机招兵买马，拉起了一支队伍，参与镇压起义军。这期间，他结识了一生中最重要的两个人物：张飞和关羽。关张二人是应招而来的，他们与刘备意气相投，于是就在桃园结拜为兄弟。后来这二人为刘备的江山大业立下汗马功劳，桃园三结义成为了历史上的一段佳话。

凭着镇压黄巾军的功劳，刘备被封为安喜（今河北定县东）县尉。胸怀大志的刘备对小小的县尉一职并不满足，正好这时郡太守派下来巡查的督邮到处敲诈勒索。督邮见刘备没有给他送礼，就要撤他的职。刘备一气之下，带人冲到督邮的住处，把他绑到树上，用马鞭狠狠地抽了100多鞭，还不解气，要杀了督邮，吓得他连连求饶。刘备就把自己的官印挂在他的脖子上，然后扬长而去。当时东汉朝廷忙着剿灭黄巾军，也没人来问刘备的罪。

刘备弃官后，就带着自己的一帮人马去投奔早年结交的好友，幽州军阀公孙瓒。公孙瓒任他为平原县令，后来又做了平原国相。此时天下大乱，军阀混战，百姓流离失所，许多有才之士也颠沛流离。刘备虽然官位不大，但他为人正直，遇人宽厚，且他在平原既能抵御外敌，又能积聚粮草，于是许多人都来投奔他。刘备对投奔而来的人非常照顾，与他们同桌而食，同席而卧，很得人心。刘备的好名声就渐渐传开了。

此时军阀混战更加激烈，袁绍率兵攻打公孙瓒时，曹操也带兵讨伐徐州牧陶谦。陶谦派人向公孙瓒求救，公孙瓒自顾不暇，就派了刘备去援助陶谦。这时刘备的实力很弱，他手下除了1000多名士兵，就是几千归附的饥民。他带着这样一群人来到徐州，陶谦只好又给了他4000兵士，任他为豫州刺史，让他据守小沛（今江苏沛县）。不久，陶谦病重，临死前，他嘱咐部下糜竺，说："只有刘备才能安定徐州。"就这样，刘备接管了徐州，一跃而跻身到大军阀的行列。

四处流浪 寄人篱下

刘备成为徐州牧后，还没来得及大发展，就惹上了麻烦。临近徐州的淮南大军阀袁术，本想趁着陶谦新死，自己占据徐州，没想到让刘备抢了先，于是袁术就率兵攻打刘备。刘备手下兵力不足，勉强迎战，没想到袁术又勾结了吕布来围攻他。刘备抵挡不住，只好去投靠曹操。吕布趁机自封为徐州刺史。

刘备为人仁义，又很会笼络人心，名气已经传遍了天下。曹操见他来投奔，十分高兴，就举荐他为豫州牧。豫州牧只是一个虚衔，不过也给刘备带来了更高的声望。曹操又分了一些兵力给刘备，让他回小沛收集余部，攻打吕布。曹操又亲自率军夹击吕布，将吕布活捉了。吕布向曹操求饶，表示愿意归顺。曹操爱惜吕布勇猛，有些心动。刘备在旁边，就以吕布侍奉丁原与董卓之事来提醒他。曹操想想，也觉得这样出尔反尔的人的确不能用，就杀了吕布。曹操带着刘备回到许昌，又上表推荐他做了左将军。

刘备来到许昌后，见到了被曹操挟持的汉献帝刘协。刘协一直不满做傀儡皇帝，正与董承、王服等人密谋诛杀曹操。因为刘备是汉室后裔，他们见到刘备十分高兴，刘协还称刘备为"刘皇叔"。从此刘备的皇叔之名天下皆知，成为他以后最大的政治资本。刘备一直想兴复汉室，自然答应与他们合作起事，并从董承手中接过了汉献帝血书的"衣带诏"。

刘备虽答应参与诛曹，但他为人十分谨慎。曹操是个多疑的人，表面上厚待刘备，实际上对他戒心很重。刘备也怕遭曹操猜忌，就深居简出，对外事一律不关心，他甚至在自己住的院子里锄地种菜。一日，刘备正在浇菜，曹操派人请他，刘备只得胆战心惊地去见曹操。拜见后，曹操不动声色地对刘备说："在家做得大好事！"说者有意，听者更有心，这句话吓得刘备面如土色。曹操又转口说："你学种菜，不容易。"这才使刘备稍稍放下心来。二人在小亭中坐下，煮上一壶青梅酒开怀畅饮。曹操兴起，谈论天下英雄。他让刘备说说当世谁是英雄。刘备随口说是袁绍，让曹操否定了。此时天空阴云密布，大雨将至。刘备问曹操谁能当英雄，曹操单刀直入说："当今天下英雄，只有你和我两个！"刘备以为自己的野心暴露，吓得筷子都掉了。正巧此时雷声大作，大雨倾盆。刘备灵机一动，从容地低下身拾起筷子，说是因为害怕打雷，才掉了筷子。曹操见刘备如此懦弱，也就放松了对他的戒备。青梅煮酒论英雄也由此得来。刘备怕曹操再猜忌自己，就暗中备好了退路。等到曹操再次想到刘备时，他早已跑得没了踪影。

刘备离开曹操后跑到徐州，立即杀了徐州刺史车胄，然后将汉献帝血书诛曹的诏书公告天下，公开打起了反曹的旗帜。很快就有郡县响应，归附了刘备。曹操追悔莫及，马上出兵攻打刘备，但未能取胜。

建安五年（200年），董承等人还没行刺曹操，就被曹操发觉了。曹操处死他们后，得知刘备也参与了密谋，他盛怒之下，就亲自领兵去讨伐刘备。刘备寡不敌众，只好去投奔袁绍。而刘备的妻子和大将关羽都被曹操擒获。曹操爱惜关羽的才华，就厚待关羽。关羽见此时形势不利，又为了保全刘备的家眷，就投降了曹操。但是关羽很重义气，他向曹操提了三个条件：一是只降汉室不降曹操；二是要求曹操礼待刘备的妻儿；三是一旦得知刘备的消息，他立刻去追随。关羽对刘备的这番情意，连曹操也很感动，加上他实在是喜欢关羽，就答应了关羽的请求。

刘备去投奔袁绍，这时袁绍与曹操的争战已经持续了很久。袁绍以为自己多了一分抗曹的力量，十分高兴，就以隆重的礼节接待他。不久，那些溃散的兵士又跑回来追随刘备，刘备的元气就逐渐恢复了。袁军与曹军相持在官渡（今河南中牟附近），袁绍让刘备带兵袭击曹军的后方。这时，得知刘备消息的关羽，带着刘备的妻儿逃了过来，张飞也回来了。刘备见兵力完全恢复，就改为率军攻打曹操的根据地许昌。不久，袁绍在官渡之战中全军覆没，刘备没了依靠，就南下投奔荆州太守刘表。

刘表与刘备同为汉室宗亲，他才能平庸，虽拥兵10万，但没有太大的作为。他客客气气地接待了刘备，不过心里却对这位同宗很猜忌。他就让刘备驻扎在荆州北部的偏远小城新野（今河南新野），防备曹军南下。

三顾求贤 功成三分国

刘备一向很有雄心大志，但是起事以来一直不顺，没有自己的根据地，四处寄人篱下，十分狼狈，好在他始终积极努力。刘备在刘表麾下暂时安定下来后，就仔细分析自己失利的原因，他得出结论：自己实力不足，虽有关羽和张飞这样的猛将，但缺乏出众的谋士。于是，他决定寻访贤才。

刘备求贤的路并不顺利。襄阳谋士徐庶前来投奔，他很有才干，一到刘备军中就指挥军队打了好几场胜战，夺下了樊城。结果曹操知道了这事，就派人把徐庶的母亲捉去，又伪造徐母的家书，把徐庶骗到了曹操这边。不过徐庶感激刘备的知遇之恩，发誓不会为曹操出谋献策。这也就留下了"身在曹营心在汉"的佳话。徐庶走前，向刘备推荐了更有才华的诸葛亮。正是有了这个神机妙算的南阳卧龙，刘备才成就了一番事业。

为了显示自己的诚意，刘备带着关羽和张飞亲自到诸葛亮隐居的隆中去拜访。恰巧诸葛亮外出未归，刘备只好失望而归。不久，刘备又带着关张二人，冒着风雪二次拜访，不料诸葛亮又外出闲游了。刘备不死心，又要带着关张第三次拜访。关张二人吃两次闭门羹，心中有气，就说诸葛亮也许徒有虚名，未必有真才实学，不愿意再去。张飞性格鲁莽，更是要用绳子把诸葛亮捆来。刘备责备了二人，坚持再请诸葛亮。三人来到诸葛亮家，诸葛亮正在睡觉，刘备不敢惊动，耐心等候，直到诸葛亮醒来，才彼此坐下谈话。诸葛亮才华出众，并不甘心隐居度过一生。他也想以自己的学识，做出一番事业，只是还没有遇到伯乐。诸葛亮见刘备实在是很有诚意，就答应出来全力帮助他。这也为后人留下了"三顾茅庐"的典故，他们的谈话被称为"隆中对"，也流传千载。

有了诸葛亮的相助，刘备的政治生涯开始发生转折。在"隆中对"中，诸葛亮为刘备制订了夺取荆州、益州，三分天下，兴复汉室，成就帝业的计划。

赤壁之战后，刘备趁机占领了荆州。接着，就向益州进发。益州主要包括四川一带，不仅地势险要，而且物产丰富。益州牧刘璋也是汉室宗亲，软弱无能，他畏惧曹操，就派手下张松去拜见曹操，可是曹操对张松很冷淡。张松又顺便去拜访了刘备，刘备对他十分热情。于是，张松回去后就在刘璋面前说曹操的坏话，又极力称赞刘备。刘璋降曹的事就没有成功。而刘备站稳荆州后，就带兵攻打益州。由于地势险要，刘备用了三年多的时间，终于逼得刘璋向他投降。

诸葛亮在"隆中对"里为刘备规划的宏伟蓝图，至此就真正实现了。荆州和益州两州之地被刘备纳入囊中后，他就有实力去与曹操、孙权分庭抗礼。自184年涿县起兵，到现在整整30年，54岁的刘备终于完成了三分天下的大业。

成都称帝 白帝托孤

刘备艰难地夺取了益州，不过接下来他打了一场胜仗。由于汉中地势险要，是巴蜀的咽喉要道。刘备占领了益州，就想进一步夺取汉中。不想曹操动作快，派夏侯渊、张郃、徐晃等人镇守汉中。219年，蜀魏为争夺汉中，在这里发生了起决定性作用的著名战役——定军山之战，蜀汉老将黄忠刀劈夏侯渊于定军山下，挫败了曹魏之锐气，使蜀汉夺取了汉中。刘备乘胜把附近的几个郡也拿到手。219年秋天，凭借雄厚的基础，59岁的刘备在手下的拥戴下做了汉中王。

刘备当了汉中王，他的事业达到了顶峰。不过，他的势力日益强大，引起孙权的不满，双方关系开始恶化，争夺的焦点集中在荆州。荆州本是赤壁之战后孙权借给刘备牵制曹操的。在刘备占领益州后的第二年，孙权就要讨回荆州。刘备自然不肯，就找借口拖延。这就是后人常言"刘备借荆州，一借永不还"的典故。孙权要不回荆州，恼怒之下，就伺机要对刘备开战。219年，刘备与曹操在汉中交战时，关羽以荆州为基地，也出兵进攻曹军镇守的襄阳和樊城。关羽"水淹七军"，擒于禁，斩庞德，败曹仁，令曹军闻风丧胆。曹操派人联合孙权，孙权觉得夺回荆州的机会来了，就与曹操共击关羽。关羽因为屡屡得胜，有些骄傲，战略不当，结果被魏吴两军击败杀死。关羽一向骁勇，威名赫赫，他兵败被杀的消息传到蜀汉，全国震惊。刘备万分悲痛，愤而决定攻打东吴，夺回荆州，为关羽报仇。

这时，曹操突然病死，他的儿子曹丕继位为魏王。没过多久，曹丕就篡汉称帝了。接着又有谣传，说汉献帝已经被害死。刘备是汉室子孙，一向以兴复汉室为己任。于是，蜀汉章武元年（221年），在诸葛亮等人的拥护下，61岁的刘备在成都称帝，国号为汉，即后人所称的蜀汉。刘备就是蜀汉昭烈帝，他封诸葛亮为丞相。

因为荆州失守，刘备以后想进中原就只有汉中一条路，十分被动，所以他一称帝，就立刻起兵伐吴，其实此时刘备的实力根本不足以与魏、吴抗衡。大将赵云等人纷纷劝阻，可刘备一意孤行。刘备让诸葛亮留在成都辅佐儿子刘禅处理朝政，然后下令调集全国的人马准备出兵。他派人通知了车骑将军张飞率兵到江州与他会师。可因为张飞性格粗暴，经常打骂部下，将士都对他十分不满，结果他刚到江州就被手下张达、范疆暗杀了。这样，刘备还没出兵，就损失了一员大将。

刘备举全国之力讨伐东吴，来势汹汹，很快就兵临秭归。蜀军击败吴军，拿下秭归，打开了通向东吴的门户。222年，刘备率蜀军沿江而下，继续攻吴。孙权见刘备声势浩大，就派人求和，却遭到了刘备的拒绝。这年六月，两军相持在猇亭（今湖北宜昌）。因为天气炎热，刘备就下令蜀军在山林茂盛处安营，又下令各营结成连营，以防吴军各个击破。其实刘备对军事并不太懂，身边也缺少将才，他犯了兵家的大忌。各营在山林中相连，天气又热，若用火攻，将无处可逃。吴将陆逊很有眼光，早就看准了这一点。两军相持已久，趁着蜀军懈怠，陆逊指挥吴军火烧连营。蜀军惨败，刘备带着残兵逃到白帝城。

猇亭惨败使得蜀军元气大伤，刘备难以承受这个沉重的打击，在白帝城一病不起。章武三年（223年）四月，刘备病情严重，他急召太子刘禅与丞相诸葛亮到白帝城。太子无能，刘备担心他无法继承大业；丞相诸葛亮才华盖世，刘备也担心他忠诚不够。于是，刘备嘱托诸葛亮："你才华盖世，胜过曹丕十倍，必能定国安邦，成就大业。若太子可以辅佐，你就辅佐他；若他无能，你就代他自立吧！"诸葛亮听了这话，立即拜倒在地，哭着说："臣一定辅佐太子，鞠躬尽瘁，死而后已。"刘备安排好了身后事，大限已至。

刘备称帝2年，享年63岁。他在乱世中创立了蜀汉基业，他的宏图伟志为人敬仰，他善于用人也为后人所称道。

后主刘禅

蜀汉后主档案：

生卒年：207~271年

父母：父，昭烈帝刘备；母，甘夫人

后妃：两位张皇后、王贵人等

年号：建兴、延熙、景耀、炎兴

在位时间：223~263年

谥号：怀帝

庙号：后主

陵寝：无

性格：没心没肺，昏庸无能

蜀汉后主名叫刘禅，是蜀汉昭烈帝刘备的长子，蜀汉王朝的第二位皇帝。223年，刘备在白帝城病死，17岁的刘禅继位为帝，改元建兴。

刘禅，小名阿斗，是刘备的夫人甘氏之子。当年刘备依附刘表，后来曹军来犯，刘备败走。甘夫人和阿斗被大军包围，幸亏有猛将赵云相护，才逃得性命。当赵云抱着襁褓中的阿斗递给刘备时，刘备把他摔在地上说："为了你这孺子，差点损我一员大将！"一句话让赵云感动得肝脑涂地，更是一生对刘备忠心耿耿。刘备虽然会用人，但却没有培养出一个出色的儿子。刘禅才能平庸，实在不是做大事的料。不过刘备临终前还是把帝位传给了他，并任诸葛亮为丞相，辅佐刘禅。

刘禅继位后，也很有自知之明，知道自己没什么大才，就只管些礼仪之类的小事，军国大事都由诸葛亮决定。他曾说："政由葛氏，祭则寡人。"诸葛亮对刘备的知遇之恩十分感激，加上刘备临终托孤的一番话，他对蜀汉更是忠贞。鞠躬尽瘁、死而后已的精神，让他发挥得淋漓尽致。

诸葛亮对刘禅很尊重，但是对他的保护却实在是过度，这也导致了刘禅缺少锻炼，根本没有执政能力。诸葛亮天赋过人，才华盖世，作为丞相，对朝中政事处理得游刃有余。同时，他又以长者的身份教导刘禅，让刘禅读书习武，掌握治国本领。刘禅其实并不愚钝，但诸葛亮自己才高，眼光也高，苛求完美，所以对刘禅的能力总是不放心。于是诸葛亮把持朝政，虽然他的确没有篡位的野心，但朝中事，无论大小，他都亲力亲为，没给刘禅一点亲政的机会。诸葛亮确实很有能力，他勤于内政，发展生产，经济很快就兴盛起来，从而赢得了蜀地人民对蜀汉政权的拥护。在对外上，他仍然坚持联吴抗曹，他派邓芝出使东吴，说服孙权与曹魏断交，蜀吴重新修好。蜀国内外安定，经济很快恢复了。

建兴三年（225年），诸葛亮见蜀汉经济好转，就开始率军亲征，去平定南中的叛乱。南中少数民族首领孟获，勇猛过人，在当地很有威信。

诸葛亮觉得武力征服不是长久之计，要使他们内心臣服才是根本。于是，诸葛亮七次擒获孟获，又七次放了他，终于降服了他。从此，南中政治稳定，经济也快速发展起来。诸葛亮还从少数民族中选拔勇士，组成了一支精锐部队，号称"飞军"。

227年，刘禅已经21岁了，依然没有掌权。而丞相诸葛亮在修缮内政、治理周边之后，就准备北伐曹魏，进军中原。临行前，他还是对刘禅亲政不放心，他把朝中各级官员都安排妥当后，还向刘禅进了一道奏章，劝诫刘禅要亲贤臣，远小人，励精图治。这封奏章就是流传千古的《出师表》。用心虽好，但也可以看出诸葛亮对刘禅根本不放权。

诸葛亮凡事亲力亲为的做法，导致内政上刘禅无能，也导致军中没有将才。关羽、张飞死后，蜀军中就再也没有成长起来一位能征善战的大将。蜀军北伐时，魏国皇帝是曹丕的儿子曹叡，他派遣大将军司马懿和张郃西上拦截蜀军。司马懿和张郃都是智勇双全的名将，蜀军遇上了这样的劲敌，诸葛亮自然不敢掉以轻心，可惜他偏偏用人失误，将军事重地街亭交给徒有虚名的马谡把守。结果街亭失守，蜀军北伐被阻，被迫退回汉中。诸葛亮非常自责，上书刘禅请求处分。刘禅安慰他"胜败乃兵家常事"，最终诸葛亮自贬三级，代理丞相。不久后，刘禅又恢复了他的丞相一职。

234年，诸葛亮联合东吴，再次北伐。这年四月，诸葛亮兵出斜谷，到了渭水南岸的五丈原（今陕西岐山县境内），与司马懿大军对峙。诸葛亮设计火烧魏军，可惜竟然天降大雨，计划最终失败。诸葛亮摇头叹息："天不佑汉！"东吴军队出师也不利，损兵折将后，吴军撤退回国。诸葛亮再次攻魏，可司马懿据险不出，诸葛亮无计可施。由于常年劳累，思虑过度，诸葛亮最终病死在五丈原。临终前，他安排蒋琬接替丞相之位，并把退兵的事情也安排妥当。最终蜀军得以全军顺利退回成都。为了表彰诸葛亮的功绩，刘禅敕封他为忠武侯，葬在定军山。

诸葛亮死了，刘禅还是没有亲政。接替丞相之职的蒋琬也很能干，把国事处理得井井有条，但他管不了刘禅。没有人再约束自己，刘禅很快就过起了歌舞享乐的日子。蜀汉延熙九年（246年）冬，蒋琬也因积劳成疾病终。40岁的刘禅终于亲政，不过多年的养尊处优，使得他把兴趣放在享乐上，对国事并不上心。辅佐他的大将军费祎也很能干，想积蓄力量，再次北伐，可惜很快就被假投降的魏将刺杀了。费祎死了，继任的姜维也是个人才。可惜他几次北伐，都没有成功，反而白白损耗了国力。263年，魏军兵分三路伐蜀，蜀将姜维镇守天险剑阁，不料魏国大将邓艾避开剑阁，绕道直取成都。后主刘禅不战而降，蜀汉正式灭亡。

刘禅投降时，魏国政权实际上已经转到了司马昭的手中。司马昭封刘禅为安乐公。一次，他设宴招待刘禅和一些蜀国旧臣。席间司马昭故意安排了蜀地的歌舞，看得许多老臣暗暗垂泪，而刘禅却看得津津有味。司马昭就问他："你想不想念蜀地家乡？"刘禅答道："在这里过得很快乐，不想蜀地。"这就是成语"乐不思蜀"的由来。司马昭见他成不了气候，也就容留他活了下来。

271年，刘禅病终，享年65岁。他在位40年，没有什么作为，他把蜀汉送上了亡国之路。投降后又过了近10年形似囚徒的生活，也许正是他"乐不思蜀"，才得以苟活性命。

三国·吴

🐉 大帝孙权

吴大帝档案：

生卒年：182~252年

父母：父，孙坚；母，吴氏

后妃：谢夫人等

年号：黄武、黄龙、嘉禾、赤乌、太元、神凤

在位时间：222~252年

谥号：大皇帝

庙号：太祖

陵寝：江苏蒋陵

性格：礼贤下士，多谋善断

　　孙权，三国时吴国的开国皇帝。他承袭兄长之职上位，礼贤下士，从谏如流，处事果断，精明能干，最终开创了吴国的霸业，成为三国时期与曹操、刘备抗衡的枭雄，促使三国鼎立的局面最终形成。

少年英年　秉承兄志

　　孙权，字仲谋，吴郡富春（今浙江富阳）人，是长沙太守孙坚的次子。孙权10岁时，父亲孙坚为帮袁术抢夺荆州战死。孙权就随兄长孙策去投奔袁术，从此，正式开始了军营生活。孙氏兄弟带着人马南北征战，很快成为江南最大的豪强。

　　孙权虽然年幼从军，但他聪慧有谋，而且性情豪爽，襟怀坦荡，好养侠士，很快就有了一定的声望，甚至赶上了他的父兄。孙策出兵江东时，年仅14岁的孙权为他出谋划策，立下卓绝的战功。孙策很赏识弟弟的才干，就委任他为阳羡（今江苏宜兴一带）县长。这一年，孙权才15岁。

　　200年，曹操与袁绍打仗，孙策想出兵偷袭许昌，结果还未出兵，就被吴郡太守许贡手下的门人刺伤而死，年仅26岁。临终前，孙策把官印授予孙权，希望他带领江东将士，与天下英雄一争高下，并嘱咐部下支持孙权。这样，年仅19岁的孙权就挑起了统辖江东的重任。

　　孙策新丧，江东形势不稳。孙权年少，势力孤单，内忧外患，困难重重。幸亏孙策为他留下了两个得力助手：张昭和周瑜。当时许多江东豪杰见没了孙策，对年轻的孙权就不放在眼里了，他们有的徘徊观望，有的想

另投新主。关键时刻，周瑜从巴丘率兵前来，稳住了军心。接着周瑜又和张昭一起，说服群臣团结起来，共同拥护孙权。江东的人心这才逐渐安定下来。孙权在二人的帮助下，终于度过了最艰难的时期。

形势一稳定，孙权就开始集中精力发展江东。他以师傅之礼待功勋老臣张昭，并把内政交给张昭打理。张昭注重对百姓施行仁政，他减轻赋税徭役，鼓励发展生产，促进贸易往来，在他的治理下，江东经济很快就繁荣起来。孙权又把军事交给周瑜全权负责。周瑜招募兵士，扩大队伍，更新武器装备，又重点训练水军，使孙权的军事力量也很快增强了。孙权对两位大员委以重任，他自己也没闲着，就专门抓招揽人才之事。他招纳名流，礼贤下士，许多文武人才都投奔江东。三国名士鲁肃，诸葛亮之兄诸葛瑾等投身到孙权的麾下。

孙权有了这些人力物力储备，就开始征伐不服自己统治的人。庐江太守李术不愿听从他的统领，于是孙权带兵讨伐李术，最后李术兵败被杀。在孙氏家族内部，孙权的叔伯哥哥孙辅想夺权，就写信给曹操，邀他一起对付孙权，不料送信的人把信给了孙权。孙权不动声色，把孙辅的心腹杀了个干净，又把他赶到东部监管起来。经过这样一番努力，孙权的统治终于稳固了。

孙权治理江东几年，辖内已经比较稳定，建安十三年（208年），26岁的孙权开始进行他宏伟蓝图的第二步：讨伐黄祖。黄祖时任江夏太守，占据长江上游。孙权以大将吕蒙为先锋，杀了黄祖部下都督陈就，最终黄祖兵败溃逃，吴军占领夏口（今湖北武汉）。从此江东浑然一体，都成了孙权的领域。

如愿称帝　昏聩误国

魏、蜀、吴三足鼎立，为了各自的利益，他们相互间既联合又征战。孙权实力不断增强，他夺回荆州的计划也从没放弃。他多次催促刘备归还荆州，可刘备百般托词，就是不还。孙、刘于是反目。219年，恢复元气的曹操又与刘备在汉中打起来。驻守荆州的关羽出兵袭击襄阳和樊城，他水淹七军，大获全胜。曹操于是又与东吴联合，抗击蜀军。孙权早想夺回荆州，就与曹操夹击蜀军。他派大将吕蒙统兵攻打荆州，驻守荆州的关羽孤立无援，又十分轻敌，结果兵败被杀。于是孙权顺利地夺回了荆州。孙权夺荆州，杀关羽，使得蜀汉震惊。刘备更是决定举全国之力，要夺回荆州，为关羽报仇。此时曹操已经病死，其子曹丕继位，并篡汉自立称帝。孙权就向曹丕称臣，与曹魏进一步拉好关系，好全力对付刘备。刘备在成都称帝后，于222年，率军亲征，讨伐东吴。孙权派陆逊为将，率兵迎战。两军在猇亭（今湖北宜昌）相持。刘备不懂军事，在六月酷暑时节，命令蜀军在山地丛林中安营，并连成一片。陆逊乘机火烧蜀军，刘备败逃到白帝城，并且病死在那里。

解决了刘备这个威胁，孙权并不敢掉以轻心。猇亭之战后，孙、刘实力都削弱了，孙权最担心的还是北方的曹魏。于是，他仍然低调行事，一面对曹魏俯首称臣，一面与蜀汉积极搞好关系。不过，他对曹魏低头只是暂时的，曹丕让他把儿子送到魏国为质，他就没答应，可见他雄心未泯，只是暗中积聚力量而已。等到局势稳定下来，孙权就正式与曹魏反目了。229年，孙权正式称帝，国号为吴，改元黄龙，历史上称他为吴大帝。

孙权少年得志，一生兢兢业业，英明果断，可当了皇帝，就开始昏庸起来了。孙权称帝时47岁，人到暮年，脾气大变。他变得好大喜功，宠信小人，猜忌忠臣，做事情也独断专行，与以前相比，简直判若两人。

为了监视朝廷官员，孙权还在东吴嘉禾三年（234年）专设了校事、察战两职。这样一来，贤臣们更加与皇帝疏远了。很快，孙权的身边就剩下一群谄媚逢迎的小人，朝政也日益腐败。孙权对自己的儿子也不放心，在太子孙登病逝后的9年时间里，第二任太子孙和被废黜，他的四子孙霸被处死，最后幼子孙亮被立为太子。孙权几废太子，对吴国的政权产生了很大的影响，也为后来吴国灭亡埋下了祸根。

东吴太元元年（251年）冬，孙权到南郊祭天地后就中风了，从此病势日渐沉重。第二年四月，孙权病终，时年71岁，谥号"大皇帝"，庙号"太祖"。他称帝后在位23年，开创了吴国大业，一生既为枭雄，又为昏君，不过后人对他褒扬的还是占多数。

会稽王孙亮

吴会稽王档案：

生卒年：243~260年

父母：父，大帝孙权；母，潘氏

后妃：全皇后

年号：建兴、五凤、太平

在位时间：252~258年

谥号：无

庙号：无

陵寝：无

性格：聪明能干，英察冲动

孙亮，字子明，是东吴大帝孙权的第七子，东吴第二位皇帝。他幼年即位，聪明伶俐，然而朝政由权臣把持，他有心除奸，却因盲目冲动，反被奸臣所害，英年早逝，令人惋惜。

孙亮生于243年，是孙权最小的儿子。孙权有7子3女，孙亮是他62岁时所生，老来得子，加上孙亮从小就聪明，所以孙权对他特别宠爱。东吴赤乌十三年（250年），孙权正式立8岁的孙亮为太子，全氏女为太子妃。两年后，孙权病死，孙亮就继位称帝了。

孙亮10岁就当了皇帝，自然不能亲政，由中书令孙弘和诸葛恪共同辅佐。孙弘与诸葛恪素来不合，孙弘就想趁孙权刚驾崩的机会除掉诸葛恪。侍中孙峻发现了他的计谋，就偷偷告诉诸葛恪。结果诸葛恪先下手为强，杀了他。诸葛恪乃是当年与鲁肃一起投奔孙权的诸葛瑾之子，是蜀汉名相诸葛亮的侄子，不过他可不像自己的父亲和叔叔，而是一个奸诈的政客。他杀了孙弘后，就以大将军兼太师太傅的身份，总领吴国的军政大权。诸葛恪是名门之后，还是很有才干的。孙权曾设校事、察战两职来监察百官，这项措施很失人心。诸葛恪上任初始，就将此废除了，由此赢得了众多大臣的拥戴。他宽仁治国，赦免逃犯，免除关税，时时关注民众，很快就赢得了人心，有了声望。诸葛恪把国内的事情理顺了，就想在军中树威。东吴新帝登基，朝政不稳，加上国力有限，朝中大臣都反对用兵，可诸葛恪一意孤行，发兵20万讨伐魏国。劳师动众，自然失了民心。结果出师不利，被魏国打败后灰溜溜地回来了。他回国后不仅不反省自身，还埋怨朝廷不支持自己。由此诸葛恪引起了朝臣的普遍不满。

皇帝孙亮虽然年幼，却很懂事，他不甘心做傀儡皇帝，就想除掉诸葛恪。武卫将军孙峻曾在孙弘要杀诸葛恪时，为之通风报信，可是后来诸葛恪并没有感激，反而轻视侮辱。孙峻一直怀恨在心，见小皇帝想除掉诸葛恪，就主动与他合谋。253年十月的一天，孙亮与孙峻筹备好一切，就请诸葛恪赴宴。筵席之上，孙峻早已埋伏好的军士趁机杀了诸葛恪。后来孙峻还诛灭了诸葛恪的三族。

诸葛恪死了，孙峻做了太尉，朝政大权也转到了他手中。小皇帝孙亮还是无权。孙峻品行低劣，还比不上诸葛恪。他生活淫乱，不仅奸污宫女，还与全公主私通，名声极坏。他还滥用刑罚，杀害忠良，引得朝中群臣激愤。不过还没等到众人讨伐，孙峻就病死了，他的堂弟孙綝承袭职位，继续专权。

孙亮除掉了诸葛恪，又来了孙峻；孙峻死了，又有孙綝。他见依靠外力根本不行，就只好靠自己。他从官家子弟中挑选了3000人作为自己的亲卫军，并选拔出才能出众的作为统帅，日日加紧训练。

孙亮不仅有胆识，而且很有判断力。有一天，他走出西苑，正吃着生梅，就派宦官去宫中的仓库取蜂蜜来浸渍梅子，可取来的蜂蜜中竟然发现有老鼠屎。孙亮没有发怒，而是把管仓库的官吏与取蜂蜜的宦官叫到一起询问。他先问管仓库的："宦官有没有从你这要过蜂蜜？"官吏回答说："他曾经要过，但宫中的东西，我实在不敢给他。"宦官大呼冤枉，左右的人也请求交给监狱官来查此事。孙亮说："这个很容易弄清楚。"他命人剖开老鼠屎，发现里面是干燥的。孙亮说："老鼠屎如果在蜜中很久了，里面一定湿透；现在里面还是干的，一定是宦官后来加入的。"宦官只好认罪。

皇帝聪慧过人，让大臣们很高兴，不过孙綝可就不放心了。他眼见孙亮小小年纪就开始自己训练军队，这样下去一定会威胁自己的地位。于是，就决定除掉这个聪明早熟的小皇帝。其时，孙亮也在谋划铲除孙綝之事。东吴太平三年（258年）九月，孙亮召集了岳父全尚、姐姐全公主和将军刘丞等进宫商议除孙綝之事。可惜这些人都懦弱无能，根本不敢行事。孙亮既恼怒又无奈，只好自己想办法。可是全尚之妻孙氏乃是孙綝的堂姐，她偷偷向孙綝告密。孙綝突然出击，孙亮措手不及，加上人少力单，最终失败收场。

孙亮事败，被废了帝号，贬为会稽王。孙亮的六哥孙休做了皇帝，孙亮被押赴封地会稽（今浙江绍兴）。东吴永安三年（260年）秋，受尽屈辱的孙亮自杀而死，死时年仅18岁。孙亮10岁为帝，在位6年，短短一生，始终在与权臣斗争，实在可怜可敬。

晋・南北朝

晋·西晋

武帝司马炎

晋武帝档案：

生卒年：236~290年

父母：父，司马昭；母，王元姬

后妃：杨皇后、赵夫人等

年号：泰始、咸宁、太康、太熙

在位时间：265~290年

谥号：武皇帝

庙号：世祖

陵寝：河南峻阳陵

性格：荒淫奢靡，深沉宽仁

晋武帝名叫司马炎，是司马昭长子，西晋王朝的第一位皇帝。他结束了动乱的三国争雄时代，使中国再次统一。他在位前期励精图治，与民休息，繁荣了西晋经济；但到了后期就耽于淫乐，纵欲无度，在他的影响下，西晋淫靡之风盛行。

长子得立 以柔治国

司马氏篡夺曹魏政权是经过几代人努力的。司马懿曾是曹操手下名将，后来又为曹丕征战多年。他足智多谋，多次打败蜀汉丞相诸葛亮的北伐，在曹魏政权中占有举足轻重的地位。曹芳称帝时，司马懿已经独揽大权。

后来司马懿病死，长子司马师继续专政。到了曹髦即位，司马师病死，弟弟司马昭承袭兄长的职位，继续专权。有了父兄多年积累的基业，司马昭就等着时机成熟，篡位自立了。

司马炎是司马昭的长子，他雄才大略，又跟随在祖父、伯父和父亲身边多年，积累了不少征战和从政的经验，是个很能干的人。按照封建时代立嫡长子为嗣的规矩，他本应是毫无疑问的继承人。可父亲司马昭却更喜欢另外一个儿子司马攸。司马攸为人亲和平易，重贤好儒，是位很有才华的儒雅之士。司马昭把他过继给自己的哥哥司马师为子，打算立为世子。后来司马师死了，司马昭仍然想将司马攸立为世子。但是许多朝臣都反对这种做法，他们的理由是历史上废长立幼引起的祸端实在太多。司马昭最终同意了群臣的意见，司马炎这才有惊无险地坐上太子之位。265年八月，司马昭中风不治病逝，司马炎继位。十二月，司马炎取代曹魏，自立为帝，国号为晋，定都洛阳。他就是晋朝的开国皇帝晋武帝。

司马炎当上皇帝后，并没有放松，因为朝中的局势他心里十分清楚。司马家两代三人的努力换来的大业，不过都是建立在对曹魏皇室及附属势力的残酷杀戮之上的，所以司马政权并不得人心。另外，蜀汉虽然灭亡了，但东吴还存在，虽然实力不比西晋，但经过三代帝王的积淀，根基还是很雄厚的。

内忧外患并存，司马炎决定先治理好内政。首先，他善待魏蜀亡国之君。他封魏元帝曹奂为陈留王，并允许他保留天子仪仗，上书不用称臣；他又封蜀后主刘禅为安乐公，并加封为驸马都尉，还解除了对汉室的禁锢。这一举措缓和了内部矛盾，也稳定了原曹魏和蜀汉的人心。而此时东吴的皇帝孙皓贪婪残暴，倒行逆施，司马炎的措施也赢得了东吴的人心，为日后灭吴打下了基础。其次，司马炎对百姓实行怀柔政策。经过多年战乱，社会动荡，民生凋敝。晋朝政权要想稳固，就必须宽仁行政，而皇帝司马炎也的确是以无为与宽松政策作为立国精神。268年，司马炎在诏书中明确指出，要用无为之法统领全国，以保大晋江山。他要求群臣考证法典，减轻刑罚。又给郡国下了五道诏书，要求他们端正自身，勤于民事，抚恤孤寡，发展农业，并削减官吏，减轻百姓负担。司马炎的举措很得人心，西晋的经济也开始迅速复苏。

司马炎不仅优抚百姓，而且提倡节俭，并以身作则。司马昭病逝，在后事安排上，司马炎要求不扰民，俭葬，并且陵墓10里之内让百姓居住。一次，司马炎生病，朝中官员纷纷携礼探望，他一律拒收。在众多礼物中，有一件名贵的雉头裘，是太医司马程据所送。司马炎将之拿到朝堂之上，当着群臣的面烧毁，并下令以后一律不得献奢侈品。司马炎在政事上也很清明，他对臣下十分公正。太常丞许奇之父因犯法被司马昭杀了，司马炎却仍然任用许奇，并毫不吝惜地称赞其才华。司马炎曾与右将军皇甫陶因政事而争执，散骑常侍郑徽为讨好皇帝，就上表请求治皇甫陶犯上之罪。结果，皇甫陶没事，郑徽却被罢免了。

慧眼识才　内外一统

司马炎把国内治理得井井有条后，他就想一统天下。他前面的障碍就是东吴。不过形势对他十分有利，西晋的国势蒸蒸日上，而东吴在暴君孙皓治下，民不聊生。不过司马炎并没有贪快急进，而是慎重筹划，他先屯兵东吴边境，然后再伺机灭吴。

司马炎慧眼独具，挑选了一个很有才干的将军统兵，这个人就是羊祜。羊祜学识渊博，清廉正直。泰始五年（269年），司马炎命羊祜坐镇襄阳，都督荆州诸军事，与东吴南北对峙。羊祜到任后，发现荆州的形势并不稳固，百姓生活不够安定，士兵的军粮也不足。于是羊祜首先把精力放在发展荆州方面。他用了将近10年的时间，做好了灭吴的军事和物质准备。他屯田练兵，兴办教育，安抚百姓，并与吴国人坦诚相待，凡投降之人，去留可以自己决定，还禁止拆毁旧官署。羊祜的攻心战术十分有效，他也深得吴人的信任，吴人对西晋的敌对态度也逐渐转变，甚至有人称他为羊公。不过东吴驻守在此地的名将陆抗也很有才，他采取了与羊祜一样的怀柔攻心战术，这样西晋也不敢轻易发动灭吴的战争。羊祜、陆抗两军相对，边境地区十分安定。可惜吴主孙皓暴虐至极，激起了全东吴人的反对，他们对西晋社会安定、经济繁荣的景象非常向往。这些都是陆抗个人努力达不到的。后来陆抗去世，羊祜立即上表请求伐吴，不过晋朝国内群臣认为时机未到，表示反对。278年，羊祜抱病回到洛阳，不久病故。临终前，他举荐了大将杜预。这样，司马炎伐吴的计划，就由杜预来完成了。

杜预是一员儒将，运筹帷幄，才干不在羊祜之下。杜预首先袭击了东吴守将张政，并大败张政军。东吴皇帝孙皓生性多疑，对臣子又十分残暴，张政根本不敢禀报战败之事。杜预就大张旗鼓地将一部分东吴俘虏送至吴都，结果孙皓大怒，立刻把张政调离军中。杜预略施小计，就赶走了劲敌。他的才干，也得到了司马炎的赏识。趁着司马炎高兴，杜预就联合了许多大臣，一起上书，请求出兵伐吴。279年，司马炎终于下达灭吴的命令。20多万晋军分6路深入吴境。有了前面羊祜10来年的筹备，加上西晋实力雄厚，而东吴国力衰竭，灭吴之战进行得很顺利。280年初，晋军攻到吴都建业，吴主孙皓投降，东吴灭亡。西晋的统一大业终于完成。

国家统一、外患消除后，司马炎就把主要精力放在恢复经济、发展生产上。他出台了许多英明的措施。首先，他继续优待魏蜀吴三国皇室的遗属。东吴旧主孙皓也封为归命侯，继续享受安定舒适的生活。其次，司马炎对广大农民实行"占田制"，用以取代原来的"屯田制"。"占田制"规定男子可占田70亩，女子占田30亩，这样就大大提高了农民的生产积极性。农村安定下来，生产迅速恢复。农业发展了，人口增加了，国库自然也充足了。司马炎灭吴后才3年，西晋人口就增加了130多万户，农业和手工业、商业等得以迅速发展，西晋初期的经济开始呈现出繁荣之景，历史上将这一时期称为"太康之治"。

晋·东晋

元帝司马睿

晋元帝档案：

生卒年：276~322年

父母：父，琅玡王司马觐；母，琅玡王妃夏侯光姬

后妃：虞皇后、郑贵妃等

年号：建武、大兴、永昌

在位时间：317~322年

谥号：元皇帝

庙号：中宗

陵寝：江苏建平陵

性格：恭俭大度，胸无大志

　　晋元帝名叫司马睿，是琅玡王司马觐之子，东晋王朝的开国皇帝。他建立东晋，偏安东南一隅，使晋朝又延续了100多年。不过东晋一开始就国势衰微，只是勉力支撑半壁江山。司马睿在位期间，权臣干政，他无力揽权，最终无功可言。

　　司马睿，字景文，是司马懿的曾孙，祖父司马伷为司马懿的庶出之子。他的父亲是琅玡王司马觐。太熙元年（290年）司马觐死了，15岁的司马睿就承爵为琅玡王。这时正是惠帝司马衷当皇帝，外戚、皇室争权斗争激烈，到处都是动乱。在庞大的司马氏家族中，司马睿只是一个无兵无权、

地位很低的皇室子弟。在这样的乱世中，他只能低调做人，隐匿锋芒，以此来明哲保身。八王之乱后期，司马睿依附于与琅玡国相邻的东海王司马越，与司马越手下参军、世家子弟王导结交。后来八王之乱结束，司马越杀了其他诸王，一支独大，司马睿也跟着保全了自己。而他结交的王导，后来成为他帝王大业的得力助手。

王导出身于琅玡郡的世家大族，是个很有远见的人。他看到西晋诸王自相残杀，人民起义不断，朝廷摇摇欲坠，又见司马睿为人平易谦恭，是个有才干的人，就多次劝司马睿早日回自己的封国琅玡，观天下局势，以谋划大业。307年，趁着匈奴汉主刘渊起兵进攻中原，形势恶化，司马睿就采用王导的计谋，请求司马越让他镇守建康（司马邺称帝后，为了避他的讳，改建业为建康）。司马越此时独揽朝政大权，四处都是战乱，朝中反对之声不绝，他忙得团团转，正打算在江南培植自己的势力，作为以后自己的后方根据地。听闻司马睿的请求，就欣然同意了。于是任命司马睿为安东将军、都督扬州江南诸军事，镇守建康。司马睿去镇守江东时，正赶上北方战乱不停，大批百姓纷纷向南迁徙。这些流民就随着司马睿一起来到了江南。司马睿还带来了不少支持自己的北方贵族。而密友王导，也作为安东司马，随他一起来此共同谋事。司马睿的大业从这才开始打基础。

司马睿到了建康后，行事并不顺利。由于他平时为人低调，并没有什么威望，所以他来到扬州很长时间了，连个来拜见的人都没有，吴人根本就瞧不起他。魏晋以来，朝廷都是靠世家维持的，如果没有江南士族的支持，司马睿很难在江南立足。为了打破这个尴尬的局面，他就与王导商议怎么做才能扬名立威，取得地方大家世族的拥护。正巧王导有个堂兄叫王敦，是扬州刺史，也很有谋略。王导就把他找来一同商议此事，最后商定借用王敦的军队为仪仗，来彰显大将军的军威。

三月三日上巳节，是江南人的重要节日，上至达官贵人，下至平头百姓，都要到江边祈福消灾。这一天，大批人马鸣锣开道，在王导、王敦及许多名流绅士恭敬的簇拥下，在骑着高头大马的侍从的护卫下，司马睿乘坐豪华的肩舆从人群中招摇而过。见到这个阵仗，当地大族豪绅很吃惊，纷纷跪在地上迎接。随后，王导就把他们召集一起，隆重介绍了大将军司马睿。建康的豪族听后，都表示愿意支持司马睿。

在王导的建议下，司马睿又挑选当地世家大族的头面人物顾荣、贺循等到军中和官府任职，于是就有更多江南世族拥护司马睿。而那些跟随司马睿从北方迁来的世家贵族及其宗族、部属、佃农等，也享有特殊优待。他们利益有了保证，自然也支持司马睿。这样，司马睿就得到了南北世家大族的共同拥护，终于在南方站稳了脚跟。南方物产富饶，经济繁荣，又有天堑长江作为军事防卫，在这样优越的条件下，司马睿稍微一治理，就很见成效。随着附近几个郡的人才都来投奔，司马睿的名声就渐渐传开。地方官僚的大力拥护，也为东晋政权奠定了稳固的基础。

316年十一月，晋愍帝司马邺在长安向匈奴军投降，随后司马邺被押往平阳，西晋灭亡。317年三月，司马睿即晋王位。一年后，晋愍帝司马邺被害的消息传到建康。司马睿在百官簇拥下，正式登上帝位，国号仍然为"晋"，史称"东晋"，定都健康，改元太兴。司马睿就是晋元帝，是东晋的开国皇帝。

司马睿当上皇帝后，首先感谢的就是王导兄弟。他深知没有王导等人的支持，根本不可能有今天的大业。所以，司马睿对王导是真心感激的，他甚至还在登基大典当天，将龙椅让出一半，命王导与自己共坐，这就表示他要与王导共享皇权了。不过王导功劳再高，也不敢受这样的大礼，他诚惶诚恐地跪倒在地上，对司马睿连连叩首说："皇上，您是太阳，普照万民；而我只是太阳下面的草虫。如果草虫与太阳在一起，万物如何享受阳光的照耀呢？"虽然司马睿给了王导如此殊荣，但有哪个皇帝会真舍得让出自己的宝座呢？所以王导的一番话，将司马睿捧得十分受用，共坐龙椅一事也就此揭过不提了。不过，司马睿可没有亏待王导兄弟。他封王导为尚书，专管机要大政；王敦为将军，总管江、扬、荆、湘、交、广六周军事。其他人等也纷纷封赏晋爵。不到一年，王家兄弟就占据了朝廷所有要职，当时有人称："王与马，共天下。"司马睿的朝政离不开王家，这也导致了后来王氏的专权。

东晋只是偏安江南一隅的政权，只有半壁江山。司马睿的朝政稳定后，发展生产、恢复经济是首要的事情，而第二件大事就是出师北伐，把匈奴夺去的土地再夺回来。当时黄河流域仍然是各个少数民族割据和统治，连年战乱，政权也换得特别快。生活在水深火热之中的百姓，都盼着东晋北伐，重新统一。虽然民心所向，但是司马睿的政权对北伐并不积极。经过了几十年的战乱后，好不容易有了一个安稳的环境，他们满足于偏安江南的安逸和享乐，并不想再去打仗。北伐只是士大夫们清谈闲聊的话题，并不想付诸行动。司马睿虽然有过北伐之心，却并不坚决。整个东晋王朝都呈现出一股奢靡颓废的气息。

不过，还是有少数爱国志士不甘心忍受国家残破的局面，挺身而出，立志要驱走敌人，收复失地，祖逖就是其中的一个。祖逖年轻时就有雄心壮志，他与好友刘琨一起任职司州主簿。两人友谊深厚，晚上同寝，到了凌晨听到鸡鸣，祖逖就叫醒刘琨，说："你听，这鸡叫的声音多么激昂，它是在督促人们奋发图强啊！"两人再也睡不着了，就披衣起床，拔剑起舞，准备练好本领，将来好为国家出力。这就是成语"闻鸡起舞"的由来。祖逖素有光复中原的志向，313年，他就上书请求北伐，不过却没有得到批准。司马睿做了皇帝后，祖逖又多次上书，请求北伐，加上如今北方百姓都热切期盼着晋室北伐，司马睿不好再驳斥，就给了祖逖一个豫州刺史的头衔、1000人的口粮、3000匹布，什么武器装备都没有，让祖逖自己招募人马北伐。祖逖并不气馁，他毅然带着同僚、家丁等几百人过江北上，后来才招募到几千人。北伐顺应民心，祖逖进军也十分顺利，他多次打败匈奴石勒的部队，将黄河以南的大片土地都收复了。

祖逖的胜利并没有让司马睿欣喜，反而让他担心祖逖会功高震主，威胁到自己的皇位。所以，司马睿任自己的亲信戴渊为征西将军，名义上是协助祖逖讨伐胡虏，实际上就是专门牵制祖逖的。此时祖逖正要渡过黄河，继续收复冀州和朔州，不料军中却多了这样一个皇帝的眼线。戴渊既无能又自大，他也知道司马睿派自己来的用意，就处处与祖逖作对，最终导致了北伐失败。祖逖忧愤成疾，病死军中。

司马睿这个皇帝也没有实权，政治上有王导，军事上有王敦。王导虽然专权，但对他还比较忠心，而王敦却野心勃勃，逐渐威胁到他的地位。王敦本来就是皇亲国戚，西晋武帝司马炎的女儿襄城公主是他的妻子。他如今又帮助司马睿称帝，成了东晋的开国功臣，并由此身居要职，手握重兵。他独揽大权后，野心就越来越大。司马睿对此感到恐慌，就与刘隗、刁协、戴渊等人商量要除掉王敦。王敦得到消息，立刻起兵进驻建康，打败刘隗，又杀了刁协、戴渊。吓得司马睿赶紧去向王导求情。后经王导从中斡旋，王敦才耀武扬威地退回驻地武昌。

王敦篡位的野心越来越大了，他攻入建康时，智勇双全的太子司马绍率军奋勇抵抗。王敦担心太子会成为自己以后称帝的障碍，就诬陷太子不孝，想废了太子。幸亏司马绍很得人心，有群臣拥护，王敦才罢手。回到武昌后，王敦又继续遥控朝政，王氏子弟及其亲信占据了朝中所有重要职位。全国的兵权也由他把持，他亲自统领宁州和益州，而兄弟王邃则掌管青州、徐州、幽州和平州军事，王含总领荆州地区军事。

司马睿眼看着王敦骄横专权，却无可奈何。永昌元年（322年）闰十一月，司马睿忧愤成疾，不久亡故，终年47岁。葬于建平陵，谥号"元皇帝"，庙号"中宗"。他在位5年，软弱无能，没有什么政绩。

南朝·宋

武帝刘裕

宋武帝档案：

生卒年：363~422年

父母：父，刘翘；母，赵安宗

后妃：皇后臧爱亲、张夫人等

年号：永初

在位时间：420~422年

谥号：武帝

庙号：高祖

陵寝：江苏初宁陵

性格：果断勇猛，谋事沉稳

　　420年，东晋大将刘裕废掉东晋皇帝，自己称帝，建立刘宋政权。由此，在中国历史上存在170多年的南朝拉开了序幕。南朝依次经历了宋、齐、梁、陈4个王朝，其结束的标志为589年陈朝被隋文帝所灭。刘裕是刘宋的开国皇帝，在位期间，他整顿朝纲，抑制豪强兼并，关心百姓生活，减轻农民负担，重视教育，减轻刑罚，有效地巩固了政权，也为后来的"元嘉之治"奠定了基础。

出身贫寒　名起京口

　　刘裕，字德舆，小名寄奴。祖籍彭城（今江苏徐州），据史书记载，他是汉高祖的弟弟楚元王刘交的后代，曾祖刘混随着晋室南迁到京口（今江苏镇江），到了他的父亲刘翘这一代，家道中落。因刘翘早逝，刘裕自小尝尽生活的艰辛，曾以卖草鞋为生。

刘裕虽然出身贫寒，但从小就有大志向，一心想做一番惊天动地的大业。带着雄心壮志，刘裕走进军营，成为东晋北府军冠军将军孙无终的司马，由此开始了他一生的戎马生涯。不久，他又成为了北府军名将刘牢之的参军。

淝水之战后，东晋外部威胁解除，孝武帝不思进取，满足偏安局面。而摄政的会稽王司马道子专权，致使朝政腐败不堪。浙江新安太守孙泰是五斗米道的教主，利用传道聚众企图反抗东晋朝廷，结果被司马道子诱杀，他的侄子孙恩逃入海岛翁州，聚众伺机报仇。399年，孙恩、卢循等人在会稽起兵反抗晋朝，东晋朝廷派前将军刘牢之去镇压。身为参军的刘裕机智有谋，勇敢善战，多次克敌制胜，战功卓越。刘裕升任为建武将军、下邳太守、彭城内史，成为东晋的一员虎将。

好运要来，挡也挡不住。平定孙恩叛乱不久，刘裕又迎来一次飞黄腾达的机会。他牢牢地抓住了这次机遇，从此彻底改变了他自己的命运。402年，荆州都督桓玄发动叛乱，东晋朝廷以尚书令司马元显为骠骑大将军、征讨大都督，以刘牢之为前锋都督，发兵讨伐桓玄。不料，司马元显是个贪生怕死之辈，不敢出战，而刘牢之又被收买，率北府军投降了桓玄。因此，桓玄未费一兵一卒就进入东晋都城建康，夺取了朝廷大权。

桓玄掌政后，对北府军存在着极大的戒备之心。为了瓦解北府军势力，尽快实现自己代晋称帝的目的，他对北府军将领进行了清洗。桓玄先后杀害了吴兴太守高素、辅国将军竺谦之、高平相竺郎之、辅国将军刘袭、彭城内史刘秀武、冀州刺史孙无终等北府军将领，曾经为他夺取政权起了重要作用的刘牢之也被迫自杀身亡。一时间，北府军将领人人自危，但此时的刘裕却镇静自如，他深知桓玄要杀的是那些掌握了兵权的高级将领，杀完这些人之后，必然会起用像他一样有资历的军官。果不其然，不久刘裕便被任命为中军参军，成为桓玄控制北府军而依赖的骨干。后来，又因为破卢循有功，刘裕加官彭城内史、深得桓玄的弟弟桓修的倚重。

刘裕虽然在表面上对桓氏忠心耿耿，但是他心中却另有谋算，暗地里加紧活动，团结了一大批北府军的中下级军官司，等待时机准备取代桓玄。刘裕的这些小动作也引起了桓玄妻子刘氏的注意，她就时刻提醒桓玄，说刘裕有龙势虎志，不可能久居人下，应该尽早除之，不然将来会成为大麻烦。不过桓玄因杀了许多北府将领，正在用人之际，所以对于妻子的劝言只能抛在一边，想着等关陇平定之后再来处理这一问题。

但是刘裕没有给他太多的时间。403年十二月，桓玄废掉晋安帝，自立为国君，国号楚。时隔两月，即404年的二月，刘裕与何无忌、魏咏之、檀凭之等人以匡复晋室为名，在京口起兵讨伐桓玄。同一天，刘毅也在广陵起兵响应。起义军共同推举了刘裕为统帅，主持讨伐大计。三月，刘裕率军与桓玄手下的猛将吴甫之在江乘交战，刘裕十分勇猛，他身先士卒，率先冲入战阵，士兵见状，深受鼓舞，个个奋勇直前，最终大胜吴甫之部，斩吴甫之于马下。随后，刘裕见士兵气势昂扬，于是率兵乘胜进攻，他与檀凭之各带一路人马与皇甫敷决战。不料，檀凭之战败身亡，刘裕成了孤军，最后被敌军层层包围，眼看就要丧命于此。但天不绝人，就在这危急时刻，刘裕的援军赶到，乱箭射死了皇甫敷，刘裕才死里逃生。

桓玄在刘裕的步步紧逼之下，一方面组织力量派扬州刺史桓谦出兵抵抗；另一方面则悄悄预备舟船，准备在失利后逃跑。桓谦所率大军大部分为北府人，这些士兵都畏服刘裕，毫无斗志。刘裕兵锋正盛，乘胜而来，很快就大败桓谦。桓玄见大势已去，慌忙坐船逃跑。刘裕率军直接进入建康，他派刘毅、何无忌追击桓玄，自己则坐镇京师。

面对被桓玄搞得乌烟瘴气的建康，刘裕显示出他的治理能力。在十几天的时间内，刘裕抓住主要矛盾，拨乱反正，同时自己以身作则，严以律己，很快就恢复了建康的秩序。随后，刘裕又迎回了智障皇帝司马德宗，让他重登帝位。刘裕自己则以南徐、南青两州刺史的身份率北府兵回镇京口，后来他又加领南兖州刺史，北府兵也就全部掌握到了刘裕手中。

入京辅政　功成自威

408年，刘裕在他的主簿刘穆之的建议下，入京议事。之后，朝廷任命他为扬州刺史、录尚书事。由此，刘裕集军政大权于一身，曾经取桓玄而代之的梦想终于实现了。

为了建立他的威望和巩固他的权力，刘裕随后进行了一系列重要的讨伐。409年二月，南燕慕容超派兵攻破了东晋的宿豫，不久，又侵扰济南。刘裕经过认真思考后决定征讨南燕，因为如果胜利，他不仅可以获得更多人的拥护，也可使自己的功名声望越来越大，盖过那些对自己有威胁的人。

也正如他刘裕估算，军队还未动，豫州刺史刘毅搬出"宰相远行，易倾动国家的根本"这样的理由来阻挠。但他丝毫不为所动，决意亲自出征。这年四月，刘裕率水军自建康出发，到达下邳后，改由陆路行军。六月，即到达广固。这时，南燕慕容超慌了，连忙向后秦求助，但是后秦姚兴迫于刘裕大军的实力，也不敢轻易出兵。最终，在刘裕的指挥下，北府军顺利攻下广固，生擒慕容超送到建康，后来慕被斩首，南燕灭亡。胜利的结果也如刘裕事先预测，他的声望得到很大的提高，超过了祖逖、桓温等人，朝中没有其他人压过他。

消灭南燕后，刘裕又急忙回师迎战卢循起义军。在他到达建康之前，刘毅已经率军2万阻击卢循、徐道覆。但是，由于刘毅过于自大，指挥无方，导致大军在桑落州大败于卢军，刘毅只带了几百人狼狈地逃了回来。而此时回到建康的刘裕军也由于此前不断征战，很多人受伤了，真正有战斗力的也只有几千人而已。因此，在朝廷中许多人都认定刘裕不可能取得胜利，纷纷劝说刘裕迁都。

不过，此时的卢循并不知道东晋的实况，他从被俘士兵口中得知刘裕回来的消息，心里就害怕起来，一直在犹豫着要不要继续进攻，这也就为刘裕布防赢得了关键的时间。后来，在徐道覆的强烈建议下，卢循才勉强同意进攻建康。但此时的建康城已经在刘裕的带领下做好了防卫准备，卢循在城下进攻了无数次，都未能取得任何进展。两个月时间很快就过去了，卢循还是一无所获，最终因兵疲粮缺，只好退兵浔阳。

因以逸待劳地防守，刘裕的军队得到很好的休整，卢循撤退后，刘裕就亲率大军追击，在破冢（今湖北江陵）、大雷（今安徽望县）等地大败卢循军。取得几次胜利后，刘裕便返回建康，派遣其他将领继续追击，最终卢循、徐道覆一个兵败自杀、一个力战而死，起义被镇压。刘裕的威望也因此得到进一步的提升，官升至太尉。

剪除异己 扫清道路

在灭掉南燕、扫平卢循起义后，刘裕的威望达到了一个新的高点，但是此时的他如果称帝自立，还面临着一些阻挠，那是就反对他的势力。主要包括荆州刺史刘毅、豫州刺史诸葛长民、谯王司马休之父子等。

刘毅自桑落州遭遇惨败后，威信扫地，本想率兵追击卢循，挽回颜面，但是刘裕不许，不让他有立功机会。刘裕得胜回来时，下令迁刘毅为荆州刺史，刘毅对刘裕的怨恨之心更增一层。到了荆州之后，他就想利用荆州的军事力量，与刘裕争夺大权。

刘裕明知如此，但一开始他也不露出要对刘毅动武的意图，而是暂时地忍让，麻痹刘毅，在暗地里则加紧做好讨伐的准备。刘毅请求要兼督交、广二州，刘裕十分痛快地答应了。不久，刘毅又要求与他关系很好的丹阳郗僧施为南蛮校尉后军司马毛修之为南郡太守，刘裕虽然心中很不乐意，但是还是答应了刘毅的要求，但他也不放心，安插了自己的亲信刘穆之任丹阳尹这一重要职务。刘毅到江陵赴任后，独断专行，安插亲信，又擅自分割豫州文武、江州兵力达万余人作为自己的贴身部队。刘裕见此，勃然大怒，刚好此时刘毅又上表请求让他的堂弟刘藩担任其副手，他觉得不能再忍下去了，是时候动手了。

于是，刘裕先捕杀刘藩、谢混等刘毅的同党，接着又亲率大军讨伐荆州刘毅，派手下两员得力战将王镇恶、蒯恩为前锋，火速前进。不到一个月时间，刘裕便拿下江陵城，刘毅兵败后逃亡，最终因走投无路自杀身亡。由此，刘裕除掉了一个大的障碍。班师回朝之后，刘裕又找一由头把反对他的诸葛长民杀掉。

刘毅身亡后，荆州刺史由司马休之继任，司马休之在治理荆州时颇得民心，形成了自己的势力。同时，他又不服刘裕，415年，司马休之及其儿子司马文思一起上书朝廷，指控刘裕罪状，动员军队，起兵讨伐刘裕。雍州刺史鲁宗之与其儿子竟陵太守鲁轨认为自己早晚也为刘裕所不容，因此，他们也起兵反对刘裕，响应荆州司马父子。

刘裕此前正因找不到好借口加罪司马氏，现在终于有了出兵的由头。于是，他派女婿徐逵之为前锋，心想让徐立头功，功成之后便让他任荆州刺史。谁知徐逵之出师不利，兵败身亡。刘裕急令大将胡藩渡江，士兵一拥而上，最终大破敌军，攻克江陵。司马休之、鲁宗之等北逃投奔后秦。

至此，东晋国内刘裕再也没有对手。不过，在江南，还有谯纵称成都王，常威胁到荆楚之地。北方亦有后秦，刘裕要想收复中原，必须解决这一大患。

平定江南 攻伐北地

刘裕在出兵征伐刘毅、攻克江陵后，乘胜进军益州。益州地区被大族谯纵占据，形成了一个独立的王国。谯纵自称成都王，称臣于后秦，常常派兵会侵袭东晋。因此，刘裕此举誓在收复益州，统一江南。

此战刘裕并没有让有着丰富经验的毛修之、臧熹担任统帅，而是力排众议，选用了年轻的朱龄石，他认定朱有武干，又练吏职，可以担此重任。然后他又将猛将蒯恩、刘钟等分派给朱龄石，并配给2万大军。朱龄石果不孚众望，按照刘裕此前设计好的方案，顺利抵达巴蜀，经过一番激战，攻占成都，谯纵自杀身亡。益州被刘裕收复，江南一片平定。

收复益州，平定江南，刘裕的下一个目标便是北面的后秦。416年八月，刘裕的北伐大军从建康出发，一路北上西进。刘裕亲率水军自淮、泗入清河，逆黄河西上。此时的后秦，因饱受内忧外患，早已今非昔比，哪里是东晋精锐北府军的对手，东晋大将王镇恶、檀道济，一路斩将夺城，势如破竹，漆丘、项城、许昌、新蔡、仓垣相继收复，并一举拿下故都洛阳。后秦急忙向北魏求援，拓拔嗣派出10万精骑，但是并不真正进攻东晋军队，只在黄河边牵制晋军。

刘裕怒了，指挥诸士兵摆出"却月阵"，在战术上采用步、骑、车3个兵种协同作战。最终魏军抵挡不住，霎时间崩溃，"一时奔溃，死者相积"。此后，北魏再不敢小视刘裕，拓拔嗣吸取教训，听从谋臣崔浩的建议，不再与晋军为敌。消除了北魏的威胁，刘裕率主力抵潼关，直逼长安。

刘裕先派大将沈田子率1000多名士兵当疑兵占领青泥。后秦后主姚泓看出了刘裕的疑兵之计，当即率领几万大军想先把沈田子1000多人全部消灭。不料，沈田子英勇无比，率领士兵以拼命的心态抗击后秦军队，1000多人竟将几万人杀得大败，姚泓带头逃跑，后秦兵败如山倒。紧接着刘裕派大将王镇恶由水路进军，再次大败后秦守军，攻下长安，姚泓带着自己的皇后和文武官员，向东晋投降，后秦灭亡。

可惜的是，刘裕攻灭后秦不久，在建康坐镇的刘穆之病亡，他怕大权旁落，就匆匆率军南返。以至于未能在攻克长安后，积极巩固和扩大战果，很快长安就在夏主赫连勃勃的攻击下得而复失。

荣登帝位　建朝刘宋

418年六月，刘裕被封为相国、宋公，加九锡，但此时他并不急于代晋自立。当时社会上流传的谶语说"昌明（晋孝武帝司马曜之）之后有二帝"，为了使谶语应验，刘裕就想在司马德宗之后再立一位皇帝。于是在当年十二月，刘裕指使中书侍郎害死智障皇帝司马德宗，随后奉琅玡王司马德文为帝。通过这一系列安排之后，刘裕才觉得可以安心当皇帝了。

420年六月，刘裕授意文武百官，要司马德文禅位。司马德文早就明白自己只不过是一个临时的皇帝，很快就宣布退位，刘裕终于登上了皇帝宝座，改元永初，史称刘宋。从此，中国历史进入南朝与北魏对峙的时期。

刘裕即位后，实行了一些安境保民的措施，受到人民的欢迎。如下令赦免因逃避兵役、租税而流亡的流民，在限期内回家可以免租两年。实行"土断"制度，抑制豪强兼并，减轻赋税徭役等。

422年三月，刘裕病重，大臣们都请求为他祈祷神祇，但是他不相信鬼神，只是命医官诊治，让侍中谢方明将他的病禀告宗庙而已。五月，刘裕自知活不长了，召太子刘义符交代后事，不久就病死。刘裕死后葬于建康蒋山初宁陵，谥"武帝"，庙号"高祖"。

南朝·齐

🏵 高帝萧道成

齐高帝档案：

生卒年：427~482年

父母：父，萧承之；母，陈道正

后妃：皇后刘智容等

年号：建元

在位时间：479~482年

谥号：高皇帝

庙号：太祖

陵寝：江苏泰安陵

性格：深沉谨慎，志向恢宏

萧道成，字韶伯，原籍东海兰陵（今山东枣庄），后迁居晋陵武进县（今江苏常州）。据记载，萧道成是西汉相国萧何的第24代孙。萧道成自小随父亲征战，屡立战功，并因此不断加官晋爵。刘宋后期，皇室之间相互倾轧残杀，手握重兵的萧道成由此走上通往帝位的坎坷之路。

建功立业 谨慎守成

440年，年仅14岁的萧道成就开始追随父亲萧承之南征北战，可谓是将门虎子。因屡立战功，他被封为左军中兵参军。宋明帝刘彧即位后，萧道成被封为右军将军，先后镇守会稽（今浙江绍兴）、淮阴（今江苏清江西）。466年，晋安王刘子勋在长史邓琬的指使下拒绝了刘彧加官晋爵的封赏，起兵讨伐刘彧，争夺帝位，由此爆发了一场以刘彧为首的文帝系和以刘子勋为首的孝武帝系诸王之间的大混战。

经过多年的征战，此时的萧道成已经具备了丰富的作战经验和指挥才能，并且深有谋略。当时全国州郡大多都拥护晋安王刘子勋，但萧道成审时度势，坚定地站到了明帝刘彧的一边，被任命为辅国将军。之后，刘彧亲自调兵遣将讨伐叛军。他以山阴王刘休祐为豫州刺史，督辅国将军刘勔、宁朔将军吕安国等诸军西攻拥戴刘子勋的豫州刺史殷琰。又派巴陵王刘休若、督建威将军沈怀明、尚书张永、辅国将军萧道成等诸军东讨刘子房。很快，叛乱就被平息。萧道成因功迅速崛起，升迁为南兖州刺史，成为国家的重要藩将。

刘彧统治末年，因害怕他死后权臣及其兄弟会威胁到幼主刘昱，于是展开了一场大屠杀。先后把他的兄弟刘祎、刘休祐、刘休仁、刘休若及权臣寿寂之等杀掉，南兖州刺史萧道成也成了刘彧要杀的目标之一。470年，萧道成接到了朝廷调令，要他回京任黄门侍郎、越骑校尉。萧道成知道此去一定是大祸临头，但是如果不去，明帝刘彧又会以谋反罪名对其讨伐。在冠军参军荀伯玉的建议下，萧道成派出手下到北魏边境进行挑衅，引得北魏派出士兵巡行。就这样，萧道成将他制造的"边境吃紧"的消息上报朝廷，明帝刘彧赶忙恢复萧道成本职，继续让其镇守南兖州，萧道成机智地躲过了杀身之祸。

不久，朝廷又召他回京。在不明福祸的情况下，萧道成不带一兵一卒，毅然只身返回京城。明帝刘彧见此，打消了对他的怀疑。一直到明帝去世，萧道成都平安无事，还被任命为辅佐幼主的大臣之一。

后废帝刘昱即位后，他的叔叔桂阳王刘休范本以为自己凭借宗亲关系能入朝为宰辅，但刘昱未能如其愿。刘休范遂起异心，在浔阳起兵谋反，率大军2万、轻骑500自浔阳出发，昼夜兼程，向京师逼近。面对严峻的形势，朝廷大臣都十分紧张，拿不出退敌的好策略。只有萧道成胸有成竹，于是一马当先，请命出战。萧道成受领平南将军，率兵抵达亲亭驻防。经过精心组织，并亲自指挥，萧道成在新亭大破刘休范军，斩刘休范；之后又解台城之围，斩杜黑骡与丁文豪，动乱旋即平定。经此一战，功勋卓著的萧道成晋爵为公，迁中领军将军，掌握了禁卫军，督五州军事，与袁粲、褚渊、刘秉号称四贵。

废除刘昱　总揽朝政

后废帝刘昱穷凶极恶，动不动就乱杀人。自萧道成平定刘休范之后，逐渐掌握朝政。刘昱十分忌恨萧道成的威名，想把他杀掉。一天，刘昱直接闯进萧道成的领军府，萧道成正在午睡，袒胸露腹。刘昱见萧的肚皮很大，脐孔也很大，就像一张箭靶。于是他就拍醒萧道成，叫他站在墙边，然后用笔在萧道成的肚子上画出箭靶的样子，就拉上弓准备射箭。萧道成见大事不好，赶忙说："老臣无罪。"再加上刘昱的左右劝说道："萧将军的肚皮确实是一个好靶子，但是如果陛下今天就把他射死了，那么日后就没得玩了。就不如用假箭练习，不要损伤了靶子。"刘昱听此，也觉有道理，就用假箭，一射便中"靶心"脐孔。后来又有几次，萧道成险些成了刘昱的刀下之鬼。

感觉到危险后，萧道成不愿坐以待毙，便与袁粲、褚渊等人密谋废帝另立。越骑校尉王敬则也暗中投靠了萧道成，并联络了刘昱身边的侍从杨玉夫、杨万年等人，伺机行事。477年七夕之夜，趁刘昱酒醉昏睡之际，杨玉夫等人冲入皇帝寝宫，杀掉了还在睡梦中的刘昱。

天亮之后，萧道成以太后令召袁粲、褚渊、刘秉入宫商量大事，在王敬则的威逼下，褚渊亲手将事权授给萧道成，袁粲、刘秉两人权力亦被架空。由此，萧道成一人独断朝政。当天，萧道成以太后的名义下诏，历数刘昱罪行，废刘昱为苍梧王，并立安成王刘準为帝。萧道成则出任镇东府、任司空、录沿书事骠骑大将军，一手包揽朝廷军政大事。

萧道成总揽朝政后，荆州刺史沈攸之不服，他认为为自己当年的名望比萧道成高，理应由自己入朝掌权。为了争夺权力，沈攸之于477年十二月起兵东下讨伐萧道成。而此时，袁粲、刘秉联合领军将军刘韫与卜兴伯也在密谋除掉萧道成。萧道成得到消息后，临危不乱，先是秘密派出王敬则先发制人，杀死刘韫与卜兴伯。然后又派出军队在石头城与袁粲展开激战，最终斩刘秉、袁粲。接着，萧道成以黄回为平西将军，征调重兵对付沈攸之。经过一个多月的争夺战，萧道成终于打败沈攸之。沈走投无路，与他的儿子沈文在栎林中自缢身亡。

平定沈攸之之后不久，萧道成又找了个借口杀了手握重兵的黄回。至此，萧道成清除了他代宋称帝道路上的全部障碍，只待最后一步的到来。

受禅即位 开明之治

479年，萧道成被封为相国、齐王。不久，刘準下诏禅位于萧道成。萧道成在南郊举行了即位大典，改国号为齐，年号建元。此举标志着历经60余年的刘宋政权灭亡，而一个新的朝代——齐朝正式建立。

即位之初，萧道成采纳了儒生刘瓛明的建议，改变刘宋时期一惯的暴政，宽厚待人、提倡节俭，不滥杀无辜，使得齐国初期朝局比较稳定。为了稳固基业，萧道成广开言路，要群臣议政；下令减免百姓租税和旧债；限制皇族营建私邸；下令扩大清理户籍，按照虞玩之的建议，设立校籍官，以宋元嘉二十七年版籍为准整理户籍；沿用宋时旧制，设立典签官，监督地方行政工作。对于这些改革措施，萧道成以身作则，特别是在节俭方面，他把皇帝身上佩戴着的装饰品全部去掉，对于一些助长奢侈风气的东西也都全部销毁。

此外萧道成常常告诫儿子，要他们互亲互爱，同心同德，这样才不会像刘宋一些自取灭亡。482年，萧道成病重，他还不忘告诫太子萧赜说："宋朝如果不骨肉相残，我也得不到天下。所以你一定要牢记这个教训，不要兄弟相残。"三月，萧道成病死，终年56岁，谥号"高皇帝"，庙号"太祖"，葬于泰安陵。

南朝·梁

武帝萧衍

梁武帝档案：

生卒年： 464~549年

父母： 父，萧顺之；母，张尚柔

后妃： 郗皇后、丁贵妃等

年号： 天监、普通、大通、中大通、大同、中大同、太清

在位时间： 502~549年

谥号： 武帝

庙号： 高祖

陵寝： 江苏修陵

性格： 勤俭虚饰，深沉机略

萧衍，字叔达，是齐高帝萧道成的族侄。他原来是南齐的官员，官至雍州刺史，后因齐皇帝萧宝卷残暴无道而起兵反叛，建立梁朝。即位后，他提倡节俭，勤于政务，取得了显著的政绩。但是到了晚年，因看破红尘，萧衍醉心于佛教，不理政事，最终导致"侯景之乱"，他也被饿死在净居殿。

谋略出众　屡立奇功

萧衍自小天资聪颖，十分喜欢读书，年纪轻轻就在文学方面崭露头角。当时他与沈约、谢朓、王融、范云等七人经常出入竟陵王萧子良的门下，被称为"竟陵八友"。

萧衍因为出身于贵族家庭，所以刚做官时就当了卫将军王俭的手下，升官的机会也就比其他人要多。王俭见萧衍很有才华，谈吐不凡，对他十分器重，提拔他做了户曹属官。因为萧衍办事果断机敏，深得上司同僚敬重，不久又被提升为参军。

493年，齐武帝病重，当时的大臣王融想在武帝去世后立萧子良为皇帝，以便控制掌握政权。后来事情败露，王融被抓进监狱赐死。对于王融的如意算盘和悲惨结局，萧衍早有预言，因此，他的好友范云由此对此异常敬佩。

齐武帝萧赜去世后，继位的萧昭业只知道吃喝玩乐，根本不理政务，对大臣的劝谏也不接受。掌权的大臣萧鸾很生气，打算把他废掉，另立皇帝。萧鸾叫来大臣们商议此事，萧衍当即表示反对，认为废立皇帝是大事，不可轻率，不然会遭到诸位王爷的反对。萧鸾则不以为然，他认为诸位王爷基本上都是草包。他只忌惮其中的随王萧子隆，因为萧子隆文武兼备，而且占据荆州。因此，只要把萧子隆召回京城看管起来，其他就万事大吉了。但是，他又不知道如何召回萧子隆。

萧衍听了以后就进行分析，认为随王也只不过徒有虚名，没有什么真才干。萧子隆没有什么谋士，所倚重的只有武陵太守卞白龙和司马垣历生，而这两个都是唯利是图的小人，因此，如果通过许诺高官厚禄，就可以把他们轻易地召回来。到时候，没有了左膀右臂，随王也就会跟着回来的。

萧鸾依计而行，召来萧子隆，解除诸王的威胁。不久，他就废了萧昭业，立新安王萧昭文为傀儡皇帝，自己掌握朝政大权。萧昭文在皇帝的位置仅仅坐了三个月，就又被萧鸾废掉。494年十月，萧鸾堂而皇之地登上皇帝宝座，改元建武，是为齐明帝。

萧鸾即位之后，把萧衍提拔为中书侍郎，后来又升为黄门侍郎、建阳县男，采邑300户。由此，萧衍的军事、政治才干得到了充分发展，地位不断上升。

495年，北魏孝文帝元宏乘率30万大军大举南伐，沿淮河向东攻打钟离。又派大将刘昶、王肃领兵20万进攻司州，围攻义阳。萧鸾知悉军情后，先派左卫将军崔慧景、宁朔将军裴叔业率兵救钟离，又派遣萧衍和平北将军王广之领兵救援义阳。王广之贪生怕死，在部队行进到距义阳100里的地方时，听说北魏军队人强马壮，再也不敢前进了。

这时，萧衍挺身而出，主动要求担任先锋向前进攻。王广之大喜，将手下精兵拨出一部分交给萧衍。萧衍率军连夜进发。萧衍带领军队避开大路，抄小路前进，很快抵达义阳城外的贤首山。贤首山跟义阳只有几里路远，萧衍真是胆识过人，立刻命令士兵将旗帜插满了山上山下。

第二天一早，义阳城中被困的齐军看到远处旗帜飘扬，以为大批援军已经到了，士气大增。司州刺史萧诞立即下令打开城门，亲率齐军扑向魏军大寨，同时顺风放火。萧衍见义阳城出兵，也率山上齐军冲下山来。魏军前后受敌，顿时大乱，自相践踏，死者不计其数。王肃、刘昶只得率领残兵撤退。萧衍在这次大胜仗后因功而升任太子中庶子。

497年十月，北魏孝文帝元宏率领大军再次攻齐，接连攻下了新野和南阳，直逼雍州（今湖北襄阳）。雍州是汉水上游的重镇，雍州刺史曹武为了保住这一战略要地，率众顽强抵抗，但因实力不济总是被打败，雍州危在旦夕。齐明帝萧鸾急忙命萧衍和右军司马张稷赴援以及度支尚书崔慧景等率兵救援。他们到达时，雍州的五个郡已被魏军攻陷。

次年三月，萧衍等率兵进驻邓城（今湖北襄阳北），孝文帝率十余万魏军把邓城团团围住。萧衍知城中粮草和兵器缺乏，就与崔慧景商议："我们现在城中缺粮，如果让士兵们知道，肯定会发生兵变。我建议趁着敌人刚到，没有站稳脚跟，鼓舞士气率军冲杀，或许能够挽回局面。"

崔慧景心中害怕，萧衍说："北方军队都喜欢游动作战，他们不会夜里攻城的，不久自然会退兵的。"但是没有想到，魏军丝毫没有退却的迹象。不久，魏军集结完毕后，便向齐军展开攻击。崔慧景大惊，看着形势不妙，就打开城门逃跑。其他各部见统帅溜了，也纷纷逃散。在经过离邓城不远的闹沟时，逃兵们争先抢渡，被魏军追杀，死亡无数。萧衍所带的部队由于平时训练有素，没有溃散，伤亡也不大，最终退到樊城，据城坚守。

这次战役后，齐明帝萧鸾为了加强雍州防务，特选萧衍为辅国将军兼领雍州刺史。萧衍到任后，延揽人才，积极经营，实力迅速膨胀。

起兵灭齐建梁

萧鸾病死后，他的儿子萧宝卷即位。萧宝卷即位后，不理朝政，残忍无道，先后杀掉了很多大臣，对于一些功臣也毫不留情。对于萧衍，萧宝卷也心存猜疑，认为萧衍有对朝廷图谋不轨的行为，于是派人前往行刺。但是，行刺者十分敬重萧衍，没有去杀萧衍，反而将此事告诉了萧衍。萧衍大惊，暗地里开始积攒力量，准备废掉萧宝卷。

500年十月，萧宝卷杀死了平叛功臣萧懿。听到哥哥的死讯，萧衍立即集结部众，发兵直指建康，准备推翻残暴的东昏侯萧宝卷。萧宝卷得知萧衍举兵起事的消息，当即下令辅国将军刘山阳率兵3000人至荆州，与南康王萧宝融会帅攻袭襄阳。当时萧宝融年仅13岁，大小事情其实是由长史萧颖胄掌控。萧衍利用计谋分化了刘山阳与萧颖胄，萧颖胄在部将的劝说下决心跟随萧衍起事。不久，萧颖胄杀了刘山阳，领众与萧衍会合。为了增强号召力，萧衍又联合南康王萧宝融。十二月，萧颖胄等向建康文武百官发布文告，列数齐帝罪行，并派兵进攻湘州、夏口等地。至十二月底，上庸（今湖北竹山）太守韦叡、华山（今湖北宜城）太守康绚等亦率众响应萧衍。随后，上雍太守韦睿、沟口戍副冯道根、华山太守康绚，梁、南秦二州刺史柳倓也都率众响应萧衍，这些人后来也都成了萧衍得力的战将。

501年三月，萧衍拥立南康王萧宝融为帝，在江陵即位，改元中兴。十月，萧衍等率军向建康发动进攻，经过激烈战斗，终于打败齐军，占据石头城，把宫城团团围住。在国难之际，茹法珍等奸臣仍然向萧宝卷进谗言，说宫城被围完全是文武大臣的过错，怂恿萧宝卷大开杀戒。这使征房将军王珍国异常愤恨，暗中派心腹给萧衍送去一个明镜，表示心迹。然后王珍国联合兖州刺史张稷带兵夜入皇宫，杀死还在醉生梦死、歌舞不断的东昏侯萧宝卷，然后将他的头颅送出，献给萧衍。

萧衍在攻占首都建康后，立即派兵四处征讨，各地刺史、太守纷纷投降归顺。次年正月，萧衍因赫赫战功升任大司马，掌管中外军国大事，还享有带剑上殿的特权，也不用向皇帝行叩拜大礼。

到了这一步，登基称帝似乎已经不成问题，萧衍也想废了萧宝融自己做皇帝，但他也不敢贸然行事，而是静待时机。萧衍原来的好友沈约深知他的心事，于是有一次委婉地向他提起此事，萧衍装作不明其意，推辞过去了。当沈约再一次干脆明白地提出来的时候，萧衍犹豫片刻，说了句："让我想想再说吧。"过了一段时间，萧衍才答应了。萧衍又召来范云，问他对称帝自立这件事的看法，范云的意思与沈约一样，同意拥立萧衍做皇帝。萧衍知道后，很高兴，于是开始与沈、范二人积极谋划登基事宜。可是此后一连过了十几天，萧衍都没有找沈、范二人商议。原来，此时的萧衍贪恋起原来宫中的两个后妃来，把所有政事都忘到了脑后。范云对此非常着急，找了领军王茂一起来见萧衍，陈述其中利害关系，萧衍这才下定决心灭齐自立，以免夜长梦多。

为了清除隐患，萧衍又以谋反罪名把邵陵王萧宝信、晋熙王萧宝嵩、桂阳王萧宝贞等人杀掉。之后，萧衍上表请萧宝融东归。在这过程中，萧衍又派人作"行中山、为天子"的谶语，让各地儿童传唱，大造舆论攻势。与此同时，范云和沈约写信给和帝萧宝融的中领军夏侯祥，要他逼迫和帝禅让帝位给萧衍。等和帝的禅让诏书送到建康后，萧衍假装谦让，如此反复几次。最终在豫章王元琳率齐官819人、范云带领众臣117人一并上书称臣请求他早日登基称帝，太史令也陈述天文图谶，证明他称帝合乎天意时，萧衍才装着勉强接受众人的请求。502年的农历四月，萧衍正式在都城的南郊祭告天地，登坛接受百官跪拜朝贺，改国号为梁，即梁武帝。

萧衍即位后次日，就下诏降封萧宝融为巴陵王。不久，他派人给萧宝融送去生金，逼其吞金自尽。萧宝融死后，萧衍说他暴病而死，追认为"和帝"，又按照皇帝的规格举行丧礼。

溺佛与悲惨下场

执政之初，萧衍吸取了齐灭亡的教训，勤于政务，不分冬夏春秋，每天都在五更天就起床，批改公文奏章，在冬天手都冻裂了。萧衍十分注重纳谏，下令在东府门前设立两个盒子（当时叫函），一个是谤木函，一个是肺石函，寻常百姓有什么建议和批评就可以投到谤木函里，一些功臣如果没有得到赏赐和提拔，就可以往肺石函里投书。

在生活方面，萧衍提倡节俭。每日饮食多为粗茶淡饭，甚至吃粥充饥。衣用更是简朴，史载他"一冠三载，一被二年"，居室里除了一张床以外，别无摆设。不仅如此，萧衍还要求官吏也要清廉，经常亲自召见他们，给他们讲遵守为国为民的道理。他还分遣使者，巡视各郡，监视地方官吏，对于清廉的官员，予以提拔。

在农业方面，他曾下令"广辟良畴，公私畎亩，务尽地利，若欲附农而良种有乏，亦加贷恤"。对于流亡他乡的农民，允许他们回乡，恢复原有的田宅。在赋税方面，萧衍也多次减免租调或"三调"。

虽然取得了非凡的政绩，但萧衍与封建社会很多皇帝一样，猜疑心很重，害怕其他人夺他的皇位。因此，他将萧鸾诸子几乎全都杀掉。对一些功臣他也不加以重用，削减他们的权力。

萧衍对功臣吝啬，但是对于自己的皇室亲属却是恩礼有加，特别是对他的弟弟萧宏，很是纵容。萧宏是"奢僭无度，聚敛财宝"，甚至想谋杀萧衍。但萧衍不仅不加惩罚，反而加封官职。萧宏并不知恩，更加肆无忌惮。最后，竟和萧衍的大女儿永兴公主通奸，密谋篡夺皇位。结果派人刺杀萧衍时被发现，刺客被捕杀。永兴公主畏罪自杀，萧宏也忧惧而死。

萧综是萧衍的次子，他的母亲吴淑媛原来是东昏侯萧宝卷的妃子。萧衍当时入宫废掉萧宝卷时，见吴淑媛是个美人，就将其占为己有。吴氏跟了萧衍后，仅7个月就生下了萧综，生父可能是萧宝卷。但萧衍并没有歧视他，不仅封他为王，还让他做镇右将军。吴淑媛失宠之后，出于对萧衍的怨恨，就把其中原委告诉了萧综。从此，萧综便和萧衍疏远了。525年，梁魏交兵，萧衍派萧综统兵作战。北魏派援军前来，萧衍担心萧综有失，便召他回朝。但让他伤心的是，萧综却投奔了北魏。北魏很高兴，授萧综为高官，封丹阳王，萧综改名为萧缵。萧衍闻讯，一气之下撤消了萧综封号，并把他的母亲废为庶人。后来，他听说萧综想回来，就派吴淑媛去慰抚，但萧综却犹豫未归。吴淑媛病后，萧衍感念不已，下令恢复萧综爵位。

这两次打击对于萧衍来说是很大的，他逐渐看破了红尘，开始信奉起佛教来。527年，萧衍亲自到了同泰寺，做了三天的住持和尚，还下令改年号为大通。萧衍信佛十分虔诚，戒掉女色荤腥，并下令全国效仿。后来，他又多次舍身佛寺，经常与僧人们探讨佛理。萧衍和国内僧人的关系也很密切，宝亮、智藏、法云等人，都得到萧衍的器重。除此之外，他组织僧人编撰佛教著作，编成的作品至少有12种。他还广造寺院，所建寺院，有大爱敬寺、智度寺、光宅寺、同泰寺等11座，各寺铸有佛像。在萧衍的推崇下，梁代佛教达到了南朝佛教的最盛期。

548年八月，侯景举兵反梁，一路攻破谯州、历阳，不久就兵临长江。

而梁武帝萧衍丝毫不知侯景与萧正德勾结的事情，仍任命萧正德为都督京师诸军事，负责保卫建康。萧正德乘机派了数十艘大船，把侯景从北岸的横江接运到南京的采石。侯景迅速包围台城，梁国各路援军虽然云集在建康周围，不下二三十万，大大超过侯景军队。但是，由于各军将帅号令不一，互相钩心斗角，大都观望不战，致使侯景终于攻破宫城，软禁梁武帝萧衍。结果萧衍很快病了，后来不能起床，最后连饿带病加生气，一命呜呼，终年86岁。萧衍死后谥为"武帝"，庙号"高祖"。

南朝·陈

武帝陈霸先

陈武帝档案：

生卒年：503~559年

父母：父，陈文赞；母，董氏

后妃：钱皇后、章要儿等

年号：永定

在位时间：557~559年

谥号：武帝

庙号：高祖

陵寝：江苏万安陵

性格：明达果敢，恭俭勤劳

陈霸先，字兴国，小字法生，出身寒微，后因镇压交州农民起义、征讨侯景等功劳升官，成为梁朝大都督。迎立萧方智为帝后，陈霸先平定各地叛乱，又打退北齐两次大规模的进犯，把梁朝的军政大权集于一身。557年，陈霸先废掉敬帝萧方智，代梁自立，成为南陈的开国皇帝。

出身寒微 平乱起家

503年，陈霸先出生于吴兴下若里（今浙江湖州长兴）。虽然出身寒微，但他从小就胸怀大志。陈霸先不喜欢从事任何生产劳动，喜欢读史书与兵书，对一些纬候、孤虚、遁甲之术十分感兴趣。他身体高大魁梧，练得一身好武艺，再加上他长于谋略，处事明达果断，可谓一个难得的少年英雄。

最初，陈霸先只是乡中里司小官，后来，怀着满腔报国之志的他，来到梁都建康做了一个看守油库的小吏。由于他能识文断字，陈霸先不久就担任了新喻侯萧映的传令官。陈霸先忠于职守，办事牢靠，受到了萧映的赏识。在大同年间，萧映被朝廷任命为吴兴太守，赴任时他指名带上陈霸先。后来，萧映转任广州刺史，推举陈霸先为中直兵参军，不久陈霸先又出任西江督护、高要太守。

544年，因交州刺史萧谘对百姓暴虐，导致民心丧失。当地豪族李贲趁机联合其他几州豪杰起兵造反，赶走交州刺史萧谘。梁武帝命新州（治在今广东新兴）刺史卢子雄、高州（治在今广东阳江旁）刺史孙囧火速出兵镇压。但后来朝廷怀疑卢、孙与李贲私通叛国，在广州将这两人赐死。这事激起了卢子雄部下将士的不满，周文育、杜僧明等聚众哗变，围攻广州。广州刺史萧映急忙召陈霸先平乱。陈霸先率3000精兵赶到广州，经过几次激战，大败叛军，迅速平定了叛乱。梁武帝萧衍听到叛乱已平的消息十分高兴，立即下诏封陈霸先为直阁将军，还派画师前往广州，画下陈霸先像，以示表彰。

545年，李贲仿梁朝制度，设置百官，自称越帝，反叛梁朝。朝廷封陈霸先为交州司马、领武平太守，命他与交州刺史杨日票共同征伐叛逆。陈霸先接到朝廷旨意后立即招兵买马，整修兵器。次年六月，陈霸先率领讨伐大军到达交州，李贲率3万人马在苏历江口抗击。对阵李贲时，陈霸先身先士卒，率领大军冲锋陷阵，取得大胜。李贲兵败后逃到嘉宁县屈獠地区，屈獠到处都是崇山峻岭，环境恶劣，陈霸先只好驻守在周围。后来经过三年苦战，他终于除掉了以李贲为首的地方分裂势力，收复了交、爱、德、利、明等数州。这次平叛使陈霸先声名鹊起，但由于当时的社会极其讲究家世出身，功勋卓著的陈霸先仍被梁武帝任命为西江督护、高要太守，只加了一个督七郡诸军事的军职。

不过，机会总是有的。陈霸先率兵回到高要不久，梁朝就爆发了侯景之乱。侯景，原是东魏丞相高欢手下的一员大将，深得高欢器重，被封为河南道大行台、都督十三州诸军事。高欢死后，侯景不服高欢的儿子高澄的统治，举兵反叛，并于547年二月投靠梁朝，梁武帝派侄子萧渊明领兵5万北伐东魏，接应侯景。但是，萧渊明与侯景都被打败，渊明被俘，侯景逃到了寿阳（今安徽寿县）。不久，侯景又举兵反梁，包围台城。由于梁国各路援军互相钩心斗角，大都观望不战。致使侯景终于攻破宫城，软禁梁武帝，立太子萧纲为傀儡皇帝。

陈霸先率军到江陵，投到梁武帝第七子湘东王萧绎门下，取得了北伐的合法权。在战胜各种地方割据势力后，陈霸先大军于551年六月发兵南康，沿赣江北下。552年，陈霸先南路征讨大军从豫章出发，与西路都督王僧辩会师。三月，在建康与侯景展开了大决战，终于彻底摧毁了侯景势力。不久，萧绎在各路将士的劝进下在江陵称帝，陈霸先因平乱有功进位司空，镇守京口。

功高震主　受禅建陈

554年九月，西魏发兵突袭江陵，王僧辩未及时救援，梁元帝萧绎被杀。陈霸先便与王僧辩商议，迎立梁元帝第九子萧方智为帝。但是，北齐高洋想趁梁国破败之时前来瓜分，于是又送萧渊明回建康当皇帝，想以此使梁朝成为齐的附庸。开始王僧辩不同意，不过后来迫于北齐出兵施压，他也就顾不上陈霸先的劝阻，于555年五月迎立萧渊明为帝，改立萧方智为皇太子。

陈霸先由此与王僧辩产生了矛盾。九月，陈霸先在京口起兵，突袭建康，杀死王僧辩。萧渊明见状，知道自己的皇位是保不住了，于是主动逊位。十月，陈霸先扶持萧方智复位，改元绍泰。萧方智复位后，任命陈霸先为大都督，总摄梁朝军国大事。

王僧辩死后，他的余部先后起兵反陈霸先。吴兴刺史杜龛与义兴太守韦载以及王僧辩的弟弟、吴郡太守王僧智等都据城抗击陈霸先。陈霸先派部将周文育进攻义兴，出师不利，吃了败仗。韦载乘胜在城外据水立栅，与周文育对峙。陈霸先于是亲自东征，两天之内就把韦载在城外设的水栅拔去。然后，陈霸先派韦载的族弟劝降了韦载。

就在陈霸先离开建康不久，谯、秦二州刺史徐嗣徽和南豫州刺史任约突然投降北齐。在北齐的支持下，徐嗣微、任约就率5000兵偷袭建康，占据石头城，与留守台城的侯安都形成相持局面。十一月，北齐派5000兵渡江占据姑孰（今安徽当涂），支援徐嗣徽、任约。不久，北齐又派安州刺史翟子崇、楚州刺史刘士荣、淮州刺史柳达摩领兵万人从胡墅（今江苏南京长江北岸）渡江，向石头城送三万石米、三千多匹马。

面对北齐咄咄逼人的气势，陈霸先采纳了韦载的建议，先派周铁虎夜袭胡墅，烧毁北齐船只千余艘，断绝敌人粮道；然后派人在大航（今南京镇淮桥东）修缮侯景故垒，派兵据守，保障与东部联系的运输线。齐军也在仓门、水南设栅栏据守。过了几天，陈霸先亲自率领精骑，大败徐嗣徽。徐留下柳达摩守石头城，与任约去采石迎接北齐援军。

十二月，侯安都率水军攻破徐嗣徽栅栏，俘获数百人。陈霸先又在治城架起浮桥，渡河攻北齐仓门、水南两栅，大败齐军。徐、任二人引北齐水陆兵马1万余人想进驻石头城，被陈霸先派兵所阻，只得驻于江宁浦口。不久，陈霸先派侯安都率水军对徐、任驻军进行了猛烈攻击，迫使徐、任败逃。这样，石头城只留柳达摩一人孤守。陈霸先召集水陆各军，四面围住石头城。最终因城内无水，柳达摩只得派人向陈霸先求和，但是要求陈霸先送其儿子作为人质。建康朝臣急欲讲和，陈霸先无奈只得同意。

打退北齐的大规模进犯之后，陈霸先相继讨灭了东扬州刺史张彪、江宁令陈忠嗣、黄门侍郎曹郎和岭南的萧勃等反叛势力。

556年三月，北齐不顾讲和之信，派大都督萧轨与徐、任合兵10万，进军梁山。陈霸先早有防备，侯安都、周铁虎都在此驻军，因此齐军遭到惨败，退往芜湖。陈霸先又调定州刺史沈泰前往梁山协助侯安都守御。不久，陈霸先亲自到梁山巡视。侯安都趁着北齐不敢进逼的机会，率精骑袭击了齐行台司司马恭，大获全胜，得数万俘虏。齐军心怯，于是就致书梁朝，称只要交还萧渊明就退兵。陈霸先答应了，但是没过几天，萧渊明就"疽发背"死了。得知这一消息后，萧轨感到被侮辱了，第二天就发兵走旱路，直逼建康。陈霸先立即召还梁山各军，在建康做好防御准备。由此，空前激烈的建康保卫战打响了。

一开始，陈霸先趁齐军主力未到，还没有立住脚跟，率兵给先到的齐兵沉重打击。但是随着齐军主力陆续到达，陈霸先在兵力上处于劣势。于是，他暂避齐军锋芒，且战且退，不断用游骑骚扰齐军的补给线。过了不久，陈霸先就发现自己到了退无可退的境地，南、北、东三面都出现了敌军，建康被包围了，形势十分危急。但天无绝人之路，此时江南的梅雨季节来临，连日大雨不断，城外的齐军一来没有熟的东西可吃，二来要时刻提防陈霸先偷袭，士兵得不到休息，整日站在水中，脚趾都泡烂了，精神上更是疲惫不堪。而城内陈霸先军队在高处，又经常调换，得到了很好的休整。

陈霸先抓住这个时机，亲自率军一鼓作气对齐军发动进攻，最终大败齐军，并俘获齐军主帅萧轨。建康保卫战的胜利使陈霸先威名远扬。敬帝萧方智封陈霸先为中书监、司徒、扬州刺史，晋爵为长城公。556年九月，萧方智又进陈霸先为丞相、录尚书事、镇卫大将军、扬州牧、义兴公。自此之后，陈霸先集朝廷军政大权于一身，萧方智完全成了傀儡皇帝。第二年九月，陈霸先又进位相国，总百揆、封陈公，备九锡之礼，陈国设置百官，俨然如皇帝一般。

十月，陈霸先再晋爵为王。在做好一切准备工作后，陈霸先废敬帝萧方智，代梁称帝，建立陈朝，定都建康，年号为永定。

征伐叛逆 力瘁身死

陈霸先篡位称帝，引起了南梁众多旧臣的不满，纷纷起兵反对他。因此，自称帝以来，他几乎没有过上一天舒心安稳的日子。早在他立萧方智为帝时，湘州王琳就不服管制，大造船舰，准备进攻陈霸先。557年六月，陈霸先派平西将军周文育、平南将军侯安都等领水军2万征讨王琳。十月，两军分进合击，会师于武昌。就在他们准备进兵之时，得到了陈霸先废梁自立的消息。对下一步的行动，侯安都和周文育产生严重分歧，以致没能攻克郢州（今湖北武汉）。

不久，王琳率军进至弇口（今湖北武汉西南），侯安都把军队撤到沌口（今湖北武昌），仅留沈泰守汉曲（今湖北汉口）。在与王琳军对峙数日后，双方交战，结果侯安都军大败，周文育、侯安都等均被俘，仅沈泰突围成功。558年正月，王琳率兵10万进至湓城（治所江州，今江西九江），驻扎白水浦（九江西）。王琳想率军东下，但是被北江州刺史鲁悉达截住中流。于是，王琳向北齐求援，并请回了梁永嘉王萧庄。王琳即刻拥立萧庄即帝位，改元天启。萧庄以王琳为梁侍中丞相、录尚书事。六月，陈霸先派司空侯填、徐度率水军攻王琳。在取得一场大胜后，陈霸先又另派谢哲前往游说王琳投降。因战事不利，王琳同意退军湘州（今湖南长沙）。

陈霸先在征伐叛逆的同时，任贤使能，宽政廉平，也十分注意经济的发展。他把大量的广东兵民迁移到江南地区，补充人口，恢复生产。因此，陈霸先在位期间，江南局势渐趋稳定。就这样，他开创的陈朝在一个纷乱的时局中顽强地守住了中国经济最繁荣的地区，为隋唐大一统留下了丰厚的遗产。

５５９年六月，由于长期不断的征战，陈霸先筋疲力尽，患上重病，不到半月便去世，时年５７岁。陈霸先死后葬于万安陵，谥号"武帝"，庙号"高祖"。

北朝·北魏

道武帝拓拔珪

北魏道武帝档案：

生卒年：371~409年

父母：父，拓拔寔；母，贺兰氏

后妃：慕容氏、刘氏等

年号：登国、皇始、天兴、天赐

在位时间：386~409年

谥号：道武皇帝

庙号：太祖

陵寝：山西金陵

性格：勇猛冷酷，宽厚大度

　　拓跋珪，字涉圭，鲜卑族拓跋部人。淝水之战后前秦衰落，拓跋珪于386年正月召集旧部复兴代国。同年四月，改代为魏，史称北魏。拓跋珪在位期间，在政治、经济、军事方面取得比较大的功绩，是一个开明有作为的君主。但晚年的拓跋珪变得残暴、冷酷，最终被他的儿子拓跋绍所杀。

立志复国　成就帝业

　　拓跋珪是十六国时期代国国君拓跋什翼犍的孙子。376年，前秦苻坚命幽州刺史苻洛率领10万大军攻打代国，什翼犍因病无力亲征，代军一败涂地。不久，部落内乱，什翼犍被他儿子所杀，代国也分为两部，分别由刘库仁和刘卫辰统领。年轻的拓跋珪在大臣燕凤的保护下和他的母亲贺兰氏依附刘库仁部。几年之后，刘库仁的儿子刘显继位，密谋杀掉智识不凡的拓跋珪。拓跋珪得此消息，灌醉了刘显，然后与母亲一直逃到贺兰部，投靠他的舅舅贺讷。

由于他少年老成，见识不凡，在贺兰部时，拓跋珪深得众心。他励精图治，使得远近都争相趋附。386年正月，诸部大人共同向贺讷请求，愿意推举拓跋珪为主。他们在牛川召开部落大会，在这次大会上，拓跋珪即位为代王，年号登国。他命汉人张衮为左长史，许谦为右司马，长孙嵩的弟弟长孙道生等侍从左右，作为智囊参谋。至此，灭亡了10多年的代国在拓跋珪的领导下复国。

之后，拓跋珪以牛川地处偏远，迁都到盛乐（今内蒙古和林格尔县西北），由此占有了河套以东的广大草原地区。四月，拓跋珪又改代为魏，史称北魏。拓跋珪建魏后，四周都面临着强敌。北边有贺兰部，南边有独孤部，东边有库莫奚部，西边河套一带有铁弗部，阴山以北有柔然部和高车部，太行山以东和以西有后燕与西燕。为了稳定政权，拓跋珪先是利用后燕与西燕的矛盾，与后燕结好，以此来牵制西燕的侵犯；然后他又与西燕结盟，以此来遏制后燕的扩张。这种两边交好的方式起到了一定的效果，保持了南部的安全。当然，拓跋珪深知光靠外交手段来维持政权是不行的，必须增强自己的实力，才能遏制外敌的侵略。于是，在外交的同时，他也十分注意内政的经营。

就在拓跋珪小心翼翼稳固自己的地位时，他的叔父拓跋窟咄勾结刘显发动了叛乱，企图取拓跋珪而代之。拓跋珪被迫再度越过阴山，并派人向后燕求援，后燕国主慕容垂派兵救援。而此时，拓跋窟咄也联络了贺兰部的染干夹击拓跋珪。情况十分危急，但是少年老成的拓跋珪却不惊慌，他分析敌情后决定避开染干，急行军数百里，到达桑干河支流上游地区。之后又派人联系到慕容垂援军，两军在高柳（今山西阳高县西北）大败窟咄，由此顺利平息内乱。

高柳之战使拓跋珪的地位得到稳固。为了进一步扩展实力，387年，拓跋珪乘胜出击，打败了占据马邑的独孤部刘显和刘卫辰两个部落，占领了从五原到固阳塞一带的产粮地区。390年，拓跋珪出兵征服了占据阴山北麓的贺兰部。第二年，又征服了占据河套以西的匈奴铁弗部。就这样，5年之间，拓跋珪就消灭了周边几个最强大的对手，势力越来越强大。随后，他又兼并了库莫奚、高车、纥突邻等小部落，获得大量的土地、人口与牲畜，大大充实了北魏的实力。

394年，后燕慕容垂出兵灭了西燕。这样，在华北地区与后燕抗衡的只有北魏了。消灭西燕，让慕容垂忘乎所以，他以为灭北魏也会像这样轻而易举。395年五月，他派太子慕容宝等带上8万士兵向北魏国都平城挺进。两军在黄河两岸对峙10多天，由于后燕国内传来将军慕容嵩等人企图叛乱的消息，慕容宝只得下令撤兵。拓跋珪抓住这个机会，率精骑渡过黄河急进军追击，在参合陂大败慕容宝，斩杀燕军四五万，获取无数粮草器械。

396年十月，后燕慕容垂亲率大军前来报仇，虽然一度攻下平城，俘虏北魏3万多人，但是由于拓跋珪避其锋芒，把主力北退至阴山，所以两军一直没有进行大规模的决战。而此时，慕容垂身体患了重病，不得不引兵回国，在回去的路上就去世了。得知慕容垂死讯，拓跋珪率精锐骑兵，长驱直入杀进中原。拓跋珪亲率40万大军进攻后燕，一路势如破竹，吞并州，出井陉关。最终经过1年多的征战，拓跋珪攻破闭城坚守的信都、邺城、中山，占据黄河以北地区。这样，自386年到379年，在短短的10多年时间里，拓跋珪将北魏发展成北方最大的政权。

倾心汉化　致力封建

398年十二月，拓跋珪将北魏都城迁往平城，并改称皇帝。称帝后，拓跋珪开始效仿汉族政治体制，促使拓跋部的奴隶制向封建制过渡。为了说服部众，他接受汉族士人崔宏的建议，找出了一个冠冕堂皇的理由。他宣称黄帝最小的儿子昌意受封于北土，是拓跋部的祖先，因此拓跋部都是黄帝的后裔，必须追随中原各族封建化和汉化的道路，向汉族学习。

拓跋珪依照汉人之法设置官吏，大量使用汉族士人参政，将鲜卑部落之间酋长与部落联盟酋长之间的关系，改变为封建的君臣关系。

拓跋珪采取许多措施发展经济。他下令发展农业，重视屯田。先是在盛乐、河套以北地区屯田。后来，又命拓跋仪在五原到固阳一带的河套平原屯田。拓跋珪规定屯田的收益除一部分上交国家外，其余按一定比例分给农民，这就提起了大家的积极性，极大地促进了拓跋部由畜牧经济向农业经济转化。

之后，拓跋珪实行"离散诸部、分土定居"的措施。强制解散带有血缘关系的部落组织，按居住地重新编制各部牧民。这样，拓跋部的成员绝大部分成为负担赋税和兵役的农民，加快了拓跋部的封建化进程。

此外，拓跋珪把战争俘获的大量人口带到北魏，给这些"新民"发放耕牛和农具，按照人口授予他们田地，让他们在划定的范围内耕种田地，以此来增加国家税收。

在发展经济的同时，拓跋珪也注意健全军事制度，将原始的兵牧不分的军事制度改为封建专业军制度，提倡并奖励军功。

通过这些措施，北魏的政治、经济、军事都得到了迅速发展，成为中国北方地区最强大的政权，也为后来北魏进一步的统一战争积蓄了雄厚的物质基础。

🌀 明元帝拓跋嗣

北魏明元帝档案：

生卒年：392~423年

父母：父，道武帝拓跋珪；母，刘氏

后妃：姚氏、杜氏等

年号：永兴、神瑞、泰常

在位时间：409~423年

谥号：明元帝

庙号：太宗

陵寝：山西金陵

性格：明智宽厚，刚毅大度

拓跋嗣，北魏道武帝拓跋珪的长子。拓跋嗣年少时聪明大度，非常孝顺父母，深得拓跋珪的喜爱。403年，12岁的拓跋嗣被道武帝封为齐王，拜相国，加车骑大将军。

在当初立拓跋嗣为太子时，拓跋珪担心将来出现母后专权的现象，决定效仿汉武帝杀钩弋夫人的旧例，将拓跋嗣的亲生母亲刘氏杀死。这就是代、北魏后世一直承袭的"子贵母死"的制度，这种制度对政权的稳固是有一定作用的。但是，由于拓跋嗣是一个非常孝顺的孩子，得知母亲被杀后，他就整日地哭泣。而当时被"寒食散"折磨得本来就烦躁不安的拓跋珪知道后大怒，准备召见拓跋嗣进行训话。拓跋嗣的左右就劝他，说现在皇上正在气头上，你去了保不定会出什么意外，不如先外出躲避一阵子，等皇上气消了，再入宫不迟。拓跋嗣想想也对，于是带上两个随从出城躲匿起来。

409年，道武帝拓跋珪被二儿子拓跋绍杀害，京都一片混乱。在外的拓跋嗣听到消息后赶回都城。拓跋绍几次派人寻找拓跋嗣想杀掉他，但都没有成功。最终，拓跋嗣联络诸大臣杀死了拓跋绍及其母亲贺氏等10余人，平息了宫廷政变。随即，拓跋嗣即皇帝位，大赦天下，改元永兴，重整朝纲。

拓跋嗣即位时，北魏已经统一了北方大部分地区，但还有一些小的割据政权存在。他清楚地认识到，要想消灭这些政权，必须要有强大的国力做后盾。因此，拓跋嗣即位后，首先大力恢复和发展农业生产，与民休息。他将塞外鲜卑人及其他胡人内迁到关东地区，按人口分给他们住房、农田、农具，强迫他们进行农业生产。对于遇到自然灾害而没有粮食吃的百姓，他下令国库发放相应的布帛和粮食进行赈济。拓跋嗣常常外出巡视，亲自接见民间的长者，问民疾苦。此外，他还派中央官员巡视四方，防止地方官员贪污害民。对于一些没有完成政府赋税任务的刺史守宰严加惩处，并以其家中财产来抵押。同时，规定百姓如果发现刺史守宰不遵法令，可以直接进宫告发。这些措施的实行，在一定程度上减轻了农民的负担，缓和了阶级矛盾，也使北魏的国力得到增强。

在对外政策上，拓跋嗣采取了和他父亲不同的策略，他为了巩固统治，没有在一开始就东征西战，而是采取抚和的政策。414年，拓跋嗣遣使通后秦、柔然及北燕，又下诏令平南将军、相州刺史尉古真与刘裕相互交往联系。在采取抚和政策的同时，对于一些侵犯北魏的敌人，拓跋嗣也毫不犹豫地出兵征伐。410年，他就亲率大军击退柔然的侵掠。

此外，拓跋嗣也曾觊觎过南朝刘宋政权。公元416年八月，刘裕亲率大军讨伐后秦。后秦因饱受内忧外患，早已今非昔比，于是急忙向北魏求援。拓拔嗣派出10万精骑，但并没有真正进攻东晋军队，只在黄河边牵制晋军，想从中拾取便宜。刘裕指挥诸士兵摆出"却月阵"，以2700士兵加上100张可发尖槊的大弩，大败魏军。由此，拓跋嗣再不敢小视刘裕，他听从谋臣崔浩的建议，不再与晋军为敌。直到刘裕去世，拓跋嗣才再次出兵刘宋，占领了司州、兖州及豫州的大部分土地，促成南北对峙的局面。

拓跋嗣为了长寿成仙，和他的父亲一样也常常服用"寒食散"，这就导致他的体内毒素渐渐增多，身体也就逐渐衰弱。为了防止出现不测，422年，拓跋嗣立15岁的拓跋焘为太子，让其临朝听政，并安排长孙嵩、山阳公奚斤、北新公安同、穆观、丘堆、崔浩等人辅佐太子。

423年十一月，拓跋嗣病死于平城西宫，终年32岁，葬于金陵，谥号"明元帝"，庙号"太宗"。

献文帝拓跋弘

北魏献文帝档案：

生卒年：454~476年

父母：父，拓跋濬；母，李氏

后妃：李氏

年号：天安、皇兴

在位时间：465~471年

谥号：献文帝

庙号：显祖

陵寝：山西金陵

性格：机智古怪，刚毅果断

　　拓跋弘，生于454年，是拓跋濬的长子。3岁时，拓跋弘就被文成帝拓跋濬立为太子。少年时期，拓跋弘表现得十分聪睿机智，且举止合礼，仁孝纯至，礼敬师友，因此深得拓跋濬喜爱。465年，拓跋濬病死于太华殿，好不容易平安了一段时间的北魏政局又陷入了危机之中。

　　拓跋弘在车骑大将军乙浑的扶持下即皇帝位，改元天安。此时的拓跋弘年仅12岁，没有什么治国的经验，因此，政权全都控制在乙浑的手中。乙浑假传圣旨，把尚书杨保年、平阳公贾爱仁、南阳公张天度、平原王陆丽等几个实权派人物召到宫中，然后将他们全部杀害。之后，乙浑自任太尉、丞相，位居诸王之上，一手遮天，朝廷事无巨细，全都由他裁决。

　　乙浑独揽大权，引起了冯太后的极度不满。冯太后深知她一个人实力不够，如果操之过急，就有可能造成比当年宗爱杀皇帝还要混乱的局面。于是，她联系了安远将军贾秀、侍中拓跋丕。466年，经过周密安排，在没有任何先兆的情况下，冯太后派拓跋丕率领兵士冲入乙浑的府中，将乙浑处死。之后，冯太后宣布临朝称制，并由前朝旧臣高允、高闾、贾秀共同参政。467年，拓跋弘的儿子元宏出生，冯太后与拓跋弘十分高兴，于是大赦天下。元宏不久就被立为太子，冯太后对这个孩子十分喜爱，就宣布归政于拓跋弘，将精力全部投入到抚育皇太子的工作中去。

拓跋弘亲政后，继承了父辈推崇汉文化的传统，采纳中书令高允等人的建议，议定郡县学制，明确大郡、次郡、中郡学制的具体要求，还对老师和名额配置、师资条件、师生资格提出了具体的要求。如规定博士、助教要选博通经典、忠正清廉的，学生要取为人修谨，能循名教的。这样，建立了一大套比较完善的地方官学体制，把自汉代就已经开始的地方官学真正系统化。

在推崇汉文化的同时，北魏献文帝拓跋弘大力推动经济改革。加快封建化进程，把原来的游牧生活变为先进的农业耕作。关心农民，减免租赋，按照十分之一的比例收取赋税，免除其他一切杂调。同时整肃纲纪，限制贪污、贿赂等行为。这些宽简政策的施行，促进了北魏经济的发展，使北魏在皇兴年间出现了一个比较兴旺的局面。

在军事方面，北魏献文帝拓跋弘也取得了巨大成就。466年，北魏占领刘宋彭城；467年，北魏征服刘宋淮河流域；469年，北魏又占领刘宋山东地区；470年，北魏出击青海湖地区的蒙古种吐谷浑部落。472年二月，已经禅位的拓跋弘率兵在北郊击退柔然的进攻，十一月，他又亲自征讨柔然，一直杀到漠南，逼柔然后撤几千里；不久拓跋弘又领兵征讨投降北魏后又叛乱的河西吐谷浑；473年，拓跋弘还虚张声势，领兵威慑南朝，致使其南边疆界得以安稳。

表面上，一切都运行良好。但是，暗地里，潜流已经翻涌。其实当年冯太后归政之后并没有放弃对于权力的控制，她提拔自己的亲哥哥冯熙为太傅，时刻监督献文帝的言行。拓跋弘当时让冯太后很满意，因为拓跋弘只要遇到拿不定主意的事情，都会跑去与冯太后商量。后来，由于年龄的增长，拓跋弘逐渐感觉到不爽，就想找机会打压一下冯太后的气势。

冯太后27岁时就寡居深宫，自是寂寞难耐，就与当时在宫中充宿卫的李奕私通。李奕不知收敛，仗着他的哥哥是南部尚书李敷，再加上冯太后的宠爱，在宫中出入无忌，不把皇帝放在眼里。拓跋弘决定以此为突破口，恰巧此时李敷曾经帮助仪曹尚书李诉遮掩贪污之事被告发，他就下令把李诉押回平城审讯拟斩。拓跋弘并没有急于结案，而是派执法人员向李诉暗示，只要他揭发李敷、李奕兄弟的罪状，就可以免除死刑。李诉犹豫不决，最后没有办法听从了女婿裴攸的劝告，罗列了李敷、李奕两兄弟罪状30多条，报与皇帝。

拓跋弘闻奏，当即下令诛杀李敷、李奕兄弟。冯太后听说李奕被杀后，不由悲恨交加，在后来的日子里，母子之间的矛盾也就越演越烈。拓跋弘本来性格就属于那种刚毅果断类型，现在处处受制，逐渐产生了厌烦之意。加之北魏境内灾荒不断，反叛也不时发生，年纪轻轻的他心灰意懒。又由于他自小受贵族风气的影响，喜好佛、道两教的学说，希望能摆脱俗务，出世修行。于是在471年，拓跋弘召集大臣，商量禅位之事，由于太子年幼，他就想把皇位传给他的叔父拓跋子推。

大臣们一听，都反对。他们认为北魏开国以来就是父子相承，如果转授帝支，恐怕引起祸乱，并劝皇帝为百姓着想，暂不要退位。但拓跋弘心意已决，于是退而禅位于年仅5岁的皇太子元宏。退位之后的太上皇帝，移居到别宫，一切简朴自然。拓跋弘于是找一些和尚谈经论道，一派怡然自得。而升任太皇太后的冯氏对他的记恨不但没有减少，反而越发强烈了。476年的一天，冯太后暗令左右在拓跋弘的食物中下了毒，拓跋弘毫不知情，吃下后不久就毒发身亡，年仅23岁。

北朝·东魏

孝静帝元善见

东魏孝静帝档案：

生卒年：524~551年

父母：父，元亶；母，胡妃

后妃：高皇后等

年号：天平、元象、兴和、武定

在位时间：534~550年

谥号：孝静帝

庙号：无

陵寝：邺西漳北

性格：从容沉雅，委屈隐忍

  元善见是北魏孝文帝的曾孙。534年，孝武帝元脩逃奔长安后，高欢立年仅11岁的北魏宗室元善见为帝，并迁都邺城，改元天平，史称为东魏。元善见是东魏的开国皇帝，也是唯一的皇帝。元善见虽然是个文武双全的君主，但实际上他一直是一个傀儡，未能亲政。一开始，高欢把持朝政，高欢死后朝政又被高欢的长子高澄胁持。高澄被杀后，他的弟弟高洋废掉元善见自立，是为北齐。551年被毒死，死时年仅28岁。

  孝静帝元善见自幼就很聪明，"好文学，美容仪，力能挟石狮子以逾墙，射无不中"，可谓是文武双全。但是由于高欢势力熏天，他也曾见父亲元亶逃跑的狼狈样，因此，即使他有勇有谋，也不得不把自己的本性给藏起来，苦中作乐，表面上一切都听从高欢的。

高欢当年是因击溃专擅国权的尔朱氏集团、复辟君位而起家的，所以他虽然已经把整个东魏掌握在手中，但是一直以来也不敢轻易篡位称帝，以免背上骂名。对皇帝元善见，高欢也是以礼相待，朝廷事不无大小，他都会上奏孝静帝，得到元善见的许可后才敢施行。皇帝每次设宴招待大臣们时，高欢总是带头下跪向皇帝敬酒。孝静帝每次去寺院朝拜时，他都会捧着香炉，跟在皇帝的车辇后面。从表面上来看，皇帝还是保持着皇帝的尊严。实际上呢，孝静帝只是一个傀儡。朝廷大权都是由高欢及其亲信把持，高欢委政于太保孙腾、尚书令司马子如、侍中高岳、司徒高隆之等人。后来，他又任他的儿子高澄为大将军，领中书监。

高欢在时，北魏已经分裂为以元善见为帝的东魏和以元宝炬为帝的西魏。西魏皇帝元宝炬也几乎是一个傀儡，朝政为宇文泰所执掌。东魏与西魏形成对峙状态，两国之间连年战争不断。西魏在宇文泰的领导下经济军事实力得到大大的增强，因此在与东魏的战争过程中不断取得胜利。546年，高欢又率领东魏军队进攻西魏，围攻玉壁50多天。最终，士兵战死7万多，还是未能攻破玉壁，以失败而告终。此战过后，高欢就得病，第二年就死了。

高欢死后，他的儿子高澄继承了他的所有职位，继续统摄朝政。高澄不再像他父亲一样对孝静帝以礼相待，他对文武双全的皇帝十分忌惮，暗中派崔季舒时刻监察皇宫及元善见的一举一动，对皇帝也经常出言不逊，甚至出手殴打。一次，高澄与皇帝一起喝酒。高澄故意用大碗强迫孝静帝喝酒，并说："高澄祝皇帝长命百岁。"孝静帝见状，拒绝喝，并说："自古没有不亡的国家，朕宁愿亡国也不愿受你这种小人的摆布！"高澄当即发怒了，破口大骂："朕、朕、你个狗屁朕！"又命令手下当众打了元善见三拳。

孝静帝不堪侮辱，却又无可奈何，于是常常在宫中吟咏谢灵运的一首诗："韩亡子房奋，秦帝鲁连耻。本自江海人，志义动君子。"侍讲大臣荀济明听此明白了皇帝不甘苟安的心思，于是偷偷地与祠部郎中元瑾、长秋卿刘思逸等人密谋救皇帝。他们伪装在宫中造假山，实质上挖地道出宫，计划救皇帝出去后组织兵马讨伐高澄。不料，地道挖到城门外时，被守卫发现。高澄听到消息后，大吃一惊，赶忙调集兵马直奔皇宫。高澄直斥皇帝谋反，并下令士兵捕杀元善见的嫔妃。孝静帝十分愤怒，厉声反问高澄："自古以来只听说臣子谋反，还没有听说过皇帝谋反。你要谋反就直接来杀我，我已不惜生命，哪还顾得上嫔妃的性命。"高澄被皇帝的驳得哑口无言，只好磕头谢罪，悻悻而回。第二天，高澄也不管那么多了，就直接把孝静帝软禁在含章堂，把挖地道的一干人全都处死。

549年八月，正当高澄伙同崔季舒等人密谋篡位自立的时候，却被一个往日与他有私仇的厨子利用进献饭菜的机会刺杀了。听到高澄的死迅，孝静帝十分振奋，心想朝廷大权终于可以回归到自己手中了。可是，事情的发展却不如元善见所想，高澄的弟弟高洋很快平息了事态，继承了父兄的权位，并把高澄的旧部召集到了自己的麾下，朝政大权复归高氏。孝静帝元善见只能望洋兴叹，为了委曲求全，元善见晋升高洋为丞相，都督中外各军事。不几天又封为齐郡王，后又晋爵为齐王。

之后，高洋回晋阳，纠合魏收、张亮等人筹办禅代事宜。550年五月初八，张亮、赵彦深等人闯入皇宫，逼迫孝静帝禅位，并将早已拟好的禅代制书让元善见抄写一份后签名。元善见随后被安排到城北的别馆居住。在接受玺绶之后，高洋随即行禅代礼，登基为帝，建立新朝，国号为齐，东魏就此灭亡。

高洋即位之初，对元善见还是十分客气。他封元善见为中山王，食邑1万户；上书不称臣，答不称诏；出行可以使用天子旌旗；奉绢三万匹，钱一千万，粟二万石，奴婢三百人；元善见的三个儿子也都职官食邑。551年，高洋的帝位已经稳固，元善见没有什么利用价值了，高洋就下毒杀死了元善见，并且把他的三个儿子也全部杀害。552年二月，元善见被追谥为"孝静帝"，葬在邺西漳北。

北朝·西魏

文帝元宝炬

西魏文帝档案：

生卒年：507~551年

父母：父，元愉；母，杨氏

后妃：乙弗皇后、郁久皇后等

年号：大统

在位时间：535~551年

谥号：文帝

庙号：德宗

陵寝：陕西永陵

性格：隐忍，倔硬

　　元宝炬，西魏的开国皇帝，他的祖父是北魏孝文帝。535年，孝武帝元脩在长安被毒死，宇文泰立元宝炬为帝，改元大统，史称西魏。

　　元宝炬生于507年。在元宝炬出生的第二年，元愉宣称得到密报说高肇谋杀了皇帝，于是在冀州举行祭天大礼，宣布自己即皇帝位。不久，即被宣武帝元恪击败杀死。元宝炬及他的兄妹都被抓起来幽禁于宗正寺，直到宣武帝去世，他们一家才得以重获自由。

　　534年，孝武帝与丞相高欢决裂。高欢举兵反叛，孝武帝以元宝炬为中军四面大都督，领兵在黄河与高欢对峙。后来高欢攻下洛阳，元宝炬入关中投靠宇文泰。十月，高欢立元善见为帝，建立了东魏政权。次年正月，宇文泰毒死了孝武帝，拥立元宝炬为帝，建立西魏政权。元宝炬称帝后，立乙弗氏为皇后，长子元钦为太子，又封宇文泰为丞相、安定公。

西魏建立初期，危机重重，不光国土狭小、经济脆弱，而且北有柔然，南有梁朝，东有东魏，处于四面包围之中。元宝炬和宇文泰面对这样的形势，决心实行改革以富国强兵，振兴关中。在丞相宇文泰的主持下，西魏朝廷制定了24条新制，在全国范围内分布执行；吸收汉族知识分子从政，破格提拔苏绰为大行台右丞，总管国家财政、农业及朝廷枢密事务。苏绰锐意推行新政，在全国范围内进行人口普查，实行租赋预算的方法平均赋役；大量裁减不称职的官员；在全国推行均田制，集中力量发展农业生产。新政的实行，使西魏初步具备了与东魏抗衡的条件。

在军事上，由于当时北方柔然势力比较强大，对西魏构成极大的威胁。538年二月，元宝炬无奈废乙弗皇后，立柔然公主郁久闾氏为皇后。不久，因郁久闾氏忌妒乙弗皇后，乙弗氏被迫出宫迁往秦州。即使如此，柔然仍不罢休，于540年大举进军西魏。元宝炬愤然大骂："岂有百万之众为一女子举也？"但最终也只能下令乙弗皇后自缢，柔然才退兵北回。

在与东魏的对峙中，由于宇文泰足智多谋、指挥有方，西魏多次以少胜多，转败为胜。537年十月，东魏高欢亲率20万大军分三路攻打西魏，宇文泰以1万精兵迎战。两军在沙苑（今大荔县南）展开激烈争夺，最终宇文泰一举打败高欢，东魏经此一战后元气大伤。宇文泰乘胜东进，占领了山西、河南等地大片土地。之后，宇文泰在军事上推行了府兵制，在全国设立8个柱国大将军，自任最高统帅，每个大将军又领2个开府，每个开府共24军。这一制度的施行使西魏的战斗力越来越强。

550年，东魏高洋废掉孝静帝元善见自立为帝，建立北齐。宇文泰得到此消息后，便亲率大军讨伐。高洋为了显示自己的实力与才能，纠合了六州鲜卑，举行了一次大规模的军事演习。宇文泰见北齐军容严盛，也就不敢轻举妄动，又恰逢雨雪连绵，瘟疫流行，被迫无功而返。

551年三月，元宝炬病死，终年45岁，谥号"文帝"。文帝元宝炬在位

16年，虽然只是一个名义上的皇帝，但是他与宇文泰默契配合，使西魏很快就强盛起来，也算是有一些功绩的。

北朝·北齐

文宣帝高洋

北齐文宣帝档案：

生卒年：529~559年

父母：父，高欢；母，娄昭君

后妃：皇后李祖娥、嫔妃段昭仪等

年号：天保

在位时间：550~559年

谥号：文宣帝

庙号：显祖

陵寝：武宁陵

性格：荒淫暴虐，智勇深沉

高洋是高欢的次子，高澄的兄弟。550年，高洋废黜东魏孝静帝元善见后自立为帝，定国号齐，定都邺城，年号天保，历史上称之为北齐。高洋是北齐的第一位皇帝。

549年，高洋的哥哥高澄正密谋篡位，却被一个曾经与他有私仇的厨子刺死，朝廷一片大乱。当时的皇帝元善见听闻高澄被刺的消息后，直呼天意，认为他亲政的机会来了。可是，没等皇帝元善见来得及高兴，年仅21岁的高洋已经挺身而出，他一方面亲自指挥卫队捉拿刺客，另一方面亲理朝政，很快就平息了混乱，控制住东魏。皇帝元善见见此，胆战心惊地说："我必死无疑了！"

之后，高洋回到晋阳处理家事。当时他的心腹高德政、徐之才、宋景业等人都督促他废魏自立，于是他立即纠合魏收、张亮等人筹办禅代事宜。不过反对他的人也有很多，他的母亲娄氏也认为高洋这样做不能取得成功。但是高洋决心已定，要终结东魏，取而代之。

550年，做好一切准备后，高洋率领10万大军杀向邺城。之前，他曾派高德政去都城探探大臣们的口风，结果大臣们都"顾左右而言他"。高洋大怒，决定以武力相逼。

五月，高洋大军到达邺城。他立即派司空潘乐、侍中张亮、黄门侍郎赵彦深等人去见孝静帝，劝说皇帝元善见仿效尧舜、禅位给丞相高洋。元善见知道大势已去，只得含泪在他们早已拟好的禅位制书上签了名，随即被赶出皇宫，东魏就此消亡。高洋随后即皇帝位，定都邺城，年号天保，史称北齐。

高洋执政前期，修政为民，整顿吏治，加强兵防，使北齐在很短的时间内就强盛起来，可谓是年轻有为。他任用汉人杨愔等改定律令，使魏晋以来的刑律由繁化简，便于执行。高洋还改革了官制，他采纳一些大臣的建议，削去州、郡建制。这样下来，全国的官吏减少了几万人，贪污腐化现象大大减少，农民们的负担有所减轻。高洋还施行各种措施大力发展经济，使得北齐的农业、盐铁业、瓷器制造业都相当发达。

高洋执政六七年后，随着国家逐渐安定强盛，开始由勤勉走向了荒淫、暴虐。他整日不理朝政，沉湎酒色，有时还会做出非常怪异惊人的举措。他有时会涂脂抹粉，穿着妇人的衣服在大街上招摇过市；有时又会披头散发，赤身裸体，像个疯子一样；有时会随意闯进民宅，侮辱妇女。

559年，高洋又想起他是代魏自立的，北魏的皇族元氏现在还大量存在，这对他不能不说是一个大的隐患。为了斩草除根，他下令将姓元的全部杀死，连婴儿也不放过，然后又把尸体抛进漳河，弄得沿河渔民几个月不敢打鱼。

这一年十月，由于长期酗酒、荒淫不堪，高洋患了重病。他自知不久于人世，于是召来李皇后和他的六弟常山王高演进行最后的交代。高洋对皇后表达了太子年幼，恐被人夺位的担心，然后又求掌有重权的高演日后如果夺权，请别杀他的儿子。为了防止篡位之事发生，他还诏令尚书令、尚书左仆射等人辅佐幼主高殷。安排好这一切后不久，高洋病死，终年31年，葬于武宁陵，谥号"文宣帝"，庙号"显祖"。

北朝·北周

🐉 孝闵帝宇文觉

北周孝闵帝档案：

生卒年：542~557年

父母：父，宇文泰；母，元氏

后妃：元皇后、陆夫人等

年号：无

在位时间：557年正月~八月

谥号：孝闵帝

庙号：无

陵寝：静陵

性格：刚毅，果决，坚韧

宇文觉，字陀罗尼，宇义泰的第二个儿子，生于542年。550年，年仅9岁的宇文觉被西魏文帝元宝炬封为略阳郡公。556年三月，15岁的宇文觉被宇文泰立为安定公世子。四月，宇文觉又被西魏恭帝拓跋廓封为大将军。

这一年的十月，宇文泰去世，宇文觉在宇文护的扶持下承袭太师、大冢宰等职。十二月，西魏恭帝拓跋廓在宇文护的逼迫下"禅位"给宇文觉。第二年正月，宇文觉在长安正式即位称天王，国号周，史称北周。

宇文觉称帝时才16岁，军政大权实际上都掌握在大司马宇文护手中。宇文泰临死之前遗命宇文护掌管国家大权，让宇文护的野心一下膨胀到极点。扶宇文觉上台后，他更加专横跋扈，这就引起了曾经与宇文泰同朝的元老大臣赵贵、孤独信等的不满。赵贵密谋刺杀宇文护，找孤独信商议，但孤独信阻止了。后来此事被人告发，宇文护大怒，立即杀了赵贵，免了孤独信的官职，不久又赐死孤独信。

宇文觉对宇文护的专权也十分不满，他想亲自执政。在他身边的一些臣子如司会李植、军司马孙恒和宫伯乙弗凤、贺提拔等人，也对宇文护十分不满，他们看出了皇帝的心思，于是密谋策划，召集了一批武士在皇家花园练习，准备除掉宇文护。宇文觉虽然心中十分赞成，但是不敢贸然行动。这些人想联络宫伯张光洛入伙，增强实力，不成想张光洛却偷偷地向宇文护告了密。宇文护知道此事后，并没有大开杀戒，只把为首的李植、马孙恒贬到地方去做官。

乙弗凤没有被贬到外地，仍然留下皇帝身边。他不甘心失败，于是又进行谋划，准备在宇文觉设御宴招待群臣时谋杀宇文护。不料，这次行动又被张光洛告发。这次，宇文护下了狠手，立即召集心腹柱国贺兰祥、领军尉迟纲商讨对策。他让尉迟纲通知乙弗凤进宫商议国事，等他们一到，便全部抓捕，之后将他们全部杀死。接着，宇文护又下令撤销宫宿卫。宇文觉见形势危急，命宫女太监们拿起武器自卫。宇文护派贺兰祥逼宇文觉退位，封他为略阳公，改立宇文泰庶长子宇文毓为帝。一个月后，宇文觉被宇文护派人暗杀，年仅16岁。

572年，北周武帝宇文邕诛杀宇文护，下令为宇文觉上谥号。于是派遣蜀国公尉迟迥在南郊上谥其为"孝闵帝"，称其陵墓为静陵。

隋・唐・五代十国

隋

文帝杨坚

隋文帝档案：

生卒年：541~604年

父母：父，杨忠；母，吕后

后妃：独孤皇后、蔡妃等

年号：开皇、仁寿

在位时间：581~604年

谥号：文皇帝

庙号：高祖

陵寝：陕西泰陵

性格：深沉稳重，狠辣多疑

　　隋文帝杨坚，是隋朝的开国皇帝。他出身于北周时期的一个贵族家族，后来承袭了隋国公的爵号。大成元年（579年），周宣帝传位于年仅8岁的宇文阐，是为周静帝。杨坚以"皇太后父亲"的身份辅政，由此，他把北周军政大权完全掌握在手中。在巩固自己的势力与地位后的第二年，杨坚代周自立，建立隋朝。之后他发兵灭了后梁与南陈，统一了全国。在位期间，他励精图治，推行了一系列政策措施，其中诸如三省六部制、科举制度等措施对后世产生了深远的影响。

韬光养晦　代周自立

杨坚出生于西魏大统七年（541年），虽然后来他贵为天子，但在其青少年时期，并没有表现出什么过人的聪明之处。在校读书时，学习不用功，成绩也不好。但是，由于他的父亲官至极品，依靠父亲的功勋，从14岁起杨坚便开始做官，15岁被授官散骑常侍、车骑大将军、大兴郡公，之后官职更是一步一步得到提升。北周武成二年（560年），周武帝即位，此时的杨坚才20岁，但已经被任命为随州刺史。北周天和元年（566年），杨坚又娶了柱国大将军孤独信的七女儿，地位得到进一步提高。北周天和三年（568年），父亲杨忠去世，杨坚继承了其父隋国公的爵号。

北周建德四年（575年），北周武帝亲率大军征伐北齐，杨坚奉命与广宁候薛回率领水师从渭水进入黄河，西击齐兵。由于杨坚指挥有方，北周军队大获全胜。次年，周武帝再次出兵北齐，杨坚被任命为左三军总管。北周建德六年（577年），北周大败北齐，俘获了北齐因后主逃亡而即位仅2天的皇帝高延宗及太子高恒，北齐就此灭亡。杨坚则继续挥师北上，攻破冀州，平定北齐宗室任城王高潜。因为在北周重新统一北方的征伐中立下了大功，杨坚晋封柱国，并被封为定州总管。

杨坚地位的不断上升招来了一些大臣与贵族的妒恨，这些人想方设法想除掉杨坚。北周武帝可能听信了一些谣言，对杨坚也产生了怀疑。杨坚察觉了他的危险处境，于是便韬光养晦。为了打消皇帝的猜疑，杨坚把自己的长女杨丽华嫁给了皇太子宇文赟，此举暂时稳住了他的地位。

北周建德七年（578年），周武帝死，周宣帝宇文赟即位。周宣帝宇文赟昏庸荒淫，且滥施刑罚，致使上下怨愤。杨坚预感北周的统治不久将结束，便开始做代周自立的工作。他秘密拉拢一些大臣，扩大自己的势力。不过，这也引起了周宣帝的警觉，在一些人的挑唆下，他多次试探杨坚。一次，周宣帝在皇宫埋伏杀手，然后无故召杨坚进宫议论政事。他对杀手说，只要发现杨坚有一点无礼的举动，就将他杀掉。但是，杨坚心中早有准备，不管宇文赟如何激他，他都神态自若。宇文赟也无计可施，但是他又找不到借口，无法下手。他曾对皇后杨丽华大发脾气，直言不讳地说要消灭杨氏一家。

杨坚几经危险，心中不安。为了逃避周宣帝对自己的猜疑，他就想出了一个两全之策。他通过老同学、内史上大夫郑译透露自己想到地方上任职的想法。北周大象二年（580年），宣帝决定南伐，郑译就推荐了杨坚，宣帝随即同意，任命杨坚为扬州总管。这样，不仅宇文赟放心，杨坚自己也安定了。

不过，南伐大军还没有出动，荒淫的宣帝就病死了。而宣帝的长子宇文阐才8岁，根本没有能力统治朝廷。杨坚在侍臣刘昉、内史上大夫郑译的帮助下，伪造了周宣帝的遗诏，以皇太后父亲的身份辅政。之后，杨坚又以诏书的名义控制了京师卫戍部队，由此，北周朝廷的军政大权基本由杨坚控制。

为了巩固自己掌控的军政大权，杨坚采取了一系列措施。首先，他拉拢了一帮真正具有政治才能的人作为亲信，拒绝了扶持他上位的刘昉、郑译等人共掌朝政的要求，设立丞相府，自任丞相，把这些人置于自己的控制之下。这些亲信们为日后杨坚夺取北周政权奠定了重要基础。

建立了自己的统治核心后，杨坚开始清除宗室宇文氏的势力。对危及自己权力的宇文氏弟子，杨坚毫不手软，宇文泰的五个有实力的儿子被杀掉。对于没有直接威胁的宇文氏势力，杨坚采取安抚与欺骗的手段使其屈服。如位居上柱国、右大丞相的宇文赟被杨坚劝回家。

与此同时，杨坚又宣布废除周宣帝时期的严刑峻法，停止营建的洛阳宫，减轻农民的徭赋，以此来收买人心。通过这些措施，杨坚在京师的统治得到巩固。对于一些地方反叛势力，杨坚则一方面派出军队进行强力征伐，另一方面又利用权力进行拉拢。经过半年时间，地方反叛势力被悉数弥平。

此时，杨坚离称帝自立只差最后一步，他也开始了做代周自立最后的准备工作。一切都准备就绪后，周大象三年（581年正月），杨坚逼周静帝宇文阐退位，代周自立。他在百官的拥戴下，穿上早已准备好的黄袍，登上帝王宝座。杨坚定国号为隋，改元开皇，以长安为首都。

知人善任 统一全国

在隋朝建立之前，杨坚就通过各种方法拉拢各方人才。由于他知人善任，用人不疑，很多人都甘心为他效力。杨坚麾下最杰出的人是高颎，他有着优秀的军事和组织才能。在平定尉迟迥反叛的过程中，高颎担任杨坚的监军。他在前线安抚诸将，鼓舞士气，最终取得了平叛的胜利。隋朝建立后，高颎被文帝任命为尚书左仆射，执掌朝政。开皇九年（589年），文帝又任命高颎为大元帅，领兵50万伐陈。朝廷中有大臣忌妒高颎，于是就诬告高颎手握重兵，有谋反的企图。隋文帝听后，什么也不说，直接把这个大臣拉出去斩了。从这件事可以看出文帝知人善任、用人不疑的气度。

在很长的一段时间里，隋文帝杨坚对高颎"言听计从"，并且把大权交给高颎让他放手去干。高颎也不负文帝的信任，尽心尽力地辅佐，同时也积极地举荐人才，为隋文帝进行的政治、经济改革献计献策。

除了文臣，隋文帝也特别重视对武将的选用。对于那些能征善战的军事人才，他不断进行提拔。这一时期得到重用的名将有长孙晟、韩擒虎、贺若弼、史万岁、刘方、崔彭等人。也正是依靠这些人才，隋文帝才能最终完成平叛、卫国、统一的大业，这也为他改革政治、繁荣经济，创造了安定的环境，为后来开创的"开皇盛世"奠定了坚实的基础。

开皇七年（587年）四月，为了扫灭南陈，统一全国，隋文帝修复了山阳（今江苏淮安）、江都（今江苏扬州）之间从淮河入长江的水道。之后出兵进攻江陵，灭掉后梁，为荡平南陈扫平了道路。开皇八年（588年），隋文帝以次子杨广为统帅，发兵50万大举进攻南陈政权。在这次战争中，武将们个个都取得了卓越的功勋。如贺若弼率先渡过天险长江，韩擒虎则活捉陈后主，杨素沿江东下扫除了残余势力。到开皇九年（589年）正月，陈朝各地纷纷归降于隋。隋文帝统一全国，结束了自西晋末年以来中国270多年来的分裂局面。之后，隋文帝还平定了地方豪强的叛乱。由此，一个统一的多民族封建中央集权国家又重新建立起来了。

励精图治 开皇盛世

杨坚建立隋朝后，为了巩固政权，他采取了一系列有利于社会经济发展的政策措施，这些改革几乎涉及封建社会的各个方面，包括中央和地方的政治体制、赋税、土地制度、法律、钱币、对外关系等。

在政治体制方面，隋文帝废除北周六官制，恢复汉、魏旧制，基本确立了三省六部制度。在中央设三师、三公及五省。三师只是一种给予德高望重者的荣誉职衔，三公则相当于国家机关的顾问，没有实权，也不常设。真正掌握政权的是五省，五省包括尚书省、门下省、内史省、秘书省和内侍省，其中秘书省和内侍省不起重要作用，其他三省才是真正的政权机关。内史省负责决策，门下省负责审议，尚书省负责执行。尚书省是主持日常政务的机构，设有尚书令和左、右仆射各一人，下设有六部。六部包括吏部、礼部、兵部、刑部、户部、工部，吏部负责全国官吏的任免、考察、升降等；礼部掌管祭祀、礼仪及接待；兵部负责全国武官选用和管理兵器、军令等；户部掌管全国土地、户籍、赋税和财政收支等；刑部则掌管法律、刑狱等；工部负责的是各项工程、水利、交通等。三省六部制的确立，使得分工更加明确，组织更加严密，加强了中央集权。这套制度对唐朝及以后历代王朝影响都十分巨大，它的建立也表明了我国封建制度已经发展到成熟的阶段。

在地方，隋文帝下令废除郡，实行州、县两级制。在此之前，北周实行的是州、郡、县三级制，出现了"民少官多、十羊九牧"的情况，造成了极大的财政浪费。隋文帝实行两级制度，并且合并了一些州县，淘汰了大批冗官，这样既节省了国家财政开支，又有利于政令的推行。

为了更加有力地控制地方，杨坚规定九品以上的官员全部由吏部任免，禁止地方官员就地录用僚佐。这些由吏部任免的官员每年都要接受考核。后来，又实行三年任期制，刺史、县令三年就得换一地方，避免出现地方割据势力。同时，隋文帝还改革官员选拔制度，开启科举选拔官员的制度，使各个阶层有才华的人都有机会为政府效力。科举制度对后世的影响巨大，在中国存在的时间持续了将近1300多年，直到清末才被废除，当时的英美等国都借鉴了科举制度作为政府文员的聘用制度。

隋文帝在政治方面还有一项重要改革——制定与修改《开皇律》。早在执掌北周时代，因不满北周法律的残酷与混乱，杨坚就对当时一些法律进行了修改，但并不彻底。隋朝开皇元年，隋文帝命高颎等人参考魏晋旧律，制定了《开皇律》。开皇三年（583年），隋文帝又命苏威、牛弘修改新律。把北周时期的一些残酷刑伐（如宫刑、车裂等）删除，保留500条律令，并对刑罚分类，建立以死、流、徒、杖、笞为主的封建五刑制。隋文帝对法律的改革，减轻了它的残酷和野蛮性，在中国法制史上具有划时代的意义。

在政治改革的同时，隋文帝杨坚也着手于解决土地分配和劳动力的问题。他在北齐、北周的基础上，继续实行均田制。规定每个男子可以分配露田（种五谷）80亩，永业田（种桑麻）20亩，妇女可以分配露田40亩。永业田不归还，露田在受田者死后归还。杨坚还多次下诏减免农民徭役和租赋，与民休养生息。同时，采取"大索貌阅"和"输籍定样"的方法查实应纳赋税和负担徭役的人口。为了加快发展水上运输和农业生产，隋文帝又开凿了许多大型水利工程。此外，隋文帝在乡间设置义仓，其中的储粮由百姓捐纳，以备饥荒时赈济灾民。

上述措施的实行，提高了农民劳动生产的积极性，国家增加了许多劳动力，财政收入也就不断增加，社会呈现一片繁荣景象。由此，隋文帝也开启了一段在历史上被称为"开皇之治"的盛世局面。

炀帝杨广

隋炀帝档案：

生卒年：569~618年

父母：父，文帝杨坚；母，独孤皇后

后妃：萧皇后、萧嫔妃、陈贵人等

年号：大业

在位时间：604~618年

谥号：炀帝

庙号：世祖

陵寝：葬于今扬州市西北的雷塘南平冈

性格：荒淫昏暴，好大喜功

杨广是隋文帝杨坚的第二个儿子，在登基称帝之前，他抑制他荒淫奢侈的本性，通过阴谋争宠，最终成功谋得太子地位。杀害父亲杨坚自己称帝后，杨广性格中专擅福威、纵情声色的一面马上就显现出来，他虽然也做出过伟大的功绩，但是更多的时候是荒淫残暴、穷奢极欲。杨广的这些行为使得众叛亲离，百姓穷困，最终官逼反民，把一个大好江山给葬送。

少年英才 谋储逼宫

杨广自小就聪明伶俐，诗词文章样样都行。当杨坚还是北周大臣的时候，杨广就已经被封为雁门郡公，当然这得益于他父亲的功勋。杨坚即位称帝后，封杨广为晋王，并让他担任并州总管，此时杨广年仅13岁。第二年，隋在并州设置河北道行台尚书省，杨广又任武卫大将军上柱国河北道行台尚书令。

年仅十几岁便担此大任，除了杨广聪明，更多则是隋文帝杨坚为了巩固其统治而为之。文帝吸取了北周孤弱而亡的教训，因此他把他的儿子派到地方，各掌一方，以此来稳固杨家统治。为了使这些皇子们能够堪当重任，文帝从朝中精选了一些正直且有才望的人来辅佐他们，杨广周边的辅佐大臣是王韶等人。王韶等人不负文帝所托，尽心尽力辅佐杨广，使杨文在文才武略方面得到很大进步。

开皇八年（588年），隋文帝以次子杨广为统帅，发兵50万大举进攻南陈政权，第二年春，就把陈朝灭掉。虽然此时的杨广是最高统帅，但基本上是坐享其成，因为实际指挥部署作战的是元帅长史高颎，攻城掠地的则是武将贺若弼、韩擒虎、杨素等。杨广攻下建康后，把陈后主身边的有害于人民的邪佞之臣都杀掉。同时他又让高颎和元帅府记室参军裴矩一起收缴南陈地图和户籍，封存国家府库，金银财物不取分文，这样的风度使杨广获得了天下人民的称赞。之后，他晋封太尉，再任并州总管。

后来，在平定江南士族高智慧叛乱、反击突厥等战争中，杨广作为统帅皆立下大功。在文帝的五位皇子中，杨广的战功是其他几位皇子所不及的。由于官职、地位的不断提升，杨广开始觊觎皇位。不过，实现这个愿望有点难，因为文帝在即位后不久就已经立长子杨勇为皇太子，杨勇是法定的皇位继承人，如果杨勇没有死亡或被废掉，杨广是没有机会当皇帝的。

杨广十分清楚，只有皇帝废掉杨勇，他才能夺得太子之位。于是，在后来的岁月中，他做了两件事情，这两件事情就是讨父亲的欢心和秘密培植自己的亲信党羽。

首先，杨广通过阴谋权术不断迎合文帝与独孤皇后。文帝本人十分节俭，孤独皇后痛恨男子宠爱姬妾，太子杨勇没有心机，无视文帝及皇后的性格，偏偏喜欢奢侈与女色，久而久之，文帝与皇后都对他产生了厌恶之感。而杨广呢，虽然也喜奢侈与女色，但是他为了得到太子之位，先把这些都暂时地隐藏起来。他只和王妃萧氏住在一起，不宠爱其他姬妾。每当文帝和孤独皇后到杨广住的地方的时候，他都会事先进行布置，把一些年轻美貌的姬妾藏起来，让一些年老丑陋的人穿上粗布衣服。文帝与独孤皇后见此，就逐渐地开始宠爱他了。而对于文帝和独孤皇后派来的人，他都会以礼待之，临走时还会送上礼物。这些人因为得了好处，在文帝和皇后面前都是好话连连，由此，杨广在文帝和独孤皇后心目中的地位不断攀升。

当然这些还不够，改立太子之事必须还要得到朝中大臣的支持。杨广勾结了不少在朝中与太子杨勇不和的大臣，其中就有著名的大将杨素，这些大臣们平日里在文帝和皇后面前不断中伤杨勇，文帝遂起了罢黜之意。开皇二十年（600年），杨勇被废为平民，太子党被消灭，杨广如愿以偿。

仁寿四年（604年），文帝病重卧床不起，杨广认为他登上皇位的时机到了，于是写信给杨素请教如何处理后事。不料送信人把杨素的回信错送给了文帝，文帝看后大骂不已。这时，又有文帝宠妃陈氏告状说杨广在夜里调戏她。文帝这才看清杨广的本性，便命令身旁大臣拟诏书重立杨勇为太子。杨广得知消息后，立即与杨素密谋，带兵包围了皇宫，谋杀了文帝，之后，又杀掉杨勇及其他兄弟。就这样，杨广以弑父杀兄的手段登上了皇帝的宝座。

荒淫无道　奢侈巡游

杨广曾经为了得到太子之位，把自己荒淫奢侈的一面隐藏起来，在文帝和皇后面前装出一副仁孝恭俭的样子。当他得到帝位之后，这忍隐许久的一面马上就暴露无遗，奢侈的千里巡游、数以千计的后宫佳丽，这些作为也使得他成为中国历史上妇孺皆知的荒淫残暴的君王。

杨广是一个好色之徒，在父亲临死的时候，他就调戏过父亲的宣华夫人陈氏，杀死父亲夺得帝位后没过几天，他就把宣华夫人叫来与他同床共寝。他的后宫除了萧皇后和众多的贵人、美人，还有在西苑的16院夫人及宫女数千人。但杨广还是嫌不足，又下令江淮诸郡每年都要挑选资质端丽的童女送入宫中。

杨广除了好色，还生性好动。从大业元年（605年）起，他先后三次通过大运河到江都巡游。每一次游玩，气派都大得惊人。如第一次巡游江都，大小船只数千艘，他坐的船叫龙舟，高四十五尺，宽五十尺，长两百尺，有四层，上层为正殿和东西朝堂，中间二层有120间房子，装饰极为华丽，最下层为内侍宦官住所。随行的嫔妃、王公大臣船只数千艘首尾绵延长达200余里，光是拉船的纤夫就有8万多人。船队所过的州县，500里内都要贡献食物，都是水陆珍奇，佳肴美味，吃不掉就倒掉。这些食物所花金钱都是沿途官员盘剥百姓而来，这也就导致沿途许多百姓倾家荡产，民不聊生。

不仅如此，他还不惜民力，追求新奇，游玩的花样层出不穷。有一年，杨广不走水路，而走陆路去巡游。依旧气派非凡，带兵50万，旌旗辎重绵延千里。征调了10多个郡的民工，在太行山上为他开凿了一条通往并州的大道。又令民工在榆林至涿郡修建了一条长3000多里，宽百步的御道。同时，又征调100万人，限期20天，修筑长城，以保护他的安全。

经营西域 东征高句丽

杨广荒淫无道的生活给人民带来了无尽的痛苦，但是，面对饥寒交迫的人民，杨广没有采取有力的措施来改善民生缓解矛盾，而是通过四处征战的方式来转移人民视线。他动员了全国大量的人力、物力和财力，从而在更大程度上加剧了国内的阶级矛盾。

杨广四处扩张巩固边防，为了开展对外贸易，决定开发经营西域。在此之前，他先是派兵打败了西突厥的处罗可汗，扫清一大障碍；然后又出兵击败吐谷浑，将其领地建成四郡，派遣官员治理，保证和西域的畅通。

按理来说，经营西域的话，可以有效促进贸易，发展经济。但是，炀帝杨广却是一个好大喜功、贪慕虚荣的人，他经营西域并不是为了发展经济，而是为了炫耀隋朝富有。他用金钱来引诱西域的商人来朝贸易，还命令西域商人所经过的地方郡县要殷勤招待。大业六年（610年），杨广还在洛阳大演百戏来招待西域商人，前后达1个月之久。为了炫富，他命令洛阳所有的店铺都要用华丽的帷帐装饰，西域的商人们在洛阳可以随便吃、随便住，而且不花一分钱。杨广这些劳民伤财的举措造成了很多人贫困破产，国家为经营西域所耗费的资财每年多达亿万钱。由于他的贪慕虚荣，白白地浪费了国家巨大的财富。

但是，杨广向外经营扩张规模最大，时间最长的并不是经营西域，而是发动的对高句丽的三次侵略战争，这三次战争耗尽了隋文帝励精图治20年所积累的丰厚遗产，给人民造成了深重的灾难，弄得天下百姓怨声载道，隋朝也由此走向衰竭、灭亡。

大业三年（607年），杨广巡游到东突厥，在启民可汗的大帐碰巧遇上高句丽使者。炀帝想让高句丽王高元到隋朝，结果高句丽王拒绝。隋炀帝便以此为借口，准备出兵征伐高句丽。

在出征前，他做了充分准备。征调大批工匠在东莱大规模造船，为了赶工期，很多工匠被迫在水中昼夜工作，长期的浸泡使许多人腰以下都生蛆了，死者无数。他还征调江淮的大量民工与船只从洛阳往涿郡运粮。大业八年（612年），杨广下诏大举进军。隋军130万人，号称200万，分水、陆两路进军。结果水、陆军队都失败，这次征伐给人民带来了无穷的灾难，各地的农民起义不断，给隋朝的统治造成了严重威胁。

而对风起云涌的农民起义，隋炀帝不思悔改，于次年又发动了第二次对高句丽的战争。这一次作战布置和第一次基本相同，可是当陆军到达前线的时候，黎阳杨素的儿子杨玄感发动了叛乱，无奈之下，杨广只能撤军回救洛阳，第二次东征又告失败。

此时隋朝的元气已经大伤，隋炀帝丝毫不管即将到来的灭顶之灾，于大业十年（614年）又发动了第三次对高句丽的战争。虽然最终取得了军事上胜利，但这已经阻挡不了隋朝即将走向灭亡的颓势。

官逼民反 身死兵变

隋炀帝统治以来数次巡游以及穷奢极欲的挥霍消耗了巨大的财富，使得隋朝的经济走向崩溃。而无止境的徭役和兵役，使得千千万万的农民无法生活。农民无法生存，只有铤而走险，举义反抗暴政了。隋末第一支农民起义军是由山东长白山的王薄号召起来的，他的口号是反对远征高句丽，无数逃避兵役徭役的农民参加进来。之后，各地备受兵役徭役之苦的人民纷纷响应。

杨广仍不知收敛，依旧我行我素，奢侈残暴，而且拒不纳谏。三征高句丽后，杨广又要去东都游玩，当时的太史令就进谏，要炀帝不要只顾玩乐，应关注民生。结果炀帝很生气，把太史令杀掉，其他一些劝谏的也都被杀或者被贬。

在内外叛离的情况下，杨广就准备南游江都，避开农民起义的锋芒。他继续征调大量民工，命他们在江都重造龙舟送来东都。大业十二年（616年），龙舟造好送来洛阳，杨广不顾朝廷的安危，杀了一些劝谏的大臣后，便去江都巡游去了。在江都的一年多时间里，各地起义不断击败隋朝军队，许多地方的武装势力见隋朝即将灭亡，也纷纷起兵自立。其中太原留守李渊起兵直接攻下隋朝都城长安，并立杨广的孙子杨侑为傀儡皇帝，遥尊炀帝为太上皇。

终于，暴君杨广的末日来临。义宁二年（618年）三月，杨广准备从江都迁往长江以南的丹阳城，但是随驾的卫士多为关中人，早已怨恨久居江都不还，见杨广还要南迁，纷纷谋划逃回故里。这时，虎贲郎将司马德勘、元礼等利用卫士们思乡的情绪，共同推举宇文述的儿子宇文化及为首领，发动兵变，将杨广用带勒死，立杨浩为帝，率领众卫士返回关中。

同年五月，李渊废隋恭帝杨侑，称帝，国号唐，隋朝从此灭亡。

唐

🌸 高祖李渊

唐高祖档案：

生卒年：566~635年

父母：父，李昞；母，独孤氏

后妃：窦皇后、万贵妃、尹德妃等

年号：武德

在位时间：618~626年

谥号：光孝皇帝

庙号：高祖

陵寝：陕西献陵

性格：谨慎稳重，率性豁达

　　唐高祖李渊，是唐王朝的开创者。他在隋末风起云涌的群雄角逐中异军突起，建立了唐王朝，并平定了四方的叛乱，统一了全国。他以对唐王朝的开创之功而留名青史。

出身显贵　因功仕隋

　　李渊的祖父李虎，为魏左仆射，封陇西郡公，官至太尉，是北周著名的八柱国之一，死后追封为唐国公。父亲柱国大将军李昞，袭封唐国公，北周时任安州（今湖北安陆县）总管。母亲独孤氏是八柱国之一独孤信的女儿、隋文帝独孤皇后的姐姐。北周天和元年（566年），李渊出生于长安，

7岁父亲去世后，他袭封唐国公。李渊出生和成长于这样一个高门显贵之家，自幼受到良好教育。

李渊年轻时，潇洒豁达，直率宽仁，还有一身好武艺。当年窦毅夫妇为女儿求贤夫时，采取比箭招亲的办法。他们在门屏上画两只孔雀，只有在两箭之内射中孔雀眼睛的求婚者，才有资格中选。当时来求亲的王公子弟无数，但无人能中。李渊也前来求亲，开弓射箭，两发各中一目，因而娶得一代名门闺秀。

李渊隋初为千牛备身，曾先后任谯州（今安徽亳县）、岐州（今陕西凤翔）、陇州（今陕西陇县）刺史。隋炀帝大业初年为荥阳（今属河南）、楼烦（今山西静乐）二郡太守。后为殿内少监。大业九年（613年）为卫尉少卿。这一年隋炀帝发动第一次对高句丽的战争，李渊受命在怀远镇（今辽宁辽中附近）督运粮草。这年六月，杨玄感起兵反隋，隋炀帝命李渊镇守弘化郡（今甘肃庆阳），兼知关右诸军事。杨玄感兵败，李渊留守弘化郡。在这期间，李渊广树恩德，结纳豪杰，因此隋炀帝对他有所猜忌。

大业十一年（615年）李渊调任河东（今山西）慰抚大使，并被授权可以任用当地郡县文武官，征发河东兵，讨捕"盗贼"。李渊携家眷来到河东。在龙门（今山西河津）消灭了毋端儿农民起义军，收降万余人，声威大震。大业十二年（616年），李渊迁右骁卫将军，年底任太原留守。李渊在太原又消灭了历山飞农民起义军，巩固了在太原的统治地位。

晋阳起兵　长安称帝

杨玄感起兵反隋虽然失败，但引发了隋末农民起义的浪潮。当时，隋末农民大起义如火如荼。翟让、李密领导的瓦岗军，窦建德领导的河北义军和杜伏威、辅公祏领导的江淮义军等在大江南北蓬勃兴起。隋统治集团内部分崩离析，隋炀帝迷信谶纬之语，猜疑臣下，以国公李诨名应"李氏当天子"的民谣，将其家32人全部杀死。这个事件的发生，使早有"大志"的李渊感到自危，谋划起兵反隋。而此时南游的隋炀帝被风起云涌的农民起义困在江都（今江苏扬州），无法返回京城长安。

大业十三年（617年）二月，刘武周在马邑（今山西朔县）起兵，杀太守王仁恭，自称天子。李渊以讨伐刘武周为名，自行募兵，同时暗暗将在蒲州（今山西永济）的长子李建成和四子李元吉召至晋阳（今山西太原一带），准备起事。李渊的行为，引起忠于隋炀帝的副留守王威和高君雅的怀疑。五月，李渊借口王、高二人私引突厥入寇，杀了他们，正式起兵。

起兵后，李渊派刘文静出使突厥，并与之和亲。在得到突厥的支持后，李渊在六月传檄诸郡，打出废昏立明、安定隋室的旗号。接下来，李渊便决定进军关中，直取长安，以号令天下，统一全国。李渊率大军攻破西河郡（今山西汾阳）后，自称大将军，建立大将军府。以长子李建成为陇西公、左领军大都督，领左三统军。次子李世民为敦煌公、右领军大都督，领右三统军。以裴寂为长史，刘文静为司马，唐俭、温大雅为记室，长孙顺德、刘弘基等为左、右统军。

七月，李渊命四子李元吉留守太原，自己率军西进关中，遭到屯兵霍邑（今山西霍县）的隋武牙郎将宋老生的阻挡。适逢秋雨连绵，道路泥泞，粮草供应不足。裴寂等主张还师太原，固守根本，以图后举。李建成、李世民等力主进军。李渊最后决定继续西进。八月雨止天晴，太原军粮运到，士气大振，终于击败宋老生，平定霍邑。接着又连取临汾（今山西临汾）和绛郡（今山西新绛）。九月，李渊率军直逼河东，屈突通固城自守。李渊采取李世民的建议，留兵围河东，自率大军西进，由壶口渡黄河，直取长安。十月，李渊至灞上，与李建成、李世民、平阳公主军会师，20余万，围攻长安。十一月攻克长安，与民约法十二条，封府库，收图籍，禁掳掠。李渊占领长安后，为了显示他攻取京城是为了保存隋朝正朔的正义性，便将隋炀帝的孙子隋代王杨侑立为皇帝（即隋恭帝），改元义宁，遥尊隋炀帝为太上皇。而实际上李渊成为真正的掌权者，做了大丞相，并被晋封为唐王。由此李渊以武德殿为丞相府，总揽军国大事，以裴寂为长史，刘文静为司马，李刚为司录。此外李渊还将自己的长子陇西公李建成封为唐国世子，次子敦煌公李世民封为秦王，四子姑臧公李元吉封为齐王。

大业十四年（618年）三月，在士兵们思归怨叛的情况下，虎贲郎将司马德勘等人推屯卫将军宇文化及为首，发动兵变。他们杀死被困扬州的隋炀帝，立他的孙子秦王杨浩为皇帝。隋炀帝被杀标志着隋朝的灭亡。此时的李渊再也无所顾忌了，不久他就逼迫隋恭帝禅位，定国号唐，改元武德，定都长安。李渊就是唐高祖。

统一全国　创立制度

李渊建立唐朝后，开始了统一全国的战争。当时全国处在群雄割据的混战之下，为了彻底消灭这些互相攻伐、使国家四分五裂的割据势力，统一全国。李渊决心首先消灭北方的割据势力，以巩固自己的关中根据地。

割据金城（今甘肃兰州）的薛举，自称秦帝。武德元年（618年）六月，薛举亲自率军向关中进攻，在高墌（今甘肃宁县南）打败唐军，准备乘胜前进，不料却突然病死，其子薛仁杲继位。李渊命李世民趁机进攻高墌，在浅水原打败薛仁杲。薛仁杲降唐被杀，陇右平定。

割据武威（今甘肃武威）的李轨自称凉帝，占有河西五郡之地。武德二年（619年），李渊密遣的安修仁与其弟安兴贵联合胡人发动兵变，李轨被杀，河西平定。

李渊在经营西北时，马邑（今山西朔州）的刘武周扩充势力，联合突厥进攻太原，李元吉弃城逃往长安。李渊命李世民出兵抵御，李世民屯兵柏壁（今山西新绛西南），与刘武周的大将宋金刚相持五个月。武德三年（620年）四月，李世民待敌军粮草不足，士气低落，果断出击，刘武周全军覆没，部将尉迟敬德投降。刘武周和宋金刚率残部北逃突厥，后被突厥杀死。

北方的三个劲敌都消灭后，关中根据地已经稳固，这时李渊又面临盘踞在关东的两个强大敌人。一个是在洛阳自称郑帝的王世充，占有河南大部分地区。另一个是占据河北并自称夏帝的窦建德。

武德三年（620年）七月，李世民奉命率军进攻洛阳的王世充。王世充被唐军围困数月，无法解围，多次求救于窦建德，窦建德原想坐收渔利，但又恐唇亡齿寒，于武德四年（621年）三月，率兵救援洛阳。李世民分析形势后决定亲率精锐，驰往武牢关，扼守此天险来抵御窦建德的援军。同时李世民又派兵袭击了窦建德的粮草运输。李世民趁窦军疲惫之机，一举将其击溃，俘获窦建德。王世充见前来救援的窦建德已经被俘虏，知道大势已去，被迫出城向李世民投降。

窦建德押往长安后被李渊杀死，其流散各处的部将听到此消息后非常气愤和不满，于是大家推选窦建德的得力部将刘黑闼为主，在漳南（今山东德州一带）重新起兵反唐，各地纷纷响应，很快就重新占领了窦建德的故地。李世民、李元吉奉命进攻刘黑闼，刘黑闼败逃突厥。两个月后，刘黑闼卷土重来，重新恢复故地。武德五年（622年）初，刘黑闼称汉东王，定都都洲（今河北永年）。齐王李元吉前往讨伐，被刘黑闼打败，李渊又派太子李建成亲征。李建成采纳谋臣魏征的建议，实行安抚政策，努力争取当地人民的拥护，以瓦解刘黑闼叛军的群众基础。武德六年（623年），刘黑闼最终兵败被杀，从此唐控制了河北、山东地区。

此外还有江淮间的杜伏威、辅公祏和在长江中游割据自称梁帝的萧铣也先后被唐廷平定。到武德七年（624年），除朔方的梁师都外，唐高祖基本平定了群雄，统一了全国，初步奠定了唐朝的版图。

唐高祖长安称帝后，一方面进行全国统一战争，另一方面为新建的唐王朝建立制度。唐承隋制。唐高祖在政治、经济、军事上都沿袭了隋朝的制度。

政治上，唐高祖首先建立了从中央到地方的政治统治机构。在中央仍实行三省六部制，三省即中书省、门下省和尚书省。中书省是决策机构，有关国家大事的诏敕都由此出，其属官有中书令、中书侍郎、中书舍人等。门下省是审议机关，对中书省的诏敕有驳斥权，其属官有侍中、黄门侍郎、给事中等。尚书省是执行部门，包括吏、户、礼、兵、刑、工六部，负责全部政务的执行，其属官有尚书令、尚书左右仆射、尚书左右丞、尚书左右司郎中、六部尚书、六部侍郎等。在地方实行州县两级制。州设刺史，县设县令。县以下设乡里等基层政权单位。

经济上，实行均田制和租庸调制。颁布均田令，规定各种人的授田数，并订立户籍。租庸调制规定，受田的农民每年要向国家交纳粮食，叫作租。每年交纳绢、绵或布，叫作调。每丁每年要服役，如不亲自去，可以以绢或布代役，叫作庸。并发行了开元通宝钱。

军事上，仍施行创制于西魏而历经北周、隋朝的府兵制。这种农兵合一的兵制可以有效地解决军队的粮食供给问题。唐高祖在各地设立军府，把军队逐渐纳入府兵组织系统。唐高祖又设立十二卫，作为关中京师比较固定的禁卫部队。

教育上，在中央设立国子学、太学、四门学等，在地方设立州县学，以培养各类各级人才。继续推行隋朝的科举考试，为国家选拔各级官员。

法律上，制定《武德律》，在隋《开皇律》的基础上重新修订，增加53条新律。

深宫闻变 古稀寿终

唐高祖有22子，与窦皇后生有4子：长子建成立为皇太子，次子世民封秦王，三子玄霸早夭，四子元吉封齐王。李渊对武德后期的皇位之争问题没有处理好，以致太子建成与军功显赫的秦王世民之间争夺皇位继承权的斗争越演越烈，最终以李世民发动宫廷政变结束。武德九年（626年）六月，李世民趁太子建成和齐王元吉入朝无备，在玄武门发动政变，杀死了建成和元吉。还在宫中南海池与大臣泛舟的高祖听到披甲的尉迟敬德来报，非常惊愕，但已无可奈何，只好立李世民为皇太子，命其处理一切军国政事。八月初九，世民即皇帝位于东宫显德殿，尊高祖为太上皇。随后，高祖徙居太极宫北面西苑内的弘义宫，后改为大安宫，不再过问政事。

退位之后，高祖安于他的太上皇生活，只乐意在庆功宴会上露露面。李世民对高祖也隆礼相敬，并在长安城东北修建大明宫，作为李渊的养老享乐之所。李渊亲见"贞观之治"，对李世民治国颇为满意，有托付的人之感。贞观九年（635年）五月，唐高祖病死，享年70岁，死后葬于献陵。

唐高祖李渊是大器晚成之人，年过半百时，他凭借自己多年政治磨炼的经验积累，抓住隋末群雄并起的大好时机，在短时间内起兵反隋获得成功。作为唐王朝的奠基者，他的开创之功不可泯灭。

太宗李世民

唐太宗档案：

生卒年：598~649年

父母：父，高祖李渊；母，窦皇后

后妃：长孙皇后、徐贤妃等

年号：贞观

在位时间：626~649年

谥号：文皇帝

庙号：太宗

陵寝：陕西昭陵

性格：豪爽大度，英明果断

卓越的军事才能

唐太宗是唐高祖与窦皇后的二儿子。少年时的李世民聪慧过人，从小就受到了很好的教育，骑射征战、文韬武略样样精通，很受李渊的喜爱。他为人豪爽大度，临事机敏果断，有远见卓识。唐太宗初露锋芒是在隋大业十一年（615年），当时隋炀帝巡视北方边陲，被突厥围困在雁门，形势危急。18岁的他应募救援，为屯卫将军云定兴部下。李世民向云定兴将军建议设疑兵，让突厥以为大批救兵已到而解雁门之围。

隋炀帝骄奢残暴的统治，引发了各地农民起义。在农民起义的打击下，隋军土崩瓦解，隋炀帝困守江都。就在隋朝的统治危在旦夕之时，深谋远虑的李世民积极鼓动父亲拥兵自立，起兵反隋。隋大业十三年（617年）五月，李渊在晋阳起兵，十一月攻占长安，次年，隋炀帝在江都被杀，隋朝灭亡。五月，李渊在长安称帝，建国号为唐。李世民因功被封为秦王，他的哥哥李建成以嫡长子身份，被立为皇太子。

唐王朝建立后，刚刚24岁的秦王李世民担负起统一天下的任务。唐武德元年（618年），李世民挂帅出征，先后讨平瓦岗军、河北窦建德、江淮杜伏威以及李轨、薛举、刘武周、王世充等割据势力，到武德六年（623年），李世民仅用了4年零1个月就统一了全国，成为李唐王朝的大功臣。

在一系列战争中，李世民表现出杰出的军事才能。在平定薛举的战役中，李世民趁薛举病死、其子薛仁杲刚继位的有利时机，率唐军大举向西出击。唐军到高墌（今甘肃宁县南）后，李世民却筑高垒挖深沟，坚壁不出，并下令军中："敢言战者斩。"双方相持了两个多月，薛仁杲军粮草不继，军心出现动摇，许多将领相继都降唐。李世民这时才对诸将说："可以出战了！"命令行军总管梁实扎营于浅水原以诱敌。薛仁杲军将领宗罗睺自恃骁悍，并且因为数次求战不得而非常气愤，此时以全部精锐部队攻梁实。梁实固险不出，以挫其锋，宗罗睺攻之愈急。李世民估计敌军已经疲惫，遂命令诸军合战，一举歼灭宗罗睺部。李世民不采纳窦轨还师的建议，而是亲率军队以破竹之势直抵薛仁杲所在的折墌城（今甘肃泾川西北），四面将其合围。薛仁杲见大势已去，第二天出城投降。此次战役唐军大获全胜。

李世民在围困洛阳王世充的战役中更显示了他是一个有勇有谋的军事大才。李世民率唐军围困洛阳城以来，城中缺乏粮食，王世充岌岌可危。眼看就要被攻打下来了，却不料河北的窦建德率大军前来救援王世充。面对如此危急形势，李世民马上召集军事会议，制定出了以攻为守的战略。他仍让一部分军队围困洛阳如故，自己亲率大军据守咽喉之地虎牢关来阻止窦建德大军的东进之路。两军形成对峙局面，而一份唐军获得的军事情报加速了窦建德、王世充的灭亡。

李世民根据情报"建德伺唐军粮尽，牧马于河北，将袭虎牢"，决定将计就计，故意将千余战马留在黄河北岸放牧，诱使窦建德的主力出动，聚而歼之。建德大军果然中计，倾巢而出，由南至北，军队布阵横亘20里。唐军不出战，等到敌军松弛懈怠后，李世民命令大军出击。两军主力一交战，20里长的战场上，尘埃蔽天，人呼马嘶，惊天动地。李世民取得战役主动权后，率大军猛追猛打，又冲到敌人后方竖起大唐旗帜。窦建德军见自己阵后都竖起唐军旗帜，顿时惊愕，溃不成军。

此战一举擒获窦建德，洛阳的王世充见援军已败，只好出城投降。李世民消灭了唐统一过程中最大的两个敌人，一举平定了河南、河北地区。而且此次战役规模之大、兵员之多、战斗之烈，实为隋末历次战役所未见。

玄武门之变

唐朝建立后，高祖坐镇长安，太子李建成辅助高祖处理国家政务。秦王李世民继续领兵出征，为唐王朝统一全国立下不朽战功，其功勋盖世，引起太子李建成的猜忌。武德七年（624年），发生杨文干反叛事，事情牵连太子建成。高祖派世民率兵平叛，允诺事后立他为皇太子。李世民很快平定了杨文干的叛乱。高祖却在元吉和嫔妃请求与封德彝的解释下改变了主意，不追究建成的责任，只惩处了东宫和秦王府的僚属。看来高祖在选立接班人时摇摆不定，这只能使两兄弟争夺皇位继承权的斗争更加惨烈。

杨文干事件后，太子建成对世民的猜忌越来越重，屡次加害于他。建成想让元吉逐渐夺取世民的兵权，希望秦王府的良将猛士尽归己用。而且建成还指使人诬告李世民的主要谋士房玄龄、杜如晦，让高祖将他们逐出秦王府。面对建成如此咄咄逼人的架势，李世民不想坐以待毙。

斗争最终以宫门喋血的玄武门之变宣告结束。武德九年（626年）夏，突厥犯边，李建成向李渊推荐李元吉为出征元帅，想借此把秦王府的精兵和骁将掌握在自己手中，然后除掉秦王。李世民眼看形势危急，又听说建成在为元吉饯行时将暗害自己，遂密召房玄龄、杜如晦、长孙无忌等密谋发动政变。李世民先发制人，密告太子、齐王淫乱后宫，李渊决定次日诘问。第二天，李世民率长孙无忌、尉迟敬德等伏兵玄武门（宫城北门），杀死建成、元吉。随后，李世民让尉迟敬德带甲进宫报告李渊。当时李渊与裴寂在宫中海池泛舟，闻报非常惊讶。但事已至此，只好下手敕，让诸军并听秦王处分。玄武门之变三天后，李渊立李世民为皇太子，并于八月传位给他。

或许杀兄逼父的恶名太难承受，而且鉴于弑父杀兄的隋炀帝臭名昭著，唐太宗不想重蹈覆辙。玄武门之变后，李世民以隆礼安葬建成、元吉，不深究东宫和齐王府的僚属，并拉拢其中的优秀人才如魏征等为自己服务，且对已为太上皇的高祖待遇有加。唐太宗时时以隋为鉴，以身作则，努力做一个贤明的君主。

贞观之治

唐太宗经历了隋朝盛世、隋末动乱和灭亡，他深刻地认识到能够安生利民才是国家稳定的基础，因而贞观大治就是唐太宗亲手缔造出来的一个千古治世的典范。如果用一个词来概括贞观大治的话，那就是内外和安。

唐太宗重视社会经济的恢复和发展。他一方面努力恢复发展生产，让人民休养生息。使国家户籍增加，人口有所增长，全国农田耕作面积扩大。另一方面他提倡戒奢从俭，并率先垂范。他即位后，禁止大兴土木，营建新的宫殿，严令禁止厚葬，并且严格禁止官员们的奢侈行为。

唐太宗进一步加强法律建设。他命房玄龄、长孙无忌等在《武德律》的基础上制定了《贞观律》，明确了刑罚制度。唐太宗还制定了死刑复奏制度，以示对人命的重视。规定在京城要在两日内五次复奏，在各州需三复奏。唐太宗以身作则，遵守国家法律，即使自己的亲戚犯法也绝不纵容。这使贞观初期逐渐形成了执法严明，法令通行天下的好风气。政府官吏都能够做到清正廉明，王公贵族都不敢违法乱纪。由于法制严明，不但犯法的人少，判死刑的人更少。

唐太宗重视对百姓的教化。他即位后偃武修文，重视学校教育，并进一步加强科举考试制度。他注重选拔和任用官员，求贤纳才，知人善任，让这些官员充分发挥他们的才能，在中央则为国家出谋划策，鞠躬尽瘁。在地方则亲民为民，以百姓疾苦为己任，造福一方。

唐太宗还特别重视纳谏，魏征的"兼听则明，偏信则暗"成为唐太宗虚怀纳谏的指导思想。太宗以隋炀帝拒谏而亡国殒身为鉴，鼓励大臣们规谏。以至于贞观时期出现了一大批敢于直谏的大臣，如魏征、王珪、房玄龄、杜如晦、马周、刘洎、褚遂良等，并为贞观大治做出了贡献。以致魏征死后，唐太宗感伤地说："以铜为镜，可正衣冠；以史为镜，可知兴替；以人为镜，可明得失。今魏征殁，朕失一镜矣！"

东突厥是对唐朝威胁最大的北方少数民族势力之一。唐太宗刚即位时，东突厥首领颉利可汗便率20万骑兵进逼长安，并派大将执失思力进入长安，对唐太宗进行威胁和讹诈。于是便有了渭水岸边唐太宗六骑退颉利可汗20万大军的戏剧一幕。唐太宗这次是有惊无险，为了从根本上解决东突厥的威胁，唐太宗于贞观二年（628年）遣使者与曾臣服于东突厥的薛延陀部建立联盟，造成南北夹击东突厥的有利形势。贞观三年（629年）十一月，命李靖、李勣、柴绍、薛万彻等大将统兵10余万分道出击。贞观四年（630年）春，李靖大败东突厥军，颉利可汗被俘，东突厥灭亡。对降服的突厥部众，太宗采取宽容开明的民族政策，保留其原有部落和风俗习惯。原先附属突厥的各部族臣服于唐。

北部边境安定后，太宗又相继派兵收复了吐谷浑、高昌、焉耆、龟兹等地，并在龟兹建立了安西都护府，重新恢复了对西域地区的统治。重开丝绸之路，加强了中原地区与西域和中亚地区的经济文化交流。

不管是被征服还是主动归附的少数民族部落，唐太宗都不强行改变他们原来的生活方式和风俗习惯，并且任命原来的部族首领作为长官来管理他们。因此他们尊唐太宗为"天可汗"。

唐太宗还通过和亲政策来加强唐朝同少数民族的联系和团结，影响最为深远的当推与吐蕃的和亲。吐蕃是现代藏族的祖先。贞观十四年（640年）吐蕃首领松赞干布遣使向唐求婚。唐太宗将宗室女文成公主嫁给松赞干布。文成公主进入吐蕃后，带去了汉族人民的农耕、纺织、建筑、造纸、制笔、酿酒、冶金以及农具制造等技术，对吐蕃政治、经济、文化的发展起了很大的促进作用。

贞观大治使唐朝的社会经济文化得到了巨大发展，国内呈现出繁荣景象。边境地区的安定，大大促进了各族人民之间的交往和经济文化交流。同时，许多国家的使者、商贾、学者、僧侣等来到唐朝访问。京都长安不仅是国内民族交流的大都会，也成了世界性的大都会。

最终的遗憾

太子废立成为唐太宗晚年挥之不去的惆怅，他不但没有他父亲高祖托付的人的快感，反而至死都对皇位是否托付的人感到担心和不安。

唐太宗与长孙皇后生有三子：长子李承乾、四子李泰、九子李治。根据嫡长子继承制，长子李承乾早早就被立为太子，但他放荡不羁，不听规劝，亲近佞人，还纠集党羽，密谋政变。贞观十七年（643年），李承乾谋反被废。太宗本想把有才气的第四子魏王李泰立为太子，长孙无忌等重臣极力反对，主张立第九子晋王李治为太子。废太子李承乾也说，自己所以有今天是被李泰所害。如果立李泰为太子，更加说明了太子之位是可以通过经营得到的，会使后世效仿，国家将不得安宁。因此太宗最终决定立晋王李治为太子。

太宗虽然确立了李治的太子地位，也为他日后做皇帝做了各方面的准备，如太宗在废掉李承乾和幽禁李泰后，也清洗了他们的同党；让当时的重臣都兼任东宫的官职，培养他们同未来皇帝李治的感情。但太宗内心对这个性情温和、天赋不高的儿子不甚满意，认为他过于懦弱，将来恐怕难有作为。为此太宗想另立第三子吴王李恪为太子（根据嫡长子继承制，应立二儿子，但二儿子楚王宽早薨），认为李恪在许多方面与自己颇为相像。但遭到长孙无忌等重臣的反对，让太宗坚持嫡长子继承的原则，并说太子李治仁孝，足以做一个守成之君。太宗以后不再提太子废立之事，只一心培养李治。太宗东征高句丽时，令太子监国。

贞观二十一年（647年），太宗又患风疾。由于疾病缠身，久病不愈，太宗开始迷恋上了方士炼制的金石丹药。贞观二十三年（649年），唐太宗因金石丹药服用过多，中毒暴亡，享年52岁，死后葬于昭陵。太宗曾经在临死前把积极支持李治做太子的长孙无忌和褚遂良叫到床前，托以后事，心里始终还是对李治放心不下。

唐太宗终其一生来说，是个圣主贤君。他时时以隋为鉴，注意善始善终。太宗在政治、经济、军事等各方面都取得了巨大的成功，可谓是一个杰出的军事家和政治家。

🐉 圣神皇帝武则天

武则天档案：

生卒年：624~705年

父母：父，武士彟；母，不详　　丈夫：李世民、李治

年号：光宅、垂拱、永昌、载初；天授、如意、长寿、延载、证圣、天册万岁、万岁登封、万岁通天、神功、圣历、久视、大足、长安等

在位时间：684~690年；690~705年

谥号：则天顺圣皇后

庙号：无

陵寝：陕西乾陵

性格：强硬刚劲，圆滑多智

武则天，是唐太宗李世民的才人，也是唐高宗李治的皇后，又是大周王朝的建立者，是中国历史上唯一的一位女皇帝。大唐帝国是中国历史上最繁荣的封建王朝，从高祖李渊618年开国至907年哀帝李柷亡国，历时290年，其中武则天就掌控了近半个世纪。她惊才绝艳，在男尊为统的封建时代，以女流之身走上了权力的顶峰；她励精图治，用自己天才的政治手腕，将唐朝贞观之治的繁荣延续下去，并为后来的开元盛世打下了坚实的基础。

两入皇宫终封后

武则天，唐武德七年（624年）生于长安。武家原籍并州文水（今山西文水），祖上并不显赫。武则天的父亲武士彠，在隋炀帝时期靠做木材生意发了财，后来唐高祖李渊起兵反隋，他就投奔至其麾下做了一个小小的军需官。李渊建立唐朝后，武士彠凭借军功，被封为太原郡公，任光禄大夫，成为大唐的开国功臣之一。武士彠的妻子原为相里氏，死得很早，她给武士彠生下了两个儿子。后来高祖李渊为武士彠做媒，迎娶了隋朝宗室宰相杨达之女杨氏。杨氏是个老姑娘，嫁给武士彠时，已年近40岁了。她给武士彠生下了3个女儿，其中二女儿就是武则天。

武则天自幼聪慧过人，深得父母宠爱，但她的少年时期过得并不如意。她虽出自官宦之家，父亲也是个开国功臣，不过她的出身并不算显赫。隋唐时期，贵族官僚们都对世族门第特别看重，所以靠卖木材发家的武家在他们眼中只是一个暴发户而已。这样，武则天虽然衣食上过得很优越，但是寒门出身又令她遭受了不少贵族小姐们的嘲讽鄙视。这种生活经历，使武则天产生了对权势的狂热追求，也使她养成了倔强不服输的性格和报复不择手段的心理。

武则天跟随父亲武士彠，在利州（今四川广元）度过了少女时代。这段时间，她接受了良好的教育。她不仅精通文史，而且时常随侍在父亲身边，锻炼得胆略过人，机谋善变。贞观九年（635年），时任荆州都督的武士彟病死，12岁的武则天就与寡母和两个姐妹一起回到长安，她的安稳日子也从此结束了。她的两个同父异母哥哥武元庆、武元爽，和堂兄弟武惟良、武怀远，对武则天母女非常刻薄，经常虐待她们，母女4人的日子过得很艰难。

原本武则天只是一个备受欺凌的孤女，可是她的命运很快就出现了转机。贞观十年（636），贤德多才的长孙皇后去世，唐太宗少了这个贤内助，非常伤心。第二年，太宗听说武则天不仅貌美，而且很有才华，就召入宫中，封为才人。就这样，年仅14岁的武则天，成了39岁君王的庞大后宫中的一员。武则天的母亲杨氏，来自隋朝宗室，对这一入宫门深似海的后宫非常了解，她实在舍不得心爱的女儿一辈子禁锢在不见天日的深宫里。可皇命难为，她也只能含泪送别女儿。武则天却不像母亲这么悲观，她对那个权力最高的神秘地方非常憧憬，就对母亲说："不要伤心，进宫说不定是好事呢。"年轻的武则天，对自己的宫廷生活，充满了信心。

武则天入宫后，因容貌妩媚动人，被太宗赐名武媚，人称媚娘。她学识渊博，才华出众，在后宫三千佳丽中很快就脱颖而出，被太宗调入御书房侍弄文墨。在这个国家最高政务发布的地方，武则天接触到了各种文书典章，对大唐帝国的政权机制也有了一个全面的了解。不过她当年入宫的憧憬却被无情的现实打破了。武则天才貌双全，却没有得到太宗的宠爱。她入宫12年，没有生育儿女，做了12年才人，没有任何晋升。长年寂寞的深宫生活，让武则天很失望，但是这并没有磨灭她的信心。她寻找一切机会，努力在等级森严的后宫出人头地。

贞观二十年（646年）三月，唐太宗因积劳成疾而卧病在床，身为才人的武则天在旁侍奉。而孝顺的太子李治，也居住在父亲的寝殿侧院，早晚侍奉。李治年方十九，正是血气方刚的年龄。而此时的武则天时年23岁，举手投足间都流露出成熟女人的妩媚和她独有的聪慧才气。李治很快就被武则天迷住了，武则天也拼命抓住这一线希望，与太子沉浸在热恋之中，为自己以后的人生下了一个赌注。

贞观二十三年（649年）五月，唐太宗驾崩，太子李治继位，即唐高宗。依宫廷规矩，凡后宫未生育子女的妃嫔等人都要到皇家寺院出家为尼，了却残生。武则天也在其中，她被迫削发，进了感业寺。26岁的武则天，在青灯古佛前仍然没有泯灭最后一线希望，她还在等待出头的机会。

永徽元年（650年），在太宗忌日这天，高宗李治前往感业寺上香。他与武则天重逢，昔日恋情复炽。此后，李治经常去感业寺与武则天相会。他想将武则天接入宫，却苦于找不到合适的理由。而李治的后宫，此时正闹得不可开交。王皇后无子，就对得宠的萧淑妃非常嫉恨。她想借用武则天来削夺高宗对萧淑妃的宠爱，于是就自作主张让武则天蓄发，然后怂恿高宗摈弃佛规礼教，将武则天接入宫中。

武则天再次入宫，既感叹命运的无常，又深知机会难得，一定不能放过。她对高宗和王皇后毕恭毕敬，不仅赢得了高宗的专宠，而且令王皇后也自以为计成，对她很喜欢。不久之后，武则天就晋升为正二品的昭仪，地位仅在皇后和四妃之下。武则天在皇宫中站稳脚后，就开始了对权势的争夺。她利用王皇后与萧淑妃的争宠，先联合王皇后打击萧淑妃，使其被废黜为庶民；然后又开始对付王皇后。为了达到目的，武则天不惜亲手掐死自己刚出世的女儿，然后嫁祸给王皇后，以致高宗李治震怒，废黜了王皇后，打算立武则天为后。而武则天出身低微，又曾是太宗的才人，身份复杂，立后之事遭到了许多大臣的反对。她就大肆拉拢朝臣，中书舍人李义府等人都投到她的麾下，朝臣出现了分化。永徽五年（654年）冬，武则天终于在高宗和部分大臣的支持下，登上了皇后之位，时年31岁。

冷血弄权　巾帼不让须眉

武则天做了皇后，这个所有女性心中最尊贵的位置，并没有让她感到满足，她的野心已经不限于后宫独霸，而到了前廷弄权。为了实现这个令世人惊叹的政治理想，武则天制定了周密的策略。

首先，她要在后宫树立自己的绝对权威。为此，她将昔日的王皇后和萧淑妃二人剁去手足，浸泡在酒缸里，折磨致死，以除后患。而后宫的妃嫔见了武则天的铁血手腕，都很恐惧，再也无人敢在高宗面前争宠了。从此，武则天就一人独占帝宠。武则天在后宫生活了十几年，自然手段非常，很得高宗的宠爱。高宗的12个子女中，后6个都是她所生，可见武则天的后宫地位确实很稳固。而按照嫡子继位的传统，原太子李忠被废，武则天的长子李弘就被立为太子。

接着，武则天就将目光转向了朝堂。高宗体弱多病，加上性格懦弱，这也给武则天参政创造了条件。武则天想要参政，就要清除政敌。她最大的对手，就是长孙无忌。长孙无忌是开国功臣，又是唐太宗的长孙皇后之兄，官至太尉，位高权重。他曾与宰相褚遂良等老臣强烈反对武则天为后，武则天因此对他恨之入骨。唐显庆四年（659年）春，武则天授意心腹许敬宗编造朋党案，陷害长孙无忌，迫使他自杀。接着又设法将褚遂良贬出京城。然后将长孙无忌集团的成员，或杀戮或流放，彻底瓦解了这一股政治势力。而武则天也借着机会将自己的亲信李义府、许敬宗，擢升为宰相。

武则天初战告捷，离前廷就又近了一步。她早年在太宗的御书房侍奉多年，学到了不少为政本领。她在政治上的敏锐洞察力和独特见解，都令高宗折服。于是，她对政事的许多处理意见都被高宗采纳实行了。660年，高宗因患"风疾"，眼睛不能视物，而太子李弘年幼，就干脆将朝政大事交给武则天处理。武则天在这方面很有天分，加上她对政治权力的狂热，所以她如鱼得水，不仅将政事处理得井井有条，而且借机培养了不少心腹。等到高宗病愈，重掌大权，才发现武则天的势力已经非常大了，自己为政处处受到牵制。这令高宗非常恐慌，而这时又有一些大臣站出来反对女人干政，于是，高宗决定废后。

麟德元年（664年），高宗召集宰相上官仪等人，密谋废后之事。武则天很快就得到消息，她直接闯进去，悲愤交加地哭诉着，为自己鸣冤。高宗无言辩驳，竟然谎称自己是受了上官仪的唆摆。于是武则天以上官仪与废太子李忠图谋不轨之由，将二人下狱处死，家属籍没。此后，朝中再也没人敢和武则天作对了。高宗临朝于前，武则天就垂帘于后，正式参与所有政事的决断，这在中国历史上是从未有过的。后来在上元元年（674年），朝臣上尊号时，尊高宗为"天皇"，武后为"天后"，帝后同尊的"二圣"格局正式形成。这一年，天后武则天还发布了"建言十二事"，包括劝农桑、薄赋徭、息兵和广开言路等国家政治各方面的内容。她以此作为自己的执政纲领，借皇帝诏令来实行。而高宗多病，经常调养，武则天实际上已经形同皇帝了。

虽然武则天为了夺权，不择手段，但她也确实很有政治才干。她受高宗之命辅政，做的最重要的一件事就是修订《姓氏录》。唐太宗时期编写的《氏族志》，仍然沿袭魏晋以来的门阀制度，以门第为重。武则天幼时就因出身寒门而受尽嘲讽，现在她改《氏族志》为《姓氏录》，把武姓放在第一位，以提高自己家族的地位，然后按官品高低排序，彻底打破了氏族大姓排在首位的传统。如此一来，许多寒门地主就进入了官场，而士族制度就加速消亡了。武则天为了树立自己的威望，也坚持不懈地使用各种手段培植和更新自己的官僚队伍。在她为政期间，科举取士成为主流，大批的庶族知识分子进入到官场中。武则天为他们广开言路，不拘一格降人才。其中始于乾封年间的北门学士名气最大。武则天曾以修撰为名将一批文人学士召入宫廷，除了命他们修撰文史外，还支持他们直接参与朝政，以便削弱宰相的权力，帮助自己控制外庭，这批人就是北门学士。他们在武则天一步一步走上权力顶峰的几十年里，发挥了巨大作用，是武则天最强有力的政权班底。

武则天除了提拔新兴官僚外，也很注意对原有百官的施恩拉拢。乾封元年（666年），高宗封禅泰山，武则天以皇后的身份，在高宗之后升禅坛主持了三献礼中亚献，这是空前的殊荣。典礼结束后，文武百官都加官晋爵，他们除了叩谢高宗，也感激皇后，这就无形中提高了武则天在朝中的地位。

武则天不仅在稳定内政，巩固权力上才能卓绝，在外交方面也是巾帼不让须眉。总章元年（668年），大唐平定了高句丽战乱，并在平壤设立安东都护府，驻军镇守。这些都是武则天帮高宗做到的，而之前隋炀帝、唐太宗都屡次征讨高句丽却无功而返。

虎毒食子 女皇登基

武则天将大唐内外都打理妥当后，她实际已经拥有了皇帝之威，而她现在的目标就是要得到帝王之名。高宗的身体已经越来越差了，一旦驾崩，皇位就要传给太子，这样武则天辅政的权力都要失去，何谈称帝之说。

武则天与高宗育有4子，李弘、李贤、李显（又名哲）和李旦（又名轮）。长子李弘为太子，不仅性情宽厚谦虚，而且很有治国之才，深得高宗和朝臣的信赖。而他对母后专权早就心怀不满，还曾多次违背母亲的旨意。武则天为了清除障碍，终于在上元二年（675年），用药酒毒死了这个24岁的亲生儿子。

李弘死后，次子李贤被立为太子。这也是一个聪明能干的太子，自然又成了武则天的绊脚石。调露二年（680年），武则天就以太子李贤图谋不轨为由，将其废为庶人，并迁往巴州。而病弱的高宗根本经不起这接连的打击，于弘道元年（683年）十二月，溘然长逝了。三子李显继位，即唐中宗。不过李显只做了两个月的皇帝，就被武则天找借口废黜为庐陵王，并幽禁在深宫。同时，武则天还派人杀死聪慧睿智的废太子李贤，以绝后患。接着四子李旦继位，即唐睿宗，不过他只是一个傀儡皇帝。武则天以太后身份独掌大权，甚至不准李旦参与政事的处理。此后6年，武太后就是大唐的实际最高统治者，她临朝执政，专断独裁，并为自己的改朝换代开始铺路。

武则天为了摆脱李唐王朝的影响，以恐惧王皇后和萧淑妃的冤魂为由，不愿住在长安，而将东都洛阳改称神都，以此作为未来的京都。她又追封武氏家族的五代祖先，以光耀门庭。不仅如此，她将唐朝官员的名称也全部改换，如尚书省改为文昌台，中书省改称凤阁，门下省改作鸾台等。由此，武则天为登基当女皇做好了前期准备。

就在武则天大张旗鼓地进行一系列改朝换代的行动之际，许多大唐旧臣和文人学士站出来表示强烈反对。684年九月，被武则天贬谪的柳州司马徐敬业等人，在扬州起兵，公开反武。而初唐四杰之一的骆宾王作《讨武曌檄》，为之大造舆论。扬州的叛乱得到了很多人的响应，队伍很快就壮大到10万多人。这是武则天从政以来面对的最大一场军事危机，她虽然也很惊慌，但还是很快冷静下来，并果断调集30万大军，以李孝逸为扬州道大总管，从洛阳出兵前往平叛。仅40多天，10万叛军就被消灭了，武则天安然度过了这场政治大劫。

就在武则天忙于扬州平叛时，宰相裴炎却趁机要挟她，想扶持睿宗李旦亲政，不过却被武则天杀掉了。此后，武则天对外廷的宰相团队做了彻底的调整。到了685年，外廷的宰相已经全部换成了她的亲信。

武则天经过这场政治军事危机后，就对反对分子特别提防。她一面任用酷吏来铲除反对者；一面用高官厚禄招揽人才，充实官僚队伍。她所用的酷吏们性情残忍，手段歹毒至极，为了培养新酷吏，来俊臣和万国俊等人甚至还专门编写了一本教材，命名为《罗织经》。这些人令朝臣百官人人自危，反对声浪也小了不少。而武则天是一个成熟的政治家，她深知使用酷刑不是长久之计，就选拔了不少良臣谋士，比如狄仁杰、徐有功等，这些人为稳固武氏政权起到了巨大的作用。等到根基完全稳固后，武则天又将那些罪大恶极的酷吏们杀掉，以平民愤。通过这些手段，武则天将政治权术运用得挥洒自如，称帝的时机也逐渐成熟了。

武则天为了登基，大造舆论。垂拱四年（688年），她的侄子武承嗣进献了一块刻有“圣母临人，永昌帝业”的白石，诡称得自洛水，显得很神秘。接着睿宗又率群臣给母亲上尊号"圣母神皇"，还献上了象征皇权的神皇三玺（玉玺）。689年，改元永昌。僧人薛怀义、法明等，编写了《大云经》，经书中称，武则天是弥勒佛转世，应取代李唐称帝。这些事情，自然都是武则天幕后操纵的。眼看着她的造舆行动就要成功，李唐宗室就再也忍耐不住了。唐高祖李渊的第十一子、韩王李元嘉，以"举兵唱天下，迎还中宗"为口号，首先发难。接着，越王李贞、琅玡王李冲父子也分别在豫州（今河南汝县）、博州（今山东聊城）起兵响应。不过武则天老谋深算、地位稳固，很轻松地就平息了这起宗室叛乱。

载初元年（690年）重阳节（九月初九），67岁的武则天终于登上了梦寐以求的皇帝宝座。她自称"圣神皇帝"，建立了大周王朝，改元天授。原唐睿宗李旦成了皇嗣，太子李成器也变成了皇太孙。而武则天又在神都洛阳立武氏七庙为太庙，追尊周文王姬发为始祖文皇帝，自己的祖辈、父辈也都被追尊为帝，其中父亲武士彟被追尊为太祖孝明高皇帝，武氏一族子弟也纷纷封王。

千秋功过任评说

武则天由唐朝的皇太后，一变而成周朝的皇帝。虽然转变很大，但由于她先前经营多年，所以即位之后政局很稳定。而武则天执政多年，治国有方，周朝也延续了唐朝的繁荣兴旺。武周时期，百姓安居乐业，国家昌盛富强。皇帝监考的殿试制度和武举考试，都是武则天在这一时期创立的，它们都为后世王朝所延用。

武则天帝位稳固后，也如历代皇帝一样，公开广纳后宫。这在男尊社会里，可谓又一惊人之举。据说她的后宫也有"面首三千"，由于人数多，为了便于管理，早在圣历元年（698年），武则天就成立了皇帝后宫的管理部——控鹤监，并设立了正副主管，这在历史上也是独创。

武则天最宠幸的男宠有4个。第一个就是参与编写《大云经》的僧人薛怀义。他本名冯小宝，体魄强健，相貌英俊，是个闯荡江湖的卖艺人。

唐高祖之女千金公主偶然发现了他，就将他送给了寡居多年的武则天。冯小宝年轻力壮，又颇通房中之术，深得武则天的宠爱。武则天为了让冯小宝光明正大地往来于后宫，就命他出家为僧，出任洛阳白马寺的住持，又赐名薛怀义，让太平公主的丈夫驸马都尉薛绍以叔父之礼相待。后来薛怀义日益骄横，被武则天杀死了。第二个著名人物是御医沈南蓼，他性情温和，很有修养，自然是粗鲁的薛怀义无法相比的，武则天对他很是另眼相看。不过沈南蓼人到中年，身心虚弱，无法满足武则天的需求，很快就失宠了。后两个是世家子弟、宰相之后的张易之和张昌宗兄弟。这二人正值青春，生得面如莲花，对武则天悉心侍奉，为她的晚年带来了很多欢乐。武则天非常感谢张氏兄弟的心意，就授之以高官，连国政也让他们参与。张氏二人也逐渐恃宠生骄，在前廷、后宫之中呼风唤雨，为所欲为。

　　武则天人到暮年，挑选继承人成了她最大的困扰。到底是传位给儿子李氏还是侄子武氏，她一直犹豫不决。自她称帝以来，对李唐宗室一直残酷打压，而武氏一族则荣耀至极。她的异母兄武元爽之子武承嗣、武元庆之子武三思，都位高权重，认为武氏最有继承皇位的资格。武承嗣甚至对皇嗣李旦的地位提出了公开挑衅。长寿二年（693年）元旦，武则天在万象神宫（明堂）举行祭典大礼，她让侄子武承嗣为亚献，武三思为终献，明确将李唐宗室抛在一边。由此，李氏与武氏的争储斗争也更加激烈了。武则天对此心知肚明，却仍然拿不定主意。这时，朝中大臣们都劝她立李氏为储。经过再三考虑，武则天终于在圣历元年（698年），迎回了庐陵王李显并立为太子，皇嗣李旦被封为相王。为了确保武家在李显继位后继续显赫，武则天又命太子李显、相王李旦、太平公主及其夫婿武攸暨等在明堂向天地祷告，立誓李、武两家共结友好。

　　解决了继承人问题后，武则天也心神耗尽，老迈不堪了。长安四年（704）末，武则天卧病在床，数月不朝，男宠张昌宗兄弟揽政。朝中大臣们心神不定，不少人暗中酝酿着政变之事。神龙元年（705年）正月，宰相张柬之等大臣领导发动了军事政变。他们杀了面首张氏兄弟，然后迫使病榻上的武则天逊位给太子李显。由此，唐中宗李显复位，李唐政权再度重建，延续15年的武周政权也就此终结。

武则天在正月就离开了皇宫，迁居到洛阳西南的上阳宫。唐中宗尊称她为"则天大圣皇帝"，以示慰藉。不过揽权大半生的武则天，根本无法承受失去皇位的打击，加上她本就已是风烛残年，身体很快就彻底垮了。705年十一月，武则天病逝于上阳宫，终年82岁。临终前，她留下遗诏："去帝号，称则天大圣皇后，与高宗合葬。"并嘱咐儿子中宗李显，为自己立碑却不立传。于是，武则天与唐高宗合葬于乾陵，她的墓前，立有一块神秘的"无字碑"。

武则天称帝15年，执政近半个世纪，上承贞观之治，下启开元盛世。她一生几起几伏，为了夺权，无所不用其极；为了称帝，冷血杀伐，六亲不认。但无论如何，她都是一个杰出的帝王，也是中国历史上唯一的女帝。她的功绩，永载史册，令后人景仰。

玄宗李隆基

唐玄宗档案：

生卒年：685~762年

父母：父，睿宗李旦；母，窦皇后

后妃：王皇后、武惠妃、杨贵妃、杨贵嫔等

年号：先元、开元、天宝

在位时间：712~756年

谥号：明孝皇帝

庙号：玄宗

陵寝：陕西泰陵

性格：英明果敢，自负荒淫

唐玄宗名叫李隆基，是唐睿宗李旦之子，唐王朝的第七位皇帝。他雄才伟略，从混乱的宫廷争斗中崛起，创下了唐朝历史上最繁荣的"开元盛世"；而他晚年沉迷酒色，又遭遇了唐朝历史上最严重的"安史之乱"，唐朝也因此由盛转衰，逐渐走上末路。

宫廷角逐　脱颖而出

李隆基，生于垂拱元年（685年）八月初五，是唐高宗李治之孙，唐睿宗李旦的第三子，母亲是皇后窦氏。他虽然出生显贵，却生不逢时，因为此时他的祖母武则天不仅专权，而且打算称帝。武则天与唐高宗生有4子，从675年起，武则天先毒死了长子即太子李弘，又废黜并杀死了次子太子李贤，接着废黜了三子唐中宗李显，到了684年，扶持四子睿宗李旦做了一个傀儡皇帝，自己独揽大权，并为正式登基称帝做准备。李隆基出生后，就生活在这样一个环境里。他3岁被封为楚王，到了6岁时，祖母武则天就做了女皇。于是，李隆基的父亲、睿宗李旦被降为皇嗣，李氏一族开始遭到贬抑打压，而武氏一族则异军崛起，封王者竟达十几人。

李隆基自幼就生活在宫廷的风云变幻中，虽然李唐宗室衰微，但是他却很有大志，在宫中时常自诩为"阿瞒"，阿瞒就是三国时的著名人物曹操。只是荣耀的武氏一族根本不把这个小皇孙放在眼里。7岁那年，李隆基依例参加朝廷的祭祀仪式。当他带着侍从走向朝堂时，金吾将军（掌管京城守卫的将军）武懿宗看他不顺眼，就故意呵斥他的侍从。小小的李隆基毫无惧色，他马上怒斥道："这是我家的朝堂，与你何干？竟敢训斥我的护卫！"武则天得知此事后，觉得这个小孙子实在不凡，便另眼相看。692年，就封8岁的李隆基为临淄郡王。

圣历元年（698年），武则天经过多年的权衡，最终决定立李氏为继承人。不过她册立了三子李显为太子，而李隆基的父亲李旦由皇嗣再降为相王。不过十几岁的李隆基因才华出众，还是担任了右卫郎将、尚辇奉御等职。神龙元年（705年），趁着武则天年迈卧病，宰相张柬之等五大臣发动政变，拥立了中宗李显复位，李隆基就被擢升为卫尉少卿。

中宗李显由于一直生活在武则天的威仪之下，养成了胆小懦弱的性格。他的皇后韦氏趁机专权，甚至想效仿武则天称女帝。他的女儿安乐公主也很有野心，想做皇太女。母女二人与武氏旧党勾结，将朝政弄得乌烟瘴气。景龙元年（707年），中宗的太子李重俊不满韦氏的恶行，矫诏调集羽林军，想要消灭韦武集团，不料兵败被杀。景龙四年（710年）六月，韦氏母女毒死中宗，立中宗的幼子李重茂为帝，韦氏临朝执政，准备等待时机成熟，就效法武则天称帝。不过此时李旦还有很大的势力，而李隆基也培养了不少心腹。父子二人联合武则天之女太平公主，于六月二十一日合谋发动政变，将韦氏集团一网打尽。然后由太平公主出面，把才做了几天皇帝的李重茂赶下台，拥立睿宗李旦复位。26岁的李隆基因功被立为太子。

睿宗李旦也是自幼慑于母亲武则天的强势，性格懦弱。而太平公主自恃拥立有功，就独揽朝政，她也很有野心，想效仿母亲武则天做女皇。不过太子李隆基年轻有为，英明果断，成了她女皇之路的最大障碍。二人为了权势，争斗不休。睿宗李旦夹在二人之间，左右为难，又无可奈何。于是，在延和元年（712年）八月，他干脆传位给太子李隆基，以避开争斗。不过李旦并没有完全放权，三品以上官员的任免以及重大的军国政事仍然由他决定。

李隆基28岁继位，即唐玄宗，亦称唐明皇。他改元先天，立王氏为皇后，他与太上皇李旦共同执政。朝堂之上，李隆基与姑母太平公主，形成了对立的两派，双方都在积蓄力量，想要扳倒对方。

先天二年（713年），太平公主密谋于七月四日发动政变。此事被宰相魏知古告知给玄宗李隆基。玄宗七月三日就抢先动手，将太平公主一党全部铲除。太平公主逃进山里的寺庙中，不过几天后还是被玄宗赐死了。至此，动荡多年的大唐政局终于稳定下来，太上皇李旦也将权力全部移交给李隆基。这年，李隆基改元开元，一个新的时代来临了。

文治武功 开元盛世

唐王朝自高祖李渊618年开国以来，历经太宗的贞观之治，高宗和武则天的励精图治，国力已经十分雄厚，虽然韦氏等乱权了几年，但并没有损害大唐的根基。所以，到了玄宗李隆基时期，大唐立国百年，国势蒸蒸日上，不过繁荣的背后也潜伏着许多危机。多次宫廷政变，削弱了中央政权的实力，吏治也变得混乱不堪。

唐玄宗执政，首先就着手解决吏治腐败问题。开元三年（715年），他明确宣布："官不滥升，才不虚受。"他选贤任能，尤其是起用了许多有名的政治家做宰相，比如姚崇，他素有"救时宰相"之称，他曾向玄宗提10项建议，主要内容包括勿贪边功、广开言路、惩治腐败、奖励诤臣，以及防范皇亲国戚和宦官专权等，这些主张奠定了开元时期的施政方针。继任的宰相宋璟、张说、韩休、张九龄等，也都功绩卓著。正是有了他们的辅佐，玄宗才能将前几代皇帝留下的冗余官员彻底裁汰，然后又将机构精简，终于真正肃清了吏治。玄宗不仅重视中央重臣的选拔，还特别关注最底层的一级县官的任用，因为这些官员直接影响到唐王朝对百姓的统治。开元四年（716年），他在大明宫宣政殿亲自对245名新任县令进行考核，将其中不合格的40多人罢官，另选贤能充任。为了监督和考核地方官员，玄宗还将全国划分为15道，每道都设置采访使。

玄宗将吏治自上而下全部肃清，就为日后的施政铺平了道路。自古以来，农业都是国家生存的基础，玄宗自然非常重视。他要求官吏严惩强占田地的贵族、豪强，以便让农民获得土地。712~715年，他还在全国开展了"检田括户"运动。他任命宇文融为全国的覆田劝农使，下面又设了10道劝农使和劝农判官，将这些人分派到各地去检查没有登记的土地和豪强们包庇的农户，查出来的土地都按均田制分给无地的农民。有了那些重新登记进来的农户，唐朝每年的农户钱也增加了不少，总额高达数百万。同时，玄宗还十分注重兴修水利，他为政期间兴建了56项农田水利工程，占整个唐代水利工程的20%以上。经过这些改革，农业很快就展现出勃勃生机。

除了发展经济，玄宗还十分注意节流。他带头提倡节俭，不仅遣散了多余的宫女，还毁掉了武后、韦后等修造的奢华殿所。在武后和中宗时期，佛教恶性发展，各地圈占土地，广修寺庙，僧侣甚众，每年耗财数百亿。开元二年（714年），玄宗下诏裁减天下僧尼，当年就有12000多人还俗。玄宗接着又下令，禁止新造佛寺、铸佛像、抄佛经，还禁止官僚贵族与僧尼结交。这些做法，既沉重打击了佛教势力，也节省了不少财政支出。经过一系列的改革，唐朝的经济很快步入了繁荣时期。

除了文治，玄宗在武功方面也很有建树。在他即位之前，唐朝宫廷争斗激烈，无暇顾及边境，以致边疆危机十分严重。突厥、契丹的奴隶主贵族们不仅侵占了西域的碎叶、庭州，北方的云州和辽西的12州，还时时骚扰陇右、河北等地的百姓。玄宗即位后，就决心彻底解决这些问题。

开元十一年（723年），玄宗采纳了宰相张说的建议，改府兵制为雇佣兵制。这样一来，各地民夫就再也不用轮流戍边，可以安心发展生产，而许多失业人口应征从军，也解决了生计问题，同时还能缓和社会矛盾，实在是一举多得。而且士兵长驻各地，也有利于加强训练，提高战斗力。为了增加军事力量，唐玄宗还颁布了《练兵诏》，并令西北重镇增加兵员，加强训练。为了解决军粮短缺的问题，他还扩大了屯田区。经过十几年的努力，玄宗将雇佣兵制推广到全国。为了更好地统治少数民族和巩固边防，他还在边地设置了十大兵镇，由节度使镇守。

在玄宗的努力下，从717年起，唐军陆续收复了沦陷17年的营州等13州，降服了长城以北的拔也古、同罗、回纥等割据政权，恢复了安北都护府，统一了长城以北的广大地区。后来又收复了沦陷37年的西域碎叶，击败并俘虏了突厥可汗打败了吐蕃、小勃律（今克什米尔以北），由此重新打通了"丝绸之路"。唐朝的军威令四方震慑，拂菻（今罗马）、大食（今伊朗）等72国也纷纷派遣使者来唐，向玄宗称臣。由此，唐朝重新打通了中亚的通道，对外经济文化交流也进一步发展。

由于唐玄宗在文治武功方面，采取了一系列的有效措施，唐王朝的政治、经济、文化、军事等得到了全面发展，国力达到了顶峰，出现了中国历史上最强盛繁荣的"开元盛世"。

汉皇重色 贵妃倾国

唐玄宗28岁称帝，一直兢兢业业，勤政为国，创造了"开元盛世"的丰功伟绩。到了天宝元年（742年），执政30年的玄宗却丧失了锐意进取的精神，陶醉在歌舞升平的太平景象中。他逐渐怠于朝政，将精力转到了酒色享乐上。而历朝历代，一旦皇帝纵情享乐，奸佞小人就趁机上位了，玄宗后期也不例外。

开元二十四年（736年），对唐王朝说，是一个重要的转折年。这年10月，玄宗打算从洛阳回长安。宰相张九龄、裴耀卿等认为秋收未毕，皇帝出行阵势浩大，沿途必然扰民，就建议改期。而李林甫却悄悄怂恿玄宗，说："长安、洛阳是陛下的东西宫，随时都可往来行幸，何必择期？即使妨碍了百姓秋收，只要免去他们的赋税就可以了。"玄宗听了龙颜大悦，就依李林甫的话行事。张九龄为人正直，遇事敢于直言力争，言语上自然时常忤逆玄宗，玄宗就逐渐讨厌疏远他，而亲近花言巧语的李林甫。没过多久，李林甫就取代张九龄，做了宰相。李林甫是个典型的小人，他嘴里说着好听的话，背地里却专门害人，成语"口蜜腹剑"说的就是他。他揽权19年，大唐朝政在他手中日益败坏。

736年对玄宗个人而言，也是多事之年。他最宠爱的武惠妃病死了，玄宗为此深受打击，变得郁郁寡欢，后宫三千佳丽也无法令他重展欢颜。这时有人向玄宗进言，说寿王妃杨玉环体态丰腴，美艳无双，玄宗便派人将杨氏接入宫中侍酒。杨玉环生性聪慧，善于逢迎，又通晓音律，舞姿迷人。这令本就精通音律的玄宗如获至宝，他龙颜大悦，自此就与杨氏寻欢作乐，不再勤于国事。而寿王李瑁是玄宗与武惠妃的儿子，玄宗夺子之妻自然有悖伦常。为了能名正言顺地拥有佳人，玄宗先是令寿王妃杨氏自请为女道士，入住南宫，赐道号太真，南宫也更名为太真宫，然后又将一个韦姓女子赐给寿王为妃。

杨玉环正式入宫后，恩宠日盛，最后竟然集三千宠爱于一身，而玄宗则终日与美人相伴，从此君王不早朝。玄宗视这位比自己小34岁的倾国美人为心肝宝贝，称其为"解语花"。天宝四载（745年），册封杨玉环为贵妃，而后宫并无皇后，所以杨贵妃就是实际上的后宫之主，一切待遇实同皇后。杨妃的生活非常奢华，宫中专门为她织锦做衣的就有700多人。杨妃爱吃新鲜荔枝，玄宗为了满足美人的口福，下令专门开辟了从岭南到长安的几千里贡道，以便快马将荔枝运到长安。晚唐诗人杜牧曾有诗云："红尘一骑妃子笑，无人知是荔枝来。"

玄宗与贵妃都爱好音律歌舞，因此宫中日日笙歌不断。玄宗为了歌颂太平盛世，还招揽许多才子作为御用文人。唐代最伟大的诗人李白，也曾奉召入宫，用惊世才笔描摹贵妃的美艳、帝后爱情的甜蜜。后来李白因不愿阿附权贵，被排挤出了长安。不过玄宗时期，文学、音乐、舞蹈、绘画、书法等得到了长足的发展，与他的喜好是分不开的。

杨贵妃专宠，她的家人自然也沾光。她的三个姐姐分别被封为韩国夫人、虢国夫人和秦国夫人。她的族兄杨国忠官运亨通，在权相李林甫死后，继任为宰相。因为杨氏一族煊赫至极，许多人就迎合君王的喜好，争相巴结杨氏，讨好贵妃。杨国忠揽权，比李林甫更甚，然玄宗又不理国政，唐朝的政治危机就愈加严重了。自开元二十四年（736年）起，均田制逐渐瓦解，承担租赋的民户大减，而朝廷的费用却激增，财政危机加剧。为了满足上层统治者的享乐，朝廷就横征暴敛，甚至一次预征30年的赋税，从而导致民众贫困化加剧。再者就是府兵制破坏后，募兵制又日益腐败。中原承平日久，战备弛懈，朝廷所募的兵士多是无赖地痞、市井小贩，毫无战斗力。而玄宗还好大喜功，发动了一系列的侵略战争。这些战争不仅消耗了巨大的财力，也造成了各族百姓的惨重伤亡，社会矛盾更加尖锐。

安史之乱 入蜀避难

就在中央政府日益腐败之际，拥兵自重的边境势力却逐渐强大了。按唐初制度，守边大将实行轮换制，以防止他们戍边太久，拥兵过重。可是玄宗后期，沉迷酒色，不理朝政，竟然十几年不换边帅，有的边帅甚至还兼任几镇的节度使。他们的势力越来越大，这为唐朝带来了严重的军事威胁。其中胡人安禄山，因为英勇善战而得到玄宗的恩宠。他不仅勇武，还善于逢迎，对杨贵妃极力讨好，因而被玄宗封为平卢节度使，后来还被封王。不过这位看似憨厚忠诚的安禄山，却给了唐王朝沉重的一击。

天宝十四载（755年）十一月九日，安禄山从幽州起兵15万，直奔京都长安。而唐王朝全国的兵力不过50万，且大多镇守在边境各重镇，京城防守空虚，唐军人少势弱，仓皇应战，根本不堪一击。天宝十五载（756年）正月，安禄山在洛阳自称大燕皇帝。六月，长安门户潼关被叛军攻陷，京师已经无险可守，玄宗只好带着皇室的重要成员逃亡蜀地避难。十三日凌晨，玄宗等人逃到马嵬坡（今陕西兴平西北），愤怒的将士们要求杀掉祸国殃民的杨氏豪族。他们将杨国忠父子乱刀砍死，又要杀死杨贵妃。玄宗无奈，只好命高力士缢死杨贵妃以平民愤。长安城在玄宗出逃十几天后就陷落了，玄宗打算继续逃入蜀中，沿途父老百姓都请求皇帝留下，指挥平叛，玄宗不听，百姓们只好转求皇太子李亨留下。李亨于是北上，在灵武（今属宁夏）即位，即唐肃宗。李亨称帝后，就重新积聚力量，开始对安禄山反攻。已经逃入蜀地的玄宗，面对既成的事实，只好承认儿子的帝位，自己做起了无权无势的太上皇。

至德三年（758年）末，在唐军收复长安、洛阳两京后，玄宗终于从蜀中回到了长安。玄宗回京后，已经是垂垂老矣的太上皇，加上心爱的贵妃已逝，晚景凄凉，身体也很快就垮下去了。宝应元年（762年）四月五日，玄宗在寂寞中凄凉辞世，终年78岁。他死后葬于泰陵，谥号"明孝皇帝"，庙号"玄宗"。他在位44年，大半生辛劳，将大唐发展到繁荣的顶峰；然而晚年昏聩，将辛勤创下的基业摧毁，使唐朝日薄西山。他的一生，毁誉参半。

哀帝李柷

唐哀帝档案：

生卒年：892~908年

父母：父，昭宗李晔；母，何氏

后妃：不详

年号：天祐

在位时间：904~907年

谥号：哀皇帝

庙号：景宗

陵寝：山东温陵

性格：软弱

　　唐哀帝初名李祚，后改名李柷，是唐昭宗第九子，唐朝的最后一个皇帝。他在唐末的乱世中即位，成为军阀朱温改朝换代的过渡。仅仅几年之后，他就被赶下了皇位，繁盛一时的唐王朝也就此灭亡了。李柷生于景福元年（892年），6岁时被封为辉王。此时他的父亲昭宗在做傀儡皇帝，唐末战火纷飞，昭宗曾几次被宦官挟持，所以李柷从小就受尽了颠沛流离之苦。天祐元年（904年八月），朱温派人杀死了昭宗后，就拥立13岁的李柷为皇太子，随后李柷在昭宗的灵柩前即位，即唐哀帝。

　　朱温，本是黄巢起义军中的部将，后来投降了唐朝，被僖宗赐名为朱全忠。他在乱世中不断地壮大势力，准备篡位自立。在杀死昭宗后，拥立哀帝只是一个短暂的过渡而已，他一直在等待称帝的时机。所以哀帝只是一个悲哀的傀儡皇帝，甚至都没有改元，还在继续沿用父亲昭宗的天祐年号，不过上天并没有保佑他。

天祐四年（907年），朱温已经将大唐宗室杀得差不多了，连哀帝的母亲何太后也杀死了，自认为称帝时机已经成熟，就威逼哀帝禅位。哀帝无奈，只好于这年三月下诏"禅位"给朱温。朱温改国号为"大梁"，改元开平，定都开封，史称后梁。朱温称帝后，废黜唐哀帝为济阴王，软禁在曹州（今山东菏泽）。后梁开平二年（908年）二月，朱温就派人将年仅17岁的哀帝杀死了。历时近290年的唐王朝，至此正式灭亡了。

哀帝死后，葬于温陵，朱温谥其为"哀皇帝"，后唐明宗追谥他为"昭宣光烈孝皇帝"。他在位3年，就成了唐王朝的终结者，短暂一生，的确悲哀。

五代·后梁

太祖朱全忠

后梁太祖档案：

生卒年：852~912年

父母：父，朱诚；母，王氏

后妃：张皇后等

年号：开平、乾化

在位时间：907~912年

谥号：神武元圣孝皇帝

庙号：太祖

陵寝：河南宣陵

性格：狡诈多疑，暴戾好色

"大梁"，史称"后梁"。称帝后，他改名为朱晃。乾化二年（912年），为儿子朱友珪所弑，在位仅5年。

朱温的出身与发迹

朱温是贫苦人家的儿子。他的父亲名叫朱诚，是乡村的私塾教师，虽说收入微薄，但一家人总算衣食无忧。朱诚壮年病死，一家人顿时衣食无着。朱诚妻王氏，无奈之下，只得带着三个儿子投奔萧县（今安徽）同乡富户刘崇。刘崇见他们可怜，于是留下他们在家里帮工。

朱温性情凶悍，不务正业，经常打架滋事，乡里的人都很讨厌他。刘崇也不喜欢他，常常责打辱骂他。唐僖宗乾符四年（877年），黄巢农民起义军经过砀山，朱温和他的二哥朱存一起参加了黄巢起义军。朱存参加义军后不久，就在江南战死。而朱温因为作战勇敢，又有谋略，屡立战功，很快就从一名基层士兵做到了统率千军万马的将军，成为黄巢的得力大将之一。

中和元年（881年），黄巢率领60万大军攻破唐朝京师长安，建立大齐政权，做起了皇帝。朱温以其功绩被封为同州刺史，并奉命于次年率军攻打河中。河中节度使王重荣拥精兵数万，先后多次打败朱温。朱温屡次遣使向黄巢求援，但知右军事孟楷从中作梗，扣押了他的求援书信。朱温等不到援兵，走投无路，在权衡利弊之后，决定降唐。九月，他杀掉监军严实，向王重荣投降，并且认他为干舅舅。唐僖宗知道朱温降唐后，非常高兴，于是任命他为左金吾卫大将军，并赐名朱全忠。中和三年（883年），又改任朱温为宣武军节度使，坐镇大梁（今开封）。从此，他就充当起王朝的刽子手，血腥地镇压着黄巢起义军。

黄巢败走长安后，朱温便联合河东节度使李克用一路追杀黄巢。最后，黄巢退到泰山狼虎谷（在今山东莱芜境），陷入绝境，死在这里。因朱温追剿黄巢有功，唐僖宗封他为沛郡侯，食邑千户。没过多久，又加封他为沛郡王，后改为吴兴郡王，食邑3000户。但朱温对此并不满足，在剿灭黄巢之后，他就以汴州为大本营，兼并周围郡县，着手扩张自己的势力。

中和四年（884年），黄巢死于狼虎谷，同年，他的部将秦宗权在蔡州（今河南汝南）称帝。蔡州地接汴州，对朱温威胁极大。朱温于是联合兖（今属山东）、郓（今山东东平北）等地的军马，讨伐秦宗权。秦宗权兵败被杀，朱温趁机兼并了蔡州，占据了河南大部分地区。他还先后打败了天平节度使朱瑄、泰宁节度使朱瑾、卢龙节度使刘仁恭等人，占据了山东、河北等地。随后，朱温又多次打败雄踞晋阳（今山西太原西南）的李克用，取得山西的部分地区。至此，朱温进占河南、山东之地，又虎视晋阳，雄霸一方，成为唐末藩镇割据中最为强大的势力之一，连新上台的皇帝昭宗也对他敬畏几分。

朱温的篡唐与建国

文德元年（888年），唐僖宗病死，他的弟弟李晔即了位，即为唐昭宗。唐昭宗上台后，为了摆脱宦官乱政的局面，决定依靠朝廷大臣的力量削弱宦官的权力。这引起了宦官的严重不满。光化三年（900年）十一月，宦官刘季述等人幽禁了唐昭宗，另立太子李裕为帝。次年元旦，宰相崔胤以朱温为外援，密令左神策军指挥使孙德昭等人率兵诛杀刘季述。昭宗复位，改年号为天复，进封朱温为东平王。六月，崔胤谋划杀尽宦官一事泄露。韩全诲等宦官见势不妙，暗中联络凤翔节度使李茂贞，同崔胤对抗。崔胤势单力薄，于是写信给朱温，佯称奉昭宗密诏，要他率兵赴京师迎驾。朱温早有挟天子以令诸侯之心，于是乘机率兵7万由河中攻取同州、华州（今陕西华县），兵临长安近郊。韩全诲闻知消息，劫持昭宗到凤翔投靠了李茂贞。朱全忠赶到长安，听说昭宗已经被劫走，于是挥军西上，包围凤翔城。年冬，凤翔大雪，冻饿死者不可胜数。次年正月，城中粮尽，李茂贞无奈只得杀韩全诲等70多名宦官，与朱全忠议和。朱温挟昭宗回长安，昭宗从此成了他的傀儡。昭宗也深知自己的境遇，他对朱温说："宗庙社稷是卿再造，朕与亲戚是卿再生。"因此他对朱温唯命是听。

回到长安之后，朱温接受崔胤的建议，尽杀宦官700多人，同时废除神策军，掌控了皇室。唐昭宗任命他为诸道兵马副元帅，晋爵为梁王，并加赐"回天再造竭忠守正功臣"的称号。没过多久，朱温又找借口杀了宰相崔胤。从此朝中大权就落到了他一人手中。朱温又要求昭宗迁都于自己的领地洛阳，开始的时候，昭宗没有答应，当朱温再次上表请求昭宗迁都洛阳，昭宗不好再驳朱温的面子，只好答应迁都。途中，朱温把昭宗左右的200余人全部杀掉，换上了他选的形貌相似的亲信。昭宗起初还不能辨别，时间长了就觉察到了，却也不敢说些什么。

天祐元年（904年）八月，朱温密令朱友恭、氏叔琮等人弑杀昭宗，以绝后患。然后假借皇后之命废了年龄较大的太子李裕，立13岁的李柷为帝，是为唐哀宗。为了推卸罪责，他在事前带兵离开洛阳到河中前线去讨伐新附于李茂贞的杨崇本。在回师途中，他在得知唐昭宗被弑之后，假装震惊，痛哭流涕地说："奴才们辜负了我，让我背上了不忠不孝之名，遗臭万年啊！"回到洛阳之后，他伏在昭宗的灵柩上恸哭不止，反复向众人表白弑君这件事不是他的意思。随后，他杀了朱友恭、氏叔琮等人灭口。然而朝野上下，依旧对此事议论纷纷。朱温索性一不做二不休，杀了废太子李裕及昭宗其他诸子。后来又在亲信李振的鼓动下，杀害左仆射裴枢、右仆射崔远、工部尚书王溥、兵部侍郎王赞等朝臣30余人，弃尸于滑州白马驿附近的黄河，史称"白马之祸"。这件事后，大唐朝堂势力基本被清除一空。

天祐四年（907年）二月，朱温逼迫哀宗李柷退位，自己称帝，更名为"晃"，建国号为大梁，改元开平，史称后梁。升汴州为开封府，为东都，同时废西京长安，以洛阳为西都。朱温称帝后，封唐哀帝李柷为济阴王，迁居曹州。次年，又派人鸩杀了年仅17岁的哀宗李。历史上盛极一时的大唐王朝至此灭亡。

荒淫误国 兽父逆子

朱温上台后，为巩固政权，采取了一些措施。他为藩镇节度使时，为保证军队的战斗力，用法严峻。每次作战时，如果将领战死疆场，所部士卒一律斩首。称为"跋队斩"。所以，将官一死，兵士也就纷纷逃亡，不敢归队。朱温又命人在士兵的脸上刺字。军士逃亡郡县，很容易辨识，所以也没有人敢收容他们，只得逃入山林为盗，祸害一方百姓。朱温称帝后，立即赦免了这些人的罪过，使各地的盗贼减少了十之七八。他还吸取唐末宦官乱政，难以制约的教训，废除枢密院，设立崇政院，只用文人为官，不用阉人。他对手下大将严加防范，约束他们的行为。一旦有骄横的人出现，要么杀掉，要么削减其兵权，以绝后患。

他还注意减轻农民赋税，奖励农耕，尽量与民休息，使中原的经济得到一定程度的恢复。然而，如此零星的政绩并不足以稳固他的政权；相反，他荒淫好色、嗜杀淫行的品性导致了后梁朝堂危机四伏，日趋走向了崩溃。朱温没有背叛黄巢时，曾娶妻张惠。张惠贤惠又有智谋，深得朱温的敬重。朱温每当遇到不能解决的军国大事时，都会征求张惠的意见。张惠和朱温共同生活了20余年，在朱温称帝前去世。临终前，她对朱温说道："夫君是人中英杰，妾身也没有什么好忧虑的。但有时冤杀部下、贪恋酒色让人时常担心。所以'戒杀远色'这四个字，夫君一定要留意。"张惠死后，朱温纵情声色，肆无忌惮，贤妻的临终遗言早被他抛之脑后了。

朱温的荒淫好色，近乎禽兽，即使在封建帝王中也很罕见。他即位后，就立即在全国范围内猎取女色，供他淫辱。有一年兵败，朱温回师洛阳，途中住在魏王张全义的家里。前后十几天的时间里，他把张家的妻妾、女儿一一奸淫。张全义诸子气愤难忍，打算杀死朱温，被张全义死死拉住。不光对臣下的妻子女儿肆意凌辱，就连自己的儿媳也不放过。他常常借照顾起居的名义，把儿媳们召到宫里侍寝。而他的那些儿子为了争宠，甘愿献出自己妻子，毫无羞耻之心。他们利用自己妻子入宫侍寝的机会，借机邀宠，探听消息，以争夺储君之位。二儿子朱友文是朱温的养子，他的妻子王氏，貌美灵巧，深得朱温宠爱，由于这个原因，朱温甚至有意立朱友文为太子，继承他的皇位。

乾化二年（912年）二月，朱温趁李存勖讨伐幽州之际，亲自率领50万大军进攻河东。他昼夜兼程赶到下博（今河北衡水北），打算乘虚攻打成德镇。成德镇将领符习率领数百骑前来巡逻，恰巧遇上了朱温大军。朱温屡次为李存勖所败，听人说是李存勖率兵来到，不辨真假，慌忙引兵逃往枣强（今河北枣强），与攻城的梁将杨师厚合军。黄昏时，李存勖派兵数百冲进朱温军营中乱砍乱杀。朱温又以为李存勖大军杀到，连夜烧营狂逃，夜奔150多里到达冀州，辎重、军械损失无数。事后知道只是李存勖的几百兵士冲营，朱温又羞又恼，郁气难舒，终致病倒。返回洛阳，就此卧床不起。

五月，朱温病重，自知命不久矣，打算召回朱友文托付身后之事。三子朱友珪的妻子张氏正在朱温身边陪侍，探知这个消息，马上密告给朱友珪。朱友珪野心勃勃，早就对朱温帝位垂涎三尺。得到这个消息后，朱友珪加紧谋划篡位。六月二日，朱友珪和家将冯廷锷带着500亲兵，潜入皇城，等到夜深人静的时候，突然杀入朱温寝宫。冯廷锷挺剑抢上，刺进了朱温腹部。朱温挣扎了一会儿，就一命呜呼了。

五代·后唐

庄宗李存勖

后唐庄宗档案：

生卒年：885~926年

父母：父，李克用；母，曹氏

后妃：刘皇后等

年号：同光

在位时间：923~926年

谥号：光圣神闵孝皇帝

庙号：庄宗

陵寝：河南雍陵

性格：英勇果敢，骄傲昏庸

无数战功。李克用死后，他袭晋王位，后领兵统一河北，消灭梁朝，建立后唐，是为后唐庄宗。庄宗在位期间宠信伶人，排斥功臣宿将，引起众臣的不满。同光四年（926年），洛阳兵变，庄宗于乱军中被杀，终年42岁。

李存勖自幼喜欢骑马射箭，胆识过人，10来岁的时候就跟随父亲李克用南征北战，戎马疆场。11岁的时候，李存勖与父亲到长安向唐廷报功。唐昭宗见到了英气勃勃的少年李存勖后，极为高兴，赏赐给他翡翠玉盘等珍宝，还抚摸着他的背说："这个孩子与众不同，将来定能成为国之栋梁"，并对众臣说："此子可亚其父。"因此，李存勖又有"李亚子"之称。

后梁开平二年（908年），李克用病亡。临终前，他嘱咐年仅24岁的儿子李存勖要完成三件大事：一是讨伐背叛盟约的刘仁恭，攻克幽州（今北京一带）；二是征讨契丹，解除北方边境的威胁；三是要消灭世敌后梁朱温。李存勖将三支箭供奉在祠堂里。以后，每当临战征伐的时候，就派人取出，带着上阵，打了胜仗后，又送回祠堂，表示完成了任务。李克用死后，李存勖袭晋王位。当此之时，河东内忧外患，局势不稳。一方面，后梁大军频频发起攻势，河北诸镇多纷纷归附，河东重镇潞州（今山西长治）被梁军围攻了一年之久，岌岌可危。而另一方面，在晋内部，也是人心浮动，李存勖的叔父李克宁掌握兵马大权，密谋逼其让位。李存勖深知，攘外必先安内，于是在替父办完丧事后，就以迅雷不及掩耳之势，设计捕杀了李克宁，夺回了河东军马大权。

随后，他亲率大军，马不停蹄地赶赴潞州战场。乘大雾迷漫，李存勖以奇兵突袭，突入敌军营垒，斩其统帅符道昭，梁军死亡万余人，丢弃的粮草、器械堆积如山。潞州之战，不仅巩固了河东的边防，而且向南可以威胁后梁的统治中心河南地区。朱温听到潞州军败的消息后，大惊失色，感叹地说："生子当如李亚子，我那些儿子简直如同畜生！"

李存勖消除了内忧外患，并没有因此而放松下来。他清楚地认识到，和南方强大的后梁相比，自己的势力还很弱小，若要完成父亲的遗命，消灭后梁，必须增强自己的实力，还应有一支战必胜、攻必克的虎狼之师。于是，在回到晋阳之后，他就开始整顿吏治，罢免了一大批贪官污吏，任用有识之士为官；减轻农民的赋税，鼓励生产，尽量与民休养生息。继而整顿军纪，规定违反军令者一律斩首，又裁汰军中老弱，选其精锐，日夜操练，从而将散漫的沙陀兵训练成一支战无不胜的精锐之师。没过几年，晋地实力大增，这为他之后战争的胜利奠定了基础。

后梁乾化元年（公元911年），燕王刘仁恭之子刘守光称帝，国号大燕。李存勖示之以弱，遣使祝贺。刘守光志骄意满，以为李存勖惧燕，就派兵侵犯晋土。李存勖早有征伐燕国之心，只是没有借口，于是趁机派大将周德威讨伐燕国，连克燕地。次年三月，朱温趁晋攻燕之际，率领50万大军侵入河东。李存勖挥军迎击，大败梁军，斩杀敌人无数。自此一役后，战略主动权转移到晋军一方。后梁乾化三年（913年）十一月，李存勖率军攻破号称拥甲30万的幽州，擒获刘守光和已经被他囚禁快一年的父亲刘仁恭，后燕灭亡。李存勖斩刘仁恭，以他的首级祭父亲李克用。

后梁龙德元年（921年），李存勖率领10万晋军，在幽州大破号称30万的契丹骑兵。次年，李存勖领军与契丹再次决战于望都（今河北望都县），李存勖以800骑突破契丹的重重包围。之后趁夜间大雪，奇袭契丹，大获全胜，将耶律阿保机赶回了北方。

经过10余年的征战，晋军地扩千里，兵增10万。后梁龙德三年（923年），晋王李存勖在魏州称帝，国号大唐，改元同光。同年，李存勖召见了归降不久的后梁将领康延寿，采纳了他的灭梁大计，以李嗣源为先锋，自己随后亲率大军渡过黄河，以摧枯拉朽之势，攻克后梁国都汴梁（今河南开封）。朱温早死，其子末帝朱友贞自尽。后梁遂亡。而后李存勖移师西进，定都于洛阳，建立起当时较为强大的唐帝国。

李存勖在战场上勇猛无敌，但是在治国上却显得昏暗愚昧。在他攻灭大梁之后，他骄傲自矜，闭口不谈将士功劳，而全部归之于己，他说天下是他用十指取得的，从而抹杀了众将的战功。他猜忌那些有功之臣，反而宠信、重用那些没有丝毫战功的宦官、伶人。

李存勖自幼喜欢听歌、唱戏、演戏，豢养了一批伶人。戎马倥偬的岁月里，他没有多少时间来进行娱乐。定都洛阳之后，这些伶人立即得到了他的重用。李存勖不光喜欢看伶人表演，自己也常常粉墨登场，上台表演，并给自己取了个艺名叫"李天下"。有一次，他上台演戏，也许是觉得好玩，就自己大叫了两声"李天下"，有个伶人上去打了他几下耳光，周围的人都吓出了一身冷汗，李存勖自己也被打得莫名其妙。那个打耳光的伶人却笑嘻嘻地说："理（理和李同音）天下只有皇帝一个人，你喊了两声，还有一个是谁呢，难道能有两个人来治理天下？"唐庄宗听他一说，才知道是跟他开玩笑，不但不生气，还给了他不少赏赐。伶人受到皇帝宠幸，越发变得飞扬跋扈，不光自由出入宫中和皇帝嬉闹在一起，还百般侮辱戏弄朝臣，群臣敢怒而不敢言。有的朝官和藩镇为了求他们在皇帝面前美言几句，还争着送礼巴结。李存勖还用伶人做耳目，去刺探群臣的言行，凡是有不满他的统治的，一律或贬或杀。在众伶人中，最得李存勖宠信的人是景进。李存勖想知道宫外之事就问景进。景进专门替庄宗刺探外面的情况，由此大进谗言，干预朝政。他说谁不好，谁就会倒霉。所以，官员们见了景进都格外害怕。

为了满足其荒淫的生活，李存勖还命令景进到民间选秀女，以充实后宫。景进到了那里，就在那里大肆搜刮，连当地军士的妻女都不放过，抢来的女子马车装不下了，就用牛车。后来，到了魏州（今河北大名一带），他们竟然抢走了驻防将士们的妻女1000多人。魏州将士降唐以来，屡立大功，在灭梁的战争中也出力很多。现在天子不思抚恤，反而夺人妻女，使得他们心理愤愤不平，大有了起兵反叛之意。

李存勖重用宦官伶人，奸佞当权，功臣宿将多遭猜忌，许多敢于诤谏的名臣良将先后被冤杀。枢密使郭崇韬原是灭梁的功臣，曾多次进谏，使得李存勖非常不快。后来，郭崇韬领军灭蜀建立大功，但伶人进谗言说，郭崇韬聚财谋反，李存勖便借机杀了他。不久，李存勖又听信伶人景进的谗言，冤杀了功臣朱友谦一家。这样，朝廷中的功臣们都颇感心寒，尤其是军中将士怨气更大。

同光四年（926）二月，魏州守军拥戴指挥使赵在礼发动兵变，李存勖忙派大将李嗣源率领大军前去镇压。到了魏州城下后，朝廷大军就发生兵乱，与魏州军兵合一处，共推李嗣源为主，拥兵造反。李存勖闻讯大惊，急召诸道军马入京勤王，同时自己亲率一军赶赴汴梁，企图在汴梁抵抗李嗣源大军。为了笼络军心，他还拿出府库的金帛赏赐给洛阳将士。将士们领了赏赐，还骂道："我们的妻子儿女，都已经饿死了，还要这金帛何用？"行军到中牟县时，听说李嗣源已进入汴京，李存勖知道大势已去，急忙率军返回洛阳，路上兵士逃走大半。

四月，李存勖听闻李嗣源大军逼近汜水关（今河南荥阳汜水镇），遂决定亲自率军去扼守。没想到，大军还没有出发，军中的指挥使郭从谦发动兵变。郭从谦本是个伶人，认大将郭崇韬为叔父。郭崇韬被李存勖冤杀后，郭从谦愤愤不平，一直伺机复仇。郭从谦率领着叛乱的士兵乱砍乱杀，火烧兴教门，趁火势杀入宫内，京城陷入混战。混乱中，李存勖被流箭射中，不久便气绝身亡。左右纷纷逃散，一个叫作善友的伶人心肠不坏，怕李存勖的尸体会遭到叛兵的肢解、践踏，遂用许多乐器覆盖其身，点火将尸体焚毁。李嗣源攻入洛阳后，派人从灰烬中找到了李存勖的一些零星尸骨，葬于雍陵。

五代·后晋

高祖石敬瑭

后晋高祖档案：

生卒年：892~942年

父母：父，石绍雍；母，何氏

后妃：李皇后等

年号：天福

在位时间：936~942年

谥号：圣文章武明德孝皇帝

庙号：高祖

陵寝：河南显陵

性格：老谋深算，贪婪无耻

石敬瑭，沙陀族人，自幼随父征战沙场，屡立战功，后出任后唐河东节度使一职，成为当时势力较大的藩镇之一。清泰三年（936年），他勾结契丹起兵反唐，后攻克洛阳，建国称帝。他在位期间，卑躬屈膝地以父礼事契丹。而他割让燕云十六州给契丹，致使中原汉地北方屏障顿失，祸害后世近400余年。

骁勇善战的猛将军

石敬瑭出生在太原，他的父亲名叫作石绍雍，是李克用帐下的一名骁将，后官至洺州刺史。石敬瑭自小随父亲练得一身刀枪骑射的功夫。后来，父亲去世，石敬瑭就做了李存勖帐下的校尉，随着他南征北伐。石敬瑭性格沉默寡言，但心思机敏，尤爱读兵书，他很崇拜战国时的李牧和汉朝的周亚夫，常学着李、周用兵，出奇制胜，屡次建立战功。后梁贞明元年（915年），李存勖占据魏州，梁将刘鄩率军攻打清平（今山东清县）。李存勖率军来救，不料中计，身陷梁军重围。在此危急时刻，石敬瑭请战，率领10余精骑冲入敌阵从万军中把李存勖救了出来。事后，李存勖拍着他的背，赞叹道："将门虎子，果然名不虚传啊。"并把自己喝的酥油茶赐给他，石敬瑭由此声威大震，在军中名噪一时。

至此，李存勖日益器重石敬瑭，并将他委在义弟、爱将李嗣源帐下效命。李嗣源是能征善战的勇将，每逢临敌冲锋陷阵，从不顾个人安危，石敬瑭追随其后，多次从乱军中策应和救援李嗣源，日久天长，遂成了李嗣源的心腹。李嗣源为了笼络他，就把女儿下嫁给他，还让他统率精锐亲兵"左射军"。

后唐同光四年（926年），魏州发生兵变，李存勖命李嗣源率军平叛，石敬瑭也一同出征。在魏州城下，李嗣源的部队也发生兵变，与魏州的叛军合兵一处，拥立李嗣源为主。李嗣源不知所措，急忙询问石敬瑭如何定夺。石敬瑭此时野心膨胀，遂劝李嗣源说："岂有在外领兵，军队发生兵变后，而主将却没事的道理？况且犹豫不决是兵家大忌，不如趁势迅速南下。我愿率领300骑兵去取汴州（今河南开封），这是得天下的要害之处，得之则大事可成。"李嗣源也觉得时势有利，就接受了这个意见，派他亲率300精骑为前锋，直取汴州。石敬瑭领兵急进，昼夜兼程攻占了汴州。李存勖率兵来拒，结果被乱兵所杀。李嗣源随后率军入洛阳。登临大宝，即位为帝，是为后唐明宗。石敬瑭因拥立有功，被任命为保义军节度使兼六军诸卫副使，并赐号"竭忠建策兴复功臣"。之后年年升迁，先后任侍卫亲军马步都指挥使，河东节度使，大同、彰国、振武等军蕃汉马步军总管等职，后来还赐封他为"耀忠匡定保节功臣"。

晚唐以来，藩镇割据，悍将统兵于外，不受节制，谁掌握了兵权，谁就可问鼎天下。此时总揽河东军务的石敬瑭，羽翼已丰，只坐等时局变动，便好乘势而起，取后唐而代之。

卑躬屈膝的儿皇帝

长兴四年（933年），后唐明宗李嗣源驾崩，李从厚继位，是为闵帝。为了巩固政权，他实行"换镇"的策略，诏令手握雄兵的藩镇节度使调换防区，以此削弱各镇的势力。凤翔节度使李从珂拒不从命，起兵造反，并将李从厚的平叛大军打得落花流水。石敬瑭见有机可乘，于是拥兵南下，囚禁闵帝李从厚于卫州，欲挟天子而命诸侯。然而，李从珂兵多将广，很快便攻克洛阳，即位为帝。石敬瑭无奈，只得前来朝见新皇。李从珂对手握重兵的石敬瑭也不放心，本打算将他拘禁在洛阳，后来在李嗣源的发妻曹太后说情之下，才勉强同意石敬瑭回河东驻地。

石敬瑭回到晋阳后，表面上对朝廷忠心耿耿，暗中则加紧防备。后来，朝廷派使臣到河东犒赏将士，石敬瑭手下将士高呼万岁，想趁机拥立石敬瑭为帝。石敬瑭自知时机还不成熟，马上把为首高呼"万岁"的36人逮捕斩首，然后上奏李从珂以表"忠心"。李从珂听说这件事后，对石敬瑭的猜疑更重，于是以武宁节度使张敬达为北面行营副总管，命其领兵驻屯在代州，牵制并监视石敬瑭。石敬瑭心里更惧，加速准备。

清泰三年（936年），石敬瑭以身体羸弱为口实，乞求解去兵权，调往他镇。他这么做其实是想试探末帝李从珂。如果李从珂同意他解职，说明皇帝肯定怀疑他；如果不同意，就说明李从珂仍然信任他。李从珂认为石敬瑭不臣之心，已经昭然若揭，无论调与不调，他都会反，于是下诏调石敬瑭为天平节度使。诏令一下，军士哗然，石敬瑭趁机煽风点火，鼓动军心。部将刘知远、谋臣桑维翰等人力主石敬瑭起兵反抗。石敬瑭于是上表，说李从珂不是李嗣源亲生儿子，应让位于许王李从益。李从珂阅奏大怒，立即派军征讨石敬瑭。

石敬瑭此时兵力虽众，但也不见得能够打得过后唐大军，遂求援于契丹，上表称臣，以父礼事辽主耶律德光，并约事成之后，割燕云十六州给契丹。耶律德光闻讯大喜，立即亲率5万精锐骑兵南下，解除晋阳之围。石敬瑭亲自率众出城迎接耶律德光，百般奉承，奴颜婢膝地称比他小11岁的耶律德光为父亲。这年的十一月，石敬瑭在耶律德光的帮助下，攻克洛阳，灭掉后唐。灭掉后唐后，耶律德光册封石敬瑭为皇帝，建国号为晋，定都汴州，改元天福，史称后晋。

石敬瑭称帝后，即按照当初的约定，将燕云十六州割给契丹，承诺每年给契丹布帛30万匹。燕云十六州地接契丹，具有十分重要的军事地位，如今割让给契丹，就使中原王朝失去北部屏障，后患无穷。以后燕云十六州成为契丹、女真、蒙古等民族南下掠夺中原的基地，使北方社会经济遭到严重破坏，直到明太祖朱元璋时期，才重新将燕云十六州之地收归汉民族之治下。

石敬瑭对于契丹百依百顺，非常谨慎，每次书信皆用表，以此表示君臣有别。他称耶律德光为"父皇帝"，自称"臣儿皇帝"。每当契丹使臣至，石敬瑭都跪地接诏，十分恭敬。天福三年（938年）十月，契丹遣使册封他为"英武明义皇帝"，他高兴万分，像迎接天书一样把诏书迎进大殿，供奉起来。每年除了进贡30万匹帛给契丹外，石敬瑭逢年过节，还派使者向契丹国主、太后、贵族大臣送上大批礼物。那些人一不满意，就派人责备石敬瑭，石敬瑭总是毕恭毕敬地赔礼请罪。晋朝使者到了契丹，契丹官员傲气十足，说了许多侮辱性的话。使者回到汴京诉说受辱之事。朝廷上下都深以为耻，只有石敬瑭毫不在乎。

虽说如此奴事契丹，可以结好强邻，但是国内将士离心，却也极大地动摇了后晋的统治。在他当政的几年里，不断有藩镇起兵反叛，而大多数人起兵的原因也无非是"耻于契丹"四字而已。

卑外惧内　一命归西

石敬瑭在任地方刺史、节度使时，尚能做到勤俭清廉，但是当做了皇帝之后，就开始奢侈起来，他的宫殿都用黄金、美玉、珠宝等物装饰得富丽堂皇，奢华程度远超后唐诸君的宫室。既要贪图自己的享受，又要贡献大批的帛金讨好契丹主子，府库日耗，庞大的财政负担最终都转嫁到了百姓的头上。在石敬瑭的残酷剥削下，后晋人民生活在水深火热之中，加上当时天灾频发，水旱、蝗灾接连不断，致使后晋饿殍盈野，流民遍地，饿死、冻死者更是不计其数。

为了镇压百姓的反抗，他又下令制定了许多残酷的法律，如凡偷盗一钱以上，一律处死；男女不论强奸通奸一概处死等；他还发明了剖心、剥皮、油煎等酷刑，导致民怨更加沸腾。不光民心不稳，就连在后晋朝堂之内，也多有人不满石敬瑭的统治，尤耻于投降契丹。

后晋天福二年（937年），天雄节度使范廷光在魏州起兵，石敬瑭令东都巡检张从宾讨伐，但张从宾率军到了魏州后，与范廷光一道反了。不久，渭州也发生兵变。后晋天福六年（942年），成德节度使安重荣上表指责石敬瑭，奴事契丹，蹂躏中原，并表示与契丹决一死战。辽帝耶律德光派人责问，石敬瑭无奈，只得发兵斩了安重荣，并将他的头送与契丹。

石敬瑭晚年排斥士人，宠信宦官，致使吏治更加腐败，朝纲越发紊乱。许多曾经为之倚重的心腹重臣，因对他失望，纷纷离心离德，各谋出路。河东节度使刘知远先是拥兵自重，霸踞晋阳，继而拒敌契丹，收纳不愿归附辽朝的吐谷浑白承福部。后晋天福七年（942年），耶律德光又派人来问罪。石敬瑭既不敢讨伐手握重兵的刘知远，更不敢得罪"父皇帝"，左右为难，彷徨无计，终致忧郁成疾，这年六月，石敬瑭病逝，时年51岁。

其人虽死，但千古骂名却一直延续至今，不亦悲乎！

五代·后汉

🏵 高祖刘知远

后汉高祖档案：

生卒年：895~948年

父母：父，刘王典；母，安氏

后妃：李皇后等

年号：天福、乾祐

在位时间：947~948年

谥号：睿文圣武昭肃孝皇帝

庙号：高祖

陵寝：河南睿陵

性格：沉默寡言，机敏权变

后汉高祖刘知远，沙陀人，幼年的时候，家境贫寒，以牧马为生。刘知远十几岁的时候，投到李嗣源的手下当了兵，由于作战勇敢，很快被升为偏将，和石敬瑭一起共事。李嗣源与后梁军作战时，大将石敬瑭受到梁军袭击，马鞍断裂，几乎被擒，危机时刻，刘知远果断与他换马，亲自为他断后，石敬瑭深受感动，同时也对刘知远的勇武留下了深刻印象。多年以后，石敬瑭在出任北京留守时，奏请宗庄李嗣源，请求将器重已久的刘知远拨归麾下，从此引为亲信。

清泰三年（936年），石敬瑭与后唐决裂，刘知远力荐石敬瑭起兵，成霸业于晋阳（今山西太原）。石敬瑭担心自己不是后唐大军的对手，决定求援于契丹。刘知远全力支持他这个决定。但在许诺的条件上，他不同意石敬瑭既称臣又割地的做法。他对石敬瑭说："对契丹称臣就可以了，行以父亲之礼就太过了。只要用丰厚的财物去贿赂，就足以使契丹出兵，根本不必承诺向他们割让土地。割让土地，只怕日后会使契丹成为中原大患，到那时，就追悔莫及了。"但石敬瑭称帝心切，根本不听刘知远的建议，以致酿成了日后辽兵南下灭晋之祸。

石敬瑭称帝后，论功行赏，先后加封刘知远为忠武军节度使、归德节度使。后晋天福六年（941年）七月，又任命他为北京（太原）留守、河东节度使，总揽晋阳地区的军政大权。次年，石敬瑭病逝，遗诏刘知远辅政，由出帝石重贵即位。石重贵对日益坐大的刘知远深感不安，但因为对辽用兵，还需要借重刘知远镇守北方，便以怀柔手段拉拢刘知远，封其为太原王、拜中书令等职。刘知远权势更盛，遂立足晋阳，在河东招兵买马、扩充实力。这一时期，后晋与契丹关系破裂，两国战争时有发生，但驻守在河东的刘知远对契丹兵的屡屡侵扰不闻不问，石重贵几次让他发兵，他也置之不理，只是趁着乱世招降纳叛，数年间就在晋阳聚集了一支5万人的大军，河东的实力因此很快就超过其他的藩镇。

开运四年（947年），契丹攻灭大梁，后晋灭亡，整个中原处于一片混乱之中。当时，后晋诸藩镇被迫上表称臣，刘知远也派遣使者到开封，向契丹表示庆贺，却并不称臣。耶律德光心里不满，但忌惮于河东兵马强盛，也不好说些什么。使者回到晋阳后，向刘知远报告说，契丹兵蛮横残暴，在中原烧杀抢掠，很不得民心。许多地方的百姓自发组织反抗，各镇节度使也多是口服心不服。刘知远听了使者的报告后，认为有机可乘，决定拥兵自立。是年二月，刘知远在晋阳称帝，仍沿用后晋"天福"年号，以此笼络人心。

刘知远称帝后，各地的藩镇多不服其管辖，而河北、河南地区则完全被契丹占有，形势十分不利。针对这种局面，刘知远没有急着出兵，而是积极整军，修缮器械，等待着有利的时机。三月，耶律德光见中原人民反抗不断，引兵北回。四月，耶律德光病死，部下诸将忙于争夺皇位，无暇南顾。河南、河北的兵马也是人心惶惶，日夜难安。刘知远审时度势，采纳了手下大将郭威的建议，南下攻打契丹占据的河北、河南地区，很快就攻陷了洛阳、开封等地，契丹兵北遁，各地的后晋官员纷纷投降。六月，刘知远进入开封，改国号为汉，仍用天福年号，以开封为都城，史称后汉。他同时下令，凡契丹任命的节度使以及各级官吏均留任原职，不再变更。于是各地藩镇打消疑虑，陆续上表称臣。

七月，天雄节度使杜重威和天平节度使李守贞也相继表示臣服。但不久，杜重威就再度拥兵反叛。刘知远闻讯，下诏罢其官爵，并率军亲自攻打魏州。十一月，魏州粮尽，杜重威被迫出城投降。

这年十二月，刘知远因爱子病逝，悲伤过度，以致病倒在床，久久不见恢复。次年一月，刘知远在病床上宣布改元乾祐，并将自己的名字改为暠。十七日，刘知远病危，急召心腹重臣苏逢吉、史弘肇、郭威入宫，要他们辅立皇子李承祐。当天，刘知远驾崩于滋德殿（即万岁殿），终年54岁。死后葬于河南睿陵。

五代·后周

太祖郭威

后周太祖档案：

生卒年：904~954年

父母：父，郭简；母，韩氏

后妃：柴皇后、张贵妃等

年号：广顺、显德

在位时间：951~954年

谥号：武孝皇帝

庙号：太祖

陵寝：河南嵩陵

性格：倔强，骁勇，英明

　　后周太祖郭威，邢州尧山（今河北隆尧）人，幼年丧父，母亲改嫁后晋刺史郭简。不久，郭简被刘仁恭所杀。郭母于是带着年仅3岁的郭威迁到晋阳（今山西太原），后不久，郭母病逝。郭威小小年纪就成了孤儿，由姨母韩氏收养，姨母的家境也不宽裕，因此，郭威小的时候过着十分贫困艰苦的生活。长大以后，郭威生得身材魁梧，力大如牛，他勇武好斗，不爱种田。在他18岁那年，后梁潞州（今山西长治）节度使李继韬为了扩充势力，招兵买马，郭威于是和亲戚一起从了军。李继韬见郭威虎背熊腰，年轻气盛，十分喜欢，遂留他在帐下做了亲兵侍卫。

　　后来，李继韬为唐庄宗所杀，他的部众悉为收编。郭威因为略通文墨、兵法，遂被破格录用，任为军中校尉。后来，中原混战连连，这给郭威提供了一个施展抱负的平台，郭威也因功屡屡升迁。石敬瑭灭唐之后，郭威又在石敬瑭手下从军，之后成为刘知远部下。开运四年（947年），刘知远在太原称帝，任命郭威为枢密副使。刘知远在位一年便因病逝世。在临终前，他将太子刘承祐托孤于郭威和史弘肇等人。太子刘承祐即位，是为后汉隐帝，进封郭威为枢密使。当时河中节度使李守贞、永兴节度使赵思绾、凤翔节度使王景崇相继拥兵造反。朝廷屡次出兵讨伐，均无功而返。隐帝遂命郭威领军出征。郭威统兵有方，前后不到一年的时间就平定了三镇之乱。郭威因功被加封为检校太师兼侍中。同年十月，契丹入寇，北方诸州告急，隐帝认为只有郭威可以退敌，就以他为枢密使兼邺都留守、天雄节度使，统领河北诸军，抵御契丹。郭威大军到了邢州（今河北邢台）后，契丹知道他的勇猛，遂退兵北还。

乾祐三年（950年）十一月，隐帝听信谗言，杀害朝廷重臣杨邠、史弘肇、王章等人，并诛杀了郭威留在京城的妇孺宗亲满门，又派人带着密诏星夜赶到邺都，杀郭威以绝后患。郭威闻讯后，咬牙切齿，于是起兵造反，月旬就杀到了京师。隐帝被部下所杀，朝廷无主，郭威于是总揽国事，请李太后临朝听政，还请求立刘氏后代为帝。李太后下诏立刘知远的养子刘赟为帝，派宰相冯道前往徐州迎接刘赟。这时，契丹军乘机再次南侵，太后命郭威统军北征。但是大军刚到澶州（今河南濮阳），将士们不肯走了，商议拥立郭威为帝。数千将士大声鼓噪说："我们拥戴郭公攻打京师，已经和刘氏结下深仇大恨，现在还要立刘氏为帝，替刘氏打仗，我们以后会有好下场吗？"又有将士扯下黄旗，披在郭威身上，众军跪拜，齐呼万岁，响遏行云。事已至此，郭威只得率领大军回师开封。这时，刘赟已经到了宋州（今河北商丘），郭威手下监军王峻派遣侍卫马军都指挥使郭崇威率领七百精骑昼夜兼程赶到宋州，拦阻刘赟。郭崇威到宋州后，杀掉刘赟心腹数人，招降其卫队，并把刘赟软禁在宋州。

李太后见状，被迫废刘赟为湘阴公，并于次年正月宣示诰命，要郭威即位，并将后汉传国符宝授于郭威。郭威于是在崇元殿即位，改国号为周，年号广顺，史称后周。

郭威即位后，为了以绝后患，命人前往宋州杀掉刘赟。刘赟的父亲刘崇闻讯，大怒，自立为帝，是为北汉。刘崇占据着北方十二州之地，依附契丹，常年与后周作对。这年二月，刘崇就发兵五路攻打晋州（今山西临汾），结果大败而回。十月，刘崇亲率精兵2万，联合契丹兵5万，再次入寇。郭威挥军反攻，十二月，天降大雪，刘崇和契丹军不敢久留，烧营夜遁。周军乘机追击，大获全胜。北汉兵跌入崖谷中死伤无数，契丹兵马亦损失很多。次年，郭威又率军平定兖州（今山东兖州）慕容彦超之乱，后周边境基本得到平定。

郭威不但在战场是一员骁将，在治理国家上也有其过人之处。即位之后，郭威着手治理内政，革除积弊，使得初建的后周王朝，在黑暗的五代中，微露晨光。他从小经历了很多苦难，对民间疾苦也有亲身体会，所以上台后，他首先废除前朝的一些苛捐杂税，同时均定田赋，安抚流民，鼓励百姓开垦荒地，进行农业生产。他又拨乱反正，选贤任能，治理各州、郡县，严禁各级官吏胡作非为，鱼肉百姓。对于前朝的严刑苛法，也予以废除，而实行了较为人道的处罚。比如，后汉规定，盗窃一文钱的就要处死，不是重罪的人又经常株连亲族，郭威上台后规定，不是反叛和杀害亲属之类的大逆不道的重罪，就不再株连亲族。

另外，郭威也非常注意节俭。他在即位伊始就对大臣说："朕出身寒微，尝尽人间苦楚，现在当了皇帝，怎么能养尊处优拖累天下百姓呢！"乃下诏禁止各地进奉美食及地方特产，还让人将宫中的玉器珍玩共几十件全部打碎在殿廷之上，以表示反对奢华之心。经过几年的治理，后周很快就出现了国富民强的迹象。不但国内社会安定，百姓安居乐业，在后周朝廷，更是文臣武将，济济一堂。

广顺三年（公元953年）十二月，才当了三年皇帝的郭威突然一病不起，他预感到自己大限将至，就把治国重担交给养子柴荣。因为他自己的亲生儿子早在邺城起兵时就被后汉隐帝刘承祐杀光了。次年元旦，郭威强忍病痛，临朝举行了朝庆大典，将这一年改为显德元年（954年）并大赦天下。

郭威知道自己时日无多，就提前写好遗诏，将皇位传给晋王柴荣。他嘱咐柴荣说："我死之后，陵墓务必从简，不要强征民工，也不要宫人为我长年守陵，更用不着在我的陵墓前立上石人石兽，用瓦棺纸衣下葬就可以了。安葬后，只需在墓前替我立一块石碑，上面刻几句话，就说我平生习惯节俭，遗诏命令用纸衣瓦棺下葬，嗣天子不敢有违，这样就可以了。"又告诫柴荣说："我从前西征时，见到唐朝帝王的十八座陵寝统统被人发掘、盗窃，这都是由于陵墓里藏着许多金银财宝的缘故。汉文帝死后薄葬，所以他的陵墓至今完好无损。因此，你一定要按我的要求埋葬。到每年的寒食节，你可以派人来扫我的墓，如果不派人来，在京城里遥祭也可以。另外要把我心爱的盔甲、弓、剑分别葬于我作战过的战场，作为纪念。"

当晚，郭威死去，终年51岁，谥号"武孝皇帝"，死后葬于嵩陵。

十国·吴

太祖杨行密

吴太祖档案：

生卒年：852~905年

父母：不详

后妃：李氏、史氏等

年号：天复、天祐

在位时间：902~905年

谥号：武皇帝

庙号：太祖

陵寝：兴陵

性格：宽厚仁信，果敢睿智

吴太祖杨行密，字化源，庐州（今安徽）合肥人，出生于一个普通的农民家庭。杨行密长大后，身材魁梧，力大如牛，据说可以轻而易举地举起一百斤重的东西，而且能日行三百里。在他20多岁的时候，黄巢农民起义军经过庐州，他应召入伍。后来被唐兵俘获，当时的庐州刺史郑繁见他相貌不凡，很有英雄气概就放了他。不久，杨行密在州里募兵的时候参加了本地的军队，由于他作战勇猛，经常立功，所以很快就升为队长，并奉命带领乡兵到朔方（今宁夏灵武西南）守边服役。一年后期满回来，因为得罪主管征调的军吏，杨行密再次被派到边疆戍守。临行的时候，军吏佯做好人，问他还需要什么，杨行密正值怒火中烧，厉喝道："还需要你这颗人头！"说时迟，那时快，手起刀落，寒光闪过，军吏已人头落地。杨行密于是号令诸营，自称为八营都知兵马使，率军占了庐州全境。不久，杨行密被唐朝廷招抚，淮南节度使高骈封他为庐州刺史。从此他以庐州为根据地，开始了拓土扩张，其势力逐渐向淮南等地拓展。

此时，淮南争夺激烈。坐镇扬州的淮南节度使高骈，老来昏庸，宠信方士，迫害功臣，致使上下离心。淮南将领毕师铎、宣州观察使秦彦起兵反叛，攻陷扬州，囚禁了高骈。高骈亲信吕用之带一部分兵马逃出扬州，假借高骈之名封杨行密为行军司马，命其速速率兵讨伐扬州叛将。杨行密认识到这是一个扩张自己实力的机会，于是率领全部人马火速赶往扬州。

五月，杨行密与吕用之合兵一处，驻扎于蜀冈。毕师铎率领精兵数万来攻。杨行密诈败，弃营而走。毕师铎的军队占领营寨后，就忙着争夺财物，乱作一团。杨行密乘机挥师反攻，毕师铎大败，兵马践踏，死伤不计其数。毕师铎一人回到了城中，恼羞成怒，就杀了高骈。杨行密得知后，哀声恸哭，命令三军缟素，随后以哀兵之势，攻下了扬州城。毕师铎夺路而逃。

杨行密进入扬州之后，才发现城中早已粮尽，居民大饥，甚至出现了人吃人的情况。杨行密看到这般惨状，遂下令用军粮救济百姓，但仍旧无法满足百姓的需求。扬州城疮痍满目，不利于攻守，杨行密便率部回到大本营庐州休整。随后的几年里，杨行密又先后攻下了宣州（今安徽宣城）、泗州（今江苏）、濠州（今安徽凤阳）、寿州（今安徽寿春）等地，后又攻破孙儒的50万大军，重占扬州。杨行密为了扩充军事实力，还在孙儒的降卒中精选5000名强壮的士兵组成了自己的亲军。这支亲军待遇优厚，身披黑色重甲，所以又号称"黑云都"，后来成了杨行密作战时冲锋陷阵的主力。同在这一年，杨行密被唐朝廷任命为淮南节度使。几年后，又被唐昭宗封为弘农郡王。不久，朱瑾和李承嗣等著名战将相继来投，杨行密实力大增，自此以后，更是战无不胜，攻无不克。短短几年时间里，就占据了淮南、江东的大片地区。

杨行密势力不断膨胀，引起了淮南周围的各个割据力量的不安。两浙钱镠、江西钟传、武昌杜洪纷纷遣使到长安，请昭宗派朱全忠出师讨伐淮南杨行密。这年九月，朱全忠军兵分三路，大举进攻淮南。面对敌众我寡的不利局面，杨行密采取了各个击破的策略，先后击败后梁军庞师古、葛从周等部，又决堤水淹后梁大军。后梁军死伤无数，庞师古阵亡，葛从周率领残部狼狈逃回汴京。朱全忠此后再也无力南下。杨行密也趁机休养生息，养精蓄锐，尽量避免与朱全忠直接对抗。

天复二年（902年），杨行密被唐昭宗正式封为吴王，成为唐朝的一个藩王。在政治上获得崇高的地位之后，杨行密就着手于内政的治理，增强吴地的实力。杨行密出身贫困，深知民间疾苦，所以在他上台后，就下令减轻农民的租赋，开仓赈济受灾的饥民。他注意招集流亡，奖励农桑，并严禁军吏有扰民、害民的行为。他深知自己的部下都是些勇猛暴戾之人，害怕他们为非作歹，鱼肉百姓，于是命人删定《格令》50卷，颁发给他们，以此规范他们的行为。在他的治理下，没过几年，千里江淮就又出现了歌舞升平的繁华景象。

对外，杨行密采取了较为灵活的外交策略。在淮南孙儒凶焰炽涨的时候，他就联合朱全忠、钱镠对付孙儒。及至孙儒灭亡，朱全忠拥兵自重，他就联合李克用、李茂贞等人来对抗朱全忠，并打出拥唐讨逆的旗帜，以牵制敌人，保存自己。对那些弱小的割据势力，他则出兵攻伐，乘势吞并敌人，扩充自己的势力。在钱镠势力较弱的时候，他主动出兵攻袭，夺取了苏南部分州县。等到钱镠势力壮大，他又主动讲和修好，并将女儿嫁给了钱镠的儿子，以此换取和吴越的和平共处。武昌杜洪势力较弱，他就把矛头对准了杜洪。经过几次的战争，杨行密最终取得胜利。杜洪被俘斩首，而其所占据的鄂州等地也全部收入杨行密囊中。

天祐二年（905年）十月，杨行密病重，召长子宣州观察使杨渥到扬州，任命他为淮南留后。十一月，杨行密病卒，享年54岁。其子杨渥承制继承了他的王位。乾贞元年（927年），杨行密被睿帝杨溥追谥为"武皇帝"。虽然杨行密在世的时候，没有建国称帝，但他以自己杰出的政治才华和毕生心血，奠定了吴国乃至后来的南唐王朝几十年江南大国的基础。

十国·南唐

烈祖李昪

南唐烈祖档案：

生卒年：888~943年

父母：父，李荣；母，刘氏

后妃：宋皇后

年号：升元

在位时间：937~943年

谥号：光文肃武孝高帝

庙号：烈祖

陵寝：江苏钦陵

性格：仁孝厚道，有勇有谋

烈祖李昪，字正伦，徐州人，原名徐知诰，徐温的养子，是南唐政权的建立者。顺义七年（927年）徐温去世后，他废掉吴王杨溥，建立"大齐"，后改国号"南唐"，定都金陵，改元升元。他在位期间，勤政爱民，发展生产，使南唐国富民强。

李昇童年不幸，六岁那年父亲亡故，成了孤儿，因当地兵匪横行，伯父将他母子带往淮南一带。不久，母亲也不幸去世，伯父因无力抚养他，就把他送进了濠州（今安徽凤阳）的一所寺庙为僧。唐昭宗乾宁二年（895年），杨行密派兵支援山东的王师范，攻克濠州后得到了他，见其聪明机灵，长得也很招人喜爱，于是就想将他收为养子，但亲生儿子们极力反对，杨行密无奈只好把他送给部将徐温。李昇就做了徐温的养子，并改名为徐知诰。

徐知诰长大后，不但相貌出众，而且胆略过人，又仁厚孝顺，故深得徐温的喜爱。后来，徐温逐渐发迹，权力膨胀，徐知诰也跟着他平步青云。杨行密去世后，徐温辅立杨隆演，排除对手，逐渐掌握了军政大权，徐知诰也因此于天祐六年（909年）被授为升州（今江苏南京）防御使，兼楼船军使，让他在升州编练水军，不久之后又将其升为升州副使知州事。徐知诰在升州干得非常出色，安抚流民，发展农业生产，减轻农民赋税，又澄清吏治，罢免了一批贪官污吏，把升州治理得井井有条，政绩斐然。徐温看在眼里，喜在心头，对徐知诰更加器重。天祐十一年（914年），徐知诰被加封为检校司徒，调往润州任刺史。

次年，徐温、徐知诰父子拥立吴王杨隆演为大吴国王，改元武义。杨隆演拜徐知诰为左仆射、参政知事，职位相当于宰相。顺义七年（927年），养父徐温去世，徐知诰击败徐温的嫡子徐知询，接掌金陵，独揽大权。同年，他逼迫吴王杨溥称帝，并改年号为乾贞。此后，徐知诰权倾朝野，便生出了取而代之的念头。

天祚元年（935年），徐知诰强迫杨溥迁都金陵，企图将之控制。杨溥识破了他的阴谋，拒绝前往，徐知诰便公开要求杨溥割升州等十州为齐国，自任齐王。天祚三年（937年），杨溥被迫禅位。徐知诰接过皇冠，建国号为齐，改元升元。有些大臣上奏请求他恢复李姓，立唐为宗庙。但为了稳定朝政，徐知诰没有答应。直到升元三年（939年）二月，徐知诰才在众臣的强烈要求下，改国号为大唐，史称南唐，并改名为李昇，是为南唐烈祖李昪。

李昪在位期间，长期奉行保境安民的基本国策。对内，他勤于政事，澄清吏治，减免百姓赋税，鼓励百姓进行农桑生产。他还提倡节俭，反对铺张浪费，且以身作则，身穿粗布旧衣，饭食也很简单，也没有扩建宫殿，宫中留用的宫女也不多，还一再裁减。对外，他尽量与各国通好，不到万不得已之时，不起刀兵。有一年，敌国吴越发生了特大火灾，宫室和府库都被烧得异常惨重，兵器铠甲几乎被烧尽了。这时，大臣们提出乘此千载难逢的良机，发兵灭掉吴越。徐知诰不但没有答应，反而派人到吴越去慰问，此后又送去大量物资救济，从此两国恩怨尽消，长期地友好相处起来。通过他的精心治理，南唐境内户口大增，国库充盈，百姓安居乐业，江淮呈现出一派繁荣景象，成为当时十国中经济和文化最先进的地区之一。

然而晚年的时候，李昪也和其他皇帝一样，梦想长生不老，竟然迷恋上服食丹药。升元七年（943年）的一天，李昪吞食丹药毒性发作，太医吴延绍急忙遣使召其长子李璟进宫服侍，当天夜里，李昪就在痛苦中死去，终年56岁。临终前，他幡然醒悟，嘱咐李璟不要学自己吞食丹药，也不要去学隋炀帝，自恃强大而擅动兵戈，要勤政爱民，做个明君。李昪死后，葬于钦陵。

后主李煜

南唐后主档案：

生卒年：937~978年

父母：父，元宗李璟；母，钟皇后

后妃：皇后大周后、小周后等

年号：建隆、乾德、开宝

在位时间：961~975年

谥号：文宪昭怀孝懿皇帝

庙号：无

陵寝：河南金陵

性格：多愁善感，才艺超群

南唐后主李煜，字重光，原名李从嘉，南唐中宗李璟第六子，烈祖李昇之孙。李璟死后，李煜嗣位。此时南唐已不复昔日风光，在强大的北宋面前，只得称臣纳贡以求偏安江南。宋开宝八年（975年），北宋灭唐，李煜被俘往汴京。他在苦闷中度过几年后，被太宗赵光义毒杀。李煜虽然在政治上无所作为，但他却是一位词坛巨匠，给我们留下了许多优美动人的辞章。

国破为虏 物是人非

宋太祖赵匡胤按照"先南后北"的策略，经过10余年的战争，已经接连灭掉了南方的后蜀、南汉等割据政权，置南唐于三面夹击之中。开宝七年（974年），赵匡胤遣使要求李煜前往汴京觐见。李煜深知肯定是一去不返，便以疾为由，拒绝入朝。赵匡胤于是以此为借口，任命大将曹彬为统帅，率军10万进攻南唐。南唐国势垂危，可是幼稚的李煜还寄望于遣使求和，做最后的垂死挣扎。宋太祖面对南唐使臣，直截了当地道："卧榻之侧，岂容他人鼾睡乎！"回绝了李煜请求。至此，李煜才知道求和已无可能，只好破釜沉舟，背水一战了。他下令全国戒严，抵抗宋军。在大臣的建议下，李煜还下令废除北宋年号，建年号为"甲戌岁"，以示抵抗到底之心。

当时，南唐作为南方的第一强国，拥兵数十万，本堪一战，但南唐多年来不修武备，加上李煜不通军事，不能识人，因此屡战屡败。他先是中了赵匡胤的反间计，错杀了南唐第一名将林仁肇，后又委兵权于都指挥使皇甫继勋。皇甫继勋根本是个庸才，与宋屡战屡败，还隐瞒军情。等到李煜察觉的时候，宋军已经兵临城下，李煜陷入了绝望。

十一月，北宋大军攻陷金陵，李煜率领南唐文武百官投降。曾辉煌一时的南唐政权，至此灭亡。

第二年春，李煜被押解到北宋首都汴梁，朝见赵匡胤。赵匡胤赦其死罪，封他为光禄大夫、检校太傅、右千牛卫上将军、违命侯，其妻小周后也被封为郑国夫人。同是这一年，赵匡胤在"烛影斧声"中不明不白地死去，他的弟弟赵光义即位，是为宋太宗。宋太宗对李煜更为猜忌。

太平兴国三年（978年）的一天，太宗派南唐旧臣徐铉去看李煜，两人见面后相拥大哭起来，李煜叹息道："当初错杀潘佑、李平，悔之不已！"太宗听说后，勃然大怒。对他的猜疑之心更重了。这年七夕，恰是李煜42岁的生日，李煜命府第中的伶人作乐庆贺，声闻于外。宋太宗十分震怒，又听说李煜填了新词，词中有"小楼昨夜又西风""故国不堪回首月明中"等句，更加生气，认为李煜是贼心不死，贪恋皇位，眷念故国，于是命人赐牵机药毒杀了他。李煜死后，被葬在了洛阳邙山，不久之后，他的爱妻小周后忧郁成疾，也随他而去了。

十国·吴越

❀ 武肃王钱镠

吴越武肃王档案：

生卒年：852~932年

父母：父，钱宽；母，水丘氏

后妃：陈氏、许氏

年号：天宝、宝大、宝正等

在位时间：907~932年

谥号：武肃王

庙号：太祖

陵寝：杭州钱王陵

性格：机警，善谋，明智

吴越武肃王钱镠，杭州临安（今属浙江）人，是吴越国的创建者，字具美（一作巨美），又有一个奇特的小名"婆留"，或叫"婆留喜"。传说，他出生的时候，他的父亲钱宽见婴儿面相怪异，认为不祥，要把他扔进井中，后被祖母苦苦拦下，才得以保住一命。因此，就有了"婆留喜"的小名。

钱镠年轻时候，不爱耕田，喜欢舞枪弄棒，家乡的人视他为无赖。后来，因家境窘迫，钱镠又去贩卖私盐，还曾做过强盗。在他24岁那年，临安石镜镇守将董昌招兵买马，钱镠于是和几个伙伴投军，成了一名兵卒。钱镠武艺出众，作战勇敢，很快就成为董昌麾下的一员骁将。不久，黄巢军入浙，钱镠建议董昌说，敌众我寡，应该智取。他率领20名勇士在山谷中设伏，杀死黄巢先锋军数百人。然后他将部队部署在一个叫作"八百里"的地方，告诉路旁的一位老妇人，如果后边有人问路，就说临安兵驻守八百里。黄巢的部队到了后，不知道八百里是地名，以为是驻兵真的有八百里之远，遂撤兵退走了。

这件事后，朝廷论功行赏，董昌被封为杭州刺史，而钱镠也被擢升为杭州兵马都指挥使，初步掌握了杭州兵权。不久，董昌与越州（今浙江绍兴）的义胜军节度使刘汉宏发生了摩擦。钱镠奉命领兵渡江出击，攻占越州，擒杀刘汉宏。董昌入越州，代替刘汉宏的职位，而钱镠则做了杭州刺史。景福二年（893年）二月，董昌见唐朝廷已无力控制局势，各地藩镇公开割据，在左右的蛊惑下，自称皇帝，国号大越。钱镠见时机来临，便向唐朝廷举报了董昌的反叛之事，唐昭宗便下诏罢黜董昌的所有官爵，封钱镠为彭城郡王，命他出兵讨伐董昌。几年后，钱镠击败董昌，并杀之，兼并越州等地。朝廷以他平叛有功，让他兼领镇海、镇东两军节度使，并封他为越王，后又改封吴王，还赐他免死铁券。至此，钱镠不但在政治上获得较高的地位，而且尽占浙东、浙西十三州之地，基本奠定了吴越国的疆域范围。

钱镠功成之后，衣锦还乡，回到了他曾经被视为无赖的地方。他大摆排场，把家里的房子修建得异常豪华精美。当众人围着他奉承的时候，他的父亲钱宽却躲了起来。钱镠忙去问其原因，钱宽说："我们家世代以打鱼种田为生，从没有这么富贵。你现在发迹了，但周围都是敌对势力，我不愿见你，是怕将来你把灾祸带到家里来。"钱镠听了，深受震动，表示一定要记住父亲的嘱咐。自那以后，他不再讲究排场，而是致力于保境安民，为百姓谋福利。

钱镠出生在农民的家里，深知民间疾苦。他上台后，鼓励垦荒，劝课农桑，广泛兴修水利，发展经济。尤其是他修筑的捍海石塘，泽被后世，千百年来，一直为人所称道。相传，后梁开平四年（910年）八月，钱镠为了治理钱塘江潮患，组织了20余万军民在侯潮门、通江门一带大规模修筑塘堤。开始的时候，因为海潮太大，河堤无法筑成。钱镠遂命500名硬弩手在岸边站成几排，一齐向潮头射箭。箭如雨下，海潮终于退去。潮落之际，钱镠命人砍来山中的大树，打夯入水中，前后树立了九排，又命人劈开竹子，编成巨大的竹笼，里面装上巨石，填土，然后放进水中阻挡海潮。经过几个月的奋战，终于建成了这座举世闻名的捍海石塘。后人为了纪念他的功绩，称这条海塘为"钱氏捍海塘"或"钱氏石塘"。

吴越地小国弱，又与吴、南唐等强国为邻，钱镠自知处境险恶，遂在政治上采取了主动向中原政权称臣的策略，以此作为和周围割据势力抗衡的资本。不管中原由谁主政，他都纳贡称臣，求得封号，从而保持本地的安定。在唐亡之前，他忠于唐朝；在朱温篡唐建梁以后，他又效忠于后梁，从后梁那里得到了吴越王兼淮南节度使的头衔。后唐灭梁以后，钱镠又向后唐上表称臣，不仅得到了吴越国王、天下兵马都元帅的头衔，而且还得到了玉册金印，以示恩宠。钱镠于是就自称吴越国王，虽然没有称帝，但许多制度和皇帝基本相同。

后唐长兴三年（932年）三月，钱镠病逝于钱塘，终年81岁。他临终前嘱托子孙们要善事中原，不要因为中原王朝更迭，就改变和中原王朝的友好关系。这一遗训被其子孙恪守，使得钱氏吴越政权在五代十国中存在的时间最为长久。钱镠死后葬于安国县（今浙江杭州一带）衣锦乡茅山，谥曰"武肃王"。

十国·南汉

🌀 高祖刘岩

南汉高祖档案：

生卒年：889~942年

父母：父，刘谦；母，段氏

后妃：马皇后、赵昭仪等

年号：乾亨、白龙、大有

在位时间：917~942年

谥号：天皇大帝

庙号：高祖

陵寝：广州康陵

性格：聪明，残暴，奢侈

南汉高祖名刘岩，他的父亲名叫刘谦，是唐昭宗时期的广州牙将，因征讨黄巢起义军有功，后任封州刺史，拥兵上万人，战船百余艘。刘谦有3个儿子：长子刘隐、次子刘台、三子刘岩。刘隐、刘台是正室韦氏的儿子，刘谦后娶了小妾段氏之后生下了刘岩，正妻韦氏大怒，杀死了段氏，但不忍心伤害还是婴儿的刘岩，遂抱回家中和两个儿子一起抚育。

刘谦死后，他的长子刘隐袭位，继任为封州刺史。天祐二年（905年），兄长刘隐被唐任命为清海军（岭南东道）节度副使，两年之后又被后梁封为大彭郡王，随着权力越来越大，刘隐也渐渐控制了整个岭南地区。刘隐死后，刘岩继承他的职位，出任岭南节度使。后梁贞明二年（917年），刘岩见中原局势混乱，就在番禺（今广州）自行称帝，国号大越，年号乾亨。次年，改国号为大汉，历史上称为南汉。

刘岩继位之后，采取了一系列的措施巩固政权。他招贤纳士，优待士人。当时的岭南地区为蛮荒之地，许多唐朝名臣将士因为获罪朝廷，被流放到了这里。刘岩将这些人都予以重任。唐朝名门望族之后赵光胤就被他任命为宰相。然而，赵光胤认为自己是唐朝名门望族之后，如今却屈身在蛮夷之地为官，因此情绪一直十分低落，加上亲属在北方，所以言语之中总流露出对家乡的眷恋之情。刘岩了解情况之后，便让人模仿他的笔迹写了封信，然后派人到北方把他在洛阳的家属都接了过来。赵光胤在感动之余，自然是竭尽所能为刘岩效力。此外，刘岩能够容人，遇到意见和他不统一的大臣，他从不发怒，而是想其他办法来解决问题。在他要称帝时，王定保极力反对，刘岩便让他出使荆南，然后进行称帝，王定保回来后见生米做成了熟饭，懊恼之余，又是发牢骚，又是讥讽刘岩，但刘岩并不往心里去，只是一笑置之。

对外，刘岩保境安民，实行了和平共处的睦邻政策。为了稳固南汉的江山，刘岩还效法前朝，与周边各国实行联姻。他娶了楚王马殷之女做了自己的皇后，又把自己的女儿嫁给南诏王为妻。通过这些措施，南汉获得了一个较为安定的外部环境，国力也日渐充实。

然而刘岩又是个荒淫、奢侈的君主。他在位期间，大兴土木，广建行宫，其宫殿以金银珠宝装饰，奢华至极。宫中更是广纳美人，供他享乐。他常常带着妃嫔宠臣四处游乐，每到一处，大臣必然相互攀比，大肆铺张，各挖空心思，极尽讨好皇上，花费往往数以亿计。

刘岩晚年非常迷信，他频频更换年号、改名，希望以此能给他带来好运。大有十四年（941年），他改名为龑，龙在上天在下，取《易经》中"飞龙在天"之意，希望以此保自己平安，遇难成祥。然而，次年，他就因病一命呜呼了，享年54岁，葬于康陵。

十国·北汉

🔮 世祖刘旻

北汉世祖档案：

生卒年：895~954年

父母：父，刘王典；母，安氏

后妃：不详

年号：乾祐

在位时间：951~954年

谥号：神武皇帝

庙号：世祖

陵寝：山西交城

性格：昏庸无能，刚愎自用

北汉世祖刘旻，沙陀部人，原名刘崇，是后汉高祖刘知远的弟弟。刘崇家世贫寒，不学无术，是一个市井无赖。他嗜酒如命，又好赌博，因家境窘迫，遂投军为兵卒。天福六年（941年），其兄刘知远为北京（太原）留守、河东节度使时，推荐他做了河东步军都指挥。天福十二年（947年），刘知远在太原建立了自己的政权，国号后汉，后赴开封建都，以刘崇为北京留守，加同平章事。后汉高祖刘知远死后，隐帝即位，又将刘崇升为河东节度使兼中书令。

隐帝即位之后，后汉大权落入枢密使郭威之手。刘崇与郭威一向不和，便问判官郑珙怎么办？郑珙献计说："晋阳兵强马壮，地势险要，加上各地的租赋，足以自给自足。将军您是宗室，现在不做准备，将来一定会受制于郭威。"刘崇觉得他的话很有道理，于是下令停止上缴赋税，搜罗人才，招兵买马，积蓄实力，为起兵谋反做准备。

乾祐三年（950年），隐帝杀戮忠臣，激起了郭威的不满。郭威率兵反叛，突袭后汉都城开封，城破之日，隐帝被弑。刘崇积极备战，准备讨伐郭威。然而，没过多久，开封传来消息，说郭威和众大臣秉承太后旨意，要立其长子刘赟为帝。刘崇闻讯，欢喜地对部下说："我的儿子做皇帝，我还有什么不满的呢。"随即罢兵，并派人去开封打探虚实。郭威见到刘崇的使者，便欺骗说："我出身低贱，脖子上还刺了飞雀，自古哪有刺青天子，请你家将军不要怀疑我。"使者将这些话回报刘崇，刘崇听后信以为真。太原少尹李骧劝谏说道："郭威出兵弑帝，绝不会甘为人臣，更不会立别人为帝。我们现在应立即出兵，控制太行、孟律战略要冲，陈兵于开封城外，以观时局变化。这样或许公子尚能登上帝位，到那时再退兵也不为晚。"李骧之计，可谓万全之策。哪知糊涂的刘崇不但不听其计，还痛斥李骧，并将其推出门外斩首，李骧悲愤地叹道："我为愚蠢的人谋划大事，真是该死！"刘崇便将李骧杀死。刘崇随后派人把此事告诉郭威，以示坦诚。

岂知未过数月，郭威即杀掉刘崇的儿子，称帝开封，建立后周。刘崇闻讯，才大梦初醒，深悔没有听信李骧之言，恼羞成怒，便于次年在晋阳称帝建国，国号仍沿用汉，史称北汉。

北汉建立之后，刘崇也按照朝政的传统，设置了百官，分掌众职。然而河东地狭人少，刘崇虽是一国之君，所控的地区亦不过11州而已。财政收入很少，百官的俸禄也少得可怜，宰相每月只有100缗，节度使只有30缗，其余官员的俸禄更是微薄。为了改善这种积贫积弱的局面，刘崇决定仿效后晋皇帝石敬瑭的做法，同辽国结盟，借助契丹的力量对付后周。而契丹也想利用汉与周的矛盾，从中渔利。同年七月，刘崇被辽册封为"大汉神武皇帝"，并改名为旻。

刘崇依附辽朝之后，有了底气，便马上发兵向郭威问罪。在契丹精锐骑兵的帮助下，刘崇大举进攻后周边界两州，结果被后周大将王峻击溃，刘崇向太原败退途中，又遇上大雪，士卒缺衣少粮，死伤甚众。次年，刘崇又领兵出战，却又被后周打得大败。北汉领土狭小，国力也很弱，加上供奉契丹大批财物，赋税又重，使得民不聊生，纷纷逃亡到后周境内。乾祐七年（954年），恰逢后周太祖郭威病逝，由后周世宗柴荣继位。刘崇就想利用这个机会一举消灭后周，于是请求契丹发兵支援，一起攻打后周。辽帝派杨衮率领5万军队，来助刘崇。刘崇先派大将张元徽为先锋，自己率领大部队跟进，包围了潞州（今山西长治），张元徽初战告捷，随后刘崇领兵继续进攻。后周世宗柴荣也领兵亲征，在高平和刘崇展开了激战。刘崇见周军兵少，命令张元徽立即出击，大臣王得中劝他说："现在南风很大，对我军不利，应暂缓出兵。"刘崇急功近利，怒斥他如果再敢阻拦，便要他的项上人头。张元徽率军攻击后周的右军，起先取得胜利，俘获后周几千降卒，但柴荣见状亲临战场冲杀，赵匡胤等将领也领兵拼死搏杀，结果刘崇的军队被打得大败，杨衮在一边见后周军队气盛，也不敢上来支援刘崇，后来见周军势盛，就领军回北方了。刘崇率领残部退守高平。柴荣继续追击，将汉军后路切断。混乱中，刘崇不得不戴着斗笠，化装逃回晋阳。

同年五月，后周大军包围了晋阳城。周军军容强盛，旌旗蔽日，刘崇困守孤城，忧心忡忡，寝食难安。一个月后，后周大军因粮草不济撤兵南返。刘崇才稍稍喘了口气，但是因为连日惊惧而一病不起。这年十一月，刘崇病逝，享年60岁，葬于山西交城。

十国·南平

武信王高季兴

南平武信王档案：

生卒年：858~928年

父母：不详

后妃：不详

年号：无

在位时间：924~928年

谥号：武信王

庙号：无

陵寝：湖北江陵龙山

性格：勇猛，圆滑

高季兴，字贻孙，陕州硖石（今河南三门峡南）人。原名高季昌，后唐庄宗李存勖即位后，为了避讳庄宗祖父李国昌的名字，改名为季兴。高季兴出身贫寒，自小就离开了父母，漂泊江湖。后来流落到汴州，成为富商李让的家童。朱温据有汴州后，李让出于自保，主动投靠，进献了大批货财，被收为养子，改名朱友让。高季兴作为朱友让的随从，也见到了朱温。朱温见他相貌出众，气度不凡，便要朱友让把高季兴当儿子养。高季兴因而改姓朱，且受军职，被任命为毅勇指挥使。于是，在中原纷乱、群雄逐鹿的年代里，高季兴开始了自己的军事、政治生涯，并逐步发达起来。

唐天复二年（902年），朱温率军进攻凤翔（今陕西宝鸡）李茂贞，久攻不克，朱温便想撤兵。众将攻城疲惫，纷纷表示赞同，唯独高季兴坚决反对。高季兴为朱温分析说："现在天下的豪杰都在关注着此事，所以进退关系重大。凤翔敌军现已疲惫至极，城池旦夕可破。大王您所担心的，是敌人坚守不出，以消耗我们的给养和士气。我军可以假装撤退，诱敌出战。"朱温听他说得有道理，便让他负责筹划。高季兴令手下大将马景诈称投降凤翔，进城后报说朱温东撤，前军已走出老远。李茂贞听说朱温大军撤退，便大开城门去追击。不料中了朱军埋伏，李茂贞大军惨遭痛击，死伤无数。高季兴因此而声名大振，被授予宋州（今河南商丘）刺史，后移职颍州防御使。到这时高季兴才恢复自己的本来姓名。唐天祐三年（公元906年）十月，朱温攻占襄州后，就把高季兴派往此地，任命其为荆南节度留后。

次年，朱温称帝，正式任命高季兴为荆南节度使。高季兴虽然名义上执掌荆南，却只占有江陵一座孤城。高季兴安定下来后，即采取一系列安抚、招徕政策，吸引了一批老百姓归附，不少士人来投。不久，高季兴便有了一批得力将领与幕僚。在他们的辅佐下，高季兴派兵攻占周边的归、峡两州，势力有所发展。

后梁乾化二年（912年）梁帝朱温被害，中原王朝战乱不断，高季兴遂趁势拥兵自立，成为一方割据势力。但他所占地区很小，而且周边强敌环伺。西有蜀，东有吴（南唐），南有楚，北有中原王朝。高季兴鉴于此，只得直面现实，向周边各国俯首称臣，以此求得苟安。对于北方的中原王朝，无论是谁登临大位，他都称臣纳贡，以求得封赏。

荆南地当要冲，各方势力于此角力，谁都有能力消灭荆南，但谁也不敢出兵攻占荆南，荆南由是长期苟安于乱世之中，直到后来，北宋霸兵崛起，这才一举灭掉荆南。荆南地少民穷，高季兴和他的儿子没有去劝课农桑，发展经济，而是去抢，而且是明目张胆地抢。当时，吴与南唐相继建国于长江下游，控制了江淮之间的交通要道，南汉、闽、楚等国对中原政权的贸易与贡品，都必须假道荆南，北方商人往来，也需路过这里。荆南因而成为南北的交通枢纽。高季兴便对过往货物，不时地加以掠夺，若是对方不予理睬，就占为己有；若是对方兴师问罪，就毫不知耻地将财物退回。如此久而久之，高季兴便得到了一个恰如其分的外号："高赖子"。蜀地被郭崇韬平定后，魏王李继岌将40万金帛用船送往洛阳，经过荆南时正好李存勖在兵变中被杀，高季兴听到李存勖被杀的消息，便落井下石，乘人之危，将财物全部抢了过去，还将10多个使者杀死。后唐天成二年（927年）五月，楚国使者史光宪自洛阳返回，路经江陵时，高季兴见对方财货丰厚，就纵兵抢夺，还扣留了史光宪。楚王马殷闻讯大怒，派军征讨。高季兴见状，连忙奉还使者、财物求和。

次年十二月，高季兴病卒，终年71岁。谥"武信王"，葬于江陵城西。

十国·前蜀

❀ 高祖王建

前蜀高祖档案：

生卒年：847~918年

父母：不详

后妃：周皇后等

年号：天复、武成、永平、通正、天汉、光天

在位时间：907~918年

谥号：神武圣孝明惠皇帝

庙号：高祖

陵寝：成都永陵

性格：英武神勇，好色误事

高祖王建，许州（今河南舞阳）人，字光图，是前蜀国的开国皇帝。他在位期间劝课农桑，发展生产，更重用当时流落蜀地的文人墨客，使当时的蜀地经济、文化都有了长足的发展。

王建出身贫寒，祖上以卖饼为生。黄巢起义，天下大乱。王建乘着乱世，去投奔了忠武节度使秦宗权，当了一名士卒，凭着自己的勇敢和机智，很快就被提拔为列校。

黄巢攻占长安后，唐僖宗仓皇逃到了蜀地。秦宗权让监军杨复光率领鹿晏弘、王建等将领一起镇压黄巢起义军，击溃黄巢后，杨复光将所率8000军队分成八都，每都1000人，王建和鹿晏弘都被任命为都将。

长安收复之后，王建等人也跟随僖宗回到了故都，因为护驾有功，被任命为禁军的将领，负责宫廷护卫。没过多久，权宦田令孜和河中节度使王重荣因为争夺盐利发生矛盾。王重荣便联合河东李克用进攻长安，唐僖宗只得再次出逃。王建则担负起了保护皇上和玉玺的重任。逃亡途中，山上的栈道几乎要被火烧断，浓烟中看不清路，王建就奋不顾身地冲在前面，为唐僖宗开路。休息的时候，唐僖宗累得枕着王建的腿就睡着了，醒来后，见王建为保护他自己也没有休息，唐僖宗感激涕零，解下御袍赐给了王建，以当纪念。到达兴元（今陕西汉中）之后，唐僖宗任王建为壁州（今四川通江）刺史。王建到了壁州后，即着手于扩充自己的实力。他招募勇士，认真操练，很快就训练出了8000精兵。随后，他以此为资本，接连攻下了附近的两个州：利州（今四川广元）和阆州（今四川阆中）。攻占阆州后，王建自任防御使，继续招兵买马，扩充自己的势力，威胁着东、西两川。

西川节度使是田令孜的弟弟，见此形势，深以为患。时任西川监军的田令孜却不以为然地道："王八是我的义子，一向都听我的，我只要写封信给他，他就一定会前来投奔。"王建见信后，遂领精兵2000前赴西川。还没等他到成都，陈敬瑄已经后悔，下令边关将士阻挡王建，并让王建返回阆州。王建大怒，领军斩关而入，夺取汉州（今四川广汉），然后挥师直指成都。在包围成都三天之后，王建见成都城池高深，一时难以攻破，就领军退回了汉州。

王建自此以汉州为据点，向四处发展，但收效甚微。王建把目光重新放到了成都之上。他深知凭借一己之力，难以攻克成都，于是，一方面，他写信给东川节度使顾颜朗，请他出兵相助；另一方面，他命人起草奏章，罗列陈敬瑄八大罪状，要求朝廷出师讨伐西川陈敬瑄。新即位的唐昭宗也想控制西川，于是调军10万，以宰相韦昭度为招讨使，王建为行营诸军都指挥使兼永平郡节度使，讨伐西川。王建不愿意受韦昭度的节制，便劝他回去辅佐皇帝。韦昭度犹豫不决，王建就使出流氓式的手段，骗韦昭度说军中将士饥饿难忍，恐怕要以人为食。韦昭度非常害怕，就把印信交给王建，自己启程回去了。王建得到节度使印信之后，更是出师有名，他先挥军吞并了成都周边州县，最后攻打孤城成都。成都被长久围困，粮尽援绝，陈敬瑄见大势已去，只得听取田令孜的意见，开城投降。王建终于如愿以偿进入了成都，自称西川留后，其后不久，他便以"谋反"之罪名，处死了陈敬瑄和自己的义父田令孜。

同年，东川节度使顾颜朗病卒，唐昭宗任命其弟顾彦晖继承其位，担任东川节度使。顾彦晖此人昏庸无能，上台伊始，东川就遭到了山南西道节度使杨守亮的进攻。东川军屡战屡败，顾彦晖于是写信向西川王建求救。王建也有意于东川，遂在打败杨守亮之后，顺势包围东川的统治中心梓州（今四川三台），斩杀顾彦晖，占领了东川。至此，王建占领了东、西两川，实现了其独霸蜀地的梦想。

这一时期，藩镇割据，唐王朝名存实亡，唐昭宗沦为各藩镇的掌上玩物。王建趁机休养生息，经营蜀地。他在蜀地务农训兵，发展经济，使得饱经战乱的蜀地社会生产得到了一定程度的恢复，同时通过与割据凤翔的李茂贞联姻，保证了两川的安定局面。天复七年（907年），朱温篡唐自立，唐朝灭亡。王建见时机成熟，就在蜀地建立了自己的政权，国号大蜀，史称前蜀，年号则沿用了唐朝的天复。

王建称帝之后，在蜀地下诏劝课农桑，减轻赋税，鼓励农业生产，命令官吏不得侵扰百姓，以保证他们安居乐业。王建目不识丁，却重用文人，优待避难于川蜀的亡唐文人墨客。他任用唐末著名的文人如韦庄、贯休、毛文锡、牛峤等人为学士，使得前蜀成为当时中国少有的几个文化中心之一。

光天元年（918年）六月一日，王建病卒。享年72岁，谥号"神武圣孝明惠皇帝"。庙号"高祖"，葬于成都永陵。

十国·后蜀

🌀 高祖孟知祥

后蜀高祖档案：

生卒年：874~934年

父母：父，孟道；母，李氏

后妃：李皇后等

年号：明德

在位时间：934年

谥号：文武圣德英烈明孝皇帝

庙号：高祖

陵寝：河南洛阳和陵

性格：英勇善战，稳重大成

高祖孟知祥，字保胤，邢州龙冈（今河北邢台西南）人，后蜀的开国皇帝。孟知祥年轻的时候，随父亲孟道事晋，凭着优秀的表现，渐渐被晋王李克用赏识。李克用任命他为左教练使，还将自己的侄女嫁给他。李克用死后，李存勖袭晋王位，对孟知祥也很器重，非常欣赏他的才干，提拔他为中门使，典章枢密，但孟知详坚决推辞，并举荐了郭崇韬，孟知祥于是改任为马步军都虞侯。李存勖称帝之后，改太原府为北京，任孟知祥为太原尹、北京留守。

后唐同光三年（925年），后唐李存勖派郭崇韬领兵灭蜀，临行时郭崇韬为报当初孟知祥的举荐之恩，就向李存勖推举孟知祥为蜀地的军政长官。郭崇韬很快就平定了蜀地，李存勖按照郭崇韬的推荐，任命孟知祥为成都尹、剑南西川节度副使，让他到蜀地主持军政事务，还摆宴为他送行。但这时宦官们也正在诬陷郭崇韬，李存勖也犹豫着是否要杀郭崇韬，孟知祥劝道："崇韬是国家的功臣，肯定没有二心，等臣到蜀地调查一下，如果没有事就让他回来。"孟知祥走到半路遇上拿着刘皇后教令前去杀郭崇韬的宦官，于是昼夜兼程赶赴成都，但到时郭崇韬已于4天前被杀。蜀中人心浮动，局势动荡。孟知详于是安定众将，又派兵到各地平定盗贼，稳定地方治安，又任用勤政廉洁的好官，减免苛捐杂税，安抚民心。不久，康延寿领兵反叛，占领并割据汉州（今四川广汉），孟知祥派兵击溃并俘获了康延寿，收降了他的几千士卒，扩充了自己的实力。

次年四月，后唐庄宗李存勖被杀，李嗣源继承了皇位，是为明宗。孟知祥见中原动荡，萌生了割据蜀地称帝的念头。表面上他对明宗仍十分恭敬，保持着君臣之礼，暗地里他却开始招兵买马，扩充军备，使蜀地的军力很快就增加到了7万人。明宗对此有所觉察，于是派遣前蜀将领李严为西川监军，监视孟知祥。孟知祥听闻朝廷派监军来，心知朝廷已经起了疑心，索性将心一横，派兵阻挡要赴任的李严，见李严不肯回去，就以李严假传诏书的罪名将其杀死。

明宗见孟知祥割据之势越发明显，便采纳权臣安重诲的建议，把心腹将领安重诲插到蜀地做节度使，分化孟知祥的势力。新一轮的人员调动，引起了蜀地众臣的不满。东川董璋与孟知祥联姻，结成联盟，共同对付朝廷。董璋首先起兵反叛，攻占了朝廷控制的阆州（今四川阆中），孟知祥也跟着反叛。明宗派石敬瑭来平定叛乱，石敬瑭在剑门（今四川剑阁东北）之战中最终战败，只得撤兵，孟知祥于是占领了利州（今四川广元）和夔州，扩大了辖境。石敬瑭一撤，两川便被董璋和孟知祥全部占据。不久，董璋和孟知祥发生了矛盾。董璋派兵攻占了汉州，孟知祥领兵反击，把董璋杀得大败，董璋被属将杀死，孟知祥便将东川也收归自己所有。

孟知祥占据了东、西两川，势力大增，明宗见其难以剿灭，就采取了安抚的措施。他先将权臣安重诲治罪，贬杀，随后将孟知祥留在京城的家人，送归蜀地。孟知祥也不愿和朝廷成为死敌，就上表朝廷，愿意继续称臣，贡献租赋。长兴四年（933年）二月，孟知祥被后唐明宗封为蜀王。同年，明宗去世，孟知祥开始筹划称帝事宜。次年闰一月，孟知祥称帝建国，国号蜀，改元明德，史称后蜀。同年秋天，孟知祥病逝于成都，终年61岁，葬于和陵。

十国·楚

武穆王马殷

楚武穆王档案：

生卒年：852~930年

父母：不详

后妃：德妃

年号：无

在位时间：927~930年

谥号：武穆王

庙号：无

陵寝：湖南衡阳

性格：宽厚，勇敢，精明

　　楚武穆王马殷，字霸图，许州鄢陵（今河南鄢陵）人，是五代十国时期楚政权的建立者。他在位期间，采取保境安民的外交策略，努力发展楚国经济。在他的治理下，楚国盛极一时。

　　马殷少年时以做木工为生，黄巢起义时应募从军，后在秦宗权军中当小将。唐僖宗光启三年（887年）十月，秦宗权派弟弟秦宗衡率领孙儒、刘建峰等将领渡过淮河，攻打广陵（今江苏扬州）。马殷作为刘建峰的部将，也随军南下。不久，孙儒由于不满秦宗衡的指挥，就将他杀死了，然后自己掌握了军队，继续和杨行密交战。马殷则跟随刘建峰奉命到其他地方征集粮草，供应大部队。后来，孙儒也阵亡，所部大部分被杨行密收编。马殷和其他将领便推举刘建峰为首领，马殷任先锋，一起转战到江西洪州（今江西南昌）等地。

　　马殷有勇有谋，善于带兵打仗。很快在江西聚集起10万余人，随后他们占领了鄂州（今湖北武昌）、潭州（今湖南长沙）等地，占领了湖南的中心地区。唐僖宗封刘建峰为湖南节度使，马殷为马步军都指挥使。不久，刘建峰因为和部下的妻子通奸，被杀。马殷以战功显赫，待人宽厚大度，深得将士拥护，被推举为节度使。马殷知人善任，重用能征善战的秦彦晖、李琼等将领继续征战，开拓疆土。后梁开平元年（公元907年）三月，马殷被后梁太祖朱全忠封为楚王，坐镇潭州。

　　五月，刘存率3万水师攻打楚国。马殷命秦彦晖率水军3万浮江而下，水军副指挥使黄璠率战舰三百艘屯于浏阳口。六月，刘存大军遇雨，引兵回到越堤北，秦彦晖追之。刘存数战不利，乃遗书马殷作降，不许。秦彦晖引军进击，黄璠也自浏阳引兵夹击刘军，活捉刘存及将领百余人，士卒亡者数万，获战舰800艘。开平二年（908年），马殷出兵攻岭南，击败岭南割据者刘隐，得六个州。至此，马殷势力大增，已有了抗衡其他诸侯的实力。

后唐明宗天成二年（927年），马殷受封为楚国王，随后广建宫殿，设置百官，仪制基本与天子相同，只是名称略有不同而已。自此，楚成为十国中的又一重要的割据力量。

晚年，马殷丧失了励精图治之心，开始纵情享乐，荒疏政事。长兴元年（930年），马殷病逝，遗诏让其次子马希声继位，并同时规定，等马希声死后，诸兄弟依次继位，有违命者斩。

十国·闽

太祖王审知

闽太祖档案：

生卒年：862~925年

父母：父，王凭；母，徐氏

后妃：黄惠姑等

年号：开平、乾化、贞明、龙德、同光

在位时间：909~925年

谥号：忠懿王

庙号：太祖

陵寝：福建宣陵

性格：英勇坚韧，宽仁节俭

　　闽太祖王审知，字信通，光州固始（今河南固始）人，祖上世代为农。黄巢起义之后，王审知弃农从军，和兄长王潮、王审邽一起追随唐僖宗手下将领王绪起兵。王氏兄弟身材魁梧，作战勇敢，在军中拥有较高的声誉。尤其是王审知，有勇有谋，常骑一白马纵横于沙场，因此被军中的同伴们亲切地称为"白马三郎"。然而，这却引起了军中主将王绪的忌恨。

　　王绪心胸狭小，而且十分迷信，当时有个方士对他说，他的军中有王者之气。王绪便大为恐惧，把军中谋略出众者、身材魁梧者全都以各种借口杀害。他的妹夫刘行全即因此被杀。军中人人自危，王氏三兄弟更感到朝不保夕。唐光启元年（885年）秋，王绪率军到达漳州（今福建漳浦）时，借口路险粮少，命令军中不得携带老弱之人。当时只有王潮兄弟带着老母亲随军前行，王绪将他们叫去训斥，命他们抛弃老母。王潮兄弟坚决不干，王绪大怒，当即下令要处死王潮的母亲。王氏兄弟三人舍命请求，众将士也纷纷求情，王绪这才作罢。事后，王氏兄弟仍担心日后被王绪再找借口加害，于是决定先下手为强。他们鼓动了一批同样遭遇的将士，在行军途中设下埋伏，一举擒获了王绪。不久，王绪羞愧自杀。

　　王绪死后，众将一致推举王潮为军中主将，王审知为副将。王潮成为统军大将之后，严明军纪，凡军队所过之处，均秋毫无犯，因此颇受民众的欢迎。唐光启二年（886年）八月，王潮率军攻下泉州城，杀死横征暴敛的泉州刺史廖彦若。福建观察使陈岩顺应民意，上表举荐王潮为泉州刺史。王氏兄弟既得泉州，便以此为根据地，收编守军，减轻赋税，深得军民的拥戴。

　　唐大顺二年（891年），陈岩病逝。临死前，他知道自己的儿子才学平庸，不足以继承自己的大业，便派遣使者到泉州召比较能干的王潮来见，欲授予他福建的军政大权。但王潮还没到福州，陈岩已经逝世，他的妻弟范晖乘机夺取了政权。王潮不承认范晖主政，命王审知领兵攻打福州。福州城池高深，王审知久攻不克，伤亡惨重。此时吴越援军又要逼近，王审知便请求退兵，王潮不准。王审知又请求援兵，让王潮亲自督战。王潮回信严厉地说："兵没有了，我给你增兵；将没有了，我给你添将；兵将都没有了，我就自己来援。"王审知见信，知道了大哥的决心，这也激发了他决一死战的勇气。他亲临前线，指挥将士猛烈攻城。唐景福二年（893年），福州城粮尽援绝，范晖为部下所杀，王审知率兵攻下福州，接着又取得建州（今福建建瓯）、汀州等地，占据了福建全境。唐昭宗任命王潮为福州节度使，王审知为节度副使。

唐乾宁四年（897年）冬，王潮一病不起，不久死去。王审知想让位给二哥王审邽，王审邽却认为自己没有王审知的功劳大，因此坚辞不受。王审知遂继承兄长之位。不久唐朝廷在福州建威武军，次年，任命王审知为福州威武军节度使。后梁开平三年（909年），王审知被梁太祖朱温封为闽王。王审知一直以保境安民为立国方针，对外罢战息兵，与邻国友好相处，对于称帝的中原后梁、后唐王朝，他一直纳贡称臣，风雨不改。他的部下屡次劝他称帝，都被他严词拒绝了。在内政的治理上，王审知注意改革唐末以来的苛政，要求官吏清廉奉公，不得做贪赃枉法之事。他还定期派遣官吏到各州县巡视监察，遇有违法乱纪之人，严惩不贷。在经济上，他实行了鼓励农桑，轻徭薄赋的政策，并亲自主持疏通浚河，兴修水利。同时又利用福建沿海地区优势，开辟海港招徕外国商贾，奖励通商。

后唐同光三年（925年）十二月，王审知病故，时年64岁，谥"忠懿"。由于他在开发闽地时做出了杰出的贡献，世人尊称他为"开闽王"。后来，宋太祖赵匡胤得天下，十分敬仰王审知的德政，遂于开宝七年（974年）下诏重修忠懿王祠，并御笔亲提"八闽人祖"四字庙额。

宋·辽·金·西夏

宋·北宋

太祖赵匡胤

宋太祖档案：

生卒年：927~976年

父母：父，赵弘殷；母，杜氏

后妃：贺皇后、王皇后、宋皇后等

年号：建隆、乾德、开宝

在位时间：960~976年

谥号：大孝皇帝

庙号：太祖

陵寝：河南永昌陵

性格：宽仁睿智，廉正果断

宋太祖名叫赵匡胤，是宋朝的开国皇帝。他于乱世中起家，发动陈桥兵变，黄袍加身，建立了北宋王朝，并由此结束了五代十国的分裂局面；他以杯酒释兵权，削除藩镇，以文治国，加强了中央集权；他发展农业，健全科举，整顿吏治，为宋王朝的统治打下了坚实的基础。

乱世漂泊 黄袍加身

赵匡胤于后唐天成二年（927年）生于河南洛阳夹马营。他的父亲赵弘殷时任后唐禁军正捷指挥使，母亲为杜氏。传闻赵匡胤一生下来就体带异香，三日不散，所以他的乳名叫"香孩儿"。后来他到了读书的年纪，父亲赵弘殷才为其取名赵匡胤。匡者，匡扶、保佑；胤者，胤嗣、后代。"匡胤"就是匡救后世的意思，可见父亲对这个儿子的厚望。赵匡胤也的确没有辜负父亲的期望，他不但书读得不错，而且武艺骑射很出众，完全继承了父亲的武学天赋。等到成年，他就成了一个文武双全的青年俊杰。

在赵匡胤成长的十几年间，赵家很不景气。后唐庄宗李存勖时期，赵匡胤的父亲赵弘殷很受重用。后唐庄宗同光三年（925年），李存勖在兵变中被杀后，赵弘殷就开始受到冷落。此后十几年，朝代几度更迭，皇帝也换了五六个，而赵弘殷的官职却始终没动。这期间，赵匡胤又添了2个弟弟和2个妹妹，家大口多，赵家的境况就日益窘迫了。后晋开运二年（945年），19岁的赵匡胤娶妻成家，开始承担养家的重任。可是赵家已经穷困潦倒了，赵匡胤只好在21岁这年离家出去闯荡，希望能在外面做出一番事业。

赵匡胤满怀希望地开始浪迹天涯，不过残酷的现实却泼了他一头冷水。赵匡胤的父亲为官多年，也结交过一些有权有势的朋友。于是，赵匡胤就决定先去投奔他们，可惜世态炎凉，根本没有人愿意关照他这个落魄的晚辈。赵匡胤漂泊了两年，仍然一事无成。不过困境并没有击垮赵匡胤，反而将他的意志和性格磨炼得更加坚强了。后汉乾祐三年（950年），赵匡胤来到河北邺都，在后汉枢密使郭威手下做了一个小兵，他的人生从这时就开始改变了。

后周广顺元年（951年），郭威发动兵变，灭了后汉，建立了后周政权。郭威称帝，即后周太祖。他提拔有功的赵匡胤为禁军东西班行首，负责宫廷禁卫。显德元年（954年），周太祖郭威病逝，他的养子柴荣继位，即周世宗。柴荣是个很有作为的皇帝，他很器重赵匡胤，将其调到中央禁军任职。这样，赵匡胤终于有了施展才华的机会。二月，北汉世祖刘崇就趁着后周国丧，领兵前来征讨。周世宗亲自率兵迎战，赵匡胤也随军出征。两方军马在高平（今山西晋城东北）展开激战，战斗初期北汉军就占了上风，后周大将樊爱能、何徽等临阵脱逃，以致后周军阵势大乱。还是赵匡胤比较冷静，在他的建议下，世宗将禁军分为二部，张永德指挥一部，负责抢占制高点，用箭矢压制敌人的进攻；赵匡胤率领一部，负责从左侧直扑敌军阵地。在密集如雨的箭矢中，赵匡胤带着2000多骑兵奋勇杀敌。北汉军抵挡不住，后周军转败为胜。

高平之战后，赵匡胤一举成名，被世宗提拔为殿前都虞侯，跻身进入禁军的高级将领行列，从此深得世宗的信任。没过多久，他就受世宗委任，负责整顿禁军。经过一轮裁汰老弱、补足精干后，后周禁军的战斗力加强了，不过最重要的是赵匡胤在军中培植了自己的势力。他的心腹罗彦环、郭延斌等都进入基层，负责笼络普通将领。而赵匡胤自己则负责结交高层将领，他还与其中的石守信等人结拜为义社十兄弟。没过多久，后周军中从下到上，都有了赵匡胤的势力。

后来世宗又对南唐发动了几次进攻，将南唐在江北的15州收入囊中。赵匡胤也凭着在战役中的出色表现，晋升为忠武将军节度使兼殿前都指挥使。赵匡胤在军中的权势日益增大，同时他也开始重视与文人的交往。他将赵普、王仁瞻等文士都纳入麾下，为自己出谋划策。此时，他的弟弟赵匡义也来到军中，成为他的左膀右臂。随着权势的壮大，赵匡胤的野心也越来越大了。

后周显德六年（959年）六月，世宗柴荣病逝，他7岁的儿子柴宗训继位，符太后垂帘听政。后周面临"主少国疑"的局面，也就是皇帝年幼，人心疑惧不安。后周政权很不稳定，这就为赵匡胤篡位提供了良机。

后周显德七年（960年）正月，赵匡胤利用后周群臣朝贺新年的时机，谎报军情，说辽和北汉正联兵入侵。于是，小皇帝柴宗训就命他统率禁军去迎战。当禁军到达距开封几十里的陈桥驿时，将领们就将一件象征天子身份的黄袍披在赵匡胤身上，并拥立他为帝。此事史称"陈桥兵变"。赵匡胤黄袍加身后，就立即掉头赶回开封，控制了京城的局势。柴宗训无奈，只好宣读了"禅位诏书"，将皇位"让"给他。就在960年正月，赵匡胤正式称帝，改国号为"宋"，改元建隆，定都汴京（今河南开封），他就是宋朝的开国皇帝宋太祖。

恩威并施 杯酒释兵权

赵匡胤称帝时才33岁，不过他从21岁离家，在外拼搏了十几年，早已磨炼成一个成熟老练的政治家。他是凭着武力夺取后周政权的，这在五代十国的政权更迭中非常普遍。所以其他权臣同样有野心，他们时刻觊觎着赵匡胤的皇位。

为了稳定京城的局势，宋太祖对后周旧臣们以施恩安抚为主。他厚遇"禅位"的柴宗训和符太后，将后周旧臣原封照搬为宋朝开国大臣，连宰相王溥、范质和魏仁浦三人也原职留任。那些因拥立赵匡胤而崛起的新贵，则受到严格束缚，若是有人仗势欺凌旧臣，就会遭到宋太祖的严惩。通过这些措施，不少后周旧臣都安分下来，为新王朝效力。

不过也有不愿臣服，起兵作乱的。后周显德七年（960年）四月，昭义军节度使李筠就起兵叛乱，北汉也趁机侵扰，而后周太祖的外甥李重进也准备在扬州起兵响应。面对严峻的局势，宋太祖并没有慌乱。他首先用高官厚禄和寓意永保富贵的"丹书铁券"稳住李重进，接着就命皇弟赵匡义及大臣赵普等人留守京城，自己亲自领兵讨伐李筠。皇帝亲征，宋军士气高昂，很快就打败了李筠的叛军，又赶走了北汉的军队。李筠被逼得走投无路，最后自焚而死。太祖随后挥师南下，除掉了李重进。"二李"之乱平息后，后周旧臣也真正转变成了宋朝新臣，赵匡胤的政权终于稳定了下来。

解决了后周臣属的问题后，宋太祖稍微松了口气，不过他仍然不敢大意。他深知，五代时期的朝代更迭频繁，关键就在于臣属太强，尤其是统兵大将势力太大，他们要弑君篡位，实在太容易了。为了维护自己的统治，宋太祖决定收回禁军将帅的兵权。

建隆二年（961）七月初九夜，宋太祖宴请禁军将领石守信等人。酒至半酣，他慨叹道："要不是靠你们扶持，我也不会有今日。可当了皇帝后，我就没睡过一夜安稳觉，还不如做节度使逍遥自在啊！"石守信等人忙问其故。太祖郑重说道："我这个位置，谁不想坐？"众人大惊，纷纷下跪叩拜表忠心，并请皇上指一条明路。太祖就顺水推舟，将早已做好的决定说出来。他说："人生苦短，若不能及时行乐，实在可惜！你们何不交出兵权，多置些良田美宅，既能安享富贵，又能为子孙后代留下一份产业。我再与你们联姻，这样君臣间没了猜疑，上下相安，你们也能日日美酒佳人，快活一辈子，岂不更好？"众将听了皇上的话，第二天就都识趣地交出了兵权。没过多久，太祖又用同样的手段削夺了王彦超等节度使的兵权。此事史称"杯酒释兵权"。

为了安抚这些交出大权的功臣，宋太祖不仅赐给厚赏，而且认真履行联姻承诺。太祖有一妹三女，其中三人都嫁入被释去兵权的将领家。功臣们失去了大权，却成了皇亲，心理上也平衡了，于是，君臣皆大欢喜。比起历史上许多开国皇帝大杀功臣的做法，这种方式无疑是以最小的代价来巩固君主集权。

先南后北　武力统一

从中唐后期的藩镇割据，到五代十国的政权林立，中国长期陷入分裂混战中，这不仅使社会经济和文化的发展受到严重阻碍，还给社会各阶层都带来了深重的灾难。于是，结束战乱，重新统一，就成了五代十国末期所有人的共同愿望。后周世宗柴荣，就曾为中原统一做了不少努力。赵匡胤建立宋朝后，也把统一大业提上了日程。

北宋建立时，周边还有许多割据政权。其中北方有契丹族建立的辽国，西北有势力强大的党项族，夹在二者之间的是割据山西一带的北汉。在农业发达、物产丰富的江淮以南，还有南唐、吴越、后蜀、南汉、南平、楚、闽等7个割据政权。宋太祖要想实现统一大业，就要制定好周密的策略。到底是先伐南还是先讨北呢？太祖就召集谋士赵普等人以及曾参加过北周北伐的大臣们，一起商讨对策。经过多方探讨，他终于在建隆三年（962年）确立了"先南后北"的统一方针，即先取巴蜀，次取广南、江南，待国家强大后，再讨伐北汉和强大的契丹等。

乾德元年（963年），慕容延钊、李处耘等受宋太祖之命，率10州兵马征讨荆湖。他们遵从太祖的指示，向割据江陵的南平政权借道，然而趁机灭掉它。二月，宋军攻破南平都城江陵，国主高继冲投降，南平灭亡。之后，宋军继续进发湖南。一个月后，割据于此的楚政权也被平定了。这样不仅荆州、湖南的大片土地尽归北宋，而且水陆都可进攻后蜀了。乾德二年（964年）十一月，大将王全斌、曹彬等'领兵讨伐后蜀。66天后，后蜀灭亡，北宋的领地再次扩大。

后蜀覆灭后，宋太祖变得有些骄纵大意，他改变"先南后北"的方针，于开宝元年（968年）和开宝二年（969年）两次出兵北汉，结果都以失败告终。一再碰壁之后，宋太祖继续实施"先南后北"的策略。开宝三年（970年）九月，宋军出征南汉。次年二月，南汉灭亡。此时南方还剩下3个割据政权：南唐、吴越和闽政权。三个政权个个自危，其中实力最强的南唐主动取消国号，放弃皇帝的称号，改称"江南国主"。另外两个政权就直接上表称臣，接受宋朝的官职。

宋太祖本想和平统一南方。他以"南北一家，何分彼此"为由，几次召南唐国主李煜入朝，均被其拒绝。太祖非常恼怒，决定灭掉南唐。他扬言："卧榻之侧，岂容他人酣睡乎！"意思就是南唐存在，就是侵占北宋的利益。不过南唐国力雄厚，又有长江天险作为屏障，有"江南第一大国"之称，实在不可小觑。为了讨伐南唐，宋太祖做了周密的计划。他用离间计除掉了智勇双全的南唐大将林仁肇，又利用南唐文人樊若冰获取了长江测绘图，并听从樊若冰的建议，在荆州建造了上千艘战舰及黑龙船，用以将来渡江时作为浮桥使用。

经过3年的精心准备，开宝七年（974年）十月，宋太祖以曹彬为统帅，率水、陆、骑兵浮桥渡江，围攻金陵；同时又命吴越国主钱弘俶带领5万吴越军从东面进攻金陵；另命宋将王明进击武昌，从西面牵制屯驻江西的南唐军队，使其无法东下救援金陵。宋军从北、南、西三面进攻，金陵就成了一座孤城。李煜被困，仍不投降。十一月二十七日，金陵城破，李煜被俘，南唐灭亡。

灭南唐之战，是当时最大的一次江河作战，也是宋太祖一生最得意的战役。宋军在这次战争中运用的"浮桥渡江""围城打援"，成为中国古代战争史上的经典战术。此战之后，宋朝完成了南方的统一，当时已经臣服北宋的吴越和闽，最后灭亡在太祖的弟弟、太宗赵光义手里。

重文轻武 祖宗家法

宋太祖在南北用兵的同时，也注重整顿内政。为了巩固和加强专制主义中央集权，他采取一系列措施，并创立了一整套沿用整个宋朝的"祖宗家法"。

首先，太祖削夺了地方藩镇的兵权。在平定荆湖后，他就废除了荆湖地区的"支郡"地位，"支郡"原为节度使管辖，现在直属京师，原来掌管州务的武将也被文臣取代。支郡被废除，文臣任知府，就使得地方节度使的权力大大削弱了。除了削弱武将的权力，宋太祖也很重视对文臣的控制。建隆四年（963年），他制定了两项措施来限制州郡长官权力过重：一是"三岁一易"，即知府、知县在一个地方任职不得超过三年；二是在州郡设置通判，通判职位略低于知州，与知州共同判理事务，不过通判有一项特权，就是监督州郡长官，所以知州实际上受通判限制，二者产生矛盾，就在所难免了，在整个宋朝都是这样。

其次，就是收夺地方上的财权，称"制其钱谷"。自唐朝以来，节度使都可以存积大量钱财，称之为税赋"留州"。到宋太祖时，这项制度就正式废止了。乾德二年（964年），太祖发布诏令，要求各州除了留出必要的经费外，其余财赋中属于货币的部分全部上缴中央政府，不得无故占留。乾德三年（965年）三月，他又重申了这条诏令。地方政府没有了财权，就再也不能"屯兵自重"，如此一来，就确立了"天下之权悉归朝廷""四方万里之遥，奉尊京师"的新型中央与地方的关系。

最后，就是调整君臣关系。宰相在封建社会里一直处于很高的地位，自两汉以来，宰相就同皇帝一样，可以坐着议事。到了宋太祖这里，他就撤了宰相王溥、范质等人的座位。此后宰相在皇帝面前只能站着奏事，由尊而卑，地位就大大下降了。宋太祖对普通官员则采用"官、职分离，互相牵制"的任官政策，使任何官员都不能集权力、荣誉和威望于一身，从而消除了他们对皇权的威胁。

宋太祖的所有措施，都是为了加强皇权，将所有的权力都牢牢抓在自己一人手里。他在集中权力的过程中，深切体会到文化统治的重要性。于是，他改革了隋唐以来的科举考试制度，放宽了科考范围，规定只要有一定文化的人，不论贫富贵贱，都可以应举；殿试也取消了淘汰制度，只要参加过殿试的人，就成了"天子门生"，人人都有官做。宋太祖靠武力开国，朝中重武轻文的风气自然浓厚。为了扭转这种风气，他下令修复孔庙，开辟儒馆，聘请博学多才的名儒来劝导教化。随着对文臣的重用，统治集团内部的重文风气也逐渐形成。太祖重文，但也不完全轻武，他对文臣武将，量才任用，这样北宋王朝的统治基础，不仅很稳固，而且非常广泛。

烛影斧声　身死成谜

太祖是个严谨勤奋的皇帝，随着北宋国力的强大，全国统一的大局已定，而他并没有志满意得，骄纵奢靡。他一生兢兢业业，严以律己，这在历代皇帝中都十分难得。可惜他正当盛年，身体也很健康，却突然去世了，死因至今仍是一个谜。不过众说纷纭中，都提到太祖之死与他的弟弟赵匡义有关。建隆二年（961年）六月，太祖的母亲皇太后杜氏因病去世。杜太后是个很有见识的女人，她见证了儿子夺位称帝的全过程，认为赵匡胤能顺利坐上皇位，是因为柴宗训年幼，若换成一个成年人在位，赵匡胤就根本没有这个机会了。于是，她认定立年长者为国君，才能稳定社稷。杜太后临终前，告诫太祖赵匡胤，希望他能传位给弟弟赵匡义，太祖含泪答应了母亲的遗命。这件事由大臣赵普当场记录，并藏于金匮之中。这就是历史上所说的"金匮之盟"。

然而随着宋朝局势的稳定和统一事业的逐渐完成，太祖与弟弟赵匡义间的矛盾就逐渐暴露出来了。当初兄弟二人为了家族和大业，同心协力共渡难关，而今却为了争夺皇权，骨肉成仇。随着赵匡义对皇位的觊觎越来越明显，宋太祖就疏远了他，而与另一个弟弟赵光美关系亲密。

开宝九年（976年）十月，宋太祖病倒，一切军政事务就由最有威望的皇弟赵匡义代理。赵匡义白天处理政务，晚上就去万岁殿探望兄长。十月十九日晚，赵匡义再次探望兄长，他将侍奉的太监们都遣出殿外，然后与兄长谈话。至于说了些什么，早已无人知晓。站在外面的太监们看到殿内摇曳地烛光闪动了好几次，又听到有斧头落地的声音。没过多久，赵匡义就跑出来，大声呼叫太监立即去请皇后与皇子前来。当皇后等人赶到时，宋太祖已经死了。他到底是如何死的，最后也没有定论，至今这"烛影斧声"还是千年疑案。

宋太祖在位16年，终年50岁。他死后，葬于永昌陵，谥号"大孝皇帝"，庙号"太祖"。他的弟弟赵匡义继位，即宋太宗。太祖21岁离家闯荡江湖，从一个落魄的流浪汉到大宋王朝的开国皇帝，一生充满了传奇色彩。他结束分裂，建立北宋，开创了中国历史上一个繁荣的时代。他的功绩，彪炳千古。

太宗赵炅

宋太宗档案：

生卒年：939~997年

父母：父，赵弘殷；母，杜氏

后妃：尹皇后、符皇后等

年号：太平兴国、雍熙、端拱、淳化、至道

在位时间: 976~997年

谥号: 文武皇帝

庙号: 太宗

陵寝: 河南永熙陵

性格: 沉谋英断, 刚愎自用

宋太宗名叫赵炅, 是后唐战将赵弘殷之子, 宋太祖赵匡胤的弟弟, 北宋王朝的第二位皇帝。他继承兄志, 完成了统一中原的大业; 北伐契丹, 阻挡了辽国入侵中原的步伐; 修缮内政, 为北宋王朝的稳定做出了重要贡献。

拥兄自立 代兄称帝

宋太宗生于后晋天福四年 (939年), 是宋太祖赵匡胤的同胞弟弟。他原名赵匡义, 兄长赵匡胤称帝后, 为了避讳, 他改名为赵光义, 后来他自己称帝后, 又改名为赵炅。赵家兄弟三人, 赵匡义居中, 他比兄长赵匡胤小12岁, 比弟弟赵匡美大8岁。

赵匡义出身武将世家, 父亲和兄长都好武, 所以他也娴于骑射, 并参加过一些战事。当年21岁的赵匡胤外出闯荡时, 赵匡义年纪还小, 就留在家中。他16岁时曾随父亲赵弘殷南征, 驻守扬州、泰州等地, 并多次与敌将交锋, 在战场上的表现十分勇猛。此时兄长赵匡胤已经在后周建立了赫赫战功, 地位日高, 听说弟弟如此能干, 也很为他高兴。960年, 赵匡胤发动陈桥兵变, 夺取后周政权, 建立了宋王朝。其中22岁的赵匡义为兄长代周自立, 立下了汗马功劳。他充当前台角色, 奔走四方, 联系军士, 部署将领, 为赵匡胤顺利称帝扫平了障碍。

赵匡义与兄长感情很好, 又为兄长称帝出了大力, 所以宋太祖一称帝, 就立即任命这个弟弟为殿前都虞侯, 领睦州防御使。北宋建立初期, 政权极不稳定。建隆元年 (960年) 五月, 宋太祖御驾亲征, 征讨原后周旧臣李筠。赵匡义就临时担任大内都点检，留守汴京。十月，太祖再次亲征，征讨在扬州叛乱的李重进，赵匡义继续留守京都，稳定后方。建隆二年（961年）七月，赵匡义被任命为开封尹，同平章事。这时，为了避兄长宋太祖的名讳，赵匡义改名为赵光义，弟弟赵匡美也改名为赵光美。

开封尹是京都的最高行政长官，国家军政要务都要通过这里，再传达到中央朝廷，地位非常特殊。从建隆二年（961年）至开宝九年（976年），赵光义做了16年的开封府尹，处理政务的能力得到了很大的锻炼。这期间，他凭着开封尹之位，将一大批才识出众的人招致门下，同时，他又在朝中广交群臣，培植党羽。经过十几年的努力，他已经具备与兄长宋太祖抗衡的能力了。

赵光义是太祖之弟，按照封建王朝的嫡长子继承制度，皇位根本轮不到他。但是他的母亲杜太后临终前，曾留下遗命，让宋太祖赵匡胤传位给弟弟赵光义。此遗诏由大臣赵普记载，藏于金匮。此事史称"金匮之盟"。此事是真是假，后人根本不知，不过确实让赵光义继位变得名正言顺。

赵氏兄弟二人精诚合作十几年，对外扫平了南方的各个割据政权，基本统一了中原；对内进行了大刀阔斧的改革，加强了中央集权。可是宋太祖对防范外人篡位做了周密的部署，却没有警惕身边的自家兄弟。随着宋朝政权的逐渐稳定和强大，兄弟二人的矛盾也逐渐显露出来。他们虽为兄弟，但始终君臣有别，两人的分歧就越来越大了。开宝九年（976年）十月十九日夜，宋太祖赵匡胤突然驾崩，皇弟赵光义受遗诏于柩前继位称帝了，即宋太宗，改元太平兴国。

统一中原　伐辽无功

赵光义38岁称帝，他任开封尹十几年，早已积累了丰富的执政经验，所以他登基后很快就适应了皇帝的身份。为了巩固自己的帝位，他决定首先完成兄长未尽的统一大业。此时南方已经平定，但是吴越和闽两个割据政权虽然臣服宋朝，却仍然保留着国号。宋太宗就迫使两个国主上了降表，削去他们的国号，从而彻底统一了南方各地。接着，他就将主要兵力转向北方的北汉和辽朝。

太平兴国四年（979年）初，宋太宗亲率大军，兵分四路进攻北汉。他吸取后周世宗柴荣北伐失败的教训，先派出邢州判官郭进为太原、石岭关都部署，将辽朝援军拦截住，然而兵围北汉都城太原，断绝城中一切供应。结果北汉与宋军苦战至五月，苦等也无外援，北汉国主刘继元只好上表投降，北汉灭亡。这样，从907年朱温灭唐建立后梁，至979年宋灭北汉，持续了几十年的五代十国割据局面终于结束了。

宋太宗灭了北汉，信心倍增，就打算收复被后晋石敬瑭割让给契丹的燕云十六州。太平兴国四年（979年）六月，宋军灭掉北汉后，根本没有休整，就直接讨伐辽国。汉人把守的易州和涿州，很快就被攻破，宋太宗挥师直抵辽国南京（今北京）城南。宋军的进攻遭到了守城辽将耶律学古的顽强抵抗，双方相持不下。此时辽国名将耶律斜轸和耶律休哥率领的援军赶到。辽宋两军在高粱河展开大战，宋军被耶律斜轸和耶律休哥前后夹击，纷纷败退，宋太宗也险些被耶律休哥俘虏。后来宋太宗带着残兵败将，仓皇逃往涿州。

太平兴国七年（982年），辽景宗耶律贤去世，他12岁的儿子耶律隆绪继位，即辽圣宗。皇帝年幼，就由30岁的皇太后萧绰摄政。宋太宗见辽国寡母幼子执政，就认为这是伐辽的大好机会。雍熙三年（986）正月，宋太宗再次出兵伐辽。不过他上次亲征惨败，险些做了阶下囚，至今心有余悸，就决定坐镇京城，派曹彬、米信、田重进、潘美、杨业等率领30万宋军，兵分三路伐辽。宋军初期进展顺利，接连小胜。可是宋朝皇帝集大权于一身的弊端，在这时就充分暴露了。宋太宗为人刚愎自用，他身在汴京却遥控着前线，将指挥权牢牢抓在自己手里，这样就严重束缚了前方将领的手脚。很快宋军就出现了指挥不当、各路军缺少配合、军令不能及时传达等情况，战场形势自然也发生逆转，宋军被辽军杀得大败。杨业乃北汉名将刘继业，降宋后恢复本姓为杨。杨氏一门将才辈出，人人能征惯战，这就是后来历史上著名的杨家将。杨业父子率领残军在陈家谷浴血奋战，却久久不见援兵，最后杨业部下大部分战死，他本人也身负重伤，被辽军俘虏，他不惧辽人的威胁利诱，绝食三日而死。杨业之死，导致边境人心惶惶。云、应、朔诸州将领弃城逃走，三州重新被辽军占领。辽军又乘胜侵入宋境，在深（今河北深州）、德（今山东德州）、邢（今河北邢台）等州烧杀劫掠，宋朝边民蒙受了巨大的损失。

两次伐辽惨败后，宋军元气大伤，宋太宗也对辽人畏惧如虎。此后辽宋关系发生了根本性的转变，宋军由攻转守，而辽军由守转攻。辽国萧太后和辽圣宗耶律隆绪都很有才干，他们稳定内政后，就连年伐宋。而宋太祖则犹豫不决，不知该战还是该和。没有一个明确的指导思想，守边将领们也不知所措，只好得过且过。此后，宋军中就再也难有能与辽军抗衡的将领，宋朝军队的战斗力就越来越弱了。

以文治国 重文轻武

宋太宗即位之初，比较重武，他想凭借武功树立威望，进而完成统一大业。但是几次伐辽失败后，他就失了锐气，转而重文。宋太宗在用兵征伐上没有多少才能，在文治上却有过人之处。

太宗时期，宋朝的各项典章制度都得以完善，基本成为定制，为其他各方面制度奠定了良好的基础。两宋之人所言的"祖宗家法"是宋太祖创立的，但最后完善的却是宋太宗。

科举取士兴起于隋唐，到了北宋才真正完善。太祖放宽了科考范围，不再限制考生的家世、籍贯等，并将殿试作为定制。到了宋太宗时期，他扩大了取士规模，每次科考录取的进士数额远远超过前几朝及宋太祖时期。他还对殿试制度做出更详细的规定，殿试后在殿前"唱名"，由皇帝分别赐予"进士及第""进士出身""同进士出身"的功名，将录取的进士分类细化。他还严格考试制度，采用密封、誊录等措施，有效地防止了考官的作弊行为，不仅如此，他还亲自主持复试。

太宗对文化事业的重视超过了历代以来的许多帝王。五代以来，昭文馆、史馆和集贤院为三馆，既狭小又简陋。太宗继位第二年，就下令扩建三馆，并更名为崇文院。"崇文"二字正是他治国方针的体现。除了广泛搜集各类图书，太宗还先后组织文人编纂了几部大型类书，它们是《太平广记》《太平御览》《文苑英华》等。这几部书流传至今，成为后人研究中国古代历史文化的宝贵资料。

太宗好读书，这一点与他的家庭有很大关系。他出身武将世家，父亲和兄长都是赳赳武夫，就希望家族中能出一个文才，家人的希望最终就落在了太宗身上。他早年随父出征，攻陷城池后，先不取财物，而是搜求古书带回去读。崇文院竣工后，他就经常去那里读书。后来南唐灭亡，后主李煜被俘至汴京，封为违命侯。李煜做皇帝不行，做学问却很出色。太宗有时也召他来崇文院，一起读书。从太宗开始，宋代的皇帝都很注意从历史上汲取统治的经验教训。他曾说："朕历览前代书籍，发现君臣之际，大抵情通则道合，所以有事皆无隐匿，言论都可采用。"太宗读书，非常勤奋，他规定自己每日必须看完三卷《太平御览》，若因处理政事耽误了，他就抽空补读。为了勉力朝中大臣们读书，淳化三年（992年）九月，太宗还将武将马步军都虞侯傅潜、殿前都指挥使戴兴等人召来崇文院，一起博览群书。

太宗在读书之余，也很喜欢书法，他勤于练习，又经名家指点，所以书法造诣很深。他本人好道教，不过他对所有宗教都比较宽容。平定南方后，因为佛教在吴越、南唐等割据小国比较盛行，所以太宗就对佛教采取保护政策，以维护北宋对南方地区的统治。他执政时期，还刻板印行了我国第一部佛经总集，各地僧徒由北宋建国时的6万人增加到24万多人。

太宗以文治国，所以他的执政方针也是宽松敦厚。他为人严谨，为了巩固统治，他亲自挑选人才，选贤任能，严防贪官污吏鱼肉百姓。他对刑狱方面也很关注，曾亲自处理了一些案件，还下令在禁中设立审刑院，直属于皇帝，各地案件先上交此处，再下发大理寺、刑部断复，最后又由审刑院裁决。他对宦官的束缚也十分严厉，不许他们干政。在太宗的治理下，北宋前期出现了繁荣昌盛的景象。

刻薄寡恩 储君难立

太祖和太宗执政，主要都是加强集权，对农业及土地问题都没有太重视，也没有采取有效的改革措施，所以北宋初期在表面的繁荣之下，贫富分化加剧，阶级矛盾加深。淳化四年（993年），四川爆发了王小波、李顺起义，他们提出"均贫富"的主张，不过最后被朝廷血腥镇压了。

太宗与太祖一样，十分重视变乱，对武将特别忌惮，连号称宋代第一良将的曹彬也被他罢免了。也许是鉴于自己称帝的经历，他对皇室之人的防范更重。宋太祖有两个儿子：德昭和德芳。太宗对这两个侄子一直都不放心。在辽宋高粱河之战中，太宗与宋军主力失散。将士们以为皇帝已经遇难了，觉得国不可一日无君，就商量着拥立太祖的儿子、武功郡王赵德昭为帝。后来太宗还活着，此事就作罢了。不料此事后来还是传到太宗这里，这就触犯了他的忌讳，最后迫使德昭自杀身亡了。两年后，德芳也莫名其妙地死了。太宗的弟弟赵光美，在太宗称帝后，为了避讳，改名为赵延美。延美同当年的太宗一样，任开封府尹。这样也遭到了太宗的猜忌，后来延美被逼忧郁而死。

太宗自己的长子赵元佐，聪慧有才，文武双全，很得太宗的喜爱，是太子的最佳人选。不料因为叔父赵延美被迫害之事，元佐受到刺激而产生了精神错乱，经常胡乱杀人。最后太宗只好废他为庶人，改立三子赵元侃为太子，这就是后来的宋真宗。

至道三年（997年）三月，宋太宗病逝，享年59岁。他死后葬于永熙陵，谥号"文武皇帝"，庙号"太宗"。他在位21年，完善了宋初的各项制度，奠定了宋朝以文治国的基础。不过伐辽失败后，宋太宗就转为守内虚外，使宋朝逐渐形成了"积贫积弱"的局面，给宋王朝的发展带来了很不利的影响。

英宗赵曙

宋英宗档案:

生卒年: 1032~1067年

父母: 父, 赵允让; 母, 任氏

后妃: 高皇后等

年号: 治平

在位时间: 1063~1067年

谥号: 宣孝皇帝

庙号: 英宗

陵寝: 河南永厚陵

性格: 老成持重, 恪守孝道

　　宋英宗名叫赵曙, 是宋太宗赵光义的曾孙, 仁宗赵祯的堂侄, 宋王朝的第五位皇帝。他以宗室子身份继承大统, 不过在位仅几年就病逝了, 没有做出什么政绩。

　　英宗生于明道元年 (1032年), 原名宗实, 后改名为曙。他的祖父商王赵元份是宋太宗之子, 宋真宗之弟。他的父亲为濮安懿王赵允让, 母亲是仙游县君任氏。由于宋仁宗荒于酒色, 身体虚弱, 一直没有子嗣, 担心绝嗣, 就打算选宗室子养在宫中, 有备无患。濮安懿王儿子很多, 仁宗就挑选了他的第十三子赵曙接入宫中抚养。赵曙入宫时, 年仅4岁, 他活泼伶俐, 很得仁宗喜爱, 后宫的曹皇后和苗美人等也都尽心抚养他。不过皇宫生活虽然优裕, 但年幼的赵曙还是想念自己的亲生父母, 时常吵着要回家。后来仁宗有了儿子, 就把8岁的赵曙送回。不料几个皇子都夭折了, 赵曙就又得到仁宗宠爱, 他不仅升官晋爵, 还经常得到各种赏赐。嘉祐四年

（1059年）11月，赵曙的生父赵允让病逝，仁宗还亲临祭奠，并罢朝5日，以示恩宠。嘉祐七年（1062年），在司马光等人的建议下，仁宗册立赵曙为太子。第二年三月，仁宗病逝，赵曙继位，即宋英宗，次年改元治平。

英宗是个孝子，他幼时入宫就不愿与亲生父母分离，后来重新与家人团聚，共享天伦，他很满足，就不愿做皇帝，不过最后他还是被仁宗推上了皇位。英宗自幼身体就差，他即位后，因为紧张忧郁过度，竟然病得昏迷不醒。仁宗的皇后曹氏已被尊为皇太后，她就垂帘听政，暂时管理国事。英宗患病后性情大变，喜怒无常，经常斥责侍奉的宫人。宦官任守忠等人心怀不满，就挑拨太后与英宗的关系，想趁机为自己谋利。这样曹太后与英宗的关系一度变得十分紧张，好在大臣司马光、韩琦等人从中调解，二人关系才有所好转。1064年正月，曹太后还政于英宗，宦官任守忠被黜放蕲州（今湖北蕲春），皇帝和太后才真正冰释前嫌。

英宗亲政后不久，朝廷又出现了礼仪之争，这主要是如何尊英宗的亲生父母。英宗以仁宗养子的身份继位，按制只能尊仁宗为皇考，称生父濮王为皇伯。不过大臣韩琦等人投合英宗的心意，几次提出尊礼英宗的亲生父母。英宗并没有同意，他只称濮王及其夫人为亲，以濮王与夫人的坟茔为园，即园立庙以祭祀。立庙祭祀，实际上就是尊崇濮王，可见英宗不受尊号只是表面上的谦让。这就遭到了曹太后及许多大臣的反对。而英宗在这件事上态度十分强硬，为了支持尊濮王的韩琦、欧阳修等人，他连台谏官都罢免了。韩、欧等人感恩图报，也尽职尽责地辅佐英宗。

礼仪之争结束后，英宗也病愈了，他就打算尽心执政，要做出一番政绩来。不料此时西夏却加紧了对宋朝的侵略，英宗不得不先攘外再治内。英宗起初想求和，他派遣使者诘问西夏，却没有丝毫作用，后来他就采纳韩琦的建议，招募义勇军15万戍边，并任欧阳修推荐的前环庆路将领高沔为河中府知府，负责防御西夏。之后，英宗就以为可以高枕无忧了。不料治平三年（1066年）九月，夏毅宗李谅祚率军亲征，大规模入侵宋境。西夏军劫掠大顺城（今甘肃华池东北）、柔远寨（今甘肃华池）各地，给当地百姓带来了巨大的灾难。

治平四年（1067年）正月初八，英宗病逝，终年36岁。他临终前，仓促立下长子赵顼为皇太子，这就是后来的宋神宗。英宗死后，葬于河南永厚陵，谥号"宣孝皇帝"，庙号"英宗"。他在位仅4年就病逝了，他的一腔抱负，也只能由儿子去完成了。

钦宗赵桓

宋钦宗档案：

生卒年：1100~1161年

父母：父，徽宗赵佶；母，王皇后

后妃：朱皇后

年号：靖康

在位时间：1125~1127年

谥号：仁孝皇帝

庙号：钦宗

陵寝：河南永献陵

性格：节俭谦恭，优柔寡断

宋钦宗名叫赵桓，是徽宗的长子，宋王朝的第九位皇帝，也是北宋王朝的末代皇帝。他在王朝统治摇摇欲坠之际上台，承担起抗击金兵的责任。但是他忠奸不分，软弱无能，对金只是一味求和，结果亡国成因，最后死在金朝。

赵桓生于元符三年（1100年），他出生时，父亲徽宗刚刚做了4个月的皇帝。赵桓的母亲是徽宗的第一位皇后王氏，她生性恬淡，端庄恭俭，而徽宗是个浪荡的花心皇帝，所以王皇后从来就不得徽宗的欢心。大观二年（1108年）九月，年仅25岁的王皇后就郁郁而终了。此时赵桓才9岁，经历了丧母之痛后，他变得孤僻寡言，对皇权也从来没有热心过。

徽宗的儿子比较多，除了幼年夭折的外，活到成年的就有25个。

赵桓虽为长子，但从来没有得到过父亲的宠爱。他资质一般，一篇经文往往要多日才能成诵，不过他学习比较勤奋，接人待物也谦恭有礼，所以周边的人都认为他聪明仁孝，对他印象很好。徽宗虽然不喜欢这个长子，但也不算讨厌，加上他的心思都用在书画收藏和酒色享受上，对国事本就不热心，所以赵桓16岁时，徽宗就按照立嫡长子的传统册立赵桓为皇太子。

赵桓当了太子后，更加谨小慎微，行为不出丝毫差错，让他那20多个弟弟无机可乘，这样他的太子之位也坐得更稳了。

宣和七年（1125年）冬，金兵灭辽后，对北宋发起了进攻。宋朝国难当头，皇帝徽宗却缩头保身，把皇位禅让给太子赵桓，让儿子去承担抗金救国的重担。

十二月二十四日，赵桓在御垂拱殿接受了百官朝贺，仓促登基，他就是宋钦宗。为了拯救国家危亡，赵桓取"日靖四方，永康兆民"之意，次年改元为靖康。

26岁的赵桓登上皇位，实属无奈，面对父皇留下的烂摊子，他不知如何是好。钦宗生活俭朴，无不良嗜好，执政十分勤恳，可惜他才能平庸，优柔寡断，根本没有政治家的干练果断，所以他再怎么努力也无法挽回宋王朝的败势。

靖康元年（1126年）正月初二，钦宗下诏准备御驾亲征，抗击金兵。不料第二天，邕州（今河南滑县东北）失守，金兵渡过了黄河，汴京城内人心惶惶。当夜，退居龙德宫的太上皇徽宗就仓皇逃往镇江，一些王公大臣也纷纷随之出逃。钦宗没法逃跑，只好留下收拾乱局。

初四一大早，汴京戒严，钦宗召集群臣商议对策。朝中大臣分为两派，一派以宰相李邦彦为首主和，一派以兵部侍郎李纲为首主战。钦宗犹犹豫豫，摇摆不定，不过最后他还是决定留在汴京抗金。

初六这天，钦宗登上宣德门，号令六军坚守御敌，并任命李纲为亲征行营使，全面负责守城事宜。国破家亡之际，汴京军民团结一心，奋勇抗敌。

金兵虽来势汹汹，其实只有6万人，远远不及守城的宋军人多。在李纲的指挥下，宋军击退了金兵一次又一次的进攻。此时西北边防军和各地驻军也纷纷赶来援助，宋军占据了绝对优势，歼灭金兵指日可待。

不料钦宗胆小如鼠，自东京保卫战打响，他就时刻想着罢兵求和。抗敌期间，他两次派人带着国书和割地诏书去金营求和，还先后罢免了抗金的主要大臣李纲、种师道。此举激起了汴京百姓和太学生等的强烈义愤，钦宗迫于众人的压力，才恢复了李纲和种师道的职务，继续抗金。

在李、种二人的领导下，汴京军民同仇敌忾，英勇杀敌，勤王部队也日益增多。金兵见形势十分不利，就于二月初八退兵。历时一个月的东京保卫战以宋军的胜利而告终。金兵撤退时，李、种二人曾多次请求钦宗乘胜追击，不能放虎归山，不料钦宗实在懦弱，拒绝了他们的建议。不仅如此，他还派使者监视各军，禁止他们对敌作战，以致金兵带着劫掠的财物安然回国。

金兵撤军后，钦宗就认为可以高枕无忧了，他罢黜了朝中的主战派大臣，重用主和派，他还派人将出逃避难的太上皇徽宗也接回了京师。不料仅过了半年，金太宗就再度举兵，入侵宋朝。九月，金兵攻陷太原；十月，攻陷真定；十一月，再围汴京。此时宋廷当政者是以宰相李邦彦为首的主和派，再也无人奋力御敌了。闰十一月二十五日，汴京陷落，被困在皇宫的钦宗只好亲自出城与金人议和。十一月三十日，钦宗带着几个大臣来到青城的金营，低声下气地向金人俯首称臣。金朝统帅粘罕和斡离不却以钦宗写的降表不合意为由，拒绝见他。钦宗只好改了再重新呈上，直到十二月二日，宋金双方才在改了4遍的降表上签字。接着钦宗又摆下香案，以臣子之礼对着金国的方向遥拜了几拜，金人才放他回京。

钦宗回京时，见到汴京百姓扶老携幼，都站在冰天雪地里翘首盼望着他归来。钦宗刚进南薰门，百姓们就在路旁叩拜，山呼万岁。钦宗见百姓如此忠诚，而自己却对金人屈膝称臣，不由得羞愧难当，掩面大哭，哽咽着道："宰相误我父子！"不过钦宗仍然没有改变懦弱的性子，他对金人的勒索有求必应。金人狮子大开口，索要每锭50两的金1000万锭、银2000万锭、帛1000万匹，钦宗就搜刮满朝文武、皇亲后妃和商人百姓的钱财来凑足；金人索要骡马，钦宗就赶紧凑了7000多匹骡马派人送去；金人索要1500名少女，钦宗也恭敬照办，为了凑足人数，连自己的妃嫔也送去了。

不过钦宗如此觍颜侍奉，也无法满足金人的贪欲。金人声称要入城洗劫，要求钦宗再去金营议事。靖康二年（1127年）正月，软弱的钦宗带着何栗、李若水等几个大臣再赴位于青城的金营。不料这次金人将钦宗扣留为人质，然后出兵大肆劫掠汴京百姓，连妇女的钗钏之物都搜刮殆尽了。二月六日，金朝将钦宗废为庶人。不久，金人将他连同太上皇徽宗和郑太后、钦宗的皇后和太子，以及亲王、皇孙、公主、驸马、妃嫔、大臣等数百人一起，北上押往金朝。随同押运走的还有北宋王朝"二百年府库蓄积"，徽宗倾尽几十年心血搜罗的古董珍玩也在其中。此事史称"靖康之变"。至此，延续了167年的北宋王朝宣告灭亡。

钦宗的弟弟、徽宗的第九子康王赵构，在靖康之变中侥幸逃脱。他于靖康二年（1127年）五月一日在南京（今河南商丘）称帝，即宋高宗。他遥尊钦宗为"孝慈渊圣皇帝"，不过却从来没有救回钦宗之意。

钦宗被俘后，被辗转押到燕京，这期间，他受尽了精神上和肉体上的双重折磨。金主封徽宗为"昏德公"，钦宗为"重昏侯"，意思是他们父子二人一昏再昏。南宋绍兴五年（1135年）四月，不堪折辱的太上皇徽宗病逝于金国。绍兴二十六年（1156年）六月，宋钦宗也被折磨致死，直到绍兴三十一年（1161年）七月，钦宗的死讯传到南宋，宋高宗尊谥他为"仁孝皇帝"，庙号"钦宗"。

钦宗死后一年，金世宗将他葬于巩义、洛阳之间，后来才将他的坟墓迁到位于河南巩义的北宋帝陵区，其陵称为永献陵。钦宗在位仅2年，他的一生，几乎是历代皇帝中最悲惨的。他懦弱无能，却被迫支撑起摇摇欲坠的北宋王朝，最后王朝覆灭，帝王成囚，在异邦遭受了多年的凌辱，凄凉而终。他的命运，令后人扼腕叹息。

宋·南 宋

高宗赵构

宋高宗档案：

生卒年：1107~1187年

父母：父，徽宗赵佶；母，韦氏

后妃：邢皇后、刘贵妃等

年号：建炎、绍兴

在位时间：1127~1162年

谥号：宪孝皇帝

庙号：高宗

陵寝：绍兴永恩陵

性格：聪明软弱，苟安犹疑

宋高宗赵构，字德基，是钦宗之弟，徽宗第九子，母亲韦氏，也是南宋的开国皇帝。靖康之变后，赵构于南京即位，后迁都于临安，是为南宋。他即位之后，偏安江南，不思进取，一味地向金国妥协求和。他在政治上昏庸无能，宠信奸佞，迫害忠良，致使国势日衰。

宋高宗的不幸与幸运

赵构是徽宗第九子，帝王之后，命运本该一帆风顺。然而，赵构成长年代，正值南宋多事之秋。北方女真铁骑一路南下，蹂躏了大宋的万里锦绣河山。靖康元年（1126年），金军大举南下，很快就渡过黄河，包围开封。开封军民奋力抵抗，先后多次打退金人的进攻。金将见一时难以攻克，就提出了宋割让太原、中山、河间三镇，并以亲王为质的退兵条件。宋钦宗就派九弟，时封康王的赵构前往金军大营谈判。但赵构去金营不久，金人便怀疑他并非亲王，将他遣回。虽然是无功而返，但钦宗觉得他没有功劳，也有苦劳，于是进封他为太傅。是年冬，金军再次南侵，钦宗无奈，只得再次命赵构出使金营议和。赵构行至磁州（今河北磁县）时，知州宗泽劝他不要前往，赵构犹豫不决。

不久，金军再次围攻开封，攻城甚急，钦宗诏命赵构为河北兵马大元帅，统率各路军马，入京勤王。赵构乃在相州（今河南安阳）组建大元帅府，召集各路勤王之师。兵马渐集，士卒达万人之众。然而，还未等赵构出兵，金军已经攻克开封，俘虏了徽、钦二宗，北宋灭亡。

次年二月，金太宗下诏废掉徽、钦二宗，册立宋丞相张邦昌为帝，建国大楚，定都金陵（今江苏南京），企图以扶植傀偏政权的方式，统治中原。消息传来，群情汹涌，赵构更是放声恸哭，誓要光复祖宗江山社稷。这时候，赵构麾下已经有8万的军马，兵力已盛。众臣要求赵构称帝，重建宋朝，但赵构仍有顾虑，就没有答应。四月，金将完颜宗翰、完颜宗望，押解着徽、钦二宗，以及宗族、臣僚四百余人北还。伪楚皇帝张邦昌迫于众怒，只得遣使请赵构即位，同时去除帝号，迎元祐皇后（哲宗之后）垂帘听政。元祐后也遣使劝赵构继承大统，同定安危，重塑江山社稷。赵构见此，觉得时机已经成熟，遂于五月一日在南京应天府（今河南商丘）即位，改元建炎，史称南宋，赵构就是宋高宗。

高宗即位后，尊元祐皇后为元祐太后（后改隆佑太后，即孟太后），任命李纲为右相，赦原伪楚皇帝张邦昌之罪，封其为太保、太傅、郡王，并参决大事。但不久，李纲等大臣就上书弹劾张邦昌的所作所为，同时孟太后也深恨张邦昌，在这种情况下，高宗只得下令将其处斩，以安国民之心。

四处流亡的初生政权

南宋政权建立后，军民抗金热情高涨，主战派大臣李纲积极进行抗金部署，他举荐张俊为河北招抚使，招抚河北各路义军。又任命宗泽为东京留守，开封尹，整顿府衙，以备赵构回驾开封，收复失地。但是赵构只求偏安，无心收复失地，后来更采纳了主和派黄潜善、汪伯彦等人的意见，决定巡幸东南，以躲避金人。李纲对此非常痛心，多次上书劝谏，均不为赵构采纳。李纲见北伐无望，就提出辞职，赵构正有罢相之意，就免去了李纲之职。

李纲去职，天下为之震惊，士子们愤愤不平，太学生陈东、欧阳澈多次上书高宗，请求留任李纲，罢免黄、汪，同时北伐，迎还徽、钦二帝。赵构震怒，竟然下令斩两人于市。为了阻住众人悠悠之口，赵构又下令但有非议朝廷者，一律处斩，同时尽废李纲的北伐部署，一心谋划南迁。九月，金朝以赵构废伪楚、诛张邦昌为借口，出兵南侵，尽占河北之地。

赵构闻讯，不顾朝中主战派大臣的反对，慌忙将朝廷迁往扬州。十二月，金兵分三路南下，开始的时候势如破竹，接连攻陷青、潍、华、岐、陇、秦等州，但因各地义军袭扰，被迫撤军北还。老臣宗泽趁机会集各路豪杰，调兵遣将，部署兵力，打算趁胜渡过黄河，收复河山。但赵构此时身边多是主战派的佞臣。黄潜善、汪伯彦等人庸碌畏葸，他们忌妒宗泽之功，便在赵构面前大进谗言，说宗泽发了狂，言不足信。宗泽因此忧愤成疾，背生毒疽，于这年七月，与世长辞。可怜这位耿忠老将，临终之前，没有一字言及家事，念念不忘北伐中原，连呼三声"渡河"，含恨而终。

建炎三年（1129年）正月，金军闻宗泽已死，再次南侵，目标直指扬州。金军兵锋甚锐，很快就攻下徐州、淮阳、泗州（今安徽泗县）等地，进一步逼近扬州。赵构仓皇出逃，先逃往镇江，后又逃奔杭州。金军攻入扬州后，因孤军深入，只得焚城北还。赵构逃往杭州后，朝野激愤，纷纷指责黄、汪误国行径。为了平息民怨，赵构被迫罢免黄、汪之职，改任朱胜非为相。

五月，赵构自杭州北上，进驻江宁（今江苏南京），改为建康府，并遣使向金求和，表示愿意削去帝号，向金称臣纳贡。金人不许，扣押使者。九月，再次兴兵侵宋。赵构于是再度逃跑，先从建康逃往镇江、又从镇江逃往常州，接着从常州逃往杭州，同时升杭州为临安府。十一月，听闻完颜宗弼率领金兵渡过长江，攻入江西、湖南等地后，又仓皇从杭州逃到越州，再从越州逃到明州，最后从明州逃到定海（今浙江镇海）。金兵逼近定海时，赵构又采纳宰相吕颐浩的建议，乘船逃往海上。金兵乘船入海，继续追击赵构，后由于遇到风雨，才撤军北还。在撤军北还之际，金朝还不忘扶植宋叛将刘豫建立另一个傀儡政权——伪齐。伪齐政权地占河南、陕西等地，成为了南宋与金之间的缓冲地区。

次年，赵构自海上回到越州，升越州为绍兴府，改年号为绍兴，取"绍祚中兴"之意。绍兴二年（1132年），赵构回到了临安，后定都于此，设置百官，政权才开始逐渐稳定。

不辨忠奸 偏安江南

赵构建都临安之后，开始的时候，也还标榜"中兴"、光复中原，但不久就丧失进取之心，一心想着向金人妥协投降，偏安江南了。他启用投降派大臣秦桧为宰相，把持朝政，对于力主抗金的名臣大将们予以弹压，同时还下命令残酷镇压各地的农民起义。

在金兵南下之初，各地的人民纷纷奋起反抗，或聚为寇患，或杀敌报国。如洞庭湖之钟相、杨么起义，拥水军20余万人，势力盛极一时。又如太行山王彦聚众10余万，与金大小百余战，沉重地打击了金国侵略者。但赵构没有利用眼前的大好形势，而是下令各地大力剿杀。绍兴五年（1135

年），赵构从前线调集正在抗金的将领张浚、岳飞等人进讨洞庭杨幺水军，经过几场血战之后，终于在这年的六月擒杀了杨幺，平定了洞庭之患。

杨幺之患平定后，以张浚、岳飞等人为首的主战派大臣，开始积极筹划北伐大计。绍兴六年（1136年），张浚统军兵分四路，图取中原。岳飞领兵收复商州、虢州等地。十月，伪齐刘豫之侄刘猊率军数万进犯建康。在藕塘（今安徽定远县东南），被宋军杀得大败。齐军死伤数万，刘猊领着数骑逃遁。张浚打算乘胜进去河南，擒杀刘豫，但被赵构拒绝。

绍兴七年（1137年），赵构派王伦为使北赴金国，奉迎徽宗梓宫，同时表达了代替刘豫成为金属国的求和愿望。金熙宗觉得伪齐兵弱，无法抗衡南宋，已无利用的价值，于是在这年十一月，擒拿刘豫，降封蜀王，废掉伪齐。金熙宗还向王伦表示，愿意将刘豫统治的河南、陕西地区归还南宋。十二月，王伦回报临安，赵构闻讯大喜，不顾主战派大臣的反对，罢免反对议和的左相赵鼎，让秦桧独专相权，全权负责与金和议事宜。

次年十一月，双方达成和议：南宋则向金朝称臣，并每年向金朝贡银25万两、绢25万匹，金朝将原来伪齐刘豫统治的河南、陕西之地划给南宋，同时奉还徽宗梓宫及皇太后韦氏。

但没过多久，金国就撕毁和议，任命完颜宗弼为都元帅，执掌兵权，准备再次大举南侵。绍兴十年（1140年）五月，完颜宗弼统军十万南下，河南各地相继投降，进而围攻顺昌（今安徽阜阳县）。顺昌守将刘琦坚守城池，采取机动灵活的战术，大败敌军。与此同时，张浚、韩世忠、岳飞等南宋名将也先后指挥军队大败金军。尤其是岳飞，还一度乘胜攻占了颍昌（今河南许昌）、陈州、郑州、中牟等地，七月，又攻克了西京洛阳。金元帅完颜宗弼闻讯大惊，亲率精骑15000人，步军10万人，进攻岳飞所在之地郾城（今河南漯河）。岳飞沉着应战，率领岳家军大败金军。随后，乘胜进军，前锋直抵朱仙镇，距离金军统治的东京开封仅45里。一时间，天下震动，群雄响应，朱仙镇大军云集。岳飞见北伐有望，兴奋地对众将说："直捣黄龙府，当与诸君痛饮！"

然而，就在形势十分有利的情况下，赵构听信秦桧谗言，不许岳飞进军，后又在一天之内连发十二道金牌，召岳飞班师回朝。岳飞愤然道："十年之功，废于一旦！"不敢违背君令，只得奉诏退兵。岳飞退兵后，金军乘机又重新占领了河南之地。

绍兴十一年（1141年），金军意欲进占江淮，但在柘皋（今安徽巢湖西北）被宋军打败。赵构见金军屡败，元气大伤，灭亡南宋已无可能，又怕张浚、韩世忠、岳飞等统军大将御兵于外，难以控制，于是决定削诸将兵权，一门心思地和金国议和。

这年四月，赵构以"论功行赏"之名，将张浚、韩世忠、岳飞召回京城，明升暗贬，将三人的兵权全部解除，随后派遣秦桧和金人议和。七月，金都元帅完颜宗弼写信给秦桧，提出了想要议和，必杀岳飞的无理条件。赵构急于求和，于是命令秦桧构陷谋害岳飞之罪。秦桧捏造了岳飞"谋反"的罪名，并收买了岳飞的部下做证。十月，岳飞父子被羁押大理寺。在大理寺中，秦桧等人指使狱吏严刑拷打逼供岳飞父子。岳飞父子始终不屈。这年十一月，宋金签订和议：宋向金称臣，东以淮河中流为界，西以大散关为界，割让唐（今河南唐河）、邓（今河南邓州）二州及商（今陕西商县）、秦（今甘肃天水）二州的大半给金，每年向金纳贡银25万两、绢25万匹。史称"绍兴十一年和议"。在和议签订不久，赵构就按照和金的秘密约定，以"莫须有"的罪名赐死了岳飞父子。

庸碌之君 无奈退位

宋金和议之后，双方二十年无大战。但赵构没有利用这一时机，休养生息，力图振作，而是贪恋临安繁华，醉生梦死，致使朝政日益荒疏。他为求苟安，侍奉金朝如臣事君，十分恭敬。每年，除了按照约定向金国朝贡绢、银之外，还要每逢佳节、庆典向金朝宗室贡献大量的金银珍玩。而这些财物自然是从百姓的头上一分一毫地搜刮来的，百姓生活困苦不堪。

赵构贪图享受，在位期间，大兴土木，建筑宫室殿宇。为了便于行乐，还将朝廷大政托于奸相秦桧。秦桧利用这一机会，结党弄权，诛除异己，致使南宋朝风日益腐败，政治更加黑暗。

秦桧是历史上有名的奸臣。在金兵初次南下时，他对金态度强硬，力主坚决抵抗金人。靖康之变后，他被掳往北方，自此以后，心性大变，开始见风转舵地讨好金人。后来，秦桧南归，因他力主与金媾和，遂成了赵构的心腹。赵构一度任命他为右相。秦桧任相后，向赵构献的第一策，就是"南人归南，北人归北"，言下之意，不但要将河北等地割让给金人，索性将人口、财货也全部送金。秦桧的这条"奇策"，可谓"名震天下"，朝野内外，群情汹涌。赵构在这种情况下，也只得反对秦桧的主张，说："卿说'南人归南，北人归北'，那朕是北人，要到哪里去呢？"随后，将秦桧罢相。没过多久，金军南下，所向披靡，赵构于是又起用秦桧，任他为右相，负责与金议和之事。为了秦桧便于行事，还将左相赵鼎罢免，让秦桧独专相权。秦桧自此大权独揽，极力打击、迫害反对议和的人士。他还卖官鬻爵、收受贿赂，每年他过生日之时，各州县假以祝寿为名，向他进献的钱财高达数十万。他的家财富可敌国，真可谓是国之巨蠹。

绍兴二十五年（1155年），秦桧病重，临死之前，他想让自己的儿子秦熺来继承相位。赵构此时对于秦桧欺下瞒上、独专横行已有所不满，于是拒绝了其要求，还将秦桧宗族一起免官。秦桧得知皇帝的旨意之后，于当天夜里一命呜呼。

秦桧死后，赵构继续推行妥协投降的对金政策。但这时，金国完颜亮即位，已逐渐地稳固内政，有意南侵，但赵构对此毫无觉察。绍兴二十六年（1156年），东平进士梁勋上书，说金兵有南侵的迹象，要朝廷早做准备。赵构勃然大怒，下诏将梁勋贬为州军，流放到千里之外，同时诏令众臣，有敢妄议边事者，一律处以重刑。

绍兴三十一年（1161年），金主完颜亮果然亲自率领60万大军，大举南下，相继攻占庐州（今安徽合肥）、和州（今安徽和县），且陈兵瓜州渡口，打算渡江灭宋。但不久，金国内乱，完颜亮于兵变中被杀，金军撤兵北还。南宋朝廷这才转危为安。

金人南侵失败后，各地军民抗金热情高涨，纷纷要求北伐收复失地。赵构在这种情况之下，十分尴尬，无法再坚持自己议和的主张，再加上他已垂垂老矣，希望能够安心地享几年清福，于是便于次年六月，下诏退位，传位于太子赵昚，自己做起了太上皇。

自此以后，赵构专心享受，每天宴饮歌咏，听曲看戏，有时候，还泛舟西湖，其乐融融。赵构政治无能，但在书法上造诣极高。他擅长行、草，笔法清丽洒脱，自然流畅，颇有晋朝名家的风范。退位后，赵构无所事事，就勤练书法，修身养性。他还经常派人到民间去搜寻名家墨宝，对之观赏临摹，自娱自乐。他著有《翰墨志》一卷，流传于世。

淳熙十四年（1187年），赵构病逝于德寿殿，享年81岁。葬于会稽永恩陵。谥"宪孝皇帝"，庙号"高宗"。

孝宗赵昚

宋孝宗档案：

生卒年：1127~1194年

父母：父，赵子偁；母，张氏

后妃：郭皇后、夏皇后、蔡贵妃等

年号：隆兴、乾道、淳熙

在位时间：1162~1189年

谥号：成孝皇帝

庙号：孝宗

陵寝：永阜陵

性格：坚毅果断，谨慎孝顺

宋孝宗赵昚，原名伯琮，是太祖赵匡胤七世孙，父亲秀王赵子偁，母亲张氏。绍兴三十二年（1162年），宋高宗禅位于太子赵昚，是为宋孝宗。孝宗在位期间，政治清明、经济繁荣，为了改变对金屈辱的局面，他还多次对金出击，以图光复河山，但都没有取得预想的成绩。虽则如此，在南宋一朝上，他仍旧是一位相当杰出的君王。

建炎三年（1129年），金军奔袭扬州，高宗赵构突受惊吓，从此丧失了生育能力。同年秋天，高宗膝下唯一的儿子也突然夭折，一时间，高宗嗣下无人，皇储空虚。朝中大臣劝高宗早日择立太子，以安时局，高宗于是命人在太祖后代的"伯"字辈中选择嗣子继承帝位。高宗经过一番选择，最后只留下了赵伯琮、赵伯浩二人。高宗原本看好比较健硕的赵伯浩，但还在斟酌之际，一只猫从两人身边经过，伯琮兀自不动，但伯浩却飞起一脚向猫踢去。高宗见此，认为伯浩轻狂难当社稷，于是决定留下伯琮，而遣回伯浩。

伯琮这年只有6岁，在宫中由张婕妤养育。次年二月，伯琮被授为和州防御使，赐名瑗。时高宗宠妃吴才人闷闷不乐，也想养育一子。高宗于是便在第二年的五月，又选了宗室的一个5岁幼童赵伯玖，赐名为璩，交由吴才人抚养。宫中一时有了两位储君，引起了朝中大臣的不安。绍兴五年（1135年），高宗应大臣赵鼎之请，让赵瑗在资善堂读书，还请了学识渊博的老师教授他学习。赵瑗天资聪颖，博闻强识，深得高宗的喜爱。在他15岁那年，高宗封他为晋安郡王，让他开始接触政事。赵瑗对于秦桧妥协投降的主张十分不满，常出言顶撞秦桧。秦桧也忌惮于赵瑗很强的能力，经常教唆高宗免去赵瑗的皇储身份。好在高宗看出了秦桧的心思，他才没有得逞。绍兴二十四年（1154年），衢州（在今浙江）发生强盗抢劫的案件，秦桧没有上奏高宗，就私自调动军马进行拘捕。赵瑗将此事密告高宗，高宗得知后，非常震惊，心里对秦桧的擅权举动感到十分不满。

当时，高宗的另一养子赵璩也已成人，被封为恩平郡王。对于同为高宗之后的赵瑗、赵璩两人，究竟立何人为嗣，高宗犹豫不决。他最终想出了一招，打算以此来评定两人优劣。他赐给赵瑗、赵璩两人美女各10名，名为赏赐，其实另有打算。过了一段时间后，高宗将美女召回，经过检查，发现赐给赵璩的10名美女已非完璧之身，而赐给赵瑗的那10名美女仍是完璧。经此事，高宗心里已有了计较，确立赵瑗为皇子。

绍兴三十二年（1162年），金兵退兵不久，朝廷百废待兴，朝中主战主和两派再起纷争，高宗心灰意懒，决心禅位，远离朝堂的是非。这年五月，正式下诏册立赵瑗为皇太子，并改名为眘。六月，高宗退位，移居德寿宫，赵眘继承皇帝位，这就是宋孝宗。

孝宗即位后，锐意恢复。在他即位的第二个月，他就起用抗金名将张浚为江淮宣抚使，同时还为岳飞父子平反昭雪，追复其官爵，厚葬，还录用了岳飞的子孙。孝宗这些举动顺乎民心，朝野上下为之一振。次年，孝宗改元隆兴，取建隆（太祖年号）、绍兴（高宗年号）各一字，意在振兴。这年的四月，孝宗授意张浚筹划北伐。五月，张浚派遣濠州（今安徽凤翔县）李显忠渡江出击。先后收复了灵璧、虹县等地，继而又攻陷了宿州（今安徽宿县）。宿州一役，宋军斩杀金兵数千，俘获近万人。捷报传来，举国欢腾，倍受鼓舞，孝宗任命李显忠为淮南京东河北招讨使，邵宏渊副之。金军左副元帅纥石烈志宁亲自率兵来攻，被李显忠击退，后又调集10万大军来攻。李显忠率部浴血奋战，要求邵宏渊发兵合力夹击金军。但邵宏渊按兵不动，还对部下说："现在正当盛暑，就算是摇着扇子也不凉快，何况是顶着炎炎烈日，披甲作战呢？"兵士们听了这话，军心动摇，有些参战的将领还带兵临阵脱逃。李显忠孤军奋战，终是难支，只好趁着夜色撤离宿州。金兵乘势掩杀，宋军大败，死伤不可胜数，军资器械几乎丧失殆尽。孝宗的第一次北伐尝试就这样失败了。

北伐失败后，张浚上书请罪，朝中的妥协派官员趁机诋毁、攻击北伐的主张，提出求和的主张。孝宗信心动摇，起用汤思退为相，让他主持与金议和之事。汤思退是秦桧余党，力主求和，他极力排斥主战派将领，致使张浚被罢官，不久死于谪途。隆兴二年（1164年），金世宗为了达到"以战促和"的目的，发兵南下，先后攻占楚州、濠州、滁州等地，并准备渡江南下。在这种情况下，孝宗只得同意议和，这年十二月双方签订协议：南宋皇帝不再向金称臣，改称叔侄关系；南宋给金每年的"岁贡"改为"岁币"，并且减十万之数；南宋割商州（今陕西商县）、秦州（今甘肃天水）与金。这就是历史上的"隆兴和议"，虽然宋的地位自此有所改善，但这仍是一个屈辱的和约。

孝宗签订和约之后，仍然力图振作，希望能够再度北伐，改变对金的屈辱局面。他整顿士卒，勤练武艺，同时在朝中精选抗金良将，为日后北伐做准备。但这时候，君虽有光复之心，但却无可托之将。随着南宋一系列名将如岳飞、韩世忠、张浚等人的先后离世，朝中可以托付军国大事的就只有四川宣抚使虞允文一人了。虞允文颇有军事才能，曾经在完颜亮南侵的时候，于采石矶一役大败金兵，从而扬名天下。孝宗对他非常赏识，先后提拔他为枢密使，后又将他任命为少保、武安军节度使、四川宣抚使，让他到四川整军备战。还和他相约，来日出兵，东西并举，共克金室。可惜的是，天不假年，淳熙元年（1174年）二月，虞允文因为劳累过度，带着一身遗憾与世长辞了。孝宗受此打击，再加上高宗掣肘，朝臣离心，心灰意懒之下，再也不提北伐了。

自此以后，孝宗安于外事，转而对内政进行治理。他多次下诏减免百姓赋税，对于以往提前征收赋税的做法加以制止，要求各地按照时间征收田赋，违者严惩，以此来保护生产，减轻农民负担。孝宗还要求各地劝课农桑、兴修水利，解决关乎民生、社稷的实际问题。在文化方面，孝宗倡导百家争鸣、百花齐放的学术环境。正是由于这种宽松的社会环境，在他统治的年代，涌现了一大批著名学者和文人，如思想家朱熹、陆九渊、陈亮、叶适等人，又如著名的文学家陆游、范成大、杨万里、辛弃疾等人。

孝宗还非常孝顺，他自幼被高宗抱养入宫，因此一直以来对高宗极为恭敬孝顺。高宗退位之后，仍然时常干预政事，在对金的问题上，和孝宗意见相左，常以太上皇的身份加以掣肘。但孝宗对此并不生气，为了避免父皇动怒，他有时候还尽量满足高宗的一些无理要求。

淳熙十四年（1187年）八月，时年81岁的高宗病重，孝宗非常担心，便常留德寿殿，昼夜侍奉高宗。九月，高宗病逝，孝宗十分伤心，下哀昭，表示要为高宗守孝三年。在服丧期间，他只吃少量素食，以致日渐憔悴，面容枯槁。他的一位吴姓妃子见状非常担心，就暗中吩咐内侍在他的膳食里加一点鸡汁，孝宗发现后，十分恼火，当即将这位妃子驱逐出宫。

淳熙十六年（1189年）二月，金国世宗皇帝病死，他的孙子完颜璟继承了帝位，是为金章宗。按照隆兴协议，年过花甲的孝宗需要向年仅21岁的金章宗自称侄，孝宗不愿意见到这种尴尬局面，就把皇位禅让于太子赵惇，自己退居重华殿，做起了太上皇。

赵惇即位后，其妻李氏被封为皇后。李氏忌妒、霸道，与孝宗关系不好，在当上皇后之后，常常在光宗赵惇面前离间他们父子，致使孝宗父子关系日渐疏远。孝宗独居于重华殿，有时候想见见自己的儿子，都因为李皇后的阻挠而无法实现。孝宗为此闷闷不乐，身体每况愈下。绍熙五年（1194年）六月，孝宗病逝于重华宫，享年68岁。直到他死，光宗赵惇也没有去看他。孝宗死后，葬于永阜陵。

末帝赵昺

宋末帝档案：

生卒年：1271~1279年

父母：父，度宗赵禥；母，俞氏

后妃：无

年号：祥兴

在位时间：1278~1279年

谥号：末帝

庙号：无

陵寝：宋少帝陵（今广东深圳赤湾）

性格：幼弱，无知

宋末帝赵昺是宋度宗赵禥三子，母亲俞氏，也是南宋最后一个皇帝。景炎三年（1278年）四月，端宗病逝。群臣大都心灰意懒，打算一走了之。面对朝廷即将分崩离析的局面，签枢密院使陆秀夫振臂高挥："古人有靠一旅一城而中兴天下的，如今我们百官皆备，又有精兵数万，况且皇子还在，为什么我们不能拥立卫王恢复大宋的万里江山呢？"大臣们听了他的话，倍感振奋，于是共同拥立年仅8岁的卫王赵昺为帝，改元祥兴，是为宋末帝。

同年六月，迁到崖山（今广东江门新会区南）。到达崖山之后，张世杰命人修建行宫、军营，并整修器械，建造舟楫，企图以此为据点抵抗元军的进攻。次年正月，忽必烈命令元将张弘范率领水陆精兵两万进攻崖山。此时，流亡朝廷尚有士卒20余万人，占据着绝对的优势。然而，作为三军统帅的张世杰却在这时犯了一个致命的错误。他觉得士卒连年征战海上，早已疲乏，莫如孤注一掷，与元军一决雌雄。于是，他下令焚尽岛上行宫草屋，全部人马弃岸登舟，并用铁索将几千艘的战船连接起来，一字排开，皇帝的坐船居于中间，文武大臣各在两侧，以比喻示上下一心，与舰船共存亡。张弘范连攻数日，始终无法取胜，无奈只得增派战船围困崖山。宋军渐渐补给不足，连续10余天都以干粮为食，以海水为饮，导致很多军士因此病倒，战斗力大为减弱。张弘范还对宋军展开了心理攻势。他让张世杰的外甥给其写信，晓以利害，劝其投降。张世杰不从，回信以历朝的忠臣名士作为答复。张弘范又让已经被俘的文天祥写信招降张世杰。文天祥厉声道："我不能保护自己的父母，却教人背叛自己的父母，这样可以吗？"张弘范以武力威胁，文天祥便写了一首诗，作为答复。这就是著名的《过零丁洋》，诗云："辛苦遭逢起一经，干戈寥落四周星。山河破碎风飘絮，身世浮沉雨打萍。惶恐滩头说惶恐，零丁洋里叹零丁。人生自古谁无死，留取丹心照汗青！"张弘范看了击节叹赏，只得作罢。

二月六日，海风呼啸，张弘范趁着潮涨之时，趁机对宋军发起了总攻。双方奋勇厮杀，伤亡惨重。及至中午，张弘范的指挥舰上忽然奏起鼓乐，宋军以为这是元军在举行宴会，便趁机进行休整。不料，这正是张弘范之计，鼓乐起时，全军便要奋勇冲杀，一举克敌。只见，元军战舰从南北两面冲出，箭如雨下，射杀宋军无数。宋军猝然受到攻击，防线大溃，元军趁势杀入宋军船上。元军本来不善水战，但由于宋军将所有战舰都连在一起，因此登船如履平地，很快就将疲惫不堪的宋军击溃。

张世杰见大势已去，连忙砍断船缆，派遣轻舟前往中军接应赵昺，但局势混乱，始终未能如愿。陆秀夫守护在幼帝身旁，久久等不到援军，毅然决定与皇帝一起殉国。他先仗剑逼迫自己的妻子儿女投海自尽，随后将传国玉玺缚在腰间，背负着幼帝赵昺纵身入海，自杀殉国。其他船舰上的大臣、宫眷、将士闻此噩耗，哭声震天，数万人纷纷投海殉国。张世杰久候不见迎接幼帝的轻舟归来，便知凶多吉少，于是果断地带着杨太妃突出重围。

几天之后，张弘范命人打捞陆秀夫和小皇帝的尸体。元军发现了一具幼童尸体，身穿黄衣，怀揣着诏书之宝，只是面目腐烂，已经无法辨识。张弘范只好以宋广王（赵昺以前的封号）溺毙上报元廷。杨太妃在得知幼帝身亡之后，凄然泪下，自觉对不起先王，于是投海而死。不久之后，张世杰心灰意懒之下，也投海自尽。南宋遂亡。

辽

太祖耶律阿保机

辽太祖档案：

生卒年：872~926年

父母：父，耶律撒剌；母，萧氏

后妃：述律平

年号：神册、天赞、天显

在位时间：907~926年

谥号：升天皇帝

庙号：太祖

陵寝：内蒙古祖陵

性格：仁孝英明，刚毅果断

辽太祖名叫耶律阿保机，是大辽王朝的缔造者。他足智多谋，统一了契丹各部；雄图伟略，创建了大辽王朝。他使契丹从一个落后的部落联盟变成了一个强大的契丹王国。他文武兼备，一生征战，为辽王朝的统治奠定了坚实的基础。

少年英雄

契丹族是我国北方一个古老的少数民族，原属东胡族系的鲜卑支系。唐太宗时期，契丹首领率部归入唐王朝。太宗就在契丹族聚居的地区设置了松漠都督府，任契丹首领为都督。后来大贺氏部落联盟瓦解，重建了遥辇氏部落联盟，曾被回纥统治了一段时间，不过后来又归附了唐朝。唐朝末年，中原战乱不断，北方的许多汉族人都逃到契丹避乱，他们将先进的生产技术和中原文化带到了这里，从而促进了契丹经济的发展。契丹八部中的迭剌部离中原最近，发展也最快，逐渐成了八部中实力最强的部落。契丹的部落首领都称为夷离堇，迭剌部的夷离堇一直都由耶律家族世袭担任。耶律家族的八世祖耶律雅里曾重新整顿契丹部落联盟，并由此进入了契丹社会的上层。从七世祖开始，耶律家就掌握了联盟的军权，地位仅次于联盟首领。耶律阿保机就是这个契丹贵族世家的出色人物。

耶律阿保机生于唐咸通十三年（872年），他复姓耶律，名亿，字阿保机，小名啜里只，父亲叫耶律撒剌，母亲姓萧。耶律阿保机出生时，他的祖父匀德实是迭剌部的夷离堇。匀德实是个很有才干的人，他掌握着联盟的军权，在对外扩张中多次获胜，同时他又很重视发展农牧业，劝民稼穑，倡导蓄养。在他的经营领导下，契丹族的实力逐渐壮大，与此同时匀德实也赢得了很高的声望，不过也因此遭到了其他契丹贵族的嫉恨。耶律阿保机出生没多久，贵族耶律狼德就害死匀德实，夺走了夷离堇之位。狼德得势后，还想继续迫害匀德实的家人以斩草除根。匀德实的妻子萧月里失朵，只好带着4个儿子和几个孙子，逃到突吕不部的贵族塔雅克家中藏起来。小小年纪的阿保机，长得虎头虎脑，十分机灵可爱，祖母为了保护他，就隐瞒了他的身份，将他藏到一个僻静的小帐篷里抚养。

就在阿保机一家东躲西藏的时候，迭剌部起了内讧。新任夷离堇耶律狼德，为人奸恶，在联盟中暴虐横行，很快就引起了各部贵族的强烈不满。匀德实的前任夷离堇叫蒲古只，他虽然离任很久了，却仍然在部落中享有崇高的威望。蒲古只联络其他贵族，用计诱杀了耶律狼德及其同伙，将军权夺回来，然后就把夷离堇之位给了匀德实的次子岩木。后来岩木又将首领之位传给了自己的同胞兄弟撒剌，撒剌就是阿保机的父亲。撒剌之后，他的从兄偶思继任，再之后就是撒剌的三哥释鲁。随着夷离堇人选的更替，阿保机也逐渐长大成人了。他身长九尺，相貌英俊，器宇不凡，在家族长辈们的熏陶下，阿保机几乎有着天生的领袖风采。他很早就参加了攻打邻近部族的战斗，并在战场上锻炼出超人的胆识和谋略。

随着阿保机的征战扩张，释鲁的势力越来越大，这就引起了契丹部分贵族的不满和忌惮，他们联合起来，打算除掉释鲁。蒲古只曾为匀德实复仇，在联盟中声望很高，他的三族子孙就成了这些人中的首领。他们勾结与释鲁争权的耶律辖底、贵族萧台哂，甚至还有释鲁的儿子滑哥，发动了叛乱，将释鲁杀死。这次暴乱令其他贵族非常不安，契丹可汗痕德堇就授命阿保机去平叛。阿保机带着身经百战的挞马军，很快就击溃了蒲古只三族。叛乱平定后，贵族赫底里做了于越，阿保机被推举为迭剌部的夷离堇。一年后，阿保机就晋升为于越兼夷离堇，总揽契丹联盟的军政大权。

此时他才31岁。

建国之路

阿保机从当上夷离堇开始，就"受命专事征讨"。从唐光化四年（901年）到唐天复四年（904年），阿保机率领契丹军先后攻打了室韦、于厥、女真等部落，次次都取胜，还夺得了许多财富，耶律阿保机的大名也由此威震中原。

此时唐朝境内，藩镇割据，哪里都是混战，不少节度使如李克用、朱温等，都主动与阿保机结盟。阿保机正想寻求族外的支持来扩大势力，就与李克用等人都结成了友好关系。905年，阿保机还配合李克用，出兵会合晋军，攻陷了幽州，然后凯旋而归。契丹军的强悍和阿保机的崛起引起了中原各地藩镇势力的高度重视，这样他不仅与更多的藩镇结交，而且还借机大力发展了契丹的农业、畜牧业以及冶铁、纺织、制盐等手工业，使契丹的社会经济得到了巨大的发展。随着契丹实力的增强，阿保机又继续出兵攻打周边部族，凭着卓越的军事才华，他每次都大获全胜，为耶律家族夺得了大量的战俘和牲畜。阿保机也成为众人心中的英雄，地位越来越稳固了。唐天祐三年（906年）十二月，契丹可汗痕德堇去世，他留下遗命推选阿保机为汗。第二年正月，阿保机就即可汗位，成为契丹族的新首领。

阿保机36岁为可汗，他集军、政、财、法大权于一身，是名副其实的契丹首领。为了巩固自己的地位，他首先调整契丹各部贵族的势力，以保持各部力量均衡。阿保机一即位就宣布原可汗遥辇氏家族不再享有特权，地位与耶律氏同等。不过为了消除他们的怨怼，阿保机还是给了遥辇氏不少好处。接着阿保机又任自己的从弟迭栗底为夷离堇，耶律辖底为于越。第二年，阿保机设了一个新官职"惕隐"，让族弟撒剌充任，专门管理迭剌部的贵族事务，以确保他们臣服自己。阿保机也建立了自己的侍卫亲军，叫"腹心部"，也叫宿卫军，由他亲自掌管。阿保机通过这些手段，将契丹的大权牢牢抓在自己手中。

在对外关系上，阿保机采用远交近攻的政策，积极向外扩张。在后梁开平元年（907年）和后梁开平二年（908年），阿保机分别与梁、晋交好。不过对毗邻契丹的幽州藩镇节度使刘仁恭，阿保机就不客气了。刘仁恭从895年割据幽州后，就多次北上侵扰契丹各部，契丹人对他非常痛恨。后梁开平元年，阿保机刚刚即汗位，刘仁恭就被自己的儿子刘守光囚禁了。接着刘守光称帝，建国号为大燕。刘仁恭的次子刘守文，时任沧州节度使，他闻讯后就带着沧州和德州的兵马前来为父报仇，不料却被刘守光打败了。刘守文就向阿保机求援，阿保机就借机联合刘守文的队伍，打败了刘守光，占领了营州（今河北昌黎西南）。没过多久，后晋李存勖就攻破幽州，灭了大燕国，为契丹除掉了这个劲敌。

大燕被灭后，契丹前方没了威胁，阿保机就集中精力征服"后方"各部族。早在后梁开平元年二月，他就率兵攻打黑车子室韦，迫其八部归附。第二年，他又先后征服了乌丸和东西部各族，将东际海（渤海）、南暨白檀（今北京密云东北）、西逾松漠（今内蒙古锡林郭勒盟东南部）、北达潢水（今内蒙古西拉木伦河）的广大地区，都纳入契丹的统治之下。

就在阿保机不断扩大契丹势力之际，契丹内部又发生了权力之争，这场争斗主要是针对阿保机的。按祖制，可汗之位是任期3年后就要重新推选。阿保机不愿让位，他听从身边汉人谋士的建议，打算像中原皇帝那样，实行可汗世袭制。这个想法自然遭到了许多守旧贵族的强烈反对。而阿保机的兄弟们，这些原本有机会被推选为可汗的人，自然也对他不让位非常不满。于是，从阿保机即汗位的第五年（911年）到913年三月，短短几年之中，契丹贵族们就为可汗之位发动了3次叛乱。由于叛乱的主谋是阿保机的诸位兄弟，如迭剌、安端、寅底石等，所以史称"诸弟之乱"。

阿保机花费了巨大的精力才彻底平息了叛乱，也进一步巩固了自己的地位。后梁贞明二年（916年）初，当了10年可汗的耶律阿保机，接受耶律曷鲁等人所上的尊号，称"大圣大明皇帝"，妻子述律平称"应天大明地皇后"，建年号"神册"，国号"契丹"，立长子耶律倍为皇太子，皇权世袭的契丹国家就正式建立了。他的次子耶律德光继位后，将契丹改为大辽，所以契丹王朝又称为辽王朝，耶律阿保机就是辽太祖。

文治武功

太祖称帝时已经45岁了，他在多年的戎马生涯中，与中原接触较多，他的手下也有不少汉人谋士，所以他深受汉文化的影响。太祖建国后，借鉴汉制，亲自制定了很多新的制度，为奴隶制的契丹政权注入了生机和活力，这就促使契丹向封建王朝转化。

神册三年（918年），辽太祖采纳汉人臣子韩延徽的建议，仿汉制修建了皇都。都城设在潢河（今内蒙古西拉木伦河）沿岸的契丹故地（今内蒙古巴林左旗林东镇南）。第二年八月，为了表示对儒学的重视，太祖还带着皇后和太子，拜谒了孔庙。

契丹原来没有文字，一直采用刻木契记事。太祖的三弟耶律迭剌，很善于学习其他民族的语言，他借鉴回鹘文字，制成了契丹字，称契丹小字，不过数量不多。神册五年（920年），太祖又命耶律突吕不、耶律鲁不古等仿照汉字偏旁，创造了几千个契丹新字，称契丹大字。契丹文字的创制，是契丹政权发展过程中的一件大事，它标志着契丹进入到有官方文字记载的新时期。

有了文字之后，立法工作也提上了日程。神册六年（921年），契丹最早的一部法律——《决狱法》诞生了。太祖还下令制定了各部族法，汉人则依唐律。随着法律的出现、行政机构的完善，契丹国家政权也逐步走向成熟，政治、经济和文化都有了很大的发展。

辽太祖的政权逐渐稳固后，他就又开始大规模地对外扩张和武力征服。太祖一生的功业，几乎都是在战场上建立的，他称帝后也以"上承天命，下统群生"为己任。从神册元年（916年）八月开始，太祖就起兵30万，号称百万，开始大规模南侵。他先后攻占了朔州（今山西朔县）、武州（今河北宣化）、蔚州（今河北蔚县）等地，这样从代北到河曲（今山西西北部、黄河东岸，邻内蒙古），越阴山（今内蒙古中部），都成了契丹的领地。

天赞元年（922年），李存勖在魏州（今河北大名）称帝，建立了后唐。同年十月，李存勖就灭掉了后梁。辽太祖见李存勖实力强大，就将夺取河北的计划暂时搁置，转而去征服契丹西部、北部的党项、吐谷浑、阻卜等部。天赞五年（926年），辽太祖还灭掉了东边的渤海国，将渤海改为东丹国，也就是东契丹的意思。皇太子耶律倍被册封为东丹王，管理东丹国事务。没过多久，高丽、靺鞨、铁骊等族也相继归附，契丹的国力更盛。

东征西讨之后，辽太祖的野心就更大了。他打算夺取河北，接着就挺进中原，不过他的愿望没机会实现了。天赞五年（926年）三月，征服渤海国后，太祖就率军返回皇都。七月，大军行至扶余城（今吉林西平西）时，他就病倒了。7天后，辽太祖就在扶余病逝，享年55岁。第二年九月，太祖被葬于祖陵，谥号"升天皇帝"，庙号"太祖"，他的次子耶律德光继位，即辽太宗。辽太祖在位19年，靠着赫赫军功创建了契丹政权，同时他又重视农业发展和文化建设，为辽王朝统治积累了雄厚的政治、经济和文化基础，他是当之无愧的大辽开国之祖。

太宗耶律德光

辽太宗档案：

生卒年：902~947年

父母：父，太祖耶律阿保机；母，述律平

后妃：皇后萧氏等

年号：天显、会同、大同

在位时间：927~947年

谥号：孝武皇帝

庙号：太宗

陵寝：内蒙古怀陵

性格：睿智勇猛，仁孝圣明

辽太宗名叫耶律德光，是太祖耶律阿保机的次子，契丹的第二位皇帝。他在母亲的帮助下，代兄承嗣。他称帝后带领契丹军继续征战南北，扩展疆土，使契丹成为中国北方最强大的国家；他励精图治，推行了一系列定国安邦的良策，完善了大辽的政权体系。

断腕皇后 废长立次

耶律德光生于唐天复二年（902年），生母是太祖的皇后述律平。太祖有4个儿子，其中长子、次子和三子都是皇后所生。

耶律德光作为次子，按理已经与皇位无缘了，可最后继承帝位的就是他。他能当上皇帝，与母亲述律平的大力支持分不开。述律平出身于契丹贵族萧氏，这是仅次于耶律氏的名门大族，契丹所有的皇后都姓萧。述律平的契丹族传统思想比较浓厚，所以在确立皇位继承人时，她就不喜欢文人气息太重的长子，而钟爱勇武善战的次子。述律平是个非常聪明能干的女人，以"简重果断，有雄略"著称。天赞五年（926年）七月，阿保机从渤海班师回国，病死在途中。一时间，契丹朝野动荡，许多觊觎权力的部落集团都蠢蠢欲动。在这样的时刻，述律平挺身而出，撑起了混乱的政局。她将各部首领和重臣都请来议事，将其中心怀不轨的近百人都杀掉去给先帝阿保机殉葬。这一做法使很多人心生恐惧，不敢再生事，也令许多人更加不满。有人就质问她："你是先帝最亲近的人，你为何不去侍奉先帝？"在众目睽睽之下，述律平理直气壮地说："诸子幼弱，国家无主，无法前往！"其实此时皇太子耶律倍已经28岁了，次子耶律德光也25岁了。述律平说完这句话，就猛然拔出金刀，将自己的右手齐腕砍断，还面不改色地命人把这只手送去皇陵，代替自己为先帝殉葬。述律平此举令在场的所有人目瞪口呆，再也没有谁敢有异心了，她也由此被人称为"断腕皇后"。述律平的强势，不仅令契丹群臣敬畏，而且也迫使太子耶律倍主动提出让位给弟弟耶律德光。

天显二年（927年）十一月，耶律德光通过了契丹传统的新君即位仪式——柴册仪，顺利继位称帝，他就是辽太宗。不过耶律德光并没有改元，而是继续使用父亲的"天显"年号。他尊母亲为应天皇太后，封妻子萧温为皇后。为了答谢母亲的举立之恩，耶律德光还专门建了"断腕楼"，为母树碑，又将母亲的生日定为永宁节。兄长耶律倍让位后，一直受耶律德光冷落。他不免心中愤恨，就带着40多个随从去投奔了中原的后唐政权，并改名为东丹慕华，后又改为李赞华，最后死在异乡。兄弟俩的皇位之争也就此落下了帷幕。

韬光养晦 图谋霸业

耶律德光称帝后，就秉承父亲的遗志，继续对外扩张。契丹政权从太祖时就想夺取黄河以北的大片领土，不过汉族势力抵制契丹的入侵，所以辽太祖和辽太宗用兵大都是趁中原几派争斗时，打着支援一方的旗号进攻，从中渔利。此时契丹以西、以东和以北的各少数民族都已臣服，契丹最强的对手是中原地区的后唐政权。后唐的军队都穿黑衣，号称"鸦军"，战斗力很强。而契丹一向是以民为兵，没有专门的野战军，所以耶律德光一时间也对后唐无可奈何。不过他很有耐心，从即位起就不断骚扰后唐，并等待时机。

从天显八年（933年）起，后唐就内讧不断，后唐节度使石敬瑭拥兵自重，想取代后唐末帝李从珂。天显十一年（936年）五月，石敬瑭起兵谋反，后唐派出重兵征讨，将他围困在太原。石敬瑭只好向契丹求援，并以向契丹称臣称子、割让卢龙一道和雁门关以北的诸州土地为条件。契丹皇帝耶律德光大喜，他等了近10年，要的就是这个机会。耶律德光立即派兵解了太原之围，接着又亲领大军帮助石敬瑭灭了后唐。随后他改"后唐"为"后晋"，并立石敬瑭为"大晋皇帝"。石敬瑭荣登帝位，就奴颜婢膝地自称"儿皇帝",称比自己小11岁的耶律德光为"父皇帝",并每年向契丹献帛30万匹,还把燕云十六州割让给契丹。耶律德光通过这一战,不仅除掉了后唐,收获了大批财物,而且通过夺取燕云十六州,打破了进攻中原的最后屏障。他的野心也更大了,他想夺取整个天下。此后耶律德光改元两次,938年改元会同,947年改元大同,从这两个年号也能看出他想做天下霸主的雄心。

耶律德光灭唐立晋后,就回到契丹皇都,打算集中精力整治内政,秣马厉兵,为更大规模的南侵做准备。他在对外征战上非常野蛮,在执政治国上却是一位明君。会同元年(938年)十一月,耶律德光将皇都改名为上京,称临潢府;将原南京辽阳改为"东京",称辽阳府;升幽州为南京,称幽州府。他建立了十分完善的"以国制治契丹,以汉制待汉人"制度。他还设立了两套统治机构,分"南面官"和"北面官"两个系统。"北面官"系统管理契丹和其他游牧民族,"南面官"系统管理燕云十六州等地区的汉族百姓。耶律德光十分重用汉族士人,在这些人的帮助下,他将一些贵族的私城改为朝廷的属州,并派遣官吏治理,还改善了奴隶们的待遇。他还将于谐里河、胪朐河一带的土地都改成农田,劝导百姓耕种。在耶律德光的统治下,政治、经济和文化都有了很大的发展,契丹国势蒸蒸日上,逐渐从奴隶国向封建国家转化。

入主中原　千载帝羓

后晋在石敬瑭称帝时期,对契丹十分臣服,石敬瑭对耶律德光毕恭毕敬,很满足于做个"儿皇帝"。会同五年(942年),石敬瑭病死,他的养子石重贵继位,后晋对契丹的态度就开始变化了。石重贵不愿向契丹称臣,只肯称孙。耶律德光大怒,立即出兵攻打后晋。会同十年(947年)正月,他亲自率兵攻陷了后晋都城汴京(今河南开封),灭掉了后晋政权。

947年正月初一,耶律德光在仪仗队的护卫下进入开封。为了证明自己已经是全中国的皇帝，当天，他就在开封举行了隆重的典礼，完全以汉族皇帝的礼仪接受胡族贵族、汉族官僚的朝贺。耶律德光同时还将"大契丹国"改为"大辽"，并将会同十年（947年）改元为大同元年。

耶律德光改国号为辽后，契丹就进入了鼎盛时期。可惜辽太宗耶律德光不但没有抓住时机积极安抚民众，反而骄横跋扈，残酷压迫中原百姓。他命契丹兵以牧马为名，四处劫掠，称之为"打谷草"；他还以犒军为由，大肆搜刮财物；他也并不相信中原官僚，就将自己的亲信、子弟都委以重任。耶律德光这样做的结果，就是激化了民族矛盾，激起了人民的反抗。许多饱受欺凌的百姓与残存的后晋义军一起，攻打州县，杀死辽朝官吏，坚决反抗辽朝的统治，耶律德光的政权很快就不稳定了。此时，晋河东节度使刘知远也趁机在晋阳称帝，建立了汉政权，史称后汉。耶律德光在中原实在难以立足，只好返回北方。

大同元年（947年）四月耶律德光率领辽军退出开封。离开开封时，他对自己的失败做了总结。他说："我有三失，所以天下才这样反叛我！搜刮各地百姓钱财，是第一失；让契丹士兵打谷草扰民，是第二失；没有早点遣返节度使去治理各镇，是第三失。"作为一位帝王，能清醒地意识到自己的失误，实在难得，不过此时他悔之晚矣。四月十三日，耶律德光行军至临城（今河北临城）就突然染病。病情很快就恶化了，四月二十二日，辽军行至栾城（今河北栾城）的杀胡林，耶律德光就病逝了，终年46岁。

耶律德光病危时，远在上京的辽国太后述律平就传来懿旨："生要见人，死要见尸。"耶律德光去世时，正值夏季，天气逐渐炎热，尸体难以保存。伴驾大臣们都很惧怕那位威名赫赫的"断腕太后"，所以很发愁。后来他们听从御厨的建议，将耶律德光的尸体做成了"帝羓"，也就是干尸。

耶律德光死后，葬于凤山怀陵（今内蒙古巴林左旗西北），谥号"孝武皇帝"，庙号"太宗"。他的侄子耶律阮继位。耶律德光在位20年，他为政勤勉，壮大了契丹的势力，推进了契丹的封建化进程，但他野蛮征战，残酷压迫各族人民，又激起了无数人的反抗，从而也阻碍了契丹的发展。

金

太祖完颜阿骨打

金太祖档案：

生卒年：1068~1123年

父母：父，劾里钵；母，拿懒氏

后妃：皇后唐括氏、裴满氏、仆散氏等

年号：收国、天辅

在位时间：1115~1123年

谥号：大圣皇帝

庙号：太祖

陵寝：和陵，后改迁睿陵

性格：沉毅勇猛，足智多谋

完颜阿骨打，又名完颜旻，金朝的创建者。他的一生主要完成了建金及灭辽两件大事。在位期间，进行了一系列的改革，对女真政治、经济和文化的发展起到了极大的促进作用，对女真族由落后的奴隶制向封建制过渡和发展，进而全面封建化奠定了基础。

少年戎马 崭露头角

女真是生活在我国东北地区的一个古老民族，居住在白山黑水之间，族人骁勇善战，因其血缘关系分为不同的部族。部族之间互不统属，因此争战不断。唐朝末年，契丹人崛起于中国北方，建立辽政权，女真人被迫于11世纪向契丹人臣服。契丹人为了加强对女真人的控制，实行"分而治之"的政策。他们把一部分女真人迁至辽东半岛，编入契丹国籍，这些人统称为"熟女真"。另一部分则留居松花江之北、吉林扶余县之东，这些人就是"生女真"。完颜阿骨打所属的完颜部，正是生女真一支。

完颜部在乌古乃继位为部落首领之后，购进铁器，制造弓箭器械，军力得到了极大地提升。在乌古乃的领导之下，经过多年的征战，发展成为一个强大的部落。到了穆宗盈歌时，生女真各部已经基本实现统一，形成了一个强大的军事部落联盟。

完颜阿骨打的父亲名叫劾里钵，是穆宗盈歌之弟，景祖乌古乃次子。阿骨打自小骁勇善战，以力大无穷和善射闻名。十几岁的时候，辽使在完颜府做客，看见了手拿着弓箭的阿骨打，便让他用箭射天空的飞鸟。阿骨打引弦张弓，三箭皆中。辽使非常惊奇，称赞他为"奇男子"。他射的箭，能达320步远，宗室中的族人，无人能及。阿骨打自小就随着父兄四处征战，屡立战功。多年的征战生涯锻炼了他的军事才能，为日后他对辽作战积累了宝贵的经验。

当生女真渐渐统一之时，日趋腐朽的契丹统治者对女真的压榨和掠夺却是日甚一日。荒淫无度的辽国主天祚帝经常派遣使者向女真人索取海东青（一种猎鹰，飞得极快，女真人视为图腾）。这些使者每到一处，除了向女真人榨取财物外，还要他们献美女伴宿，既不问婚嫁与否，也不问出身贵贱，予取予夺，恣意凌辱。这更加激起了女真人的无比仇恨。辽天庆二年（1112年），天祚帝在混同江举行"头鱼宴"，宴请生女真各部首领。酒酣之际，天祚帝无理地要求各部首领依次跳舞。各部首领迫于天祚帝的淫威，只得从命。当轮到阿骨打时，他冷眼直视着天祚帝，表示拒绝。天祚帝几经相逼，阿骨打却不为所动，最终这场"头鱼宴"不欢而散。事后，天祚帝本想借故杀了阿骨打泄恨，在臣下的劝说之下，这才作罢。天祚帝的无理，激起了阿骨打和生女真各部族首领们心中无限的反感和仇恨，女真部与契丹之间的矛盾越发尖锐了。翌年，阿骨打的兄长乌雅束去世，阿骨打继任为都勃极烈（大酋长，生女真部落联盟首领）。此后，他励精图治，带领着女真人民掀起了如火如荼的抗辽战争。

征战四方 破敌灭辽

辽统治者对女真族的横征暴敛，激起了女真人的强烈不满，一场反压迫与剥削的斗争在迅速地酝酿着。阿骨打继任都勃极烈之后，一方面，鼓励部族成员积极地从事农业生产，积蓄粮食，修葺戎器，秣马厉兵；另一方面，先后多次派遣使者前往辽都索要逃亡辽国的纥石烈部酋长阿疏，借以暗中刺探军情，同时他还继续保持着对辽帝的贡奉，不时地贿赂契丹权贵，以麻痹辽朝统治者。

辽天庆四年（1114年）九月，涞流河畔，阿骨打率领2500名女真将士在此祭祖誓师，起兵抗辽。在发兵之前，他痛陈辽国统治者的罪恶，同时激励将士们奋勇杀敌，事后论功行赏。是役，阿骨打身先士卒，赤膊上阵，亲手射杀辽军大将耶律谢士。辽军主将战死，为之胆寒，更加溃不成军，女真将士趁势攻下了宁江州（今吉林扶余东石头城子）。随后，阿骨打领军乘胜进击，兵锋直指辽在北方的另一军事重镇出河店（今黑龙江肇源西北）。辽军在此驻屯有10万精兵，而阿骨打此时只有区区的3700余人。面对敌强我弱的形势，阿骨打知道不可力敌，决定智取。他假借"神灵托梦"，鼓动将士，连夜直扑辽兵驻防的鸭子河北岸。辽兵此时正在破坏鸭子河冰层，企图阻止女真精兵的进攻，骤然见到犹如神兵天降的女真将士出现在眼前，顿时大乱，溃败一发不可收拾。宁江州战役结束后，女真人缴获了大量粮草、马匹和器械，实力倍增，军队也壮大到万余人。

阿骨打建国之后，阿骨打继续着火辽的战争。他的第一个目标就是辽北的黄龙府（今吉林农安）。黄龙府是辽朝重要的国库之所在，也是辽国的经济命脉。在夺取了宾、祥、成州等地之后，金兵完成了对黄龙府的合围。是年八月，阿骨打率兵亲征黄龙府。经过几场激烈的交锋，辽军抵抗不住，黄龙府落入了金人之手。金军占领黄龙府的消息传来后，辽朝野大为震惊。天祚帝决定御驾亲征，集结了70万大军迎战完颜阿骨打。辽国大军进驻陀门（今长春以北），摆开阵势，绵延百里，极具威势。金军只有2万余人，处于劣势，阿骨打明白敌军锋芒正锐，不可力敌，于是命令将士们修筑堡垒，挖掘壕沟，不和辽军做正面冲突。阿骨打还以女真旧俗鼓励将士士气，他以刀子划破前额，血流如注，然后仰天恸哭，与将士们诀别，他告诉将士们，辽军势大。不如将自己献给辽人，好保全将士们的性命。将士们奋勇，人人声称要与辽军决一死战。没过多久，金兵擒获了一名辽国督饷军士，获悉辽天祚帝因为国中内乱，已经离开两天了。阿骨打知道时机来了，召集众将商议。众将说："现在辽主率军离开了，我们可以乘势追击。"阿骨打说："敌人在的时候，我们不去迎战，人家离开了我们去追，难道我们要以此为勇吗？"众将都感到羞愧，阿骨打话锋一转，接着说："如果去追，能够大获全胜，那自然好了！"众将听了，人人雀跃，奋勇追击百余里，终于在护步答冈追上了辽军。辽军旌旗如云，足足多出金兵几十倍。阿骨打对众将说："我看辽军中军实力最强，辽主肯定就在中军，只要我们集中精锐兵力，击败敌人中军，这场战争的胜利就是我们的了。"女真将士领命，合兵一处，直扑辽天祚帝所在的中军。女真将士如狼似虎，杀入敌人阵营。辽军大败，兵马互相践踏，死者不计其数。天祚帝惊慌失措，狼狈逃窜，一天一夜逃了五百里，直到逃到了广平淀行宫，这才算是保住了一条命。这一仗，金军缴获辽军粮草、马匹、器械、宝物无数，辽军一战胆寒，再也无法有力地抵抗完颜阿骨打的大军了。

为了集中对付辽国，彻底地推翻契丹权贵的统治，阿骨打对西夏、高丽和北宋采取了友好的态度，一直维持着和他们和平友好的关系。天辅三年（1119年），阿骨打遣使出使北宋，商议联合攻辽的问题。第二年，双方最终商定，北宋攻取辽国燕京析津府（今北京），金攻取辽国的中京大定府（今内蒙古宁城）。灭辽之后，北宋收回燕云十六州，将原来每年进贡给辽国的银、绢如数转送给金朝。这件事就是历史上有名的"海上之盟"。

随后，双方依约向辽国发动了进攻，金军一路势如破竹，接连攻取了辽国的中京、西京。宋军本该按照约定攻下辽国的燕京。但宋朝积弱，加上主将童贯、钟师道的昏庸无能，两次围攻燕京都不能破城，最后只能依靠金军。金军于天辅六年（1122年）攻占燕京后，据之不还。北宋遣使进行了多次的交涉，金国才勉强将燕京及其所属的蓟、景、涿、顺、檀、易六州归还北宋，但宋朝除了要把给辽的岁币全数送给金外，还得每年给金100万贯钱作为燕京的"代租金"。

攻陷上京之后，阿骨打焚毁了辽国宗庙，并掘开了辽国历代帝王的陵寝泄恨。此时的辽天祚帝丢魂丧胆，已经没有勇气抵抗金国的进攻了，只得四处逃命，惶惶如丧家之犬。天会三年（1125年）二月，天祚帝在应州（今山西北部）被金将完颜娄室擒获，辽国遂亡。

建立金国 励精图治

辽天庆五年（1115年）正月，吴乞买、辞不失等文武百官上书阿骨打建号称帝。阿骨打思索再三，遂诏令天下，正式称帝，定国号为金，建元收国，建都会宁（今黑龙江哈尔滨阿城区）。据说，在立国时，阿骨打与众臣商议国号，针对辽在契丹语中是"镔铁"的意思，他说："辽以镔铁号，取其坚也。镔铁虽坚终亦变坏，唯金不变不坏。"所以，取国号为"金"，以示灭辽的决心。

建立金朝之后，为了巩固统治，阿骨打在政权建设方面做了一系列的调整。称帝后，阿骨打确立了皇权，将存在于生女真大军事联盟下的都孛堇、国相、孛堇议事会，发展成为中央统治的最高权力机构——勃极烈制。在这种制度下，阿骨打作为联盟的最高军事首领都勃极烈，改称为皇帝，成为了女真的最高统治者。同时，他还积极地改革社会的弊政，在法律方面，他确立了新的法制，规定民无贵贱，在法令面前，一律一视同仁。这样就防止了平民沦为奴隶，即保证了国家的税收，又保证了女真兵力的来源。为了提高女真人的民族素质，革除原始婚俗，天辅元年（1117年）五月，阿骨打下诏严禁女真人同姓结婚。凡是在宁江州战役结束后同姓结婚的，必须离异。

阿骨打也深知文化的重要性，在他称帝后，即下令完颜希夷创制文字。完颜希夷仿照汉人的正楷字，结合女真语言，创制了女真文字，天辅三年（1119年）八月，文字制成，金太祖下令全国颁行，这种文字在历史上被称为"女真大字"。女真人第一次有了自己的文字。文字的创立，一改过去"信牌"记事和口头传达的旧俗，为金人的生活带来了极大的便利。阿骨打还注意学习汉族的先进文化，积极地任用汉族知识分子。天辅二年（1118年），他就曾下诏，凡是有才能的汉族知识分子，务必选送京师。他还注意收集、保存各种文献、书籍，在与辽国作战中，他多次命令女真将士注意保存经典文献。在攻占中京的时候，他命令金将在占领中京后，要把敌国的礼乐、仪仗等之类的书籍运回金都。另外，阿骨打还完善了猛安谋克制度。猛安谋克制原本是女真人在氏族社会末期的部落组织，是以血缘为纽带建立起来的。其组织按什伍进位编制，因有伍长（击柝）、什长（执旗）、谋克（百夫长）、猛安（千夫长）而得名，是作为一种军事编制而存在的。随着形势的发展，原有的猛安谋克已不合时宜。宁江州战役结束后，阿骨打改编了固有的军队，突破了血缘关系，规定以户为计算单位。命令以300户组成1谋克，设百夫长为首领；每10谋克组成1猛安，设千夫长为首领，战时作战，闲时农耕，既有利于战争动员，又不违农时；既是军事组织（猛安谋克），又是地方行政组织（称为猛安谋克户），这对金朝的巩固和发展起着十分重要的作用。

对辽战争节节胜利，金国的统治区域也越来越大，不同民族的降服者变成了大金的子民。阿骨打对他们实行了一视同仁的民族政策，多次下诏优待、抚恤归附者。天辅二年，他又发布诏令，对新降服的各族人民，要安抚他们，发给他们官粮，不得骚扰他们，让他们安居乐业。阿骨打还实行了移民政策，迁徙部分的汉人和契丹人充实内地。与此同时，他还强令女真由内地向外迁徙，进行屯田。

天辅七年（1123年）八月，阿骨打病死于回师燕京的路上，终年56岁。他是女真的英雄，一生驰骋疆场，为女真部族的强大和发展做出了巨大的贡献。值得一提的是，他虽然是少数民族的首领，但在战争中严禁士兵掳掠，破坏生产，在位期间还注意发展经济，采取了一系列有益于民的措施，这是尤足以为人们所称道的地方。

西 夏

景宗李元昊

夏景宗档案：

生卒年：1003~1048年

父母：父，李德明；母，卫慕皇后

后妃：野利皇后、没藏皇后、没諱皇后

年号：广运、大庆、天授礼法延祚

在位时间：1032~1048年

谥号：武烈皇帝

庙号：景宗

陵寝：泰陵

性格：坚毅果敢，残暴多疑

夏景宗李元昊，党项族人，西夏的第一位皇帝。李德明死后，他继位为夏国主。但他不甘心成为辽宋的附庸，乃在党项旧制的基础上，改革内政，确立了各种典章制度，建立了西夏国家。在对外方面，他多次对宋、辽发动战争，开拓疆土，形成了与辽宋三足鼎立的局面。然而，他后期沉湎于酒色，无视人伦，夺子之妻，以致身死宫闱，成为笑柄。但总的来说，李元昊仍然不失为一位雄才大略的英主。

少年英雄气 志在王霸业

李元昊的祖父名叫李继迁，是党项族的首领，在北宋时曾被任为节度使。后叛宋自立，经过多年的征战，占据了大片的领土，为夏国的建立奠定了基础。李继迁死后，他的儿子李德明袭位，经过十来年的开拓，已经成为当时仅次于辽宋的一方势力。辽、宋为了笼络党项，先后封其为大夏国王、夏国主。李德明娶妻卫慕氏，后生子元昊。元昊的出生多又有几分神秘色彩。传说，一次李德明与卫慕氏到贺兰山游玩的时候，卫慕氏夜晚做了个梦，梦见一条白龙围绕着他盘旋飞舞，翌日，腹中大痛，竟然有了身孕。十二个月后，生下一子，即是元昊。相传，他出生时，哭声嘹亮，双目精光灼灼，竟然隐现青光。

元昊少年时英姿勃发，与众不同。每次，他骑马出行的时候，左右簇拥，威风凛凛，引得路人竞相翘首。他自幼熟读兵书，对当时流传世间的《野战歌》《太乙金鉴诀》等兵书，更是爱不释手，专心研读。他精通汉、藏文字，在他的案头，也常放置宋、吐蕃两国法律之类的著作，以供他随时翻阅，从中探寻治国安邦之策。宋朝边将曹玮，听说元昊之名，英雄相惜，一直想见元昊一面，无奈总是无缘相见。后来，便派人暗中偷画了元昊的画像。曹玮见其相貌后，不由地惊叹："真英雄也！"并且预见到元昊他日定为宋朝边境之患。

李德明在位时，奉行睦邻的外交政策，先后向辽、宋两国称臣，但元昊不认同父亲的做法。他认为西夏崛起，没有必要向别国低三下四，尤其是向积弱的宋朝。李德明提醒儿子道："我们西夏以往征战连年，早已兵乏民困，民不聊生。但停战这三十年来，我们部族可以穿上绫罗绸缎，这可是宋朝的恩惠啊，我们不能忘恩负义啊！"而元昊不以为然，反驳说："穿兽皮做的衣服，放羊牧马，这本来就是我们西夏的习俗。大丈夫生来就应该建功立业、名垂青史，又何必满足于锦衣玉食的生活呢？"李德明对于元昊的辩驳不但没有生气，反而因为儿子年纪轻轻就有如此雄心而感到欣慰，于是更加器重元昊。

宋仁宗天圣六年（1028年），李德明派遣年近26岁的李元昊带领军队去回鹘攻取甘州（今甘肃张掖）。他采取突然袭击的战术，以迅雷不及掩耳之势攻破甘州，随后，又采取声东击西的办法，以奇兵突袭西凉，夺取瓜州（今甘肃安西）、沙州（今甘肃敦煌）等地，使党项的势力扩展到河西走廊。在这次战争中，李元昊显示出优秀的军事才能，为他赢得了声望。李德明对自己的儿子非常满意，于是立他为太子。宋明道元年（1032年），李德明去世，李元昊继承了父亲的职位，成为西夏之主。

改革建基 为帝图皇

李元昊继承了夏国王位之后，辽宋竞相对党项奉行拉拢的政策。辽兴宗得知李德明去世后，遣使加封元昊为夏国王，并给予丰厚的赏赐。宋仁宗更是举行了隆重的仪式祭悼李德明，同时在名义上对元昊加官晋爵，封其为平西王。但是李元昊对这些加封不以为意。他不甘人下，早就有了自立为帝之心。为达到"为帝图皇"的目的，他在国内进行了一系列改革，为建国称帝做准备。

首先，强化西夏的民族意识。他废除了唐、宋两王朝所赐的李姓和赵姓，而改用党项姓氏嵬名。他还自称"兀卒"，在党项语中相当于天子或者可汗，汉语译为"青天子"，即青天之子的意思。这显然是要和中原王朝的天子以做呼应。他还在境内颁布了自己的年号，以往西夏采用的是宗主国宋朝的年号，但元昊借口宋"明道"年号犯了他父亲李德明的名讳，于是宣布废除"明道"年号，而改为"开运"，但没过多久，发现开运是后晋末帝亡国之前使用的年号，遂又改年号为"广运"，宋明道三年（1034年）也就是广运元年。

其次，元昊即下达了"秃发令"，命令所有党项族人剃掉头顶的头发，而将额前的头发留下来。他率先剃光头顶，穿耳戴耳环，以示区别，而后严令所有党项部众在三日之内执行，有不服从者，一律处死。在服饰方面，他也做了变革，身份地位不同的人所穿的衣服颜色、样式方面也各有不同，如文官要穿紫衣、红衣；武官要戴冠；无官的百姓则只能穿青衣或者绿衣。而他自己则穿白衫，头戴朱冠。元昊以此来区分官民的等级，强化君权的威严性。

他还创制了西夏文字。他命令党项族的大学者野利仁荣仿照汉字的六书（即象形、指事、形声、会意、转注、假借）的形体结构来搜集、整理西夏文字，最终编成"蕃书"12卷。元昊将其宣布为"国字"，并且用它来记事、翻译汉藏的经典著作等。几个月后，他又设立了"蕃字院"和"汉字院"，选拔文人学者翻译西夏与吐蕃、北宋等地的过往文书。

最后，元昊还完善军事制度，以提高西夏的作战能力。他规定所有的党项族男子，年满15岁，便纳入军籍。出征时，每户按人口多寡抽丁从军。军队又分为"正军"和"抄"，"正军"专门从事战斗，"抄"则随军负责杂役，每一名军士，配备两名杂役。除此之外，元昊还增设了族外兵，所谓的族外兵其实就是从俘虏的汉人中挑选的精壮之士，编为兵丁。这些人在战时担当冲锋陷阵之职。元昊又仿照宋朝军事建制，在全国划分为左、右两厢，并设十二个监军司，各规定驻地和军名，如专门负责宿卫的卫戍军、专门负责掠夺人口的擒生军等。他还从贵族子弟中挑选5000名精壮武士作为自己的侍卫亲军，由自己掌握。

在前后六年的时间里，李元昊完成了西夏在政治、经济、文化等各个方面的称帝准备。大庆三年（1038年）十月，李元昊命人在兴庆府的南郊筑起祭台，祭告天地，宣布登基为帝，建国号大夏，改元"天授礼法延祚"，这年即是天授礼法延祚元年。

兵戈不息 三足鼎立

李元昊称帝后，上表要求宋朝廷承认其称帝的合法性，承认其皇帝称号，但遭到宋朝的严词拒绝。宋仁宗断然下诏削夺赐姓官爵，停止互市，并在边关张贴告示张贴榜文，悬赏重金捉拿元昊。元昊为逼迫宋朝承认西夏建国的事实，加紧整军备战，准备发动对宋朝的战争。

天授礼法延祚三年（1040年）三月，李元昊亲率10万军队进攻北宋的西北重镇延州（今陕西延安）。夏、宋军队相遇于三川口（今陕西志丹县南），宋军猝不及防，被杀得大败。李元昊乘胜前进，打算一举攻克延州，但是天气转冷，西夏军队缺少御寒的衣物，只得班师回朝。次年二月，李元昊领军进攻渭州（今甘肃省平凉县）。宋军斗志高昂，李元昊一时取之不下，遂设下引蛇出洞之计，伺机歼灭宋军。他先派小股夏军入寇，遇宋军后即佯装败北，仓皇撤退。宋将求胜心切，不知是计，率军追赶，结果在好水川（今宁夏隆德夏北）被西夏10万主力大军包围，全军覆没。此役之后，李元昊又指挥西夏与北宋战于定川，再获全胜，随后乘胜率兵南下，直捣渭州，破栏马和平泉两城（今甘肃省平凉县境内），在城中烧杀掳掠一番后，撤兵回国。

宋夏战争结束之后，与辽国的战争却一触即发。西夏在建国之前，一直执行着联辽攻宋的策略。元昊还曾多次请求"尚公主"，辽兴宗便将自己的姐姐兴平公主嫁给元昊。但是元昊与辽公主婚后并不和睦，辽公主最终抑郁而终。元昊建国后，煽动辽国境内的党项人叛辽归夏，还一度出兵掠入辽境，杀害辽将。这些都令辽兴宗耿耿于怀。而李元昊对于辽兴宗利用夏宋交战，从中谋取利益，也越来越觉得难以容忍，加上辽国在夏宋和议期间扣押西夏使者，就更让元昊恼火万丈，战争也是一触即发了。

这年十月，辽兴宗亲率10万军队进攻西夏。辽军兵分三路，渡过黄河，深入夏境400余里。李元昊仓促中率军迎战，被杀得大败，只得领着残兵退守贺兰山中。辽军士气高昂，日益逼近。李元昊知道力敌难以取胜，于是诈称谢罪请和，却在与辽议和之际，连续后撤百余里，每后撤一次，必坚壁清野，断绝辽军粮草供应。辽军深入夏境，缺衣少粮，又饥又饿，李元昊趁此良机纵兵突袭辽军。辽军溃败，辽兴宗仅带着数骑逃出。李元昊在取得胜利之后，立即再次遣使与辽讲和，并表示愿意归还俘获。辽兴宗无力再战，只得同意与西夏讲和，并派人送还先前扣押的夏国使者。

通过这几次战争，元昊在政治上取得了与宋、辽平等的地位，尽管西夏在形式上仍须向宋、辽称臣，但实际上已经是一个独立强大的国家，形成了与宋、辽两朝三足鼎立的局势。

元·明·清

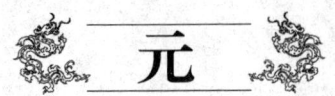

太祖铁木真

元太祖档案：

生卒年：1162~1227年

父母：父，也速该；母，诃额仑

后妃：孛儿帖皇后、忽兰皇后等

年号：无

在位时间：1206~1227年

谥号：圣武皇帝

庙号：太祖

陵寝：起辇谷

性格：机智深沉，英雄豪迈

元太祖，名孛儿只斤·铁木真，蒙古汗国的缔造者，父亲是蒙古乞颜部首领也速该，母亲弘吉剌氏诃额仑。他自幼饱经磨难，后来逐渐成为一个大英雄。他征战一生，统一蒙古各部，创建了蒙古汗国。在位期间，他多次发动对外征服战争，以至于他所征服的疆域要以经纬度来衡量。

少年磨难 奋发图强

12世纪中叶，草原上部族林立，互不统属，经过连年的混战，北方草原上逐渐形成了蒙古、塔塔儿、乃蛮、克烈、蔑儿乞五大部落。金朝统治者为了巩固在北方的统治，对草原上的各部落实行了"分而治之"和屠杀掠夺的"减丁"的政策。宋绍兴十六年（1146年），蒙古部首领俺巴孩汗在为女儿送亲途中，被塔塔儿人俘获，献给了当时金朝的皇帝金熙宗。金熙宗将俺巴孩汗残酷地钉死在木驴之上，声称"这就是对反叛的人专设的刑罚"。俺巴孩汗临死前，告诉自己的子孙，就是把手指磨坏了（指拉弓射箭）也要为他报仇。之后，蒙古部落和金朝的鹰犬塔塔儿部落接连打过几仗，双方互有胜负，但仇恨却是越来越深了。

铁木真的父亲也速该是蒙古乞颜部首领，也是享誉草原的巴特尔（勇士）。一次，也速该在斡难河（今鄂嫩河）畔打猎的时候，看见从这里路过的蔑儿乞人赤列都和他美丽的新婚妻子诃额仑，不禁为之心动。于是，在几位兄弟的协助下，他按照当时草原上"抢亲"的习俗，赶走赤列都，抢来诃额仑做自己的妻子。翌年，也速该率众打败宿敌塔塔儿部落，并俘获了他们的首领铁木真兀格。恰在这时候，妻子诃额仑生下了第一个儿子。于是，也速该按照蒙古传统，用敌将的名字给自己的儿子命名为铁木真。传说，铁木真在出生的时候，眼神如火，容颜生光，最为奇异的是，他的右手上紧握着一块矛状的凝血。按照蒙古人说法，这是苏鲁锭长矛，是战神的象征。

铁木真9岁那年，也速该领着他去弘吉刺部落求亲。弘吉刺部落的智者薛德禅把自己的女儿孛儿帖许配给铁木真，并留下铁木真在自己家里住一段时间。也速该同意了。然而，也速该在返回蒙古草原途中，被铁木真兀格之子札邻不合毒死。也速该临终前要求其部众将来为他报仇时，要杀光所有高于车轮的塔塔儿人。也速该死后，铁木真离开了薛德禅家，回到母亲诃额仑的身边。这时，俺巴孩汗的孙子泰赤兀部的塔里忽台乘机煽动蒙古部众抛弃铁木真一家，并带走部落里的绝大多数人和牲畜。诃额仑母子自此过着困苦的生活，一家人在草原上艰难度日。他们在斡难河边靠着采野果、挖野菜和射鸟捕鱼为生。

铁木真一天天长大，变得更加强壮和孔武有力了。他成了这几口之家的领袖。坚强的诃额仑夫人把家族的振兴都放在了铁木真的身上，希望他将来能够成为一个像他父亲一样顶天立地的英雄。铁木真13岁那年，他的弟弟别克贴儿因为抢鱼事件顶撞了铁木真。铁木真不容许有人质疑自己的权威，于是放箭射杀了自己的弟弟别克贴儿。诃额仑知道这件事后，愤怒地责备了铁木真，告诫他如果自家兄弟都自相残杀的话，又如何为死去的爹爹复仇。铁木真认识到了自己的错误，诚恳地向母亲道了歉。在之后人生道路上，虽然满是荆棘和坎坷，但也磨炼了铁木真铁一般的性格和机敏的头脑。他还先后认识了几个朋友，与他们结成"安答"（义兄，义弟），这其中就包括后来追随着铁木真四处征讨的蒙古名将，四杰之一博尔术。

塔里忽台闻知铁木真一天天长大，不由得心生恐惧，担心他有朝一日会向自己寻仇，于是就借口铁木真射杀了弟弟一事，向诃额仑母子问罪。他率领数十人将铁木真抓走，并戴上枷锁游行示众。塔里忽台打算用铁木真的人头祭天。但这天夜里，铁木真却乘着塔里忽台举行宴会的机会，打伤看守人逃走了。他四处隐藏，躲避追兵搜查。后来在好心牧民的帮助下，终于逃了出去，几经周折，才和母亲会合。

通过这件事后，铁木真意识到了自己力量的弱小，他决定借助强大势力重振家业。他找到了父亲生前至交克烈部的王罕，向他进贡礼物，并表示臣服。王罕非常高兴，就收他为义子，全力协助铁木真。在王罕的帮助下，铁木真的处境大大改善，越来越多的人先后来到了他的身边。铁木真悄悄积蓄着力量，经过一段时间的经营，他的身边逐渐有上千人左右，形成一方势力。

铁木真18岁那年，弘吉剌部薛德禅根据原来的婚约，将美丽的女儿孛儿帖嫁给铁木真。然而，美好的生活才过了几个月，蔑儿乞人突袭了他的部落，抢走了他的新婚妻子，并把孛儿帖强行嫁给了赤列都的弟弟赤列格儿。为了报仇，他向长生天祈祷，决定向蔑儿乞人开战。他向义父王罕和安答札木合求助。在他们的帮助下，铁木真终于打败了蔑儿乞人，夺回了已经有了身孕的妻子。不久，孛儿帖即诞下一子。铁木真怀疑不是自己的骨肉，遂给他取了"术赤"（蒙古语，意为"不速之客"）这个名字。经过这次战争，铁木真虏获了大量的妇女和儿童，力量进一步壮大起来。

两年后，铁木真又摆脱了对札木合的依附，开始独立建营。他胸襟宽广，接纳别人从不问出身，因此来归附他的人很多，当初背叛他们的乞颜旧部，这时候也先后回到了他的身边。他们共同推举实力较强的铁木真为乞颜部的"可汗"。铁木真在做了可汗之后，立即着手整顿军马，他任命自己的心腹大臣执掌军中要职，从而使军权牢牢地掌握在自己的手中。他还颁布了一系列的纪律和法令，整顿军纪，增强军力。铁木真知道各方对自己虎视眈眈，于是他继续讨好王罕，还按时地向金国进贡，以得到他们的支持。因此力量日益强大，归附者更众。

统一草原　创建汗国

铁木真称汗之后，引起了雄心勃勃的结义安答札木合的忌恨，没过多久，札木合的弟弟因为抢劫铁木真家臣的马群而被射杀，札木合便以此为由，联合泰赤兀、塔塔儿等13部向铁木真发动了进攻。于是，铁木真将自己的3万部众分成13翼全力迎击来犯之敌。两军在答阑巴勒主惕（今蒙古国温都尔罕西北）草原上展开了激战，铁木真战败，被迫退向斡难河上游地带。战后，札木合残忍地将归附铁木真的捏古思族（第十三翼）组长们的70多个孩子掳来煮杀了。札木合的暴行引起了大家的不满，于是有很多蒙古部落离开了札木合，而投到了铁木真的麾下。铁木真的力量很快得到了恢复。之后的几年里，铁木真着手壮大自己的力量，并对敌人采取了拉拢、分化的策略，逐步瓦解了敌人。

随着力量一天天壮大，铁木真开始寻思攻打塔塔儿人为父报仇了。然而，此时的塔塔儿部落仍然十分强大，而且又有金朝作为后盾，铁木真想要报仇，十分困难。然而，世事总是难以预料，宋绍熙五年（1195年），塔塔儿人抢劫了金国的羊、马等牲畜后开始反叛，金国派遣重臣完颜襄统领大军，进讨塔塔儿部。塔塔儿大败，逃往斡里札河（今蒙古乌勒吉河）之地。铁木真乘机联合王罕，与金兵一起把塔塔儿人围歼。铁木真捕杀了塔塔儿首领蔑兀真里徒。事后，金军统帅完颜襄上奏朝廷，论功行赏，授予铁木真蒙古军统领之职，从此他可以用朝廷的身份号令蒙古贵族，约束其部众了。此战前后，铁木真集团内部的主儿乞氏不仅不听调遣，反而趁机劫掠铁木真后营。铁木真回师后，即兴师问罪，捕杀了其首领撒察别乞和泰出等人，并吞没了他们的领地。这件事后，铁木真的统治威权大为提高，也更有利于他率领部众四处征讨了。

宋庆元六年（1200年），铁木真联合王罕，共同发兵征讨蒙古部落里最为强大的泰赤兀部。两军在斡难河畔展开了激战，泰赤兀部被击溃，其首领塔里忽台等人被杀。次年，札木合召集被铁木真击败的塔塔儿、泰赤兀等11个部落，相会于犍河（今根河）。经过会议讨论，众人一致推选足智多谋的札木合为"古儿汗"（众汗之汗），共同举兵攻打铁木真。铁木真再次联合王罕迎击札木合联军。双方相遇于阔亦田（今贝尔湖哈拉河上源处）之野，展开激战。札木合最终失败，投降王罕。铁木真在这一战中，被敌将射中了脖颈，血流如注，险些丧命。幸好部将折里麦精心守护，这才救回了他的性命。第二天，敌将只儿豁阿歹前来归顺。他就是差点射杀铁木真的人。他对铁木真说："昨天射伤你的就是我。如果你想杀我，不过是溅污手掌大的一块地方。倘若饶我一命，我愿意为可汗赴汤蹈火，在所不辞。"铁木真认为他很坦诚，可以做朋友，于是就收下了他，并为他改名"哲别"（意为箭镞）。此后，哲别成为铁木真麾下的一员骁勇善战的猛将。

打败札木合联军之后，铁木真发动了对塔塔儿人的战争。宋嘉泰二年（1202年），铁木真会集部众，发兵征讨塔塔儿部。此时的塔塔儿部又岂是如狼似虎的铁木真大军的对手，一场厮杀下来，塔塔儿部大败，其首领札邻不合战败后服毒自杀，另一首领也客扯连投降。战争结束后，铁木真下达了最残酷的命令，遵照父亲也速该的遗命将高过车轮的塔塔儿人全部杀死。

铁木真实力的急剧膨胀，令克烈部王罕感到了威胁。宋嘉泰三年（1203

年），在札木合及其儿子桑昆的怂恿下，王罕决定以商议两家婚事为名，邀请铁木真到克烈部赴宴，企图加害于他。铁木真信以为真，领着10余名随从前去，行至途中，得到消息，及时返回部落。王罕见诡计不成，于是发兵来袭。铁木真仓促应战，寡不敌众，败退到班朱尼河（今呼伦湖西南），身边只剩下十几个人。但铁木真并没有气馁，他一方面派遣使者指责王罕背弃盟约，另一方面抓紧时间收拢部众，并接纳那些与王罕有仇的部族。很快，铁木真的军事力量得到了恢复，并有了进一步的发展。恰在这时，投靠王罕的札木合、忽察儿等蒙古贵族密谋，推翻王罕的统治，自立为王。王罕得知这一消息后，立即发兵攻伐，大胜。札木合等人逃往乃蛮部。铁木真得知这一消息后，于是派出使者前往王罕营地，诈称要与其重修旧好，尽释前嫌，而自己则亲率大军悄悄地向王罕大营逼近。王罕父子信以为真，大摆筵席，迎接铁木真等人。铁木真却率领军队出其不意地偷袭了王罕的大营。经过三天三夜的激战，克烈部最终战败，王罕父子逃走。王罕在逃往乃蛮部途中，被乃蛮哨兵所杀，他的儿子桑昆也在逃往西夏的途中被杀。王罕的部众，则全部归降于铁木真，并被编入蒙古各部的军队之中。

铁木真的势力更加强大，他把征服的目光放在了草原上唯一的部落——乃蛮部。铁木真的仇敌如札木合等人会聚于乃蛮汗廷，共同商议消灭铁木真之事。宋嘉泰四年（1204年），乃蛮部太阳汗发兵攻打铁木真。铁木真获知消息后，领军西进，在纳忽崖与乃蛮军展开激战。乃蛮军大败，太阳汗战死，其子屈出律逃奔西辽。不久，札木合被擒，铁木真按照他的请求，以不流血的方式处死，并厚葬了他。至此，曾经活跃于北方草原上的五大部落，全部归于蒙古部落的麾下。

宋开禧二年（1206年），铁木真召集贵族首领们在斡难河源头举行库里台大会（蒙古可汗的选举大会），宣布建立"也客·蒙古·兀鲁思"，即大蒙古国。铁木真即大汗位，并被尊称为"成吉思汗"。蒙古汗国的建立，结束了北方草原长期的部落纷争，一个强大的游牧帝国出现在历史的舞台之上。

立国建制 巩固统治

成吉思汗在立国前后，创建或完善了一系列的国家制度。这些制度虽然仍旧带着浓厚的游牧民族的特点，但在当时，对蒙古汗国的巩固和发展发挥了重大的作用。

宋嘉泰四年（1204年），为了彻底地打败强盛的乃蛮部，成吉思汗借鉴金朝的猛安谋克制度，把自己的部队按照十户、百户、千户的进制方式加以组编，委任了各级那颜（长官）。蒙古国建立之后，成吉思汗进一步完善了这种制度，把自己的部众划分为95个千户（金代称为"猛安"）。千户之下，又设百户（金代称为"谋克"）、十户等单位。成吉思汗任命自己的亲信担任千户之长，统辖其民。千户组织带有军政合一的特点。平时游牧、狩猎，战时作战，并且需接受赋役的征调。诸千户之上，又按其地域划分万户，万户之长由如木华黎等忠心耿耿的开国元勋担任。万户只是单纯的军事统帅，没有征税、抽丁等政治权力。

随后，成吉思汗着手扩建中军怯薛军。在1204年，成吉思汗整顿军队之时，就已经挑选了一部分贵族子弟充当自己身边的护卫军。在建国后，他立即把护卫军的人数扩充到了1万人，分为四队，轮流值班，称为四怯薛。四怯薛各有怯薛长，分别由成吉思汗的亲信"四杰"博尔术、博尔忽、木华黎、赤老温担任，并世袭其职。这支军队只接受成吉思汗的调遣，主要职能是护卫大汗金帐和分管汗廷的各种事务。成吉思汗很重视这支军队的可靠性，因此在挑选士兵的时候，专门从各级那颜的子弟中挑选。成吉思汗手里掌握有这样的一支精锐部队，就足以制约任何一个在外的诸王和那颜了。另外，各级那颜的子弟被纳入怯薛中，就相当于"质子"，这就更有利于成吉思汗驾驭臣下了。

成吉思汗还创制了蒙古文字，颁行法典。蒙古本来没有文字，只靠使者传报、结草刻木记事。成吉思汗在消灭乃蛮部后，俘获了乃蛮部掌印官畏兀儿人塔塔统阿，命在畏兀儿文的基础之上，创制蒙古文字，并命他教授诸子们学习。此后不久，成吉思汗命人将蒙古自古相传的习俗、历来的训令等加以汇总，并以文字的形式记录下来，称为"大札撒"。大札撒在当时具有法律的效应，是断事官和其他各级行政官吏处理司法及日常政务的主要依据。宋开禧二年（1206年），成吉思汗任命其养弟塔塔儿人失吉忽秃忽担任大断事官，主掌司法，除了负责审理案件、惩治犯罪之外，还负责户口的征收，以及赋税的征收。在大断事官之下，又设立地方断事官，专门负责管治本区域的百姓。这一系列的措施有利于巩固成吉思汗的汗权，构筑了蒙古帝国的基本框架，也为他在以后的岁月里再更大范围内进行扩张战争奠定了基础。

灭夏伐金 率军西征

成吉思汗在建立蒙古汗国之后，并没有耽于享乐，而是把进一步扩张帝国的势力作为主要任务。他的首要目标，自然就是南方的西夏和金。早在西夏天庆十二年（1205年），成吉思汗就一度攻入西夏，掠夺了大批的牲畜、财物而还。蒙古国建立之后，成吉思汗开始谋划对宿仇金国的战争。但西夏位于蒙古的西南边陲，成吉思汗担心在攻打金国的时候，西夏会联合金国从西面牵制蒙古。为了免除后顾之忧，成吉思汗决定先征服西夏，再进攻金国的策略。经过几场大战，西夏向蒙古称臣，并依附蒙古向金发动进攻。

金大安二年（1210年），金永济帝遣使者前往蒙古，诏传成吉思汗觐见新皇。成吉思汗得知是永济帝即位皇帝之后，轻蔑地吐了一口唾沫，说："我原以为中原主人是天上人做的，像这种庸碌无能的人也配做皇帝？"说罢，就把金朝的使者丢在一边，自己上马走了。这件事后，蒙金关系破裂。第二年，成吉思汗以为先辈复仇的名义，大举进攻金朝。金朝镇守边关的大将汪古部投降蒙古，引领蒙古进入金境。这年秋天，永济帝集中了45万大军在野狐岭迎战蒙古大军。蒙古军队此时只有10万人左右，数量上处于劣势。成吉思汗针对金军兵力分散的问题，采取重兵一路突破的做法，杀的金军血流成河。是役，金军主力大败，后军溃逃，伏尸百里。这一役之后，金国元气大伤，国势日衰。成吉思汗乘胜挥军南下，接连攻取了山西、河北、山东等地的许多地方。

蒙古大军来势汹汹，金朝内部政局却是一片混乱。先是右副元帅胡沙虎杀了永济帝，接着元帅右监军高琪杀了胡沙虎。当他们还在尔虞我诈、自相残杀的时候，成吉思汗已经兵分三路，向中都逼近。

金贞祐二年（1214年），成吉思汗屯军中都的北郊。将士们请求乘胜攻下中都，成吉思汗看出金国元气未尽，就没有答应，他派遣使者告诉新上台的金宣宗完颜珣：现在蒙古军要撤退，你应该犒赏兵马。宣宗不敢反对，只得献上永济帝之女歧国公主及大量的金帛、童男童女等求和。成吉思汗在得到这些战利品后，在丞相完颜承晖的护送下，经由居庸关返回了漠北。不久，金宣宗迁都开封，成吉思汗乘机派人包围了中都。次年五月，中都被攻破，成吉思汗命令将中都宗室、财货全部运往漠北，并允许将士入城抢劫三日，作为犒赏。中都陷入一场灭顶之灾，大火月余不息，一座繁华的都城变成了废墟。

金贞祐五年（1217年）八月，成吉思汗在漠北图拉河畔，对将士们进行了封赏。他仿照中原的官制，任命自己最为信赖的木华黎为太师、国王，让他独当一面地经略中原，统筹对金国的战事。两年后，成吉思汗又扬鞭策马踏上了纵横万余里的西征之路。

成吉思汗在侵金的同时，与西部的花剌子模国取得了商业联系。花剌子模是中亚的古国之一，位于阿姆河下游。13世纪前后，花剌子模国经过一系列的征服战争，逐渐成为中亚最强大的国家。花剌子模的国王摩诃末骄傲自大，目空一切，号称是世界的征服者。成吉思汗十三年（1218年），成吉思汗派遣了一支450人的商队前往花剌子模通商，然而在途经讹答剌城（今哈萨克斯坦奇姆肯特西北）的时候，城中守将海儿汗见财起意，杀了这450人，并掠走了财物。成吉思汗知道后，立即派遣使者交涉。但摩诃末根本不把成吉思汗放在眼里，他下令把前来交涉的三名使者，一人杀死，另两人割掉了胡须驱逐出境。摩诃末的无礼，深深地激怒了成吉思汗。他登上山巅，祈祷了三天三夜，求长生天庇佑，决定不惜一切代价，灭掉花剌子模。他首先派遣先锋哲别率领一支军队消灭了盘踞在西辽的屈出律，从而扫除了进兵路上的障碍。

　　成吉思汗十四年（1219年），待秋高马肥之际，成吉思汗率领着近20万大军浩浩荡荡地向着花剌子模进发。经过几个月的长途跋涉，成吉思汗大军抵达了讹答剌城。这里正是450名蒙古商人被拘杀的地方。城中守将海儿汗正是挑起战争的罪魁祸首。他深知成吉思汗不会放过自己，因此进行了坚决的抵抗。5个月后，蒙军才攻破这座城池。海儿汗被押到了成吉思汗处。成吉思汗命人往爱财如命的海儿汗的眼里、耳朵里灌注熔化了的银块，把他杀死，给枉死的商人们报了仇。面对蒙古大军的进攻，摩诃末拒绝了王子札兰丁集中兵力决战的正确建议，采取了分兵把关、各自为战的被动挨打的战略。蒙古大军如入无人之境。成吉思汗告谕各城：投降者免死，顽抗者城破之后，一律屠城。很多城池的居民于是献城投降了。但也有一些城池，进行了顽强的抵抗。然而，他们根本不是骁勇善战的蒙古骑兵的对手，在城破之后，蒙古大军尽屠其民。成吉思汗十五年（1220年）二月，蒙古军已经攻占讹答剌、不花剌等重要城市。三月，成吉思汗进围花剌子模新都撒麻耳干（今撒马尔罕），摩诃末弃城逃跑，一直逃到了阿姆河以南。成吉思汗占领撒麻耳干城，并在这里进行了修整。次年秋，成吉思汗命令察合台、窝阔台等人率军去攻取花剌子模旧都玉龙杰赤城（今土库曼斯坦乌尔根奇），速不台与哲别率军追击花剌子模国王摩诃末，而自己和拖雷则率军向阿姆河挺进。

　　速不台与哲别一路追击摩诃末。摩诃末如惊弓之鸟，一路逃窜，最后凄凉地死在一个海岛上。他死后，王子札兰丁继承了王位。札兰丁企图据旧都玉龙杰赤抗击蒙古大军，但守将不拥护他，还密谋杀他。札兰丁无奈，只得连夜逃出了玉龙杰赤城。窝阔台、察合台军抵达玉龙杰赤城之后，开始的时候，因为政令不一，一直没有攻下该城。成吉思汗于是任命窝阔台为最高指挥官，由他统一指挥，果然九天之后，破城。

成吉思汗与拖雷领军先后攻克忒耳迷（今俄罗斯捷尔梅兹）、巴里黑（今阿富汗巴尔赫）、塔里寒城（今阿富汗木尔加布河上游之北）等地。十一月，成吉思汗下令猛攻逃奔申河（即今印度河）的札兰丁。经过激烈战斗，歼敌4万多人。札兰丁率50余人向印度逃遁。第二年春，成吉思汗派拖雷、八剌率领2万精兵渡申河追击札兰丁，但一无所获。成吉思汗十七年（1222年），成吉思汗领军东还。在返回蒙古的途中，他把所征服的地区分封给了诸子。成吉思汗二十年（1225年），成吉思汗回到了阔别已久的蒙古草原，持续了7年的远征，至此结束。虽然，这次远征给中亚人民带去了沉重的灾难，但却推动了东西方的经济和文化的交流和发展，把中国的发明，如火药、造纸术、印刷术、罗盘等传到西亚及欧洲等国，同时也将西方的天文、医学、宗教等传入中国。

一代天骄 如星陨落

成吉思汗二十一年（1226年），已经65岁高龄的成吉思汗再次发兵征讨西夏。西夏本来已经归附蒙古。然而，当成吉思汗主力西征之时，西夏国主献宗李德旺背弃盟约，联金抗蒙。于是，在回到漠北之后，成吉思汗立即发动了对西夏的战争。蒙军很快就攻克西夏黑水、兀剌海、沙州、肃州等地。献宗忧惧而死。西夏众臣拥立献宗的侄子李睍为帝。成吉思汗命蒙古军队继续猛攻，迫使西夏投降。然而，就在这时，一代天骄成吉思汗因病逝世于六盘山，终年66岁。他在临死之前，给诸子们留下了"假道于宋，出兵唐、邓，径取汴京"的灭金方略。他还吩咐众人，在他死后，要秘不发丧，等到西夏主来降的时候，把他们全部杀掉。

成吉思汗死后，他的子孙们遵照他的遗嘱，把他的尸体运回了蒙古故土，埋葬在不儿罕山之南的起辇谷内，并以万马踩平，不给盗墓贼留下任何的线索。后人在鄂尔多斯（伊克昭盟）修建了"八间白室"，放置其遗帐、遗物，用来怀念这位一生叱咤风云的民族英雄。

世祖忽必烈

元世祖档案：

生卒年：1215~1294年

父母：父，托雷；母，唆鲁禾帖尼王妃

后妃：察必皇后、塔剌海皇后等

年号：中统、至元

在位时间：1260~1294年

谥号：圣德神功文武皇帝

庙号：世祖

陵寝：起辇谷

性格：雄才大略

元世祖，名孛儿只斤·忽必烈，是成吉思汗的孙子。在蒙哥死后，即蒙古帝国大汗之位。灭亡南宋之后，他承宗改制，建国大元，前后统治中国达34年。他在位期间，仿照汉制，改革政体，加强中央集权，完成了蒙古族从游牧的奴隶制向封建制度的转变。至元三十一年（1294年），因病逝世于大都，享年80岁。

少年有成 广揽贤才

忽必烈是拖雷的第四个儿子，自幼聪明伶俐，深得成吉思汗的喜爱。幼年时，因为父亲常年征战在外，抚养他的重担就落在了母亲唆鲁禾帖尼的身上。唆鲁禾帖尼是个十分聪明的女人，汉化很深，在忽必烈很小的时候，她就让他跟随在博学多才的耶律楚材的身边，增长学识。没过几年，拖雷逝世，唆鲁禾帖尼一方面，小心翼翼地与窝阔台大汗周旋，另一方面，通过种种努力为自己的儿子们树立良好的政治形象。窝阔台在位时，任用耶律楚材为中书令，进行了一系列的改革。耶律楚材的改革，给年轻的忽必烈留下了很深的影响，以至于多年以后，他也是基本沿袭着耶律楚材的施政思想进行改革的。窝阔台死后，其子贵由即位。贵由却是个短命的大汗，在位不过3年，就去世了。在唆鲁禾帖尼等人的努力下，蒙哥即位。蒙哥为把权力确保在拖雷系手中，于是命令自己的弟弟忽必烈全权掌管漠南汉地的一切军国庶务。

1251年，忽必烈达到漠南金莲川后，立即开府建衙，招揽四方人才。其实，早在漠北为藩王的时候，忽必烈已经很重视人才的任用，他先后召汉人赵璧、刘秉忠、姚枢等人入府。刘秉忠本是一名和尚，跟随着海云法师修行，但忽必烈认为他很有才干，于是留下他，任命他为王府掌书记。在他们的帮助下，忽必烈对中国历代王朝的治乱兴衰已经颇为了解，也充分地认识到 "天下可以马上得之，不可以马上治之" 的大道理。在金莲川设置幕府之后，在刘秉忠等藩府旧臣的积极活动之下，先后有一大批的人才集聚在忽必烈的身边。这其中有以郝经、杨惟中、商挺、张文谦等人为代表的汉族知识分子，也有以廉希宪、也仙鼐、阿合马、阿里海牙等人为首的西域奇才异士。正是这些人的辅佐，使得忽必烈在治理邢州（今河北邢台）、河南、关中等汉地中取得成功，也使得他在之后的汗位争夺中牢牢占据着优势。

当时的河南、关中之地，经历了常年的战乱，民生凋敝，经济十分萧条，如邢州之地，在金朝时共有8万余户，然而到忽必烈受封之时，却仅有五六百户；又如关中之地，自古便是繁荣富庶的地方，可是经过连年战乱，关中8州13县的户口竟然还不到1万户。

忽必烈在掌管漠南汉地军国庶务之后，在刘秉忠等人的建议下，决定以 "汉法" 治汉地。他一方面赈济、安抚流民；另一方面，整顿军纪，严禁蒙军将士妄杀无辜。同时，他还委以熟悉汉法的张耕、刘肃、杨维中、廉希宪等人重任，专司治理邢州、河南、关中等地。

1251年，忽必烈在邢州设立安抚司，派遣赵瑨、刘肃、张耕等人前往整治。他们达到邢州后，齐心协力，打击不法，招抚流民，结果，不到一个月，就使邢州的户口增加了10倍。第二年，忽必烈在汴梁（今河南开封）设立经略司，以史天泽、杨惟中、赵璧等人为经略使治理河南。当时，蒙古军士在河南横行不法，百姓深受其害，因此逃离的人很多。杨惟中等人到任后，立即对违法乱纪的行为进行整治。河南道总管刘福贪婪残暴，祸害百姓20余年，杨惟中到河南后，即以大梃（一种棍棒）杖杀了他。百姓拍手称快。没过几年，河南大治。1253年，忽必烈受封关中，当时的关中户不满万户，蒙军暴横，民不聊生。忽必烈于是命姚枢在京兆（今西安）设立宣抚司，以孛兰、杨惟中为宣抚使，以商挺为郎中，前往治理关中地区。杨惟中到达关中之后，便对关中地区进行了大刀阔斧的整治。他首先明正法令，对那些有功之人予以表彰和奖励，对于那些欺压民众的贪官污吏则予以罢黜和惩治。蒙军中有一位郭千户，杀人夺妻，民愤极大，杨惟中知道此事后，立即将他法办，关中立刻秩序井然。次年，忽必烈又派遣姚枢为劝农使，劝课农桑，鼓励百姓进行农业生产。在几人的治理之下，数年间，关中便焕然一新，人丁旺盛，经济繁荣。

忽必烈在汉地的治理，政绩卓然，人心日渐归附。这就引起了蒙古大汗蒙哥的猜忌。蒙哥本来就对忽必烈施行汉法感到不满，此时见到忽必烈受到汉地民众的爱戴，心生恐惧，便寻找了一个机会解除了忽必烈的兵权。同时派亲信阿蓝答儿、刘太平等到关中、河南等忽必烈的封地，借清算钱谷之名，对忽必烈设置的经略司、宣抚司等改革机构的大小官员，进行无情打击。单是在关中一地，先后死于酷刑的改革派官员就有20多人。忽必烈不得已，只得接受姚枢的建议，把自己的妻子、儿女送到汗廷做人质，以表明自己并无异志。

同年十一月，忽必烈亲至漠北，谒见蒙哥，兄弟相见，尽释前嫌，蒙哥下令停止清算钱谷，并与忽必烈一起商定了伐宋方略。

武力夺位 发兵灭宋

1257年，蒙哥兵分三路，发起了对宋战争。然后由于东路军进展缓慢，蒙哥于是命令忽必烈代替塔察儿总领东路军。此时，在他的身边可谓是猛将如云，谋臣似雨，大军一路南进，所向披靡。1259年八月，忽必烈率军渡过淮河。这时，蒙军抓获了一名俘虏，从他口中得知蒙哥大汗伤重去世的消息，军中有人建议立即回师和林，争夺汗位。忽必烈将信将疑，没有立即回师，而是继续率军南进。月末，攻克大胜关，直抵长江北岸。九月，宗王穆哥遣使送来蒙哥大汗去世的讣告，并劝忽必烈撤军北还，以便争夺大汗之位。但忽必烈认为，奉命出征，不可以无功而返，于是在十月，兵分三路，强渡长江，包围了鄂州。鄂州城池坚固，军民奋勇，忽必烈数度强攻，仍然取之不下。此时，留守和林的七弟阿里不哥趁机加紧了夺权活动，他一面派出数路使者，通知诸王前往和林，召开库里台大会；一面派遣亲信阿蓝答儿、脱里赤四处征兵，积蓄军事力量，并打算派兵将忽必烈阻挡在黄河以南，不让他回去。

忽必烈之妻察氏见情势危急，连忙派人急报忽必烈，并督促他早日回师，以防不测。郝经等大臣亦再次建议忽必烈应该以天下苍生为念，及早班师。忽必烈遂下定决心，撤军北还，争夺汗位。为了迷惑敌人，他接受郝经的建议，采取了声东击西的战术，声称要发兵苏杭，直捣南宋的都城临安。贾似道十分惊恐，连忙瞒着宋朝皇帝遣使求和，双方约定：宋将长江以北地区划归蒙古，向蒙古称臣，每年纳贡银20万两、卷20万匹。随后，忽必烈亲率大军火速赶回燕京，并派遣廉希宪去游说东路诸王塔察儿等人，为其争夺汗位做准备。

忽必烈回到燕京之后，立即解散了阿里不哥的亲信脱里赤征召的军队，以安定民心。1260年三月，忽必烈率军抵达开平，在这里召开库里台大会，在众人的拥戴下，宣布继承汗位，然后颁布诏书以告示天下。与此同时，阿里不哥也在和林召集了自己的支持者举行库里台大会，推举自己为蒙古大汗。是年冬，忽必烈御驾亲征，在和林郊外打败阿里不哥大军。阿里不哥众叛亲离，无奈只得投降了忽必烈。后来。阿里不哥又乘着忽必烈南下侵宋机会，再次反叛，然而由于西北的察合台系众人的反对，阿里不哥的反叛行动再一次失败。陷于绝境的阿里不哥只好再次投降。阿里不哥的投降，确立了忽必烈的正统统治，帝国的中心也渐渐地由和林转移到了中原地区。

忽必烈在即位之初，因为忙于巩固政权，因此南宋得以苟延残喘。1260年，忽必烈派郝经出使南宋，宣告自己即位的消息，并与贾似道商讨协议的问题。贾似道害怕其签署投降协议的罪行暴露，于是就把郝经拘留在真州（今江苏仪征）。至元四年（1267年），忽必烈在巩固政权之后，便以此为借口，发动了侵宋战争。此时的南宋，在贾似道等奸臣的把持下，日益走向了衰落和腐败。泸州大将刘整率领30万军民投降忽必烈，并向他提出了先攻襄阳，从中间突破，继而亡宋的策略。忽必烈接受他的建议，于是派刘整、阿术率军进攻襄阳。至元九年（1272年），襄阳守将在孤立无援的情况下投降。至此，这座南宋扼守蒙军的军事重镇襄阳也落入了蒙古手里。次年夏天，忽必烈发布伐宋诏书，并以伯颜为大军统帅，统军20万，分兵两路南下征宋。这时，宋度宗去世，贾似道立其幼子赵㬎为帝。伯颜南下的消息传来，宋廷上下大惊失色。贾似道无奈，只得亲率13万大军，抵御伯颜。结果，宋军大败，贾似道只身逃往扬州。消息传来，群情汹涌，朝野上下一致要求治贾似道误国误民之罪。太皇太后为平民愤，遂将贾似道削职为民。后在途中，贾似道被押送的军官所杀。伯颜军继续南进，太皇太后连下诏令，动员各路军民勤王。然而，接下来的战争，宋军仍旧屡战屡败，南宋大将张世杰的10万水军也被蒙军打败，南宋覆亡在即。

至元十三年（1276年），蒙军兵临城下。谢太后只得起用文天祥为相，让他出使元营，商议议和之事。文天祥到元营后，被伯颜趁机扣押。谢太后山穷水尽，只得向伯颜献上降表、玉玺投降。随后，伯颜遵从忽必烈命令，派遣一队人马将小皇帝赵㬎、其母全太后以及皇族宗室、文武百官全部押往大都。途中，文天祥乘机逃走。五月，一行人到达大都，忽必烈召见小皇帝赵㬎，宣布废去帝号，封为瀛国公。

此后，南宋益王赵昰、卫王赵昺先后在文天祥、陆秀夫、张世杰等人的辅佐之下，在东南沿海一带转战，力图恢复江山社稷，然而最终也归于失败。至元十六年（1279年），崖山之战后，元军全歼了宋军，陆秀夫抱着小皇帝跳海自杀，文天祥被俘，后被处死。南宋遂亡。至此，元朝完成了统一，忽必烈成为全中国的皇帝。

建国定制　巩固统治

忽必烈的施政思想，受中原文化影响极大。早在他继承汗位之初，翰林学士徐世隆就上奏说：“陛下帝中国，当行中国事。”认为只有推行中原王朝的治国之道，才能当中国的皇帝。这其实是希望忽必烈能在中原推行汉法，以中原王朝已有的模式统治汗国。忽必烈也认为立足汉地，蒙古原有的统治方式已不可行，于是，在他继承汗位之后，即推行汉法，进行了一系列的改革。灭亡南宋后，更是把这些改革措施推行至元朝的各个地方。

首先，建元改制，立都汉地。忽必烈在继承汗位之后，就仿照汉族封建王朝的传统，发布即位诏书，告示天下，不再称“大汗”，而改称“皇帝”。几个月后，忽必烈又改变了蒙古不立年号的旧俗，采用了中国传统的封建王朝年号纪年，宣布建元中统。平定阿里不哥之乱后，他又改年号为至元。为了方便对中原地区的控制，忽必烈放弃远在漠北的旧都和林，在漠南和中原设两个都城。中统四年（1263年）升开平府为上都（今内蒙古自治区锡林郭勒盟正蓝旗境内），建宗庙宫室。至元元年（1264年），他将金朝旧都燕京（今北京），改为中都，同时进行了扩建、重修。至元九年

（1272年），改名为大都，被定为元朝新的都城。新都建成后，忽必烈又更改国号，定国名为大元，取《易经》"大哉乾元"之意，意指国家广袤无疆。随后，又把上都的中书省迁至大都，从而使大都处于全国政治中心的地位。

其次，仿照汉制，建立一套行之有效的行政机构。忽必烈上台后，在汉族谋臣的帮助下，逐步创设、完善各项国家制度。这些制度的形成既是对宋金以来朝廷制度的继承，又有着蒙古自身的某些特点。元朝的中央权力机构主要由三部分组成：中书省、枢密院和御史台。中书省总理全国政务，下辖吏、户、礼、兵、刑、工六部；枢密院，专掌全国军务；御史台，专司文武百官的监察之责。在地方上，设立行省。全国划分为10个行省，由中书省派遣官员到地方上进行管理。在少数民族和边疆地区则设立宣抚使司、宣慰使司和都元帅府进行管理。吐蕃以中央宣政院进行直接管理，台湾、澎湖列岛则设立澎湖巡检司进行管理。忽必烈在革新的同时，保留了旧有的断事官制度，但削弱其职权范围，只让他们负责蒙古、色目以及宗室的案件。

在构筑国家的行政机构的同时，忽必烈为了加强中央集权，开始采取措施大力削弱诸王勋贵以及汉人世侯的权力。蒙古帝国对宗室贵族的分封，导致了统治区域内出现了很多大大小小的藩王。他们虽然名义上服从于中央汗廷的领导，但各自拥兵自重，形同一方割据势力。忽必烈上台后，认为这不利于中央帝国的统治，于是展开了大规模的削藩运动。他先是通过授爵赐印的方式，确立了君权的威严，接着，又通过定军籍、建都府等措施，削弱了诸王草原领地的军权，随后又收回了诸王领地的司法权。此外，忽必烈还从税收、食邑官任命等方面，逐渐地削弱了诸王食邑的实力基础。这样，诸王对元朝统治中央的威胁也就大大地减轻了。

对于忽必烈统治中央的威胁，还有相当大一部分是来自于蒙古册封的汉人世侯。自成吉思汗开始，蒙古经略中原的时候，采取了"以汉治汉"的策略，招抚和收降了一些汉族官僚和地方武装势力。因此，一些汉人将领就逐步掌握了蒙古统治区的地方政权，且各握重兵，多者五六万，少者也不下两三万。中统二年（1261年）秋，山东地区的汉军万户李澶叛乱。虽然这次叛乱很快就被镇压下去了，但此事以后，忽必烈对汉人疑忌心理加重，于是便以此为借口，规定汉人将领不能兼掌兵、民之权。史天泽等汉将为了表示对忽必烈的忠诚，纷纷交出了兵权。忽必烈还通过取消世侯封邑等方式，彻底削除了汉人世侯的势力，使中央集权进一步牢固起来。

忽必烈还十分重视农业，鼓励生产。在他即位之初，就设立了十路宣抚司，并在各路宣抚司挑选通晓农事的人委以官职。次年，又命令姚枢为大司农，在各地设立劝农司，选派官员为劝农使，前往各地劝课农桑，并考察各地农业生产情况。接着忽必烈又发布了官吏升降条例，把各地的人口、收成等方面纳入官员考核的范围，农业生产的好坏作为官员升降的主要标准。另外，他还命人将历代的农学著作汇集成册，编成《农桑辑要》一书，颁行全国，用以指导农业生产。为了保护农业生产，他还颁布了一系列法令，禁止蒙古军队的掠夺、屠杀等破坏农业的行为。这些措施有利于农业生产，使得饱经战乱的中原与江南地区的经济得到了恢复和一定程度的发展。

忽必烈在推行汉法的同时，仍保留了一些蒙古旧制，如蒙古的赏赐制度。在成吉思汗时期就有大汗向诸王贵族赏赐金银财帛的习俗。忽必烈即位后，继续保留了这一习俗，每年赏赐给诸王、驸马们的财帛数以万计。这种奢侈浪费，无补于国，更无补于民。另外，断事官、采邑、怯薛等蒙古旧制也以各种各样的方式保留了下来，并延续到后世，对之后元朝的政治生活产生了一定的影响。

明

太祖朱元璋

明太祖档案：

生卒年：1328~1398年

父母：父，朱世珍；母，陈氏

后妃：马皇后、李淑妃等

年号：洪武

在位时间：1368~1398年

谥号：高皇帝

庙号：太祖

陵寝：孝陵

性格：英明刚毅，猜忌狠毒

明太祖名叫朱元璋，是明朝的开国皇帝。他由贫苦的小牧童起家，抓住元末乱世之机，叱咤沙场，转战南北，最终称雄政坛，开创了延续276年的大明王朝。而他本人，则是一位卓越的军事家和政治家，开创了大明王朝的版图，并为之奠定了坚实的基础。

传奇皇帝的苦难人生

朱元璋，元天历元年（1328年）九月生于安徽濠州（今安徽凤阳县东），是家中的第六个孩子。父亲朱世珍有四子二女，朱元璋是他的第四子。朱元璋初名重八，后取名兴宗，后来又改名元璋。他的家境非常贫困，朱世珍是一个无地的农民，只好靠租种别人的田地维持生计。他与妻子陈氏辛勤劳动，却仍然难以养活一家人。尽管如此，朱氏夫妇对幼子朱元璋还是十分疼爱。朱元璋就在这个贫困而又温馨的家庭中慢慢长大。

朱元璋自小就聪明伶俐，很讨人喜欢。他小时候经常和小伙伴们到村边的皇觉寺玩耍，寺中长老也比较喜欢他，就时常教他读书识字。小小的朱元璋聪慧过人，几乎过目不忘，时日一长，他也初通文墨了。朱元璋逐渐长大，他的家境依然贫困。3个哥哥为了生计，早就去地主家做长工了。朱元璋也不得不去地主刘大秀家放牛，以减轻家里的负担。

朱元璋自小就胆识过人，又很讲义气。他和一群同样贫穷的孩子们一起放牛，一次，孩子们实在是太饿了，朱元璋就指挥大家杀了一头自己放牧的牛来炖着吃。填饱肚子后，大家伙就开始害怕了，生怕遭到地主的责打。朱元璋就挺身而出，说自己一人承担责任。他先指挥伙伴们掩埋了牛骨等物，然后将牛尾巴插进了石头缝里。回去后，朱元璋就对地主刘大秀谎称牛钻进山洞，被夹在石头缝里出不来了。这种小孩子的伎俩实在是很拙劣，刘大秀根本不信，很快就发现了真相。他恼羞成怒，将朱元璋毒打了一顿，并赶了出去。朱元璋放牛的差事没有了，不过却得到了小伙伴们的拥戴，成了他们中的孩子王。

元至正四年（1344年），朱元璋已经是17岁的大小伙子了。这一年淮北地区发生严重的旱灾，而旱灾又引发了蝗灾和瘟疫，很多农民都被饥饿和瘟疫折磨致死。朱元璋家也是如此，他的父母、兄长等人相继离世，最后只剩下他和大嫂、侄子三人了。朱元璋悲痛欲绝地埋葬了几位亲人后，生计又成了大问题。大嫂只好带着侄子回娘家求助，而朱元璋只能靠自己了。他见皇觉寺的和尚们还有饭吃，就剃度为僧，进了皇觉寺。

朱元璋做了和尚后，虽然暂时不会饿死，但日子也很不好过。每日不仅要辛苦地劳作，而且要受长老、师父们的气。就算是这样的日子，朱元璋也只过了几十天。因为皇觉寺是靠收租和善男信女们的施舍度日的，饥荒之年，和尚们也坐吃山空，长老高彬只好把徒弟们都打发出去云游化缘，自力更生。朱元璋就这样出了皇觉寺，四处流浪谋生。几年的漂泊生活中，他尝尽了世间艰辛，目睹了各地百姓的苦难，但同时也开阔了眼界，丰富了人生阅历。

从小和尚到乱世枭雄

元至正八年（1348年），流浪三年的朱元璋又回到了皇觉寺。不过此时寺空人散，满目凄凉，他便留下来，暂时当了皇觉寺的住持。但他并不甘心当和尚来了此一生，此时元末的农民起义如火如荼，其中最著名的是红巾军起义，朱元璋每天听着战事，心里也跃跃欲试。正好此时，他小时候的伙伴汤和来信邀请他前去投军。朱元璋就离开皇觉寺，投奔了郭子兴的红巾军。由于他智勇双全，既讲义气，又通文墨，朱元璋在农民义军中很快就崭露头角了。元帅郭子兴对他非常赏识，还把养女马氏嫁给他为妻。马氏就是历史上有名的大脚马皇后，她聪慧过人，与朱元璋情投意合，相敬如宾。而朱元璋成为元帅的女婿后，在军中的威望也越来越高了。

就在朱元璋身价渐涨之时，义军内部却发生了一件大事。元帅郭子兴与副帅孙德崖因战事发生矛盾，孙德崖将郭子兴骗至家中，准备杀了他后自己称王。正好朱元璋出征归来，闻讯后立即闯入孙德崖家中，将已经被捆绑起来的郭子兴解救出来。郭子兴对此万分感激，此后对朱元璋更加器重。不过这次事件却令朱元璋开始考虑自己的前途，他认为濠州地区统帅太多，将帅之间矛盾重重，内讧不断，成不了气候。经过慎重考虑，朱元璋决定自己招兵买马，加入群雄割据的阵营。朱元璋的决定得到了郭子兴的鼎力支持，他小时候的玩伴徐达、周德兴等人闻讯，也赶来投奔。没过多久，朱元璋就组建了一支700多人的队伍，开始了自己的戎马生涯。

元至正十四年（1354年），朱元璋带着自己的人马离开郭子兴，南下定远，开辟新天地。定远的驴牌寨盘踞着一支3000多人的地主武装，朱元璋人少，就决定智取。他发现山寨缺粮，就命手下兵士伪装成送粮的民夫，诈开了寨门，趁着寨中众人毫无防备，迅速地擒拿下寨主，占领了驴牌寨。

朱元璋首战告捷后，又乘胜夜袭盘踞在横涧山的地主武装缪大亨。缪大亨拥有一支2万多人的队伍，他没想到自己在睡梦中就做了俘虏，只好向朱元璋投降。两战之后，朱元璋的队伍迅速壮大到几万人。这年七月，他又攻占了滁州。随着朱元璋的实力日益壮大，附近的不少小地主武装纷纷前来归附。除此之外，还有一些才识出众的读书人也来投奔，其中定远的李善长，不仅学识渊博，而且很有智谋，他建议朱元璋学习汉高祖的长处，来夺取天下。朱元璋将他引为知己，留在身边出谋划策。此后朱元璋一直都很重视文人谋士的文韬武略，而这些人也在朱元璋打天下的过程中立下了汗马功劳。

群雄逐鹿　建立大明

元至正十五年（1355年）三月，红巾军领袖郭子兴去世，刘福通的农民义军在安徽亳州建立了宋政权，尊韩林儿为小明王，任命朱元璋为郭子兴义军的副元帅。没过多久，郭天叙和张天佑两位副元帅先后战死，朱元璋就成了郭子兴义军的统帅。次年三月，朱元璋亲率水陆两军，挥师攻陷了集庆（今南京），迫使元朝的水军统帅康茂才等人投降。接着他又改集庆为应天府，并以此作为自己的根据地，迅速出击，先后攻占了镇江、常州、徽州（今安徽歙县）、婺州（今浙江金华）等地。朱元璋又设立江南行中书省，他也被部下拥立为吴国公。到元至正十九年（1359年），小明王韩林儿又任命朱元璋为江南等处行中书省的左丞相。至此，朱元璋已经拥有了一支强劲的军事力量，有足够的实力参与中原逐鹿了。

朱元璋在征伐之余，十分重视任用儒士。除了早年的李善长、冯国用、冯国胜等人外，在攻占徽州后，朱元璋又亲自到石门山（今四川高县）拜访老儒朱升，向他请教称霸良策。朱升送给他三句话："高筑墙，广积粮，缓称王。"意思就是让朱元璋先扩充兵力，稳固后方；发展生产，储备粮草；同时不要贪功图名，暂缓称王，以避开群雄的攻击。朱元璋非常认同，就以这三句话为纲领来建立大明王朝。

按照朱升的策略，朱元璋首先抓紧军队建设，加强训练，同时又不忘粮食生产。他在义军中第一次设置了营田司，以康茂才为营田使，专门负责屯田和水利等农业生产事项，军中将士也利用战事闲暇开荒种地。几年之后，朱元璋军粮充足，还有了不少剩余，他辖下的百姓不用负担军粮，自然欢喜万分，这也使朱元璋的统治更加稳固。朱升的第三句话，朱元璋一直牢记在心，他虽然实力大增了，却始终行事低调。他一直对小明王称臣，并使用宋政权的龙凤年号，以避免树大招风。

就在朱元璋卧薪尝胆，悄然崛起之际，天下局势也发生了很大的变化。张士诚占据了以平江（今江苏苏州）为中心的太湖流域和长江三角洲的广大富饶土地，雄霸东方。徐寿辉以武昌为中心，统辖湖广、江西大片地区，成了西方霸主。朱元璋被夹在中间，并不轻松。元至正二十年（1360年）闰五月，徐寿辉被部将陈友谅杀死，接着陈友谅就在江州（今江西九江）称帝，建立汉国。没过多久，陈友谅就与张士诚联合出兵应天（今江苏南京），企图消灭朱元璋，不料却被朱元璋打败了，还被夺走了江西的一些地方。元至正二十二年（1362年），陈友谅卷土重来，要报昔日之仇。两军在鄱阳湖展开生死大决战，战斗持续了36天，最后陈友谅中流矢而死，朱元璋虽然损失惨重，却最终赢得了胜利。

鄱阳湖大战后，陈友谅的次子陈理继父位称帝，支撑着残破的汉国政权。而朱元璋的实力大增，势力范围扩展到长江中下游的广大地区，他一统天下的欲望也更加强烈了。1364年正月，朱元璋在应天称吴王，立长子朱标为世子，设置文武百官，建中书省，以李善长为右丞相，徐达为左丞相，俨然是一个小朝廷了。

元至正二十四年（1364年）二月，朱元璋亲征武昌，陈理投降，汉政权灭亡。朱元璋接着就把目标转向东方的张士诚。张士诚靠贩卖私盐起家，他的手下部众也多是盐商、中小地主和部分贫民，他们起义是为了反抗元朝的压迫，虽然作战勇敢，但是有了一点成就后，就变得浑浑噩噩，毫无斗志了，统治集团内部也变得十分腐败。朱元璋的讨伐战进行得十分顺利，到元至正二十六年（1366年）年底，张士诚所辖的各个城镇都被朱元璋占领了，连都城平江（今苏州）也被围住了。平江城易守难攻，朱元璋就采用"锁城法"，围城不攻。10个月后，苏州城破，张士诚被俘，后来自缢而亡。朱元璋在兵围平江之时，又先后铲除了浙东的方国珍、福建的陈友定，并攻克了广东和广西两地。至此，除四川和云南外，朱元璋统一了整个中国南部，与统治北方的元朝对峙。

元至正二十七年（1367年）十月，朱元璋派徐达、常遇春率军北伐，与元朝展开了最后的决战。北伐期间，朱元璋于1368年正月在应天称帝，定国号为大明，改元洪武。北伐大军一路势如破竹，所向无敌，洪武元年（1368年）八月，北伐军攻陷元大都，元朝的最后一个皇帝——元顺帝，仓皇逃往上都（今内蒙古多伦），元朝至此灭亡。接着朱元璋又用了20年的时间扫平各地的小政权，到洪武二十年（1387年），除漠北、新疆外，朱元璋基本完成了统一全国的大业。

严刑峻法　巩固皇权

朱元璋41岁称帝，定都应天，立马氏为皇后，长子朱标为太子，以李善长、徐达为左右丞相，又设置了文武官员，大明王朝就这样建立起来了。

执政之初，朱元璋把文武百官请到身边，一起分析元朝灭亡的原因，并探讨新王朝的治国方针。官员们各抒己见，畅所欲言，最后大家一致赞同高参刘基的见解："宋元以来，宽纵日久，当使纲纪整肃，然后才能实施新政。"朱元璋也认为依法治国是首要任务。于是，明王朝首先抓紧制定法律，到了洪武三十年（1397年），朱元璋正式颁布了几经修订的《大明律》。该律分六律，460卷，简于《唐律》而严于《宋律》。《大明律》中对谋反的惩处特别严厉，不分主、从犯，一律凌迟，从祖父到孙子、兄弟及同居之人，只要年满16岁的，都要处斩。对于贪污的处罚也非常严酷，只要查实确认为贪赃者，都要发配到北方荒漠中充军。若贪污数额达到白银60两者，要斩首示众，并剥下人皮，用稻草填充，放到衙门前，用以警示继任的官员。朱元璋执政，就以这部严厉的法律为依据，并以身作则，坚决依法治国。

朱元璋的女婿、驸马都尉欧阳伦，是马皇后之女安庆公主的丈夫，他仗着自己的尊贵身份，藐视国家法律，向陕西贩运私茶，结果被一个小官吏告发了。朱元璋毫不留情地赐死了他，并封赏了那个不畏权贵的正直小吏。朱元璋的父母兄弟都早亡，朱家子弟中他只有一个亲侄子朱文正。可朱文正犯法后，朱元璋照样罢免了他的官职。开国功臣汤和，是与朱元璋一起长大的患难兄弟，他的姑夫仗着自己有靠山，隐瞒常州的土地，逃避赋税，也被朱元璋毫不留情地处死了。

朱元璋称帝30余年，还公开惩处了几起大的贪污案，其中最大的是户部侍郎郭桓案。洪武十八年（1385年），御史余敏、丁举廷告发郭桓伙同北京承宣布政司、提刑按察使司的官吏集体舞弊、侵吞官粮。朱元璋下诏彻查此案，结果查实贪污的钱款数额巨大，若折成粮食竟达2400多万石。他顿时雷霆震怒，下令严惩不贷，结果牵涉的几万大小贪官都人头落地，受株连抄家的不计其数。经过这样一番严刑峻法，明朝初期的吏治十分清明，社会秩序稳定，百姓也逐渐安定下来。

朱元璋出身寒微，历尽坎坷，对百姓的苦难非常了解。他用法律稳固统治后，就实行休养生息的政策，来发展生产。元朝时期，高官贵族都蓄奴成风，有的人家奴仆竟达数千。到了明朝，为了保证农业生产能有足够的劳动力，朱元璋于明洪武五年（1372年）下诏：禁止普通地主蓄养奴婢，违者杖刑一百；已经蓄养的奴婢均放为良民；因饥荒而卖身为奴的人，政府为其赎身。除此之外，朱元璋还控制寺院的发展，迫使不少僧尼还俗，成为农业生产的劳动力。接着朱元璋又对垦荒进行奖励，并实行屯田，还大力兴修水利，鼓励种植棉桑等经济作物，而赋税徭役则尽量减轻。这些措施极大地调动了农民的劳动积极性，取得了很好的效果。到洪武二十六年（1393年），全国的税粮达3279万石，是元朝一年税粮的3倍，同时全国人口也增加了700多万，明初的社会经济呈现出繁荣气象。

朱元璋深知稼穑艰难，对百姓非常体恤，就自己带头提倡节俭。他身为帝王，服饰仪仗应多用金饰，而他却一律改用铜饰。他的饮食起居也如同普通的中产人家，宫中后妃等人也从不做奢华打扮。他还命太监们在皇宫墙边种菜，以取代亭台楼阁。他对儿子们的要求也十分严厉，皇子们不仅平日要穿麻鞋，戴竹笠，而且出城办事，按照路程的远近，是步行还是骑马也要按规定确定。朱元璋深感自幼家贫，读书太少，所以称帝后一直勤奋好学，还经常向儒生们请教。几十年下来，他不仅能写手札、军令，还能吟诗作赋。他的这种勤学精神，在历代帝王中都是少有的。

朱元璋用严刑和宽政稳固了大明江山后，对整个政治体制进行改革，极力加强中央集权。元朝时期，地方设行中书省，是朝廷中书省的分支，掌控一个省的军政、民政、财政和司法，职权非常大。朱元璋自己也做过行中书省的丞相，对这种弊端深有体会。明洪武九年（1376年），他下令废除了行中书省，设承宣布政使司、提刑按察使司和都指挥使司，分管行政、司法和军事，三者地位平等，既相互独立又相互牵制，都听命于中央政府。由此，朱元璋将地方大权抓到了自己手中。

接着，朱元璋又对中央机构进行改革。他称帝后，设有左、右丞相李善长和徐达二人。李善长理政事，徐达理军事，两人都很能干也很忠心，与朱元璋也没有发生过什么冲突。后来李善长将相位传给了女婿胡惟庸，胡惟庸很有野心，他入朝后就迅速培植党羽，独断专行，逐渐威胁到了皇权。明洪武十三年（1380年），朱元璋以胡惟庸谋反为由将其诛杀，接着又宣布撤销中书省，不再设立丞相，由吏、户、礼、兵、刑、工六部分管各种政事，直接向皇帝报告，从而将权力完全抓到了自己手中。不过如此一来，朱元璋要处理的政务也激增，每天从早到晚忙个不停，疲惫不堪。为了减轻负担，明洪武十五年（1382年），朱元璋设置了华盖、文华、武英、文渊、东阁等殿阁大学士，由品级较低的编修、讲读等官员充任，帮他阅奏章，草文书。由此，朱元璋轻松了不少，皇权也不受影响。

冷血诛功臣

朱元璋的权力欲望非常强，他大刀阔斧地改革，将皇权牢握在手里，还是不放心，又强化了监察机构，对官员进行监视和控制。他在都察院设立了13道监察御史，还开创了一个著名的特务机构，就是历史上臭名昭著的锦衣卫。

朱元璋在位30余年，锦衣卫遍布全国，对文武官员的一言一行都严密监视。甚至有的大臣告老还乡后，朱元璋不放心，还让特务去监视。而朝中大臣，即使是赤胆忠心的名臣，朱元璋也对他们很猜忌。大学士宋濂在家宴客的菜肴名单，国子监祭酒在家生气的样子，甚至有的大臣在家与妻妾玩麻将丢失的一张二万，朱元璋都了如指掌。他还经常带着侍从微服私访，可能会突然出现在某个大臣的家里。在他的严密监视下，大臣们人人自危。好在明初的官员大都比较忠心，所以没有出现什么惨剧。不过朱元璋开了特务机构的先例，后来被专权的太监等人利用，作为打击报复大臣的有力武器，为此有许多人深受其害。

朱元璋的猜忌心如此重，对那些追随他打下江山的开国功臣们自然更不放心。起初他给这些功勋大臣们加官晋爵，并结为儿女亲家，以此确保他们对自己的忠心。他还把自己的儿子们都分到各地去做亲王，来监视各地的军事将领。功臣们有了显贵身份后，不少人就日益骄纵，腐败堕落了。朱元璋见政治婚姻不起作用，就干脆大开杀戒。明洪武十三年（1380年）的胡惟庸谋反案，共有近3万人被杀，已经退休在家的77岁老臣李善长一家70多口人也在其中；明洪武二十六年（1393年），开国老臣蓝玉因谋反被诛，受牵连而死的近15000人。开国第一功臣徐达，朱元璋也没有放过。徐达背上生疽，最忌吃蒸鹅等物，朱元璋却偏偏赐蒸鹅给他。徐达明白其中的用意，只好含泪食用，几天之后就病故了。只有老臣汤和主动交出兵权，告老还乡，从此绝口不提任何国事，才得以寿终正寝。朱元璋大杀功臣的行为令大臣们寒心，人人惶恐，不过他也确实为子孙后世消除了篡权的隐患。朱元璋虽然没有对自己的行为公开忏悔过，但他晚年也曾告诫子孙不要效仿这种做法，可见他还是有悔意的。不过为了巩固皇权，他还是六亲不认、冷血无情。

洪武三十一年（1398年）闰五月，明太祖朱元璋病逝，享年71岁，他的孙子朱允炆继位，即明惠帝。朱元璋死后，葬于孝陵，谥号"高皇帝"，庙号"太祖"。他在位30年不仅创立了大明基业，而且形成了成熟的施政纲领，修订了完善的法律，规划出整个明王朝的政治体制。

🐉 惠帝朱允炆

明惠帝档案：

生卒年：1377~？

父母：父，朱标；母，吕氏

后妃：马皇后等

年号：建文

在位时间：1398~1402年

谥号：恭闵惠皇帝

庙号：无

陵寝：不详

性格：仁孝宽厚，优柔寡断

明惠帝名叫朱允炆，是太祖朱元璋的嫡孙，明王朝的第二位皇帝。他性格柔弱，宽仁孝义，在位仅4年，就被皇叔朱棣夺了皇位。惠帝也从此下落不明，他的行踪成为历史上的一大悬疑。

朱允炆生于1377年，是朱标的第二子。明太祖有26个儿子，朱标是他与马皇后所生的长子。1368年，朱元璋称帝建立明朝时，就册立朱标为太子。明太祖在位30年，而朱标做了25年的太子后就病故了。太子之位悬空，年迈的太祖不得不重新考虑太子人选。此时朱标的长子朱英早亡，次子朱允炆就成了嫡长孙。他聪明好学，又忠厚孝顺，很得太祖的宠爱，是太子之位的热门人选。不过太祖子孙众多，其中他的第四子燕王朱棣沉勇有谋，战功赫赫，很得太祖的赏识，也成了太子之位的最有力竞争者。对朱棣、朱允炆叔侄二人，太祖做了慎重的权衡考虑，认为朱棣既有才能，又有魄力，比宽厚的朱允炆更适合为帝，所以就决定立朱棣为太子。不料朝中大臣们坚持立嫡长的传统，以朱棣不是皇后所出，也不是长子为由，坚决反对此事。太祖无奈，只好于洪武二十六年（1393年）九月，立17岁的朱允炆为皇太孙。朱棣争储失败后，心中愤愤不平，这也为朱允炆日后称帝埋下了隐患。洪武三十一年（1398年）闰五月，太祖病逝，皇太孙朱允炆继位称帝，即明惠帝，次年改元建文，后来也将惠帝称为建文帝。

朱允炆22岁称帝，他上台时，太祖已经将明朝治理得国泰民安，经济也在逐渐恢复发展。不过太祖执政严厉，杀戮太多，大臣们都战战兢兢，不敢放开手脚行事。而且明朝刚刚开国，朝中的武将很多，对太平年代的治国执政也很不利。惠帝就决心改变这种局面，他本来就性情宽和，所以就大力提拔文官，重用那些饱读诗书的儒士，如兵部尚书齐泰就是应天府的乡试第一，太常寺卿兼翰林学士黄子澄则是会试第一，翰林侍讲方孝孺乃是名儒宋濂的学生，因此惠帝的政权被称为"秀才朝廷"。文人们做官后，又将《大明律》中比较严厉、量刑较重的律法做了修订，由此形成了比较宽松的治国政策。惠帝还进一步减轻了赋税徭役，来缓和社会矛盾，促进经济发展。不过儒士们虽然学识渊博，却缺乏实践经验，许多措施都成了纸上谈兵。惠帝的改革并没有起到很大的效果，而他的皇位危机却悄悄来临了。

太祖临终前，曾留下遗诏，令诸王镇守藩国，无须来京奔丧。燕王朱棣对侄子继位心怀不满，就不顾父命，带着人马星夜奔赴京城。朱棣快到淮安时，兵部尚书齐泰就得知了消息，他马上禀告惠帝。惠帝就派出使者前去阻止，朱棣愤愤返回封地燕京（今北京）。其他的藩王们虽然没有来京，但他们都是跟随太祖常年征战沙场的人物，又手握重兵，对这个文质彬彬的皇帝侄子也很不服。

惠帝很快就感觉到了这些叔父们的威压，为了抑制藩王的势力，他采纳了亲信黄子澄的建议，决定用削藩来加强中央集权。惠帝先从实力较弱的周王、齐王等藩王下手，打算孤立实力最强的朱棣，最后再全力对付他。朱棣早就有称帝的野心，根本不会坐等惠帝来对付自己。他一直在暗中积聚力量，修缮兵器，训练甲兵，伺机起事。建文元年（1399年）七月，朱棣就打着"清君侧"的旗号起兵造反，他以诛杀"奸贼"齐泰、黄子澄为名，展开了这场争夺皇权的叔侄大战。朱棣自称举兵为"靖难"，所以史称"靖难之役"。

惠帝对朱棣虽然也早有提防，不过他根本不是朱棣的对手。惠帝在"靖难"之初先祭告太庙，并将燕王朱棣废为庶人，宣布朱棣谋逆无道，然后任耿炳文为征虏大将军，率兵讨贼。惠帝大军号称30万，其实只有13万，没多久就被久经沙场的朱棣轻松击败。惠帝震惊，又听从黄子澄的建议，派曹国公李景隆领军50万前去平乱。李景隆只是一个纨绔子弟，根本不会打仗，被朱棣诱到北平击败后，他独自逃亡德州。黄子澄怕承担责任，就隐瞒了兵败的消息，对惠帝谎称李景隆在北平大获全胜，因天寒难以用兵，现已退守德州，等待来年春天再战。惠帝非常高兴，还封李景隆为太子太师。建文二年（1400年）四月，在惠帝的多次催促下，李景隆再次领兵60万，从德州出发，与朱棣大军在白沟河（今河北雄县北）展开激烈决战。结果李景隆再次惨败，损失几十万人马。而朱棣大军乘胜追击，一路过关斩将，渡过了淮水，于建文四年（1402年）攻下了扬州、高邮、通州（今江苏南通）、泰州等江北重地。然后朱棣就屯兵镇江，直逼京师南京。

惠帝见败势无法挽回，只好派使臣去向朱棣求和，表示愿意割地休战，不料被朱棣一口回绝了。六月，朱棣挥师兵临南京城下，谷王朱橞和李景隆开城投降，京师失陷，惠帝去向不明。朱棣在皇权之战中胜出后，就登基称帝，即明成祖。他曾派人四处寻找惠帝，却没有收获。不过朱棣从来没有放弃寻找，从永乐三年（1405年）起，郑和几次下西洋也带有寻找惠帝的任务，不过最终都没有找到。惠帝之踪迹，就成了历史上的一个永久谜团。惠帝在位4年，他为政宽仁，是一个与民休息的好皇帝，可惜在"靖难之役"中惨败，最终丢掉了皇位。他没有庙号，直到清乾隆元年，才被追谥为"恭闵惠皇帝"。

成祖朱棣

明成祖档案：

生卒年：1360~1424年

父母：父，太祖朱元璋；母，穆氏

后妃：徐皇后等

年号：永乐

在位时间：1402~1424年

谥号：文皇帝

庙号：成祖

陵寝：长陵

性格：智谋坚韧，多疑好杀

明成祖名叫朱棣，是明太祖的第四子，明王朝的第三位皇帝。他生性好武，是一位著名的马上天子，他用武力夺侄子惠帝之位称帝，又用武力来开疆拓土，最后死于征伐漠北的行军途中。不过他执政期间知人善任，很有胆识谋略，由此开创了明朝历史上著名的"永乐盛世"。

叔侄争权　靖难夺位

朱棣，生于元至正二十年（1360年），此时父亲朱元璋还只是一个义军将领，正养精蓄锐，准备争夺天下。所以他自小就跟随父亲在军中长大。朱棣相貌奇伟，聪慧过人，所以在朱元璋的26个儿子中最受宠爱，朱元璋经常在朝臣们面前夸朱棣最像自己。太祖对儿子们的教育非常重视，他聘请了全国各地的名儒为皇子们授课，而他则随时督查儿子们的学习情况，所以皇子们都接受了良好的教育，不过朱棣在众多兄弟中仍然十分出色，没有辜负父亲的厚爱。

朱棣自小就很得父亲的青睐。他刚满10岁，就被册封为燕王，封地为北平，而此时镇守北平的乃是大明朝的开国第一功臣徐达，可见太祖对朱棣的苦心。朱棣16岁，太祖又做媒，令朱棣娶了徐达的长女为燕王妃。朱棣17岁时，宫廷要为各位皇子们在封国建造王府，太祖又明确关照燕王的府邸按照元朝皇宫的制式修建，而其他皇子不得效仿。朱棣20岁时，前往封地居住，此后就一直师从徐达，在军事理论和武艺上都有了很大的提高。由此可见太祖对这个儿子实在钟爱，隐隐向着未来帝王的方向培养。太祖称帝后，又用了20年来扫平各地的小割据政权。于是朱棣就长年驰骋沙场，不仅为明朝的统一立下了卓越功勋，而且磨炼出一身好本事，成长为一名杰出的军事家。

尽管朱棣很优秀，父亲也很疼爱，但是他依然与皇位无缘。因为朱棣既不是长子，也不是马皇后所出，他的生母樲氏只是一个普通的妃嫔。按照封建时代立嫡立长的传统，怎么也轮不到他。不过在太祖称帝的30年里，朱棣还是等到了机会。他的大哥朱标做了25年太子后病故了，而二哥秦王、三哥晋王也先后亡故。这样本为四子的燕王朱棣，在家族尊序上都成为诸王之首。而朱棣本身又有很强的军事实力，在诸王中也是翘楚。尤其是在洪武二十三年（1390年）正月，元朝残余势力南侵，太祖命朱棣和当时还未过世的晋王领兵北征。当时天气极端严寒，晋王有些怯阵，而朱棣却奋勇出击，大败蒙古将领乃儿不花，由此威名更盛，令人瞩目。太祖对这个出色的儿子十分满意，就打算立他为皇太子。不料朝中大臣们却坚决反对，他们以立嫡长为由，请求册立原太子朱标的长子朱允炆。太祖无奈，只好于洪武二十六年（1393年）九月正式册立朱允炆为皇太孙。朱棣见眼看到手的储位被侄子抢走了，很不甘心，就暗中筹备夺位称帝之事。

洪武三十一年（1398年），太祖驾崩，朱允炆即位，即明惠帝。此时朱棣的夺位计划仍在紧锣密鼓地筹备中。惠帝上台后，有感于诸位藩王叔叔的权力太大，威胁到中央政权的统治，就采纳大臣齐泰、黄子澄等人的建议，决定削藩。由于燕王的实力最强，惠帝不敢轻易动手，就从实力较弱的周王、岷王、代王、齐王下手，将他们贬为庶民。而湘王朱柏被迫自焚身亡。五个藩王的命运引起了其余藩王的极大不满和恐慌，朱棣身在北平，其实一直密切注意着京城的动向。他见惠帝削藩导致人心浮动，政局不稳，而自己筹划了多年，已经兵强马壮，就认为夺位的时机已经成熟了。于是，在建文元年（1399年）七月，他打着"清君侧"的旗号，以诛杀"奸贼"齐泰、黄子澄为由，起兵"讨贼"，历史上著名的"靖难之役"爆发。

战争爆发后，文弱的惠帝根本不是久经沙场的朱棣的对手。从建文元年（1399年）七月至建文四年（1402年）六月，"靖难之役"历时3年，以燕王朱棣的取胜而告终，而惠帝在朱棣攻陷京师后就不知所踪了。这一年，43岁的朱棣在群臣的拥戴下称帝，即明成祖，次年改元永乐。

恩威并施 永乐盛世

朱棣用武力夺了侄子的皇位，名不正言不顺，自然就遭到了许多大臣的反对。而明王朝经过几年的内战，局势动荡，社会很不安定。朱棣称帝后，为了稳固统治，就采取了镇压和怀柔并用的手法。

朱棣首先对惠帝的旧臣展开了诛杀，而首当其冲的就是惠帝的心腹大臣齐泰和黄子澄。朱棣杀了这二人，并夷灭全族。其他旧臣也有50多人陆续被捕，稍有不服，就被处死，甚至被诛灭三族。朱棣对这些人不仅是杀戮，而且是虐杀。大臣们有的被敲掉牙齿，有的被割掉舌头，还有的被砍断手足，其中黄子澄就是先被砍去了双手，然后再杀死的。而兵部尚书铁铉，在"靖难之役"时曾打败过朱棣，他被捕后的反抗最为坚决。朱棣将其寸磔于市，就是将肢体碎解，这是历史上极少使用的酷刑。

　　而最惨的还是方孝孺。他是太祖时期名儒宋濂的学生，是当时最有名的读书人，曾深受惠帝的器重。朱棣占领京城后，就命方孝孺为他写即位诏书。不料怎么威逼利诱，方孝孺都坚决不写。朱棣大怒，竟诛了方孝孺的十族。自古以来，最严厉的刑罚是诛九族，而朱棣诛方孝孺十族，开了自秦始皇以来1600多年封建社会历史的先河。除了灭族，朱棣还兴起了"瓜蔓抄"，就是将所有受牵连的人全部诛杀。惠帝的旧臣景清，在朱棣称帝后并没有殉节，而是屈从朱棣，留在了朝廷中，不过景清并不真心臣服。两个月后的一天，景清暗藏匕首上朝，打算行刺朱棣，不料行迹暴露了。朱棣大怒，不仅杀了景清，将他的尸体悬在城门上示众，而且诛灭全族，最后还顺藤摸瓜，将景清的左邻右舍，甚至连他出生的村子也屠杀干净了，这次事件中被杀的人达数万，实在骇人听闻。后来朱棣为了加强对朝野的控制，于永乐十八年（1420年）专门设立了东厂，由宦官负责。东厂和锦衣卫结合，开了明代宦官特务政治的先例，这也为明王朝最后灭亡埋下了祸根。

　　朱棣用残暴的手段镇压反对者的同时，也对拥护自己夺位的文武功臣们封赏重用。而曾经被惠帝削藩贬为庶人的四王也恢复了爵位，重回各自的封国。对真心归附自己的惠帝旧臣，朱棣也量才任用，对过往一概不究。这些都体现出了他作为君王的气魄和才智。

　　朱棣初步稳固皇权之后，为了加强北方的军事力量，抵御外敌入侵，他决定迁都北平。北平是朱棣为燕王时的封国，他在此经营多年，军事力量十分雄厚，又离北方边防很近，便于随时调动兵力抵御敌寇。虽然有不少大臣反对迁都，但朱棣还是坚持自己的决定。从永乐四年（1406年）至永乐十八年（1420年），北京皇宫历时14年修建完成。永乐十九年（1421年），成祖朱棣带着文武大臣正式迁都北京，将南京作为留都，并任命亲信驻守，并称为南北两直隶。这是历史上的一件大事，现在的北京故宫就是当年朱棣修建的皇宫，后来清朝又进行了维修，不过布局几乎完全没有改动。

　　朱棣在修建新都期间，也励精图治发展经济。太祖为明王朝奠定了坚实的基础，可是之后朱棣叔侄为争夺皇权展开了长达几年的内战，对农业生产造成了严重的破坏。于是，朱棣就继续实行休养生息、移民屯田和奖励垦荒的政策，同时还严惩贪官污吏，赈济灾民。随着这些措施的推行，社会生产逐渐恢复，农业又繁荣起来，手工业和商业也获得了长足发展。永乐时期，国库粮食充足，百姓安居乐业，冶铁业和造船业十分发达，尤其是造船业，永乐时期修建的航海宝船十分坚固庞大，最大的船能乘载1000多人，船上还配有航海图和罗盘针等先进的航海设备。中国是当时世界上最先进的造船国家。

朱棣不仅仅是一个马上天子，还是一个十分重视文化事业的皇帝。永乐时期，最重大的文化成果就是编订了一部辉煌的巨著——《永乐大典》。从永乐元年（1403年）七月朱棣授命翰林学士解缙等人组织编纂，到永乐二年（1404年）十一月，才完成初稿。后来又组织了几千人，多次修订。前后用了4年时间，才真正完成这部目录60卷，正文22877卷，装订11095册，约3.7亿字的巨著。《永乐大典》是一部大型类书，内容正如朱棣所言："凡有文字以来的经史子集百家之言，以至天文、地志、阴阳、医卜、僧道、技艺之言，均搜罗其间，毋厌繁浩。"而且收录其中的图书均未做任何删改，这是中华民族的珍贵文化遗产，也是我国古代最大的百科全书，更是当时世界上最大的百科全书。永乐时期，经济文化全面繁荣，史称"永乐盛世"。

郑和下西洋　御驾征漠北

明朝的经济文化都发达了，国力也强盛了，朱棣就想凭借先进的航海宝船出使各方。一方面宣扬大明王朝的国威，另一方面也希望发展同国外的贸易。同时还有一个朱棣的个人秘密，就是寻找失踪的惠帝，以防后患。惠帝在朱棣攻入南京后就不见了踪迹，朱棣在国内多方寻找，也终无所获，所以他一直怀疑惠帝流亡海外了。这一切，促成了当时一项规模宏大、影响深远的惊世壮举——郑和七下西洋。

郑和，是宫中的太监，云南昆阳（今昆明市普宁县）回族人，他原本姓马，后来因跟随朱棣参加"靖难之役"立功，赐姓郑。他不仅精明能干，而且很有大志。他的祖父和父亲都曾到过天方（今麦加），所以郑和对西洋的风土人情比较了解，也十分向往。当成祖朱棣在挑选下西洋的人选时，郑和就毫无争议地中选了。永乐三年（1405年）六月，郑和率领一支27000多人的远航队伍，分乘200多艘宝船，携带大量的丝绸、瓷器、铁器、布帛等物品，从刘家港（今江苏太仓浏河镇）起航，开始了西洋之旅。郑和的船队最先抵达占城（今越南），然后到达马来西亚的马六甲、印度尼西亚的爪哇、苏门答腊及锡兰等地，最后经印度洋西岸折回返国。

从永乐三年到宣德八年（1433年），历经永乐、洪熙、宣德三朝，共29年，郑和七次下西洋，行踪遍及今东南亚、印度洋沿岸和非洲东海岸等30多个国家和地区。郑和下西洋的壮举，不仅打开了中国与海外各国的贸易之门，更重要的还在于政治上，向世界展示了明朝前期的强盛国力和强大的海军实力；中国与海外各国建立邦交，许多国家元首或使臣纷纷前来中国访问，实现了万国朝贡的盛况，功绩堪比汉唐。这也是中国古代历史上最后一件具有世界意义的盛举。

朱棣本身就是武将出身，他在海外邦交上取得了巨大的成功，在与周边各民族的外交上自然也很有手段。他即位之初，边境也有一些地区不太稳定。为了巩固和发展大明王朝的多民族国家统一大业，朱棣采取了通好和防御两种策略。永乐元年（1403年），朱棣派出使臣，成功招抚女真各部。朱棣还在开原（今属辽宁）设立马市，与海西、建州两部进行交易，并准许女真各部酋长每年到指定的地点经商。永乐七年（1409年）闰四月，继太祖设立辽东都指挥使司后，朱棣又设立了奴儿干都指挥使司，还在当地设立了370卫、20所，并任命当地的女真酋长们担任卫、所的官员，并且允许世袭。有了这些措施，整个永乐时期，明朝与女真族相处和睦，往来友好。除此之外，朱棣还加强了同西藏的联系，积极发展汉、藏人民在经济、政治和文化上的全面交流。他还设立了贵州布政使司，加强对西南地区的管理。朱棣的这些措施，对各民族团结和民族融合起到了很大的作用。

不过朱棣对不肯臣服的少数民族，手段十分强硬。他一生好武，对自己的军事才华也十分自信，何况他连皇位都是用武力夺得的，自然要用武力镇压不服的部落。朱棣的用武行动中，最重要的就是他5次远征漠北之事。漠北，是指瀚海沙漠群的北部，也就是狭义的塞北之北，位于今天的蒙古高原。它包括外蒙古和贝加尔湖等广大地区，是元朝统治者的老家。洪武元年（1368年），元朝灭亡后，元朝最后一个皇帝——顺帝，就逃往上都（今内蒙古多伦），重新过起了游牧民族的生活。洪武三年（1370年）元顺帝去世后，统治漠北的蒙古贵族内部就逐步发生了分裂，分成了鞑靼、瓦剌和兀良哈三个部落，其中鞑靼实力最强。三个部落不仅内部争战，而且时常侵扰明朝边境。

朱棣对他们依然采用太祖时期的"威德兼施"策略，就是一边与各部落酋长们修好，赐给财物以示安抚；一边积极防御，在秦长城的基础上，东起鸭绿江畔的辽宁虎山，西至祁连山东麓的甘肃嘉峪关，贯穿辽宁、北京、内蒙、甘肃、青海等10个省市，修筑起了著名的明长城。为了抵御蒙古贵族的南下侵略，朱棣还在沿线建立了9个边防重镇，每个镇都配备了精锐部队。

永乐七年（1409年），朱棣依例派使者携带大量财物前往蒙古各部招抚。其中瓦剌接受了招抚，首领就被敕封为王；而鞑靼可汗本雅失里，不仅拒绝招抚，而且杀了明朝使者郭骥，接着又出兵攻打明朝边境。朱棣闻讯后，立即任淇国公邱福为征虏大将军，统兵10万，讨伐鞑靼。不料邱福大意轻敌，中了鞑靼的埋伏，在克鲁伦河（今蒙古国境内）全军覆没。败讯传回朝中，朱棣震怒，决定来年春亲征漠北。

永乐八年（1410年）春，朱棣统兵50万，亲征塞北。这年五月，明军与鞑靼军在斡难河畔大战，最后鞑靼惨败，可汗本雅失里只带着7骑渡河逃脱。由于天气炎热，不宜久战，朱棣就凯旋回京。此后朱棣又在永乐十二年（1414年）、永乐二十年（1422年）、永乐二十一年（1423年）三次亲征漠北，有效地打击了蒙古贵族的侵扰，不过也耗费了大量的财力和人力。有不少大臣劝谏朱棣暂停征讨，休兵养民，可朱棣执意不听。永乐二十二年（1424年），朱棣又第五次亲征鞑靼的阿鲁台部落。这次出兵非常不顺，由于边防情报错误，阿鲁台早就逃走了，可朱棣毫不知情。明朝大军在茫茫荒漠中日夜行军，却连敌军的影子都没有见到。时日一久，将士们都疲惫不堪，军粮也快耗尽了，朱棣只好班师回朝。就在回京途中，朱棣就病倒了。七月下旬，大军行至榆木川（今内蒙古乌珠穆沁附近），朱棣就病逝了，享年65岁。临终前，朱棣留下遗诏，传位给太子朱高炽，并下令丧礼从简。他死后，葬于长陵，谥号"文皇帝"，庙号"太宗"，到嘉靖十七年（1538年）改庙号为"成祖"。

朱棣在位22年，他为巩固皇权而大杀旧臣，为恢复经济而勤勉治国，为弘扬国威而交通西洋，为统一四境而五征漠北，又为独揽大权而设置东厂特务机构。他的功绩流传千古，而特务统治又埋下了明朝灭亡的祸根。

神宗朱翊钧

明神宗档案：

生卒年：1563~1620年

父母：父，穆宗朱载垕；母，李贵妃

后妃：王皇后、郑贵妃等

年号：万历

在位时间：1572~1620年

谥号：显皇帝

庙号：神宗

陵寝：定陵

性格：昏庸懒惰，贪婪残忍

明神宗名叫朱翊钧，是穆宗的第三子，明王朝的第十三位皇帝。他执政49年，是明朝在位时间最长的皇帝。他既贪婪又荒唐，最终使明王朝走上了穷途末路。

小儿为帝　贤臣柄政

朱翊钧生于嘉靖四十二年（1563年），母亲李氏本是商人之女，后入宫做了宫女。穆宗有3个儿子，长子和次子都早夭，三子朱翊钧就成了独子，所以很得宠爱，李氏也被册立为贵妃。朱翊钧自幼聪明伶俐，5岁就开始读书，比大明的历代皇子都要早。穆宗对他的期望也很高，特地请了内阁大学士张居正做他的老师。隆庆二年（1568年）三月，朱翊钧就被册立为皇太子。朱翊钧入阁读书后，母亲李贵妃对他管教特别严厉，而师保张居正和众多讲官也对小太子悉心教导，所以朱翊钧的学业进步很快，穆宗对此也十分满意。不料，隆庆六年（1572年）五月，穆宗就病逝了，年仅10岁的朱翊钧就即位称帝，即明神宗，次年改元万历。

神宗即位之时，年纪太小，所以政事都由张居正代理。张居正，生于嘉靖四年（1525年），湖北荆州人。他自小就是荆州府远近闻名的神童，23岁中进士，后来又师从内阁首辅徐阶，学到了不少治国学问。穆宗上台之后，张居正就被遴选入了内阁，并一直深得穆宗的器重。穆宗时期，内阁徐阶和高拱争权风波不断，先是高拱被迫辞职，徐阶获胜。后来高拱卷土重来，又迫使徐阶告老还乡。穆宗病逝时，高拱口无遮拦地说了一句："一个10岁的孩子，怎么治理天下呀！"这样就得罪了刚刚上台的神宗及其生母李太后。而太监冯保与高拱素来不合，就趁机煽风点火。最后，太后以"专政擅权"之罪将高拱赶回了老家。这样张居正就做了内阁首辅，从此独掌明朝政权十余年。

张居正被后人誉为"中国历史上最优秀的内阁首辅之一""明代最伟大的改革家"，这绝不是浪得虚名。万历元年（1573年）至万历十年（1582年）是万历朝最靖昌的时期，太仓的存粮可以支用10年，国库的钱财多时达

400多万。这些都不能算小皇帝神宗的政绩，而是首辅张居正的功劳。

张居正掌权初期，明王朝的积弊已深，所以他决定大力改革，以图重振明王朝的声威。他首先从吏治整顿开始，万历元年（1573年），他提出了"考成法"，以内阁控制六科，再由六科控制六部，最后由六部统领基层衙门，并通过层层考试，以明确各级官吏的职责。为了提高政府机构的办事效率，张居正还专门建立了随事考成的制度。经过这样一番整饬，不仅吏治和办事效率有了明显的改观，而且加强了中央集权，为其他改革的推行奠定了良好的基础。

张居正进行吏治改革的目的就是要"富国强兵"，此时明王朝的财政危机十分严重，已经到无法支撑的地步了。张居正是一位出色的理财家，他通过考核官吏来裁汰冗员，节省朝廷的俸禄开支。同时他还要求皇帝带头，所有的王公大臣都不得奢侈浪费。张居正在理财上真正做到了锱铢必较，不仅皇室的奢侈性花费一律免除了，而且连宫中的上元节灯火、花灯都废止了，甚至连小皇帝的功课都安排到白天，以节省灯烛费。军费也是一笔庞大的开支，张居正就一面努力与鞑靼人修好，友好往来，贸易互市，以保持边境安定；一面通过各种途径削减军费支出。到万历二年（1574年），北方边防就节省了上百万。

张居正不仅"节流"，更重视"开源"。他深谙治国之道，认为安民养民就是开源富国。明朝最重要的经济来源就是田赋，随着土地兼并和负担不均的加剧，田赋收入很难增加。张居正就提出了惩办贪污、清理欠赋和清查田亩三项措施，其中清查田亩的声势最大，也最有成效。从万历五年（1577年）至万历九年（1581年），张居正下令清查丈量了全国各类土地，查实土地为700多万顷，比弘治时多出300多万顷。张居正在此基础上，推行新法"一条鞭法"。它的基本内容包括：（一）统一役法，并把徭役部分地摊入田亩，不再区别银差和力役，一律征银；（二）田赋和繁杂的徭役、杂税合并，统一为征银；（三）以县为单位计算赋役数额；（四）赋役银由地方官直接征收。这一改革肯定了货币在赋税征收中的主导地位，同时又上承唐代的"两税法"，下启清代雍正皇帝的"摊丁入亩"，是我国赋税制度的一次重大突破。经过张居正的改革，明朝的农业生产也得到了迅速发展。

张居正除了肃清吏治，发展经济，还有一个重要举措，就是整饬军备，加强边防。他重用戚继光、李成梁、王崇古等名将分别镇守蓟州、辽东和宣府等地，同时又对蒙古采取安抚睦邻政策。这两手策略使得明朝的边防异常稳固，神宗也曾褒扬张居正说："先生公忠为国，所用之人没有不当的。"张居正对万历前期的统治起到了至关重要的作用，而他本人廉洁奉公，以身作则，正如他早年所写的一句偈语："愿以深心奉尘刹，不予自身求利益。"神宗有张居正，实在是大明百姓之福。

昏君亲政　清算旧怨

张居正不仅是一位贤臣，还是神宗的老师，他对这位帝王学生可谓倾尽了心血。张居正从隆庆六年（1572年）八月，就为神宗开了"日讲"；次年二月，又举行了"经筵"，这是明朝历代皇帝接受教育的方法。"日讲"是讲官和内阁学士的日常讲学，每天都有；"经筵"每月逢二日举行，功臣、大学士、六部尚书、都御史和翰林学士等都要到齐，由翰林院及国子监官员为神宗讲授经史，典礼非常隆重。张居正为了对小皇帝教导得更有效，还不辞劳苦亲手编订了讲述为君之道的各式教材共计40多本。他一有机会，就亲自为神宗授课。神宗的生母李太后一向严格教子，对张居正的做法十分赞赏，她每次教导儿子时，都把张居正搬出来，说："告诉张先生吧，怎样？"或是"张先生知道了可如何是好？"这样神宗自小就对张居正十分敬畏，不过随着年龄的增长，他对张居正又隐隐滋生出了不满情绪，总想摆脱张居正的束缚。这些不满积聚多了，就使得神宗对张居正心怀怨恨，从而导致他后来残酷报复这位恩师。

万历十年（1582年）六月，为了大明王朝呕心沥血的一代名臣张居正去世了，神宗得知后十分悲痛，特意下诏罢朝数日以示哀悼，并隆重办理了张居正的身后事。可是没过多久，神宗对这位已逝恩师的态度，就突然转变了。

事情起于神宗刚即位时的内阁首辅高拱。高拱因说错话得罪神宗，被太监冯宝告发，离职后就回乡了。高拱走后，神宗的生母李贵妃就被尊为皇太后，张居正就当上内阁首辅，而冯宝则掌握了著名的特务机构——东厂。高拱回乡后一直愤愤不平，他临死前写了一本《病榻遗言》，辗转呈现给神宗，书中揭露冯宝和张居正早年勾结，将自己排挤出朝廷之事。神宗数年来对张居正的不满情绪就一下子爆发出来了，加上冯宝得势后曾将神宗最宠信的宦官张诚赶出宫，神宗对他也很痛恨。此时张居正已死，神宗就决定惩罚冯宝。他将冯宝赶出宫，又查抄了冯宝的私宅。冯宝数年来贪赃枉法，积累下不少财富。神宗从他那里抄得了100多万金银，还有无数的珠宝。

神宗的母亲李太后虽出身商家，却很正直，不过神宗没学到商人的诚信正直，却继承了奸商的贪婪好货。抄查冯宝之事激起了神宗极大的贪欲，他就把矛头对准了死去的张居正，想再捞一笔。不料只查出1万两黄金和10多万白银，这根本算不上什么巨富。重新得宠的太监张诚怕不好向神宗交代，就把张居正的大儿子张敬修抓来严刑拷打，命他交出其他"赃银"。张敬修受刑不过，只好胡诌还有30多万银子分别藏在别人家里。结果被诬藏银的几家也遭查抄，被害得家破人亡，而张敬修也投缳自尽了。张家人在抄家期间，被赶到一所空房子关起来，无人理会，以致饿死了10多人。张家的惨剧令朝野震惊，许多大臣纷纷上书求情，神宗才下诏留下一所空宅、10多顷薄田，以赡养张居正的老母亲。

张居正死后，神宗就亲政了，不过他始终觉得自己还受着张居正的影响。直到他抄了冯宝和张居正的家，才感到多年的怨气终于得到了发泄，感觉自己彻底摆脱了张居正的政治威势。此时20岁的神宗已经变得十分叛逆，张居正多年的精心教诲也一点用都没有了。而且凡是张居正革除的弊政，神宗都迅速恢复了。此后神宗日渐奢靡，酒色财气俱全，连抽大烟，玩花鸟都学会了。他的脾气十分暴躁，日日纵酒，每次喝得大醉之后就胡乱打人，宫女、太监们都时刻提心吊胆的。

神宗这样玩乐一段时日后，朝政就日渐荒废了。经筵、讲义等都停止了，后来更是连上朝也不想去。从万历十八年（1590年）起，神宗就公然不再上朝，他不仅让内监传达大臣的奏折、他的批示和谕旨等，而且让人代劳郊祀等重要礼仪。直到万历四十三年（1615年），宫中发生了"梃击案"，神宗才迫不得已召见了群臣。满朝文武大臣，时隔25年才重睹天颜。而此后，直到神宗去世，也没有再上过朝了。

贪财好货 荒淫无度

神宗借着帝王的权势，把贪婪的本性发挥到了极致。为了敛财，他荒诞到了令人难以想象的地步。从万历十一年（1583年）开始，明朝的官员短缺现象就日益严重，年老的退休，年轻的因事或因病辞官，可神宗就是不补充人手，他甚至还诏令辞官的人只要按规定写份报告就可自行离去，都不用等批复。到了万历四十年（1612年），内阁和六卿仅各有一人，都察院已经连续8年没有正官了，全国一半以上的府没有知府，而新考进的几千文武进士及教职人员，也无人管理。在万历四十五年（1617年）二月，还发生了一件非常荒谬的事情。一天，官员们入朝，却见100多人围在长安门外号哭。上前询问之后才得知，原来衙门里没有主事的官，没人审判犯人，犯人们久关大牢，都快死光了！神宗竟然用这样的手段来侵吞官俸，中饱私囊，实在是世间少有。

神宗为了敛财，还会想方设法地向朝廷各部伸手要钱。他生了皇子、公主，为皇子、公主们办成人礼、婚嫁，或是自己做寿等，他都能厚颜要钱，少了还不愿意。为了搜刮老百姓的钱财，他还派出大批太监充任"矿监"和"税使"专门为自己敛财。太监们回宫之后都要遭到神宗的拷问，如果搜刮的财物少了，神宗就会严厉地杖责他们。于是，太监们在各地如蝗虫一般，勒索得百姓样样都得纳税，结果造成了民力枯竭、十室九空的惨状。

神宗在聚财上有着空前的热情，他个人的生活也非常奢华。除了日日笙歌，他从万历十一年（1583年）就开始为自己修造皇陵，这就是明十三陵之一的定陵。定陵的规模非常庞大，每天劳作的工匠、民夫达3万多人，所用材料也力求最好，即使千里迢迢运送也在所不惜。这座巨大的皇陵用时6年，花费白银800多万两才完工。而这笔巨额费用相当于当时大约两年的全国田赋收入的总和，能折合为1000万贫民一年的口粮。

宫廷仇杀　内忧外患

神宗如此胡作非为，国政很快就变得腐败不堪了。各地百姓饱受贪官污吏的欺凌，又遇上连年不断的水旱蝗灾，走投无路之下，只好揭竿而起。于是各地起义不断，神宗的内政堪忧，而此时前廷后宫也都乱成一团。

神宗有8个儿子，长子朱常洛是恭妃王氏所生。王氏是神宗生母李太后宫中的宫女，一次神宗去给母亲请安，就临幸了王氏。神宗回去后就将此事忘得干干净净，不过皇宫的起居注中清楚记录了这件事。后来王氏生下一个儿子，就是朱常洛，太后疼惜这个长孙，就命神宗给王氏一个名号。神宗本来还不想认这个儿子的，可有起居注为证，只好封王氏为才人，后来又封她为恭妃。神宗的皇后无子，按照无嫡立长的传统，应该立长子朱常洛为太子。可神宗根本不喜欢这个儿子，他想立宠妃郑贵妃的儿子、皇三子朱常洵为太子，不料却招来了谨守礼法的太后和大臣们的集体反对。神宗很生气，就一直僵持着不立太子，于是朝廷的立储之争持续不断，还引发了大臣们的党派之争，弄得中央政权混乱不堪。其中以顾宪成为首的"东林党人"和以沈一贯为首的"浙党"矛盾最为尖锐，随着他们的争斗，明王朝的政治危机也日益加重了。万历二十九年（1601年）十月，神宗被迫册立长子朱常洛为太子，这场持续了15年的立储之争才宣告结束。

不过郑贵妃因儿子没当上太子，就一直心怀怨恨。万历四十三年（1615

年）五月，郑贵妃指使爪牙张差手持木棍，闯入太子朱常洛的寝宫，打伤了守门太监，想要刺杀太子，最后被太子内侍韩本抓获。这就是明朝建国以来最严重的宫廷仇杀事件，史称"梃击案"。

就在神宗的统治混乱不堪之际，北方的女真族迅速崛起。努尔哈赤统一了女真各部后，于万历四十四年（1616年）称帝，建立了后金政权。两年后，努尔哈赤以杀祖父之仇等"七大恨"告天，起兵伐明。神宗依然沉溺于酒色财气中，对此浑然不觉。直到努尔哈赤攻克了抚顺，守城的明军将士死伤近万人，神宗才惊慌起来。他决定调集军马，与努尔哈赤决战。可是朝政已经荒废了几十年，国库空虚，兵饷严重缺乏。神宗的"个人小金库"倒是非常富足，可他坚决不同意掏自己的腰包做军饷。户部只好增加赋税以解燃眉之急，从万历四十六年（1618年）八月至万历四十八年（1620年）三月，田赋增加了520多万两，而这些钱居然又多半进了神宗的小金库。而许多农民则因此家破人亡，山东、河南等地连续发生农民暴动。

万历四十七年（1619年）二月，经过多方筹措，明朝政府终于拼凑了10万军马，号称47万，由辽东经略杨镐指挥，分四路围攻努尔哈赤。不料杨镐却中了努尔哈赤的诱敌深入之计，明军伤亡近6万，将领战死达300多人，最后被迫撤出辽东。这就是历史上著名的"萨尔浒之战"。此战之后，明军实力大损，转入战略防御阶段。而后金在这一年又出动10万铁骑，横扫辽东大地，明王朝面临亡国的危险了。

神宗荒淫了大半生，身体早已虚弱不堪，根本经不起这样的打击，很快就卧病在床了。万历四十八年（1620年）七月，神宗就在内忧外患中结束了荒淫腐朽的一生，终年58岁。他死后，葬于定陵，谥号"显皇帝"，庙号"神宗"，长子朱常洛继位，即明光宗。神宗在位48年，是明朝历史上在位时间最长的皇帝。可他的荒淫贪婪，彻底摧毁了明朝的根基，所以后人都说，明朝的灭亡是从万历开始的。

光宗朱常洛

明光宗档案：

生卒年：1582~1620年

父母：父，神宗朱翊钧；母，王恭妃

后妃：郭皇后、李选侍等

年号：泰昌

在位时间：1620年八月

谥号：贞皇帝

庙号：光宗

陵寝：庆陵

性格：老实软弱，温驯昏庸

　　明光宗名叫朱常洛，是神宗的长子，明王朝的第十四位皇帝。他一生都处于宫廷的阴谋中，在位仅1个月，就撒手人寰了，被后人称为"一月天子"。

　　朱常洛生于万历十年（1582年）八月，是神宗的长子，却差点不被父亲承认。朱常洛的母亲王氏，乃是神宗生母李太后宫中的一名普通宫女。神宗前来向太后请安，意外看上了她。不过只临幸了一次，神宗就将王氏置于脑后了。后来王氏生下了朱常洛，李太后想着这是自己的长孙，所以十分喜爱，就找来神宗，让他为王氏母子封个名分。神宗初时根本不认，后来太后将详细记载此事的"起居注"摆到他面前，他才不得不认下了这个儿子，并封王氏为才人。不过朱常洛母子根本不得神宗的欢心，只是神宗的皇后和后宫其他妃嫔都没有儿子，他才保住了皇长子的名分。万历十四年（1586年），神宗的宠妃郑氏生下了皇三子朱常洵后，朱常洛的地位就不稳固了。神宗非常宠爱郑氏母子，他册立郑氏为贵妃，并打算立三子为太子。幸好李太后很看重礼法，她与一些大臣坚持立皇长子为太子，而神宗与一些讨好郑贵妃的大臣则支持三皇子为太子，双方互不相让，于是开始了长达15年的立储之争。直到万历二十九年（1601年）十月，神宗才迫于压力，册立长子朱常洛为太子。

朱常洛当上太子时，已经20岁了。他常年遭到神宗的冷落，郑贵妃等人的排挤，日子过得提心吊胆的。当了太子后，生活也没有好转。他21岁才娶了太子妃，这在明朝历代皇帝、皇子中都是比较晚的，而他的太子宫也是条件最差的慈庆宫。他的生母王氏后来被封为恭妃，不过在宫中备受欺凌，于万历三十九年（1611年）病逝了。而郑贵妃没有为儿子谋到太子之位，很不甘心，就千方百计地寻机谋害太子。万历四十三年（1615年）的一天，一男子手持木棒闯入守卫松懈的太子宫，意图行刺太子，幸好被宫门太监抓住，后来他供出是郑贵妃指使的。这就是历史上有名的梃击案。郑贵妃行刺太子之事败露后，群臣义愤，纷纷弹劾郑贵妃。可她跑到神宗面前哭诉了一番，最后神宗竟然只处死了郑贵妃的心腹庞保和刘成等人作为替罪羊，就了结了此案。梃击案后，郑贵妃不敢再做手脚，朱常洛的太子之位才终于稳固了。而郑贵妃为了讨好太子，经常为他送去珠宝与美人。朱常洛就安于享受美色财宝，将几十年的屈辱都抛诸脑后了。

万历四十八年（1620年）七月，神宗驾崩后，39岁的朱常洛就登基为帝了，即明光宗。光宗上台后，在群臣的辅佐下，还是办了几件事：一是罢矿税使；二是调拨军饷犒赏边防将士；三是补足官员的空缺。这些事都是当年神宗为了敛财留下来的烂摊子。光宗的这些措施，确实起到了纠正弊政的作用。不过，他补充的官员太多，弄得"官满为患"，所以时人都认为光宗矫枉过正了。

光宗除了做这些事，大部分精力还是放在酒色上。他因纵欲过度，很快就感到肾亏体虚。鸿胪寺丞李可灼就趁机进献了两粒红丸，自称是仙药。光宗初服一粒，感觉身心舒畅，却怕药力不足，就将另一粒红丸也吃了。不料吃完不久，就一命呜呼了。此事有人说是李可灼弑君，也有人认为是郑贵妃指使，还有人认为是光宗虚不受补，凡此种种，但最后也没有查清楚。此事史称"红丸案"。

光宗八月初一正式登基，九月初一就驾崩了，年仅39岁，在位30天。他死后，葬于庆陵，谥号"贞皇帝"，庙号"光宗"，长子朱由校继位，即明熹宗。在光宗之后，明王朝加快了灭亡的步伐。

思宗朱由检

明思宗档案：

生卒年：1611~1644年

父母：父，光宗朱常洛；母，刘贤妃

后妃：周皇后、田妃等

年号：崇祯

在位时间：1627~1644年

谥号：烈皇帝

庙号：思宗

陵寝：思陵

性格：勤奋刚愎，刻薄寡恩

明思宗名叫朱由检，是熹宗的弟弟，明王朝的最后一位皇帝。他在危机四伏中继位称帝，有心扭转乾坤，兴复明朝基业，无奈生不逢时，又不擅长用人，最后成了亡国之君。

明君即位　铲除阉党

朱由检生于万历三十九年（1611年），是光宗的第五子，不过光宗的儿子中成年的只有朱由校和朱由检二人。朱由检的生母刘氏也是选侍身份，也不得光宗的宠爱，所以朱由检母子在宫中也过得很艰难。后来刘选侍病死了，光宗就将朱由检交给自己宠爱的李选侍抚养。此时，同样母亲早亡的朱由校也由李选侍抚养。李选侍对这兄弟二人都不好，哥哥朱由校就逐渐专心于做木工，懵懵懂懂的，并不懂事，而弟弟朱由检却很早熟，很自觉地努力寻机会读书。朱由校称帝后，朱由检对这个兄长的贪玩、任性都很了解，对客氏和魏忠贤的专权也很清楚，可他同样也很清楚，自己根本没有能力改变这些。天启七年（1627年）八月，熹宗朱由校病逝，由于没有子嗣，就传位给这个唯一的弟弟朱由检。朱由检遵兄长遗命继位，即明思宗，次年改元崇祯。

思宗称帝时年仅17岁，不过他对目前的混乱局势非常清楚。他首先要铲除的就是天怒人怨的"客魏集团"。不过客氏和魏忠贤等人的势力太大，思宗根本不敢轻举妄动。他入住皇宫的当天，连干粮都自己带着，不敢碰宫中的任何食物，连晚上也抱着佩剑而卧，还一夜未眠。他就这样心惊胆战地度过了最初的几天。接着思宗一边将原来信王府的人员逐步带入宫中，开始培植自己的势力；一边优待客氏和魏忠贤，迷惑他们。魏忠贤摸不准思宗的心思，就进献了几个美人来讨好，想让思宗变成一个酒色君王。不料思宗根本不上当，却又继续优抚魏忠贤等人。魏忠贤就提出辞去东厂职务来试探思宗，思宗没有批准。魏忠贤还不放心，又怂恿客氏去向思宗请求出宫来再次试探，不料思宗爽快地同意了，客氏只好哭哭啼啼地出了紫禁城。

思宗赶走客氏后，就重用太监曹化淳等人，好与魏忠贤抗衡。思宗虽然做得不动声色，但朝中很多魏忠贤的党羽都感觉到形势要变，他们为了保全自己，纷纷寻找出路，这样魏忠贤集团就出现了分化。思宗还没有动手，魏忠贤集团就起了内讧，阉党的几个首恶分子互相弹劾，思宗则继续沉默。没过多久，阉党之外的一些官员也行动起来，他们弹劾魏忠贤专权和造生祠之罪，思宗继续不做任何举动。魏忠贤腹背受敌，自己也乱了阵脚，崇祯元年（1628年）十月，他以患病为由，主动辞去东厂职务，思宗立即批准了。十一月一日，思宗就下诏公布了魏忠贤的罪行。不过鉴于先帝熹宗还未出殡，就暂将魏忠贤安置在凤阳，等候处分。接着思宗就籍没客、魏二主犯的家产，收回以前赐给他们的封爵。十一月六日，被押往凤阳的魏忠贤在半路上吊自杀了。第二天，客氏也被押往浣衣局杖毙。随后，客、魏两家的子孙也都被斩首了。思宗称帝才1年多，就铲除了为恶多年的"客魏集团"，可见他很有执政手段。

自毁长城 贤主无功

思宗首战告捷后，又将内阁、六部和各院中的大批魏氏死党逐一铲除。可思宗虽然有谋略胆识，却刚愎自用，在这时犯下了一个大错。他即位之初，曾重用名将袁崇焕抗击后金入侵。袁崇焕在山海关外严整军备，令金主皇太极无机可乘，只好从其他地方入关，这样皇太极就想找机会除掉这个强敌。崇祯二年（1629年）十月，后金10多万精兵分道进攻龙井关、大安口。遵化等名城很快就陷落了，山海关总兵赵带领的援军也全军覆没了。镇守宁远（今辽宁兴城）的袁崇焕闻讯，立即赶来援救。而金兵却绕开袁崇焕屯兵的通州，直逼北京，袁崇焕就率军拦截金兵。京师告急，思宗心神不定，闻袁崇焕赶到，才稍稍放心。可朝中魏忠贤的余党却散布谣言，说是袁崇焕引来金兵进攻北京的。皇太极也利用这个机会，将自己俘虏的两个太监故意放走，还特意让他们听到后金早与袁崇焕有约的传言。太监们逃回北京后，就禀告了思宗。思宗深信不疑，竟然下令罢免袁崇焕，由孙承宗继任。金兵在北京城外烧杀劫掠了两个月才撤军。思宗就认为这都是袁崇焕造成的，盛怒之下，竟然将他凌迟处死，结果导致辽东防线几乎崩溃，从而自毁了长城。

思宗冤杀袁崇焕后，并没有吸取教训，面对百孔千疮的明王朝，他总是急于求成，大臣们稍不如他的意就遭罢免或杀戮。结果思宗在位17年，内阁大学士就轮换了50人。他这样频繁地任免和滥杀大臣，也搞得朝堂不稳，人心思变。后来朝中正直有为之士日渐稀少，满朝文武结党营私，根本不关心王朝的命运。此时，各地的农民起义如火如荼，规模越来越大。

思宗急忙派洪承畴去镇压，而明军粮饷不足，只好用增加赋税来筹集，这样又引起了百姓更加强烈的不满，起义声势更大了。到崇祯六年（1633年）冬，农民起义已经从局部问题发展为明朝政府的心腹之患了。思宗心力交瘁，又无人可用，他感到非常痛苦，认为自己辜负了兄长的嘱托，更对不起大明王朝的历代先祖。思宗一直承受着严重的精神折磨，性格也逐渐扭曲，由最初的刚愎自用，到后来的暴躁多疑，他几乎成了神经质。

思宗其实是个好皇帝，他一直奉行节俭。国家财政困难，他多次减少皇室的开支。皇帝和后妃们都穿旧衣，周皇后还自己动手洗衣。宫中所有享乐的用具一律摒弃，连旧有的金银器皿也化银充作军饷了。思宗没有营建过任何宫室，宫中的大批宫女、太监也被遣散出宫，以节省用度。他既不好玩乐也不好女色，身边只有寥寥可数的几个妃嫔。而思宗在政事上的勤勉却超过了任何一位帝王。他工作起来不分昼夜，有时看奏章到深夜，饥饿难耐，就命太监拿几个零钱去买点简单的夜宵。一个皇帝，能做到这种地步，实在是少有，可是这样也没有挡住明王朝灭亡的步伐。

回天无术　亡国而终

明末的农民起义日益壮大后，以李自成为首的农民军很快成为其中的主力，他领导的义军队伍发展到百万之众。崇祯十六年（1643年），李自成在襄阳称新顺王。没过多久，李自成就出兵西安，在潼关歼灭了陕西总督孙传庭率领的最后一支明军主力，然后顺利夺取西安，在此建立了大顺国。而另一路张献忠领导的农民大军，也早已在武昌建立了大西政权，张献忠还挥师进入四川。崇祯十七年（1644年）正月初一，李自成从西安起兵40万，誓师伐明。此时明王朝的半壁江山已失，挽歌已经奏响了。

思宗闻报，痛哭流涕，表示自己要御驾亲征，不做亡国之君。北京城的不少官员和百姓都很感动，纷纷请命上战场。地方巨贾李建泰也积极响应思宗，他拿出全部家私，在山西组织了武装队伍，阻挡李自成的进攻。不过李建泰出师不利，他在保定就投降了李自成的大顺军。京师告急，国库告罄，全国无兵可用，思宗拼尽最后的气力支撑局面。思宗为了鼓舞士气，还两次发表《罪己诏》，向天下臣民表示要承担一切责任，不过此时这些空头承诺根本不起作用。为了筹集军饷，他将皇宫中的所有金银都拿出，又命皇后等后宫人员和朝中大臣都要拿出私财。不料大多数人都捂紧腰包哭穷，思宗忙了一个月，只筹到了20余万两。而后来北京城破，李自成的大顺军进城，却从太监、大臣们那里搜刮了2000多万金银。

崇祯十七年三月十八日，农民军大举攻城，太监曹化淳开城投降，李自成占领了外城。思宗见亡国已成定局，他痛哭一场后，就开始安排后事了。

思宗先将16岁的太子和永王、定王这3个儿子装扮成普通百姓，让心腹太监送走。四月二十五日，思宗在后宫痛饮一番，他想死也要死得有骨气，不能让祖先蒙羞，不能让家人受辱。于是就下令后宫所有妃嫔自裁，周皇后等人自缢身亡，而有几个妃嫔怕死，不肯自裁，思宗就挥剑将她们砍死。接着思宗又直奔寿宁宫，挥剑砍向16岁的长平公主，随后又杀死三女昭仁公主。长平公主只是被砍断左臂，昏死过去，并没有死。后来被人救下，得到清朝政府的优待，并将她嫁给原先订婚的驸马周显，不过长平公主并没活多久，就心瘁而亡了。而思宗杀死妃嫔女儿们后，就出宫登上煤山（今北京景山公园），自缢身亡了，终年34岁。这一日，历时16朝共计276年的大明王朝也在思宗手中终结了。

清

❀ 太祖努尔哈赤

清太祖努尔哈赤档案：

生卒年：1559~1626年

父母：父，塔克世；母，喜塔喇氏

后妃：皇后叶赫那拉氏、元妃、继妃、大妃等

年号：天命

在位时间：1616~1626年

谥号：高皇帝

庙号：太祖

陵寝：福陵（今沈阳东陵）

性格：坚毅沉着，聪明冷静

清太祖爱新觉罗·努尔哈赤是清王朝的开创者与奠基者，他建立的王朝续写下296年的历史。中国自秦始皇以来历代封建王朝中，清王朝是延续时间最长的少数民族政权。作为其奠基人，努尔哈赤功不可没。

太祖的成长传奇

明初，女真分为四大部，分别为建州女真、海西女真、东海女真和黑龙江女真，努尔哈赤则出生于建州女真的贵族世家。明永乐十年（1412年），明成祖封努尔哈赤的六世祖猛哥帖木儿为建州左卫指挥使。从猛哥帖木儿到努尔哈赤的父亲塔克世，努尔哈赤家族世代承袭建州左卫指挥使的职务。

努尔哈赤的祖父觉昌安是宁古塔部落六贝勒之一，而宁古塔则是建州女真中一个较大的部落。部落六贝勒是六个亲兄弟，他们占据着赫图阿拉附近方圆二十里的地盘。努尔哈赤的父亲塔克世是觉昌安的第四个儿子，他先后娶了三个妻子，其中努尔哈赤的生母是喜塔喇氏，名字叫额穆齐，是建州女真最强大部落首领王杲的长女。当时，在女真内部群雄蜂起的大背景下，依附于一个强大的部落是相对安全的选择，这也是塔克世迎娶额穆齐的原因之一。

婚后，喜塔喇氏生了三个儿子，努尔哈赤、舒尔哈齐和雅尔哈齐。作为

长子，努尔哈赤备受父母宠爱，从小过着幸福的生活。但是，这种幸福在他10岁那年，随着母亲喜塔喇氏的去世便结束了。这一年，从根本上改变了努尔哈赤的命运。他的继母纳喇氏为人非常刻薄狠毒，不断挑唆和破坏努尔哈赤的父子关系，使得努尔哈赤的日子过得异常艰难。15岁那年，努尔哈赤毅然带着10岁的弟弟舒尔哈齐离家出走，投奔到外祖父王杲门下。

几年后，明朝辽东总兵李成梁率军攻破了王杲的驻地，王杲被杀，努尔哈赤兄弟被俘虏。但是，李成梁并没有杀努尔哈赤。因为外祖父王杲是一个受汉文化影响较深的女真人，努尔哈赤在这生活期间耳濡目染，学会了一些简单的汉语。李成梁见努尔哈赤聪明伶俐，不但赦免了他，而且还让他做自己的书童。在李成梁的麾下，努尔哈赤广泛接触到新鲜的事物，增长了见识。这段时期内，努尔哈赤对汉文化与汉人有了深入的了解。由于努尔哈赤从七八岁开始就练习骑射，技艺已经非常娴熟了。每逢征战，他总是勇猛杀敌，逐渐受到李成梁的赏识，并跟随他四处征战。随着实战经验的增加，努尔哈赤的谋略意识不断增强，军事才能也得到锻炼与提高。三年多后，努尔哈赤回到家里，遵照父命与佟佳氏结婚，开始自立门户。由于继母的长期挑拨，父亲塔克世对努尔哈赤依然冷若冰霜，努尔哈赤婚后也没有分到多少家产。

但是这些磨难并没有将努尔哈赤打垮，他变得更加独立。努尔哈赤常常翻山越岭，深入林海，挖人参、采松子、拣榛子、拾蘑菇，然后把这些山货拿到市场上去卖，用以维持家里的生计。通过贸易，他和汉人、蒙古人进行了更加深入与广泛的接触和交流，对各民族的语言风俗文化有了进一步的认识。

在这样困苦的环境下生活，不仅使努尔哈赤形成了坚毅、忍耐和深沉勇猛的性格，更开阔了他的视野，锻炼和提高了他的各种能力。

含恨起兵 统一女真

王杲死后，他的儿子阿太为报父仇，常常偷袭明军。万历十一年（1583

年），明将李成梁派兵攻打阿太的驻地古勒城。阿太的妻子是觉昌安的孙女，因此，努尔哈赤的祖父觉昌安和父亲塔克世一同前往古勒城看望阿太，劝说他投降，不料却被围困在城里。这时，建州女真图伦城的城主尼堪外兰为了保全自己的利益，诱骗守城士兵说，谁杀死阿太，就让谁做古勒城的城主。阿太的部下听信了这样的谎言，献城投降。明军进城大肆屠杀，努尔哈赤的祖父与父亲在混战中被杀害了。

得知这个消息，努尔哈赤悲痛万分，他质问明朝的官员，为何杀害他一向效忠明朝的祖父与父亲。明朝官员自觉理亏，不断解释为误杀，并把觉昌安与塔克世的遗体找出来，交还努尔哈赤。努尔哈赤提出交出他的仇人尼堪外兰，让他自行处置，但是明朝官员拒绝了这个要求，只是给予努尔哈赤30道敕书和10匹马，让他承袭了建州左卫指挥使的职务。努尔哈赤明白，此时不能和明朝政府决裂，便接受了明朝的抚慰。几个月之后，努尔哈赤率领百余人攻打尼堪外兰所在的图伦城，拉开了努尔哈赤统一女真各部的历史序幕。由于尼堪外兰是明朝的属官，努尔哈赤的这次进攻也意味着他正式起兵反抗明朝。

努尔哈赤成功地击杀了仇人尼堪外兰。接下来的几年中，努尔哈赤先后打败建州女真各部，逐渐完成了对建州女真的统一。随后，海西女真便成为了努尔哈赤的下一个目标。海西女真主要由乌拉、哈达、叶赫和辉发四部组成。叶赫部看着努尔哈赤逐渐强大，十分惶恐，倡议各部落联合起来，一同攻打努尔哈赤。万历二十一年（1593年），叶赫贝勒纠集了乌拉、哈达、辉发等部组成九部联军3万多人，向建州古勒山发动进攻。面对强大的九部联军，努尔哈赤并不慌张，沉着冷静地给士兵们打气加油，说九部联军只是一群乌合之众，建州兵能以一挡十。第二天，努尔哈赤率军迎战，充分利用地形严密布防，避免与九部联军进行正面交锋。乘其懈怠之时，努尔哈赤率军居高临下发起冲锋，一路砍杀，以少胜多，取得了古勒山大捷。这一战让努尔哈赤声名大振。九部联军的失败，预示着努尔哈赤将最终统一女真各部。

古勒山之战结束后，叶赫为了缓和与努尔哈赤的关系，承诺将叶赫部最美丽的女子许配给他，史书上称为叶赫老女。努尔哈赤欣然答应，并奉上了聘礼。但是叶赫却一直没有将叶赫老女嫁过来，反而又把她先后许配给了哈达、辉发和乌拉的贝勒。这三部的贝勒也没能娶到叶赫老女，还依次被努尔哈赤找各种理由给消灭了。最后，叶赫将这位美丽的女子嫁给了蒙古贝勒莽古尔岱。叶赫背弃与努尔哈赤的婚约，努尔哈赤内心十分痛恨，一直在等待时机雪耻。万历四十七年（1619年），这个机会终于来到，努尔哈赤全面发动了对叶赫的进攻，一举将叶赫部消灭。至此，海西四部也全被努尔哈赤收入囊中。

在统一建州和海西四部的同时，努尔哈赤对东海女真诸部采用了征伐和招抚相结合的手段，逐次将其统一。到万历末年，努尔哈赤收服所有女真部落。为了解决同明朝作战的后顾之忧，努尔哈赤与蒙古科尔沁部联姻结好。努尔哈赤与他的儿子们大都娶了科尔沁的女子，建州女子也纷纷嫁给蒙古王公为妻。对态度强硬的蒙古察哈尔部，努尔哈赤则是直接采取进攻的手段，大败林丹汗。后来，与蒙古联姻便成为清朝团结蒙古的重要手段。

反抗明朝 开国奠基

万历四十四年（1616年）正月初一，努尔哈赤在赫图阿拉创立汗国，国号金，年号天命，这就是后金。建国后，努尔哈赤花了两年时间整顿内务，发展经济，对明朝进攻打下了坚实的物质基础。当一切准备妥当后，天命三年（1618年），努尔哈赤祭祖告天，宣布了"七大恨"伐明誓词，正式将战争矛头直接指向了明朝政府。

不到半年时间，努尔哈赤就攻占了抚顺、清河等10余城。明朝当局受到震动，于1619年调集10万大军，以杨镐为统帅，准备兵分四路围攻赫图阿拉。努尔哈赤沉着应战，采用"恁你几路来，我只一路去"的方针，集中优势兵力，各个击破。首先，努尔哈赤以八旗精锐部队迎战明军主力杜松部。三月一日，双方在萨尔浒山对峙。努尔哈赤趁杜松分兵袭击吉林崖之时，猛攻驻扎在萨尔浒山的明军，明军溃败，主将杜松战死。接着，努尔哈赤奔赴尚间崖，击败马林部。在得知有两路大军会共同进攻赫图阿拉时，为避免同时应对两路大军，努尔哈赤立即班师回京。他仅带4000士兵守城，应对李如柏的大军。同时，设计诱使刘梃部孤军深入，然后命令代善、莽古尔泰和皇太极率主力围歼了他们。明军统帅杨镐得知三路大军惨败，立即命李如柏撤回。在这次著名的萨尔浒大战中，努尔哈赤仅用了5天的时间，以区区几万人之师打败明朝十几万的大军，取得了以少胜多的辉煌战绩。萨尔浒之战是后金历史发展中的一个重要转折点。从此，明朝在东北的统治逐渐瓦解，后金的战略态势开始由被动转为主动。

天命五年（1620年），万历皇帝病死，因皇位交接风波，明朝的局势十分动荡，内部宦官与东林党人的纷争不断。努尔哈赤见时机成熟，便于第二年出兵向沈阳进军。当时，沈阳作为辽阳的屏障建立了严密的防御系统。努尔哈赤派精锐骑兵在沈阳城周围进行埋伏，然后出兵到城下挑战。明总兵贺世贤中计出击，进入了努尔哈赤的埋伏圈，被后金士兵杀死。努尔哈赤趁机攻入沈阳城，杀死明朝士兵7万多人，随后向辽阳发起进攻。辽阳作为明朝东北的军政中心而备受重视，有重兵防守。努尔哈赤兵分两路攻打辽阳城，城内守军大乱。正在督战的袁应泰见大势已去，自焚而死。几番激战之后，努尔哈赤占领了辽阳城。之后，努尔哈赤将都城迁往辽阳，辽、沈地区便成为后金入主中原之前的根据地与统治中心。

经过两次大战之后，努尔哈赤的统治逐渐稳固。迁都沈阳之后，努尔哈赤便一直在寻找征伐明朝的时机。天命十一年（1626年），明军更换主帅、全线撤防。努尔哈赤闻讯，立即出兵攻打明朝。他亲率10万大军向辽西进攻。在宁远城，袁崇焕以不到3万的兵力顽强阻击努尔哈赤，使其顿兵于坚城之下。努尔哈赤无计可施，只好带着他残存的兵力退回沈阳。宁远之败给努尔哈赤造成了巨大的精神创伤，是他戎马一生中最大的一次败仗。此后，努尔哈赤心情忧郁，加上岁数已大，常年的征战让他的身体遭受了严重的损伤。就在这一年八月，努尔哈赤去世，享年68岁。

努尔哈赤不仅是满族的缔造者，同时也是八旗制度的创始人。当时，女真人狩猎每人出一支箭，以10人为一单位，称牛录（箭或大箭的意思）；10人中设立一个总领，称牛录额真（额真，是首领的意思）。努尔哈赤在牛录基础上又设立了甲喇和固山，以五牛录为一甲喇，五甲喇为一固山。甲喇、固山分别由甲喇额真和固山额真统领。每个固山还设立两个梅勒额真，作为固山额真的助手，协助管理事务。这样，固山成为了当时满洲户口和军事编制的最大单位，每个固山都有特定颜色的旗帜，汉语将固山译为"旗"。便有了正红、正白、正蓝、正黄、镶黄、镶白、镶蓝和镶红旗，被称为满洲八旗。八旗制度是"以旗统民，以旗统兵"的民兵合一、军政合一的社会组织形式。八旗兵平时耕田狩猎，战时披甲上阵。八旗旗主即八个固山额真都由努尔哈赤的子孙担任，他们集军事统帅和政治首领于一身。努尔哈赤则是八旗的家长和最高统帅，他为八旗制定了严密的纪律。八旗制度的实行，大大提高了女真的军事战斗实力，成为了清朝最终入主中原、统一政权的关键性基础。

太宗皇太极

清太宗档案：

生卒年：1592~1643年

父母：父，太祖努尔哈赤；母，皇后叶赫那拉氏

后妃：皇后博尔济吉特氏、宸妃、庄妃等

年号：天聪、崇德

在位时间：1626~1643年

谥号：文皇帝

庙号：太宗

陵寝：昭陵（沈阳北陵）

性格：心思缜密，善于谋略

皇太极是努尔哈赤的第八个儿子，是清朝的第二任皇帝。他成功地守护住了父亲努尔哈赤打下来的江山，并将其发扬光大，为清朝入主中原做了充足的准备。

少年图强 谋划继汗

爱新觉罗·皇太极的生母是叶赫部酋长杨吉努的女儿叶赫那拉氏，她待人宽厚，处事稳重，很受努尔哈赤的宠爱。皇太极自然也得到了努尔哈赤的疼爱，从小便接受了一定的文化教育。他天资聪慧，颇通待人接物之道。由于父兄常年出征，少年时期的皇太极便开始主持家务，干得颇为出色。

皇太极21岁时第一次随父亲出征，参加对乌拉部的征伐。当时努尔哈赤只是命令部下焚毁敌人的粮草，并不发动进攻。血气方刚的皇太极却急于冲锋陷阵，努尔哈赤劝导他说，砍伐大树的时候，必须用斧子一下一下地砍，才能将它砍掉。征服强大的部落也一样，必须慢慢将其枝叶削去，才能一举将其消灭。皇太极从此以后牢记"砍树"的原则，并运用在他对于明朝的征伐中。跟随父兄作战时，皇太极积极地参与军政事务的讨论，并不时提出好的计策，因此受到努尔哈赤的重视，并成为他的得力助手。

努尔哈赤在位时，曾选定大贝勒代善、二贝勒阿敏、三贝勒莽古尔泰和四贝勒皇太极为四大和硕贝勒，命四人按月轮流值班，处理国家机要事务。努尔哈赤死前并没有指定汗位继承人，因此在他死后，汗位之争非常激烈。皇太极最后的脱颖而出，靠的是谋略和实力。

当时的形势是：二贝勒阿敏是皇太极的堂兄，他的父亲舒尔哈齐获罪圈禁至死，他自己也犯下大过，因此没有资格争夺汗位。三贝勒莽古尔泰是努尔哈赤的第五个儿子，他有勇无谋，而且生性鲁莽。他的生母富察氏因为过失获罪，他竟然亲手杀死母亲。这样的人可以做统兵将领，但是不能做一国之君。剩下的大贝勒代善是最有条件与资格继承汗位的，他性格宽厚，深得众心，而且军功多、权势大。努尔哈赤曾暗示死后由他继承汗位，说道："百年之后，我的幼子和大福晋交给大阿哥收养。"这里的大阿哥指的就是大贝勒代善。皇太极本身也有一定的实力，且屡立军功，有条件与大贝勒代善竞争汗位。因此，皇太极的首要目标就是和代善竞争。在萨尔浒与辽沈大战中，皇太极都积极地争取军功，试图与代善一较高下。除此之外，皇太极很早就开始寻找机会削弱代善。

这里面还有一则小故事：天命五年（1620年）时，努尔哈赤的小福晋德因泽向他告发，大妃阿巴亥两次准备佳肴送给大贝勒，大贝勒都接受并且吃了；她又送给了四贝勒，四贝勒虽然接受了，但是没有吃。而且大妃经常派人去大贝勒家，深夜还外出宫院。努尔哈赤派人调查属实，不愿家丑外扬，于是借故惩处了大妃阿巴亥。大贝勒代善的威望由此降低，并逐渐失去了努尔哈赤的宠爱。有人说德因泽是受了皇太极的指使才去告发的，故意抖搂代善与大妃之间暧昧不明的关系。不管真相如何，皇太极是这件事的受益者。

阿巴亥所生的多尔衮和多铎也有资格同皇太极竞争皇位，为了削弱他们的力量，在努尔哈赤死后，皇太极和几个贝勒说先汗有遗言让大妃殉葬。在他们的威逼下，大妃自缢而死。

至此，皇太极在继承汗位上取得了有利地位。随后，在众贝勒的商议之下，皇太极在天命十一年（1626年）登上后金汗位。在即位之初，皇太极仍然奉行四大贝勒并肩而坐、共同处理军政的原则。但后来，皇太极除掉了二贝勒阿敏和三贝勒莽古尔泰，并威胁大贝勒代善，免去了三大贝勒轮流执政的权力，实行"南面独坐"，将势力握在自己的手中。

征服朝鲜 联姻蒙古

皇太极继承汗位后，后金国四面受敌，东邻朝鲜，北靠黑龙江地区，西北接蒙古，西南面则是明朝。要想摆脱险境，在夹缝中生存，必须有一个良好的策略。经过反复权衡思考，皇太极决定首先制服蒙古和朝鲜；对最主要的敌人明朝，则以议和争取时间，然后再图谋大举进攻。

长期以来，朝鲜一直是明朝忠实的盟友。天聪元年（1627年），乘朝鲜发生内乱之际，皇太极命令二贝勒阿敏率军东征朝鲜。大军跨过鸭绿江，攻占了江华岛，俘获了朝鲜王子和宗室大臣。朝鲜君主走投无路，与皇太极定下"兄弟之盟"。崇德元年（1636年），皇太极举行称帝大典时，朝鲜使臣拒不跪拜，皇太极以此为借口，率军亲征朝鲜，重创朝鲜军队。朝鲜国王李倧向清朝请降，成为清朝的属国。经过两次用兵朝鲜，皇太极完全掌控了朝鲜。

当时的蒙古主要分为三大部：漠南蒙古、漠北蒙古和漠西蒙古。漠南蒙古位于后金和明朝中间，成为双方争夺的焦点。皇太极采取软硬兼施的策略，以强大的武力作为后盾，积极争取蒙古各部归顺。漠南蒙古中最强大的部落是察哈尔部，察哈尔部的首领林丹汗倚仗明朝的支持，坚决与后金为敌。天聪二年（1628年），皇太极利用漠南蒙古内部的矛盾，率军亲征林丹汗，大败察哈尔部军队。在这次进攻中，皇太极对不服从约束的蒙古各部给予坚决打击，加强了对归附的蒙古各部的控制。之后，皇太极再次调军西征，林丹汗自知不敌，向西逃亡。之后，察哈尔部分崩离析，林丹汗因天花病死，部众逃散。皇太极便派多尔衮去招抚林丹汗的残部，林丹汗之子率军归降。从此，漠南蒙古彻底归附皇太极。

除了出兵征服外，皇太极还积极与蒙古贵族联姻。皇太极的"一后四妃"都是蒙古族，分属于蒙古的科尔沁部和察哈尔部。皇后博尔济吉特氏是蒙古科尔沁贝勒莽古思的女儿，15岁嫁给皇太极。皇太极继位后，她便成为了皇后。由于一直没有子嗣，科尔沁部的贝勒们都非常不安，他们希望由本部落妃子的儿子继承大统，从而保证自己部落的尊崇地位，因此不断将科尔沁部的女子送进宫。于是，便有了后来的宸妃和庄妃。她们两姐妹都是博尔济吉特氏，并且同为皇后的侄女。而贵妃和淑妃则是林丹汗的福晋，在林丹汗死后便都被皇太极收入宫中。林丹汗的儿子归降后，皇太极把次女嫁给了他，并且命令济尔哈朗娶林丹汗的遗孀苏泰太后为福晋。

皇太极的长子豪格及二兄代善、七弟阿巴泰也分别同察哈尔部联姻。由此，皇太极构建了一个错综复杂的满蒙联姻同盟。这一政策，后来成为清朝的国策。所以，清朝的皇后大都出于蒙古。

皇太极还向北用兵，矛头直指黑龙江中、上游地区。在努尔哈赤时期，后金已经统一了黑龙江下游地区。皇太极继承遗愿，采用招抚为主、武力为辅的策略，争取更多部落的统一。他告诫出征的将领要积极劝说当地民众，让他们知道我们的祖先都是一家人，应同甘共苦，力图用同宗的观念感化他们。果然，大量部落归附了皇太极。这样，三方面的威胁都已逐步清除，皇太极开始全力进攻明朝。

反间明朝 决战松锦

皇太极曾目睹了父亲努尔哈赤在宁远之战中的惨败，为了报父仇，他于天聪元年（1627年）发动了宁锦之战，然而仍以失败告终。这两次战役的惨败让皇太极意识到，袁崇焕是他进军中原路上的一个巨大障碍，必须想办法将他除去。天聪三年（1629年），皇太极亲自率领大军，避开山海关，绕道内蒙古，进攻北京城。当时，袁崇焕被封为兵部尚书、蓟辽督师，驻守山海关。在得知皇太极进攻京师的军报后，袁崇焕立即带兵回防，保卫京师。在北京城下，双方展开激战。袁崇焕身先士卒，连获两捷，使京师转危为安。这时，皇太极实施了反间计，让手下人故意给一个被俘的太监透露风声说，袁崇焕和皇太极订立了密约，两人要共成大事，然后再把这个太监放走。多疑的崇祯帝得知这个消息之后，马上下令逮捕袁崇焕，并将他定罪入狱。第二年，袁崇焕被凌迟处死。这样，皇太极不费吹灰之力便把自己的劲敌给消灭了，而这件冤案直到100年后的乾隆帝时才予以平反。接着，皇太极并不急于进攻北京城，而是退回沈阳，安顿后方，等待进攻时机的到来。

崇德四年（1639年），认为时机成熟的皇太极派兵进攻松山，但在明军的顽强抵抗下失败了。第二年，皇太极派兵在锦州城外修筑战壕，将锦州围困起来。明朝守将祖大寿告急，崇祯帝派蓟辽总督洪承畴率13万大军解锦州之围。洪承畴采取稳扎稳打、步步为营的战略，慢慢地靠近锦州。明朝大军的不断到来，使得清军节节败退。皇太极得知消息后率军亲征，要与明朝决战。

皇太极的御驾亲征大大地鼓舞了士兵士气，清兵顶住了明军的压力。在仔细分析了地形之后，皇太极部署清军切断明军的粮饷供给，并将松山城的明军围困起来。明军力图冲破包围圈，却屡遭失败。两军交战过后，清军又夺取了明军的军粮，进一步缩紧了包围圈。明军交战失利，加上粮饷丢失，很快就军心动摇，许多将领都想突围奔向宁远。洪承畴别无选择，只好下令全军突围。皇太极对此早有准备，命各路清军严阵以待。明军受到重创，短短十天之内，明朝13万大军就损失大半，只剩下洪承畴率领的1万多人困守松山城。崇德七年（1642年），松山城中的明朝副将投降，松山城失陷，洪承畴被俘。在皇太极的劝说下，洪承畴最终归降清朝。锦州守将祖大寿见大势已去，也主动献城归降。随后，关外各地相继落入清军手中。松锦大战以皇太极的胜利告终，同时也标志着皇太极对关外局势的绝对掌控形成。经过此役后，明朝的精兵良将已所剩不多。

革除弊病　稳固统治

努尔哈赤晚年时民族矛盾加剧，皇太极继位后将族名改为满洲，以此来缓和汉人与女真人之间的矛盾，缓和各民族之间的歧视心理。对于汉族知识分子，皇太极更是量才而用，其中最为出名的是对范文程的任用。皇太极每遇到军政大事，总是想着要和范文程商量。有一次范文程在宫里看到满桌的佳肴，突然想到老父亲，于是便放下了筷子。皇太极明白了他的心思，当即命人将饭菜送到范文程家里。之后，范文程做到内秘书院大学士，这也是清朝用汉人为相的开始。对于降清的汉人将领，皇太极也不惜授予高官，甚至封王。同时下令允许已为奴仆的汉人参加科举考试，各家主人不得阻拦，一经录用便委以官职。这些都表明，皇太极试图通过任用汉官，争取汉人的民心，以稳固清朝的统治。

另外，皇太极逐步完善了各项政权机构，废除了大汗同三贝勒的并坐制，改为大汗"南面独坐"，强化了君主集权。设立了专门管理民族事务的机构，并且扩充了八旗兵力，增设了蒙古八旗和汉人八旗。通过一系列的措施，皇太极逐步稳固了清朝的统治。

松锦决战结束后，眼看清朝就要与明朝决战了，但是皇太极却没能亲眼看到这一天。政务烦劳加上常年征战，皇太极的精力已经消耗殆尽。松锦决战前，皇太极最宠爱的宸妃去世了，更是给他心理上造成了沉重的打击。崇德八年（1643年）的一个夜晚，皇太极突然辞世，享年52岁。

世祖福临

清世祖福临档案：

生卒年：1638~1661年

父母：父，太宗皇太极；母，孝庄太后

后妃：皇后博尔济吉特氏、董鄂妃等

年号：顺治

在位时间：1643~1661年

谥号：章皇帝

庙号：世祖

陵寝：孝陵（清东陵）

性格：明达好学，脆弱多情

清世祖爱新觉罗·福临是皇太极的第九子，是大清王朝的第三任皇帝，也是清王朝入关后的第一个皇帝。福临6岁登基，是著名的少年天子。在他之后，清王朝迎来了历史上最辉煌的"康乾盛世"时代。

幸运登基 叔父摄政

崇德八年（1643年），皇太极突然病死，没有留下遗诏，也没有预立继承人。诸王贝勒因继承人起了纷争，一时僵持不下。努尔哈赤曾经有遗言，皇位的继承人要由满洲贵族来讨论。当时有七个人的意见举足轻重，他们分别为礼亲王代善、郑亲王济尔哈朗、睿亲王多尔衮、肃亲王豪格、英郡王阿济格、豫郡王多铎和颖郡王阿达礼。多尔衮和豪格是皇位的有力竞争者，他们各自拥有支持者，互不相让。

豪格有正黄旗、镶黄旗和正蓝旗的支持，多尔衮有正白旗和镶白旗的支持，两者都立下过不少军功，因此赢得剩下三旗的支持就显得尤为重要了。在商议继承人的大会上，礼亲王代善提出长子豪格继承皇位。豪格见自己又多了代善父子掌管的正红和镶红两旗的支持，认为大局已定，便开始谦虚退让，想要以退为进。没想到，两白旗的人坚决反对。双方争执得不可开交，最后多尔衮提出让皇太极的第九子福临继位，由他和济尔哈朗辅政。这样一来，既拉拢了济尔哈朗和他掌管的镶蓝旗，又满足了两黄旗大臣坚决让皇子继位的要求。礼亲王代善顺水推舟，拥护由6岁的福临继承了皇位。

崇德八年（1643年），福临正式在沈阳即位，第二年改元顺治。这时，李自成的农民起义军攻占了北京城，明朝崇祯皇帝在景山自缢而亡，大明王朝的统治结束。在这历史转折点，降清汉人范文程力主多尔衮乘农民军未站稳脚跟时，大举进攻北京城，定鼎中原。多尔衮也觉察到了这一千载难逢的机会，于是打着为崇祯帝报仇的旗号，率领大军向山海关进发。

当时山海关聚集了三股强大势力：山海关总兵吴三桂率领的精锐明军、李自成带领的讨伐吴三桂的农民军和多尔衮率领的清军。由于李自成的失误，致使吴三桂降清，并与清军联合。在山海关大战中，李自成的农民军战败，退回北京。由于兵力不足，又仓皇从北京撤离。多尔衮率清军攻入北京城，而顺治在济尔哈朗的护送下来到北京，并举行了隆重的开国大典，正式宣告清朝对全国的统治。随后，顺治封多尔衮为叔父摄政王。至此，顺治实现了前两任皇帝都未能实现的愿望，正式入主中原。

清朝入关后，政权并不稳固，全国各地的骚乱此起彼伏。摄政王多尔衮命英亲王阿济格和豫亲王多铎分别进攻大顺与南明政权，逐步平定江南一带。

为了巩固自己的势力，多尔衮一步步剪除了妨碍自己的政治势力。首先多尔衮取消了军事大事由八旗贝勒共同商议的制度，改由两位摄政王决断。然后又编织罪名剥夺了济尔哈朗的辅政大权，一切政令就都掌握在多尔衮手中。最后多尔衮将豪格定罪下狱，一个月后，豪格猝死。在清除这些政治威胁后，多尔衮大权独揽。后被封为皇父摄政王，成为实际上的皇帝。

当时，多尔衮一人独霸朝纲，孝庄太后深知同多尔衮搞好关系才能保全皇帝。因此对多尔衮多加笼络，二人之间的暧昧情愫也广泛让人猜测，甚至有"太后下嫁"一说。敏感的顺治对此十分不满，同孝庄太后的关系也开始变坏。

少年亲政 治国有方

在多尔衮阴影下生活的7年，顺治事事仰人鼻息，受人摆布，处境苦不堪言。在他的心里，埋下了对多尔衮仇恨的种子。多尔衮死后，顺治立即下令剥夺他的爵位，没收他的财产，甚至毁掉他的陵墓。顺治八年（1651年）正月，14岁的顺治亲政，正式掌管朝政。顺治从小就开始学习历代帝王的治国之道，阅读了大量的治国经典。勤奋刻苦的学习让顺治摆脱了先辈的草莽之气，而颇具文士之风。这也使得他的治国策略由先辈的"武攻"转向"文治"。

针对多尔衮时期的弊政，顺治适当地采取了一些缓和措施。多尔衮曾进行了两次大规模的圈地运动，大量剥夺农民土地，分给皇室成员和八旗官员。百姓没有土地，流离失所，生产受到极大的破坏。为解决这个问题，顺治下令严禁圈地，命令地方官员将以前所圈的全部土地退还给原主，并且重申永远不再圈地。另外，顺治下令鼓励垦荒，减轻农民负担，为社会经济的恢复提供了有利的条件。顺治明白，治理国家安抚百姓，吏治清明非常重要。因此，他大量惩处贪官污吏，并下令督抚监督各地官员，防止发生扰民的行为。又派出权力更大的监察御史巡视各地，对违法的总督、巡抚和总兵进行检举揭发。短短一年里，被顺治革职查办的贪官污吏就达到200多人。

顺治十年（1653年），西南地区抗清活动高涨。顺治命洪承畴率师进剿，他给予洪承畴"便宜行事"的权力，放手让他灵活捕捉进攻时机。洪承畴也不孚圣望，彻底肃清了西南部的反抗势力。每当将军们出征，顺治总是告诫他们，对于主动投诚、真心悔改的农民武装，都予以免罪，由政府酌情安置。此外，郑成功盘兵东南，严重威胁清王朝。顺治派人招抚，积极争取郑成功，但遭到拒绝。招抚不成，顺治便下令征讨郑成功，并将他的父亲与亲属流放宁古塔，没收他的家产。郑成功奋起反抗，但被清军击败。无奈之下，郑成功便率军东渡，击败荷兰人，在台湾扎下根来，与清朝长期对峙。

为了进一步巩固统治，顺治继续重用汉官。废除了以前汉官不能掌印的规定，并将汉官的品级提高到与满人一样。以前内阁大学士满人是一品，汉人是二品，顺治将其全改为一品。同时任命范文程为议政大臣，此前这个职务一直由满人担任。至此，汉人官员受到了从未有过的宠信。顺治经常与范文程探讨如何治理国家的问题。对于范文程提出的意见，顺治也是虚心接受与采纳。与前朝皇帝不同的是，顺治非常鼓励大臣直言进谏，即使意见尖锐也不加怪罪。有时候大臣们不提意见，顺治反而会不高兴。因此，顺治以后的皇帝也大都受此影响，广泛纳谏，耐心地听取大臣们的意见。

除了对汉官加以重用外，顺治对于外国人也礼遇有加。经过范文程的引荐，外国传教士汤若望很快就得到了顺治的宠信，并且加官晋爵，成为了清朝的命官，开西方传教士掌管钦天监的先例。汤若望为孝庄太后治好了病，被尊为义父，顺治便按满语尊称汤若望为玛法，即汉语爷爷的意思。顺治非常喜欢汤若望平易近人的作风，而且认为他为人真诚。两人交往日益密切，顺治经常到汤若望的住所和他一起讨论学问，并向他请教治国策略。顺治19岁的生日便是在汤若望的家里度过的。汤若望常常为顺治出谋划策，充当顾问的角色，而他给顺治的许多谏言都被采纳。顺治在临终议嗣时也征询了汤若望的意见。汤若望认为玄烨出过天花，更适合作为皇位继承人，顺治最终遵从了他的意见。因为顺治的恩宠，西方传教士开始涌入中国，自由传教。

在顺治的治理下，清军入关之初的混乱局面逐渐稳定，社会秩序也得到恢复，各民族开始和谐相处，为国家的稳步发展提供了有利条件。

废后宠妃　崇尚佛法

顺治14岁时，就被逼与科尔沁卓礼克图亲王吴克善的女儿博尔济吉特氏结婚。这门亲事是多尔衮定下的，所以顺治很不满意。这位小皇后是科尔沁的贵族，从小就娇生惯养，顺治非常不喜欢。成亲之后，两人经常发生口角。顺治认为皇后非常恶毒，妒忌心重，又爱好奢侈。他实在忍受不了，决定要废后。然而这件事并不顺利。大臣们认为皇后并没有什么明显过错，不能轻易废黜。但是顺治心意已决，不顾孝庄太后和大臣的反对，强行将皇后降为静妃。之后，顺治又娶了一位博尔济吉特氏为皇后，虽然顺治仍不满意，但是在孝庄太后的庇护下，还是保住了后位。废后事件让顺治与皇太后之间的矛盾加深，而董鄂妃的出现则让两人的母子关系进一步恶化。

孝庄太后十分不满顺治对于董鄂妃的宠爱，总是横加干涉，然而顺治对董鄂妃爱得死去活来。这位顺治最宠爱的女子，身世扑朔迷离。根据《汤若望传》的记述："顺治皇帝对于一位满籍军人之夫人，起了一种火热爱恋。"著名历史学家陈垣先生考证后认为她是顺治的弟弟、襄亲王博穆博果尔的妻子，但仍有不同意见。不管真相如何，顺治对董鄂妃是一见钟情。在入宫后的短短一个月内，董鄂氏便晋升为皇贵妃，上升速度之快十分罕见。并且顺治还为她举行了盛大的册妃典礼，大赦天下。在清朝200多年的历史里，因为册立皇贵妃而大赦天下是绝无仅有的一次。在有了董鄂妃之后，顺治便独宠她一人。董鄂妃为顺治生了个儿子，是皇四子，顺治却直呼为"朕的第一子"，并且要立他为皇太子。但不幸的是，皇四子生下三个月就夭折了。董鄂妃也因为过于伤心，卧床不起，不久便香消玉殒了。董鄂妃之死，使顺治痛不欲生。他不顾一切，寻死觅活，需要人日夜看守。

顺治从小就生活在多尔衮的阴影之下，与皇太后的关系又不好，内心非常脆弱，缺乏精神支柱。之前娶的两个皇后又都是被逼的，痛苦之情可想而知。董鄂妃善解人意，是懂他理解他内心苦楚的人，也是他的精神依靠。然而不幸的是，董鄂妃早早死去。顺治陷入了无法自拔的悲痛当中，一度想要出家礼佛。

由于皇太极对佛教的重视，顺治自幼受到佛教的熏陶。20岁的时候，他召见了海会寺的和尚，并进行了深切的交谈，甚至让他们在宫里论经说法。顺治还为自己取了法名"行痴"，并自称弟子。当时的僧人中，玉林琇和尚最受顺治的尊重。由于对佛法越来越热衷，顺治总有出家的念头。但他担心皇太后对自己挂念，才一直没有剃度。据统计，顺治曾在两个月内，先后38次到高僧馆舍，彻夜谈论佛经。在董鄂妃死后，顺治万念俱灰，决心遁入空门，命令玉林琇的弟子行森为他净发。行森极力劝阻，可是顺治不听。皇太后知道后非常气愤，马上派人把玉林琇召回了北京。玉林琇当即命人架起柴堆，要烧死弟子行森。顺治无奈，只得放弃出家的念头，行森才免于一死。

然而爱子夭折，宠妃去世，出家不成，这一系列的打击让顺治情感上无法承受，身体也一天天虚弱。在董鄂妃辞世100多天后，顺治因患天花医治无效去世了，享年24岁。顺治在他短暂的一生中，努力地治理国家，甚至在去世之前的遗诏中还深刻地检讨了自己的错误。他在位时推行的休养生息措施，使清朝的统治逐步稳定下来并迅速向前发展。

圣祖玄烨

清圣祖档案：

生卒年：1654~1722年

父母：父，世祖福临；母，佟佳氏

后妃：皇后赫舍里氏、定妃、通嫔等

年号：康熙

在位时间：1661~1722年

谥号：仁皇帝

庙号：圣祖

陵寝：景陵（清东陵）

性格：沉着睿智，仁孝宽厚，勤奋谨慎

　　康熙帝爱新觉罗·玄烨是清朝的第四位皇帝，也是中国历史上在位时间最长的皇帝。他继承了先辈们的基业，开创了"康乾盛世"的恢宏局面。在守业的同时，康熙帝还开疆拓土，极大地扩展了清朝的版图，为后世子孙留下了巨大的遗产。

少年天子　智勤鳌拜

　　玄烨是顺治皇帝的第三个儿子，他的生母是佟佳氏。佟佳氏的祖父当年曾经跟随努尔哈赤作战，是清朝的开国功臣。她的父亲则是汉军正蓝旗人，也屡立战功。因此，佟氏成为了汉军中显赫一时的名门望族。当时，为了缓和民族间的矛盾，顺治选择一些汉人女子充入后宫，其中就有佟佳氏。但她并没有受到顺治帝的宠爱，也导致玄烨出生后遭受冷落。幸运的是，祖母孝庄太后对玄烨母子关爱有加。她不仅派自己的侍女照顾玄烨，教他读书写字，自己也经常对玄烨进行教诲。祖母的教育关怀，在一定程度上弥补了他未得的父爱。这份情感让玄烨永生难忘，后来他对孝庄太后非常孝敬。

玄烨5岁进入书房后，常常是不分寒暑，昼夜苦读。玄烨酷爱书法，每天坚持练习，从不间断。他深知自己读书并不是为了消遣，而是为了更好地学习如何治国平天下。不论是出巡在外，还是居住宫中，不论是中华古籍，还是外国科技，他都有着浓厚的兴趣。清史专家阎崇年评价说："康熙皇帝是'二十五史'中唯一了解西方文明、尊重科学精神的皇帝。"可以说，学习伴随着玄烨的一生，也是他成功开创伟业的秘诀所在。玄烨身上混合了三种不同的血统，他的父亲是满洲人，祖母是蒙古人，母亲是汉族人。这使得玄烨更加易于接受不同文化，形成良好的文化素质。

顺治十八年（1661年）正月，玄烨在孝庄太后的主持下登上了皇位，次年改元康熙。因为康熙年幼，顺治帝驾崩前遗命由索尼、苏克萨哈、遏必隆和鳌拜四大臣辅政。辅政之初，四大臣遇事都会进行协商，然后由太后进行决策。在四大臣之中，索尼是四朝元老，位列首辅，但他年老多病。苏克萨哈资历较浅，与索尼又有嫌隙，处于孤立无援的境地。而遏必隆与鳌拜同属镶黄旗，所以总是附和鳌拜。由于势力消长，协商辅政的局面被破坏，大权逐渐落到了鳌拜手中，从而出现了鳌拜结党营私、欺凌幼主的局面。

索尼去世之后，鳌拜的野心进一步膨胀，想要越过遏必隆和苏克萨哈做首辅。于是，他试图拉拢苏克萨哈，但是遭到拒绝。鳌拜恼羞成怒，决心除掉苏克萨哈。于是，他不断上书康熙帝，要求将苏克萨哈及其子孙全部处死，并没收其家产。最终，年少的康熙被迫下达了处死苏克萨哈的命令。从此，鳌拜与遏必隆结成同党，独揽朝政大权。对鳌拜的嚣张跋扈和步步紧逼，康熙虽然不满，但由于自己羽翼未丰，只能表面上同鳌拜进行周旋。康熙六年（1667年），康熙14岁，按照祖制开始亲政，并且暗中加紧了谋划除掉鳌拜的对策。

康熙知道鳌拜的党羽众多，如果不小心行事就会祸及自身。于是，他在各亲王府挑选满洲少年，组成了宫廷侍卫队，天天练习摔跤。鳌拜不以为意，认为皇帝在厮混。与此同时，康熙将鳌拜晋封为一等公，解除他的戒心。接着，康熙任命索尼之子索额图为一等侍卫，借下棋的名义和索额图共同制定擒拿鳌拜的整体方案。事前，康熙不动声色地将鳌拜的党羽先后派出京城办事，然后下旨召鳌拜单独进宫议事。鳌拜走进宫内之后，康熙命令满洲少年将其擒住，并公布了他的30大罪状。念在鳌拜当年搭救清太宗皇太极有功，康熙赦免了他的死罪，判处他终身监禁。此后，康熙一举歼灭了鳌拜的同党，掌控了朝政。

励精图治 稳定政权

康熙亲政之后，为巩固统一政权做出了巨大的努力。首先就是削平三藩。三藩指的是三个明朝降清的藩王：平西王吴三桂，镇云南；平南王尚可喜，镇广东；靖南王耿精忠，镇福建。三藩都占据要地，拥兵自重，大有割据之势。且供养三藩之兵，耗费朝廷大半财赋。康熙帝决定要削平三藩，巩固皇权。当时，吴三桂等上书请求撤藩，试探朝廷态度。朝廷官员怕激起变乱，绝大多数都主张不可撤藩，只有兵部尚书明珠、户部尚书米思翰等少数官员支持。康熙帝力排众议，下令撤藩，分别派官员奔赴三地办理相关事宜。在三个藩王中，吴三桂的势力最为强大。康熙帝下达撤藩令后，吴三桂公然发动叛乱，各地的党羽也纷纷响应。朝廷闻讯大惊，认为叛乱是因撤藩而引发的，大学士索额图要求处斩建议撤藩的大臣。康熙帝临危不惧，下达武装平叛的命令，重兵直指叛军之首吴三桂。经过8年的战争，清军平定三藩。

康熙帝的下一个目标是统一台湾。当时郑成功已经去世，他12岁的孙子郑克塽统治台湾。这时的郑氏集团内部纷争不断，台湾政局动荡不安。康熙抓住了这个时机，以施琅为福建水师提督，率军统一了台湾。之后，康熙设立了台湾府，隶属福建。并在台湾府下设三县，派8000名官员驻守台湾。从而加强了清政府对台湾的管辖，促进了台湾地区经济文化的发展。

内忧解决完之后，康熙开始着手解决外患。黑龙江地区一直被满洲人视为祖先的发源地，皇太极时就已经归属清朝管辖了。然而沙俄却觊觎着这片肥沃的土地，清军入关之后，沙俄逐步侵入黑龙江流域，占领雅克萨、尼布楚等城。康熙帝几次派人接触沙俄政府，但他们无意进行和谈，反而乘清政府整顿内乱之际，肆意杀掠扩张。康熙果断采取强硬措施，派兵前往黑龙江地区，与当地民众一起打击沙俄侵略者。到康熙二十二年（1683年），清军基本肃清了黑龙江中下游地区的沙俄侵略者，只剩下雅克萨还被沙俄侵占着。在统一台湾之后，康熙帝调派军队进行了雅克萨自卫反击战，击败沙俄侵略者。

侵略者头目托尔布津不甘失败，率领残军重新回到了雅克萨。他还纠集了尼布楚方面的援军，妄图卷土重来。他们在雅克萨城附近构筑了新的堡垒，企图永久霸占这块土地。康熙帝得知消息之后，命令清军迅速备战，彻底消灭雅克萨的守敌，然后派兵在雅克萨驻守。在两次雅克萨之战（1685年、1686年）中，侵略者遭到了毁灭性的打击。在对侵略者进行武装打击的同时，康熙帝继续向俄方提出谈判建议。面对清军的强大攻势，俄军不得不同意和谈。双方代表经过多次谈判，中国做出了让步，将尼布楚割让给了俄国。康熙二十八年（1689年），中俄双方签订了《中俄尼布楚条约》。条约中规定了中俄两国的东段边界，从法律上划定了以外兴安岭、额尔古纳河和格尔必齐河为界，整个外兴安岭以南、黑龙江和乌苏里江流域都是中国的领土。这是中国历史上同外国签订的第一个平等条约，标志着康熙帝独立自主外交政策的胜利。

康熙收复雅克萨之后，立即着手解决噶尔丹分裂国家的叛乱。努尔哈赤和皇太极解决了漠南蒙古的问题，康熙则要进一步解决漠西蒙古和漠北蒙古的问题。噶尔丹就是漠西厄鲁特蒙古准噶尔部的头领，他夺得准噶尔部的统治权后，又以武力吞并了厄鲁特蒙古的其他各部。随后，噶尔丹与沙俄侵略者勾结起来共同进攻喀尔喀（漠北）蒙古。喀尔喀蒙古溃败后归附了清朝，清朝派人接纳并将他们安置在科尔沁草原。噶尔丹仍不放弃，再次发动武装进攻喀尔喀蒙古。

对于噶尔丹的侵扰，康熙帝一方面多次给予劝诫，要求他停战并归还喀尔喀蒙古的土地。另一方面加强塞外的兵力，为武装平叛做准备。然而，噶尔丹不肯罢休，形势越来越严峻，于是康熙帝决定率军亲征噶尔丹。康熙二十九年（1690年），康熙率军亲临塞北，指挥军队大战噶尔丹。在清军猛烈炮火攻击下，噶尔丹溃败而逃。后来又经过康熙帝的两次亲征，才最终平定了噶尔丹叛乱，彻底粉碎了沙俄企图分裂中国的阴谋，巩固了清朝西北边疆地区，保障了当地百姓安定的生活。

勤政宽仁　缔造盛世

清朝皇帝从康熙开始，每天都要进行御门听政。就是在皇宫乾清门前，由皇帝亲自主持的御前朝廷会议，参加会议的主要有六部九卿的官员。康熙帝从14岁亲政以来，每天都坚持御门听政。听政的时间是早上8点，无论严寒酷暑，康熙帝从未缺席。康熙帝不只勤奋，还非常谨慎，尤其对于关系国计民生的大事，总是反复调查权衡后才做出决策。例如关于治河的决议，康熙和大臣们进行了整整一年的讨论、调查和验证才最终做出决策。

对于臣民，康熙帝强调"仁爱"，并在施政过程中加以实行。他屡次下令停止圈地，关心赈灾，倡设义仓，时刻关心民众疾苦。康熙十六年（1677年），康熙在塞外视察时，发现一个人僵卧在路边。他亲自上前询问，才知道这个人叫王四海，是个佣工。回家路上因为饥饿而倒下。康熙了解情况后，立即命人给他喂热粥。等王四海苏醒后，康熙将他带回行宫，后来还给了王四海盘缠，并派人送他回家。康熙十八年（1679年）时，北京发生大地震，康熙下令开设粥厂，还让太医院给伤者送医送药。

康熙政治的重要措施是惩办贪官，表彰清官。康熙特别注重对高级官吏腐败的处罚。山西巡抚穆尔赛一向贪赃枉法，康熙对他的劣迹也有所耳闻。当他向大学士勒满洪等人询问穆尔赛为官是否清廉时，他们竟然替穆尔赛掩盖丑行。康熙对这种外官与京官相互勾结的现象深恶痛绝，在查明真相后，他将穆尔赛革职收审，判处绞刑，同时给予勒满洪等人降级的处分。对于清官，康熙则是大加赞赏。被康熙誉为"天下廉吏第一"的于成龙，有个绰号叫"于青菜"。他虽然贵为封疆大吏，却常年不吃肉，只吃青菜。有一年黄州发生严重的自然灾害，于成龙发放的赈济粮救活了当地几万名灾民的性命。于成龙的廉政深受康熙的赞许，官职不断晋升。后来于成龙被有心人报复，被迫离任，康熙特意下诏留任。康熙对吏治的整治从一定程度上保证了国家体系的正常运转。但是这些都只是小修小补，无法从根本上改变吏治的现状。

康熙还采取了种种措施，争取和笼络汉族知识分子。他十分尊重汉族的历史传统和儒家文化，亲临孔庙进行祭祀，力图从感情上亲近汉族士大夫。除此之外，康熙还特意设立"博学鸿词科"，千方百计地吸引明代遗老参政。对于顾炎武、黄宗羲、李颙等著名学者拒绝应试，康熙更是采取了宽容的政策，容忍了他们种种大不敬的行为。关中大儒李颙以身体为由拒绝参加应试，被从家乡强行抬到西安，李颙便绝食抗议，连续6天滴水不进。清朝官员无可奈何，只好派人将他送回家。并且康熙要求各级官员将自己知道的优秀之士推荐给朝廷，以便他亲自考察录用。

康熙帝虽然对臣民非常宽容，但是对自己的子孙要求是格外严格。他明白这攸关清朝后世的繁荣发展，因此诸皇子从小就受到了严格的教育。康熙制定制度，皇子皇孙6岁就要开始在上书房读书。老师由康熙亲自选定，既有满人又有汉人，教授学科多种多样。有满文、汉文、蒙文以及儒家经典等，还有军事和体育等科目，皇子们的时间安排紧张严密。康熙在紧张的政务之余，还会随时对皇子们进行考察与测试。一年之中，皇子们的休假日只有元旦和之前的两个半天。由此，我们可以看到康熙帝对于子孙教育的重视，也正是因为这样，康熙的子孙们都具备了一定的素养，没有出现像前朝那样的暴君或昏君。

康熙六十一年（1722年），康熙帝病逝，享年69岁。康熙8岁即位，在即位后的61年中，他为清朝的稳定做出了巨大的贡献。在他的精心治理下，清王朝出现了政治清明，经济繁荣，百姓安居乐业，一派国泰民安的盛世景象，并且为后世的发展奠定了良好的基础。

世宗胤禛

清世宗档案：

生卒年：1678~1735年

父母：父，圣祖玄烨；母，乌雅氏

后妃：皇后乌拉那拉氏、佟佳氏等

年号：雍正

在位时间：1722~1735年

谥号：宪皇帝

庙号：世宗

陵寝：奉陵（清西陵）

性格：勤勉果断，心思缜密，喜怒无常，遇事急躁

清世宗爱新觉罗·胤禛是清朝的第五位皇帝，在康乾盛世中发挥着承上启下的作用。历史上关于他的争论从来没有停止过，但不可否认的是，胤禛是一位坚定的改革者，他革除了康熙晚年的弊政，进一步巩固了清朝的政权。正是因为他，康乾盛世才得以顺利过渡。

韬光养晦　曲折登基

康熙共有35个儿子，他对儿子们的教育是非常严格的，胤禛就在这样的环境中长大。他聪颖好学，6岁时进入南书房读书，熟悉儒家和佛家经典。8岁时，他跟随父皇去边塞了解形势。15岁时，胤禛陪同几位哥哥参加了曲阜的祭孔大典，后来又随父皇考察了无定河并亲自主持了无定河的治理。

接着，胤禛与兄弟们一同参加了对噶尔丹的讨伐，并受命掌管正红旗大营。父皇的刻意栽培，使胤禛不仅学到了知识，丰富了经验，同时在与兄弟们的相处中也练就了一副铁腕和两面派的性格。

康熙的每个儿子都具备一定的才能，想要从中选定继承人并不是件容易的事情。而清朝的皇位继承一直没有定制，皇太极、顺治的皇位是由满洲贵族会议决定的，而康熙的皇位则是由顺治生前的遗诏决定的。因此，康熙决定继承其父亲的做法，在生前选定继承人，立为皇太子。他这样做是希望避免身后出现争夺皇位的残酷斗争，但是却忽略了皇太子同其兄弟之间的残酷斗争。

康熙十四年（1675年），权衡再三后，康熙将皇后赫舍里所生的皇二子胤礽立为皇太子。赫舍里皇后在生胤礽时难产而死，康熙十分伤心，因而对太子格外疼爱。不仅教育上倾尽全力，生活上更是特别关爱。为了照顾出痘的太子，他甚至连续12天没有批阅奏章。然而，在册立太子后的33年里，朝中形成了皇太子集团，同时存在的还有皇八子集团和皇四子集团。皇太子集团与皇八子集团间的争斗一直未曾停息，并且有越演越烈的趋势，导致康熙曾经两度废立太子。在这暗流涌动期间，胤禛不露声色，细心观察，不偏袒任何一方，只是暗自韬光养晦，静静地等待时机。胤禛明白，在众多皇子中他并没有什么优势，因此，为了夺得皇位，必须多下功夫。在各方形势未明之前，他力图与各方面都保持着良好的关系，从而有效地保护着自己。胤禛还十分注意伪装，避免因锋芒太露而遭到忌妒。他的心腹戴铎提出的策略是：对父皇要诚孝，可以适当展露才华；对兄弟要友爱包容，彼此和睦相处。胤禛基本上就是按照这样的步骤赢得了康熙的好感，最终登上皇位的。

在康熙因为废立太子的事情而伤心生病时，其他皇子各自忙着经营自己的势力，很少关心父皇的病情。只有胤禛和胤祉守在康熙身边，服侍他饮食用药，嘘寒问暖。因此，胤禛很得康熙的欢心。而且在父皇面前，胤禛尽量说其他兄弟的好话，并不时对兄弟表示关心。在他得到亲王封号之后，还上奏要求降低自己爵位，提高其他兄弟的地位。他的这些做法都赢得了康熙的好感和信任。

在第二次废掉太子之后，为了减少争斗，康熙明确表示不会再立太子了。但康熙对胤禛却越发器重，让他参加了许多重要的国务活动。例如，胤禛参加了对太子党的审判，也参与了西北军事的商定，甚至主持祭祀大典。胤禛自己暗地里也做了许多准备，希望自己在接班人中能够占据一个较好的地位。在尽可能地迎合父皇的同时，他还取得了守卫京师的步军统领隆科多和手握重兵的川陕总督年羹尧的支持。

康熙六十一年（1722年），康熙帝病重，不久便在畅春园去世。死前，康熙已经向胤祉、胤祥、隆科多等人交代由胤禛继位。随后，隆科多当众宣布康熙遗诏，命胤禛继承皇位。胤禛即位后，改第二年为雍正元年。关于雍正究竟是如何继位的，史学界一直有争论。总共有存在三种说法：遗诏继位说、改诏篡位说和无诏夺位说。这三种说法都存在着疑点，而现存史料不足以断定真相。

正因为雍正亲身经历过争储风波，他深刻明白这样的争夺有多残酷。他认为必须建立一种制度，以保证皇位的平稳过渡。这个办法就是秘密立储：皇帝生前立下皇位继承人，但是不公开宣布。而是将这份传位诏书放在密封的锦匣中，把匣子收藏在乾清宫"正大光明"牌匾的后面。等到皇帝去世后，大臣们共同将匣子取下，当场宣布皇位继承人。这是建储制度的一大改革，既避免了皇子们的相互争斗，也有利于从皇子中择优选择。

兢兢业业 改革国家

雍正是一位以"改革"著称的皇帝。他在即位后，推出了一系列的改革措施，进一步巩固了国家的根本。康熙后期，官吏贪污造成了粮食短缺，国库亏空，同时也引发了许多社会问题。雍正在当皇子时就深知整顿吏治的重要性，即位之初，便果断地颁布了11道谕旨，大刀阔斧地进行改革。对于官员的贪污，雍正是绝不饶恕。他严令贪官必须在3年内将所有的亏空全部补齐，并且不许向民间索要。对于郡王、贝勒等高级官员，雍正下令将其家产拿到大街上变卖以填补亏空。对于贪污严重的官员，雍正就命人抄他的家，用家产来抵偿亏空。此外，不够的部分就让他的亲戚代为赔偿。当时凡是亏空的贪官，一经揭露便会被革职审问，没有法外开恩的现象。因而各省被罢免查办的官员数量高达三分之一，还有许多省级官员也被革职查办。经过3年的清查整顿，基本上解决了康熙以来的国库亏空问题。

当时官员的亏空除贪污外，还存在着一个客观原因，那就是官吏的俸禄太低，无法养家糊口。因此，官员们自行设立"耗羡"，从农民身上搜刮来填补私囊。雍正四年（1726年），雍正毅然下令实行"耗羡归公"的政策。规定各地火耗的征收比例由各地实际情况而定，只许比原数少，不许增加。把收到的火耗拨出一部分作为官吏的养廉银，其他的则用于公费。这个措施既减轻了农民的额外负担，也对整顿吏治、减少贪污起到了积极作用。

不过，雍正深知只有保障了农民的安定，才能确保国家的稳定。明朝张居正提出的"一条鞭法"对农民是非常有利的，但是一直没能实行下来，于是雍正决心完成它。为了更进一步减轻农民的负担，改革赋役制度，雍正强力推行"摊丁入亩"的制度。这从法律上取消了人头税，减轻了农民的负担，促进了人口的增长，促进了社会经济的稳定发展。

除此之外，雍正还完善了密折制度。雍正的心思非常缜密，他需要了解全国各地每天的情况，才能较好地掌握住他的权力。康熙时就有秘密奏折，是皇帝的心腹所写，内容包括风俗民情、官场隐私、地方治安等。这种奏折直接送到皇帝手中，别人不得开启。皇帝看完加注批示后，直接返回给本人保管。这样，皇帝通过奏折就可以直接同官员对话，了解详细的实际情况。雍正认为这是个了解下情的好办法，于是扩大了可写密折人的范围，各省督抚、提督和一些中下级官员等都可以密折奏事。如此一来，雍正既能对全国各地的情况了如指掌，同时又能严密地控制地方官员。

雍正时还设立了军机处，作为辅助皇帝迅速处理各种军机大事的机构。最开始是为了方便雍正处理对准噶尔的用兵事宜，那时还只是一个临时处理军事要务的机构，设有军机大臣和军机章京。这些官员都是临时抽调过来的，军机章京主要负责文字处理。由于雍正谕旨基本上都由军机处直接转发，而且雍正每天都定时召见军机大臣，有事的时候更是随时召见，所以军机大臣常常到半夜都不能休息。后来，军机处开始处理全国所有的机密事务，取代内阁成为了国家的实际中枢。军机大臣都由雍正亲自挑选，听命于他。这样一来，雍正将国家的一切权力牢牢地掌握在手中。军机处的设立，标志着封建专制达到了顶峰。

为了完善对于西南少数民族地区的治理，雍正颇费了一番工夫。当地土司制的弊病越来越突出。土司之间经常为争夺土地人口进行战争，有时候又联合起来共同反叛中央政府，因此成了国家大患。雍正一方面派兵平定土司的叛乱；另一方面认真调查，研究解决土司问题的根本办法。雍正四年（1726年），鄂尔泰提出将云贵土司改土归流的设想。雍正认为这是个治本之策，于是当机立断，命令鄂尔泰完成此事。之后，雍正开始全面实行"改土归流"，在少数民族地区分别设立府、厅、州、县，并委派有任期且非世袭的"流官"进行管理。这一举措不仅打击了土司的世袭特权和利益，而且解除了西南少数民族的灾难，促进了这些地区社会经济的发展与进步。

慎用人才　勤政治理

雍正是一位非常勤政的皇帝。他每天坚持批阅大量的奏折，不巡幸，也不游猎。所有奏折均是亲手批阅，不假他人之手，有的奏折上的批语竟达1000多字。雍正非常认真，他看奏折时常能从中发现问题，然后非得出结果不可。如果臣下对他的批示毫无反应，雍正会立马发火。雍正气愤时常常会走极端，并且容易暴怒。有一次一个官员激怒了他，雍正当即在奏折上将这个人大骂一通；但是转念之后，又去赞扬人家。有时候雍正也能及时认错，在年羹尧的案件处理完后，雍正曾多次公开认错，说自己用人不当。当年，康熙帝就曾批评过他"喜怒无常"。

雍正用人有自己的原则，并不一味地拘泥于道德的约束。在给心腹大臣田文镜、鄂尔泰等人的谕旨中，反复强调让他们不拘资格推荐有才干的人。有才者总是恃才傲物，不容易驾驭，但是成就大业的却多是这样的人。雍正认为，在力主革新的时代，必须要重用这样一帮有才能的人。而对于昏庸腐败的无能官员，雍正坚决查处罢免，把他们的位子腾出来给有才干的人，雍正也因此得到了"刻薄寡恩"的名声。但是，这个名声对雍正不太公平。比如，对于才干之臣，雍正则是赞赏有加，给予他们加封赏赐、越级提拔等各种奖励。对待有病的大臣，雍正还亲自派御医前往看望，像杨宗仁、方觐等都受过这样的殊荣。对于政见不同的大臣，只要忠于国家，雍正照样信任。例如朱轼，曾经反对雍正提出的耗羡归公政策，也反对西北用兵，但他有才干并且忠于朝廷，所以雍正仍然信任他。而李元直是监察御史，在奏折中谈到雍正时言辞颇为激烈，雍正明白他没有恶意，仍旧让他直言无妨。这些都说明雍正在用人上是非常重视才干的，也因此在雍正身边聚集了一大批有才干的人。

雍正办事非常果断，认准了的就会坚持到底。摊丁入亩、耗羡归公都是他不顾舆论坚持实施的。所以，雍正时期的行政效率非常高，而这样的工作风格则容易被臣下认为是"苛察"。雍正认为自己既然做了皇帝，管理全国的大小事务，就必须勤奋认真。

雍正一生共有8个后妃，这在历代皇帝中都算是少的了。他当皇子时只有一妻一妾，即位后为了多生子嗣才纳了几个妃子。正因为雍正洁身自好，他的身体状况一直很好。但是即位后他夜以继日地操劳，事必躬亲，最后还是病倒了。雍正十三年（1735年），他在圆明园突然感觉到身体不适，可他并没有在意。出人意料的是，几天后就驾崩了。关于雍正的死因有许多种说法，有的说是服食丹药中毒而死，也有的说是中风而死，但都没有足够的证据支持。所以，雍正的死成了一个历史之谜。

雍正的一生伴随着许多谜团，从他的登基到他的去世，总让人捉摸不透。他在位虽然只有短短的13年，但这对清朝的发展有着极大的意义。他及时革除康熙朝弊端，使清朝更具活力。历史上的雍正担负着许多骂名，如"弑兄""逼母""屠弟"等，但是作为一个帝王，不能仅仅从道德方面来对他进行评论，而是应该看到他为清朝发展所做出的贡献。从这点上来说，雍正堪称一个英明有为的君主。

高宗弘历

清高宗档案：

生卒年：1711~1799年

父母：父，世宗胤禛；母，钮钴禄氏

后妃：皇后富察氏、皇后乌拉那拉氏等

年号：乾隆

在位时间：1735~1795年

谥号：纯皇帝

庙号：高宗

陵寝：裕陵（清东陵）

性格：刚柔相济，勤奋聪慧，自负风流

清高宗爱新觉罗·弘历是中国历史上寿命最长的皇帝，也是掌握皇权时间最长的皇帝。他统治下的清王朝国力鼎盛，政治、经济、文化、军事达到了前所未有的高峰。然而在这高度的繁荣昌盛中，社会矛盾逐渐激化，外国资本主义势力也纷至沓来。清王朝走过了盛世阶段，严重的危机正在日益临近。

顺利继位 文治武功

弘历从小就聪明好学，熟读儒家经典，得到了祖父和父亲的宠爱。他在众兄弟中排行第四，称为皇四子，被封为和硕宝亲王。雍正十三年（1735年），雍正帝病逝。大臣鄂尔泰和张廷玉等人从"正大光明"牌匾后拿下雍正帝立储的诏书，向诸皇子宣读。宝亲王弘历在众大臣的簇拥下登上皇位，第二年改元乾隆。乾隆的继位没有经过像父辈那样惊心动魄的场面，而是顺利登基。

乾隆帝继位时25岁，面对庞大的国家，他有着强烈的使命感。他告诫自己必须小心谨慎，努力勤勉地处理政事。每天早上，不论天气如何，乾隆都会按时到军机处处理政事。当时，军机处安排有人值班。一般情况下，乾隆帝到军机处后，蜡烛还要点一段时间天才会亮。军机处的官员每五六天轮一次早班仍然感觉疲惫，而乾隆帝却天天坚持。只要有军情来报，即使是在半夜里，他也要亲自阅览，并随时召见军机处的官员商量。军机处官员按照他的口授拟好诏书后再交给他过目，往往需要一两个时辰，乾隆都会耐心等待。由此看来，乾隆也是一位非常勤政的皇帝。

即位之初，乾隆帝便集中力量解决前两朝留下的弊政。首先调整的是皇室内部尖锐矛盾。康熙末年，康熙诸子为争夺储位各树党羽，明争暗斗，矛盾尖锐。雍正即位后，对兄弟们监禁流放，甚至加以残害杀戮，致使皇室内部斗争空前激烈，严重削弱了清王朝的统治力量。乾隆帝即位后，首先将雍正帝长期监禁的允䄉等人释放，并恢复爵位。不久，又将允䄉、允禩的子孙恢复宗籍，把他们的追随者家属宽宥赦免，缓和宗室和统治阶级内部的矛盾，稳定了政局。除此之外，乾隆帝还地方缙绅的特权，扩大统治基础。又采取措施，纠正了雍正崇信"祥瑞"，迷信炼丹等弊端，为清朝继续繁荣发展开了个好头。

在国家治理上，乾隆完善了奏折制度，进一步削弱了内阁的权力。随后，他极大地加强了军机处权力，使之超越内阁，成为全国政事的实际中枢。这两项措施，进一步加强了皇权。此外，乾隆还加强了对宦官的控制，不允许他们读书识字，并严惩宦官与外朝乃至外地官员勾结的行为，防止宦官干政。

当时，朝中的大臣分为鄂尔泰和张廷玉两派，他们互相倾轧，明争暗斗，妥善处理两派的关系成为朝政有序运行的关键。乾隆明确表示痛恨党派纷争，告诫臣属不要拉帮结派，限制党争。另外他还伺机对为首者进行打击。乾隆十四年（1749年）十一月，他借张廷玉致仕怠慢之机，削去其爵位。乾隆二十年（1755年），他又借胡中藻诗案打击鄂尔泰一系。乾隆还在选任官吏时乾纲独断，选拔与两派关系不深的寒微之士，最终构建了一支以君主为核心的官僚队伍，从而控制了朝纲。

在经济上，乾隆帝继续推行耗羡归公、养廉银和摊丁入亩等政策；在地方上，乾隆帝继续鼓励移民垦荒，积极引导农民种植高产作物；在赋役上，他多次下令减免钱粮，对受灾地区及时赈灾，蠲免钱粮。这些措施，都提高了农民的积极性，有效地促进了农业、手工业和商业的发展，进一步推动了经济进步发展，也充实了国家财力，使整个社会经济呈现出欣欣向荣繁盛局面。

除了对朝内进行整顿，乾隆还积极对外用兵，巩固了边疆地区。对新疆北部的准噶尔部，他相机而动，在乾隆二十年和乾隆二十二年（1757年）两度出兵。擒获准部首领达瓦齐，并彻底消灭阿睦尔撒纳的反叛势力，有效地维护国家统一。在清军与准部作战的时候，南疆的回部贵族大小和卓叛乱自立。平定准部后，乾隆断然出兵，清军同回部军展开激战并获得胜利，统一了南疆。乾隆便在南疆因俗而治，设立了参赞大臣，分别驻守在各城，加强对各地区的管辖。后来，乾隆在新疆设立了伊犁将军，进一步加强了对新疆地区的管辖与控制。乾隆三十六年（1771年），原先受准部逼迫的土尔扈特部闻知准部溃败，便在首领渥巴锡的率领下，离开伏尔加河下游，摆脱俄罗斯人的控制，千里行军，回归祖国，受到乾隆帝的热情欢迎和妥善安置。乾隆帝对西北边疆的经营和土尔扈特部重返祖国，是清王朝所取得的一项重要成就，对后世有着积极而深远的历史意义。

乾隆十五年（1750年），西藏地方贵族发动武装叛乱，杀死政府两位驻藏大臣。乾隆皇帝果断出兵，与达赖喇嘛所领导的藏兵联合作战，成功镇压了这次叛乱。随后，他废除了旧有的藏王制度，在藏区构建心得政府组织——噶厦。并通过《西藏善后章程》，提高驻藏大臣和达赖喇嘛权力。乾隆五十二年（1787年）和五十六年（1791年），西藏贵族勾结廓尔喀，两次入侵西藏。对此，乾隆帝毫不手软，当即派福康安入藏迎击敌军，很快将廓尔喀侵略军赶出西藏。乾隆五十七年（1792年），清政府通过实施《钦定西藏章程》，对西藏地区的政治、宗教、军事进行了全面改革，完善了对西藏的治理，密切了中原与西藏人民的关系，加强了对西藏地区的管辖。

在西南民族地区，乾隆帝继续推行改土归流的政策。当时，大渡河的上游大金川强盛起来，不断侵凌周围各部。为彻底稳定对这个地区的统治，乾隆帝分别在乾隆十二年（1747年）和乾隆三十六年，两次用兵，最终平定大、小金川土司的武装反抗，结束了川藏地区混乱相争的局面，促进了当地的发展。

乾隆晚年对于自己的武功非常得意，还亲自撰写了《十全武功记》，称自己为"十全老人"，并篆刻了"十全老人之宝"。乾隆五十七年（1792年），乾隆更是命人建造碑亭，将自己的"十全武功"用满、汉、蒙、藏四种文字刻在碑上，从而昭示后人。所谓"十全"指的是两平准噶尔，定回部，两定大小金川，靖台湾，服缅甸、安南，两服廓尔喀，总共是10次较大的战事。乾隆凭借强大国力，东征西讨，进一步巩固并开拓了中国的疆域，维护和加强了中华多民族的统一，也使得清朝的国力达到极盛。

骄奢挥霍　晚年危机

随着盛世到来，乾隆帝开始骄傲起来，骄奢淫逸的本性开始暴露。逐渐步入晚年的他变得骄奢起来，对财富大肆挥霍。在他的影响下，王公贵族日益奢靡，朝廷官员也日趋腐败，官场上贪污公行，政以贿成。社会上开始出现严重的土地兼并，司法败坏，民不聊生。清王朝全面盛世的背后，深藏危机。

乾隆帝处处模仿康熙，前后多次外出巡幸。与康熙的简朴相比，他的巡幸却是极为奢侈的，甚至可以说挥霍无度。有学者统计，乾隆帝一生巡幸次数多达百次，仅热河避暑山庄，就巡幸52次。其他著名的是六巡江南，五巡五台山，五祭曲阜，四巡盛京。每次外出，乾隆帝都带有大批随从人员，并且大摆排场，给沿途地区带来了巨大的灾难。特别是巡幸江南，浪费极其惊人。数百人的巡幸人员，加上数千人的护卫队伍，浩浩荡荡，沿运河南下。地方官员为了讨好巴结皇帝，大事铺张。他们不仅要为乾隆帝一行准备极尽奢华的行宫，预备奢侈的食物，还要垫道净街，搭棚结彩。当皇帝来临，文武官员还要率领地方缙绅，耆民老妇伏道跪迎圣驾。为了博得皇上的欢心，各地富商更是费尽心机，不惜花费大量资金，搞些争奇斗艳的花哨应景。而乾隆帝更是大摆阔气，大笔大笔地赏银两，赐给衣物酒食。每次巡幸，不仅沿途百姓遭殃，而且国库耗费巨大。

乾隆帝另一个爱好是修园林。在雍正时，圆明园很简单，只有28景，乾隆不满意，大手笔扩建，增为40景，这40景美轮美奂，花费不菲，集中西园林之大成。此外，他还在玉泉山、香山等地大兴土木，修建了清漪园（颐和园）等风景，构成有名的三山五园。南巡之后，乾隆喜爱江南园林，便在热河避暑山庄仿建，把避暑山庄原来简陋的36景，扩建为豪华富丽的72景。这些好大工程，耗去巨额的政府钱财。

给太后和自己过生日（庆万寿节）是乾隆的一项巨大开支。当皇太后和他本人过生日，特别是60岁、70岁、80岁大寿时，更是隆重非凡。不仅他本人大肆挥霍，而且皇室成员、王公贵族乃至文武百官，都要向皇太后和皇帝表孝心，送上昂贵奢华的礼品。在他的母亲孝圣皇太后的六十圣寿时，从西直门到紫禁城西华门十几里的街道上，高搭彩棚，张灯结彩，路两边设置各种奢华点景，安排舞狮舞龙、杂耍百戏，靡费何止亿万。此后，皇太后的70、80寿辰更是一次比一次奢侈。皇太后寿辰如此，他本人的寿辰有过之而无不及，特别是他的八十八寿，由当时权臣和珅操办，不计花费，极尽奢华，花费钱财远远超过各次庆典活动，搞得国家库藏空虚。

乾隆帝的腐化奢侈以及晚年的怠政和昏聩对时局产生了恶劣的影响。大贪官和珅乘机迎合，并借机控制了朝政，加速了吏治的败坏。和珅是乾隆朝的第一权臣，也是历史上最大的贪官。最初，出身于满洲正红旗的和珅地位很低。一个偶然的机会，和珅得到乾隆赏识，随后迅速升迁。和珅口齿伶俐，办事干练，善于迎合乾隆的意思，深受乾隆宠爱。乾隆将他提拔为户部侍郎后，全民掌管户部。其间，和珅大肆贪污，虽屡受弹劾，但安然无恙。后来，乾隆升他为军机大臣、尚书乃至大学士。和珅利用乾隆的年老昏愦，前后专权达20多年，对清王朝的朝政和吏治造成极大的破坏。

在乾隆帝和和珅的影响下，朝廷吏治败坏，官员贪污成风。与此同时，豪绅富商大量兼并土地，社会贫富加剧。再加上接连不断的自然灾害，社会经济受到破坏，广大农民陷于困苦。在发生灾荒时，流离失所、卖儿卖女的现象随处可见。辉煌一时的清政府，繁盛的表面下隐藏着极为深刻的危机。

风流自负　恐慌而终

乾隆帝是一位有才能的皇帝，同时也是一位风流的浪子。他的妃嫔众多，由此而演绎出的风流逸事也不少，其中最为著名的要数香妃了。关于香妃的传说有很多种版本，有学者认为香妃就是当时的回部妃嫔容妃，但是她俩到底是否为同一人，史学界还存在着争论。对于这位回部妃嫔，乾隆并没有把她安置在后宫，而是在西苑特意营建了宝月楼，作为金屋藏娇之所。鉴于饮食习惯、宗教信仰的不同，乾隆将她另行安置，并配备了专门的回族厨师。为了一解容妃的相思之情，乾隆还命人在宝月楼街对面修建了回子营、礼拜寺，并让回民居住在其中，屋舍也都沿袭回族风格。由此，可见乾隆对香妃的无限宠爱。

乾隆先后有三位皇后，他与第一位皇后富察氏的感情最为深厚。富察氏是弘历为宝亲王时的嫡福晋，37岁时死于东巡途中。当时有传闻皇后与乾隆是因为福康安产生了芥蒂，皇后怀疑福康安是乾隆与傅恒夫人所生的儿子。在皇后富察氏去世后，乾隆悲恸不已，连续九天，每天在皇后灵前三次摆上供品，并且用富察氏生前希望的"孝贤"二字作为她的谥号。孝贤皇后灵柩安放在裕陵地宫的4年多里，乾隆先后祭奠了100多次。在长春宫里，每到孝贤皇后的生辰，乾隆总会命人将她的画像挂出来，以慰相思。这些足以见证乾隆对孝贤皇后的深厚感情，所以即使再风流的帝王也会有真挚的感情。第二位皇后乌拉那拉氏就没有这么好的命运了，她在冷宫去世时，乾隆皇帝正在打猎。听到消息后，乾隆并没有停止打猎，只是派她的儿子先行回去料理丧事。因此，皇后乌拉那拉氏与皇后富察氏的待遇有如天壤之别。除此之外，乾隆还有五位皇贵妃，五位贵妃，不知名的更别说还有多少了。

正当乾隆以为自己身处太平盛世，尽情享乐时，却不知道盛世下掩埋了多少危机。乾隆执政60年，到后期昏聩自负，做错了不少事情，导致了严重的社会矛盾。然而，同时代的西方国家却发生了翻天覆地的变革。英国开始了工业革命，美利坚合众国也已经建立，法国也爆发了大革命，这三件大事改变了世界的进程与格局。但是乾隆还傲慢地认为清王朝是"天朝上国"，他看不到西方科技的进步和世界发展的潮流，只存在自己的迷梦之中。即使面对英国使臣马戈尔尼，乾隆仍大言不惭地称"天朝统驭万国"。鉴于外商来华后与中国行商相勾结，干出许多违反中国法律的事情，乾隆决定禁止外商再往厦门、泉州、宁波三地贸易。后来，乾隆还颁布了《防范外夷规条》，中国开始了闭关锁国的历史。

乾隆退位后，社会矛盾逐渐激化，以湖北、四川为中心，爆发了全国性的白莲教大起义。乾隆满怀对白莲教起义的惊恐和焦虑，手指西南方向，龙驭上宾，享年89岁。他留下的清王朝已是百孔千疮，破败不堪，40年后，英国撕开大清帝国的虚假盛装，洪秀全崛起西南，清王朝已是苟延残喘。

宣统帝溥仪

宣统帝档案：

生卒年：1906~1967年

父母：父，载沣；母，苏完瓜尔佳氏

后妃：皇后婉容、淑妃文绣等

年号：宣统

在位时间：1908~1911年

谥号：无

庙号：无

性格：孤僻自卑，胆小懦弱

宣统帝爱新觉罗·溥仪是清王朝的最后一个皇帝，也是继位年龄最小且在位时间最短的皇帝。他3岁继位时还是一个幼儿，退位时也才7岁。在这当政的短短几年之中，朝政是由摄政王载沣和隆裕皇太后把持着。但是他以皇帝的身份经历了一场伟大的革命——辛亥革命。之后的他，更是经历了由万人之上的皇帝变为普通公民的戏剧性转变，可以说，他的生活颇具传奇色彩。

意外登基　皇帝生活

溥仪与光绪的命运有点相似。光绪帝没有儿子，慈禧需要尽早挑选继承人。溥仪是老醇王奕𫍽的孙子，小醇王载沣之子。并且，他的母亲又是慈禧的养女。综合种种条件，慈禧决定让溥仪收进皇宫教养，为大清王朝培养接班人。就是这道让溥仪进宫的懿旨，改变了溥仪的命运。光绪三十四年（1908年），光绪帝病逝。此时的慈禧也已大病缠身，草草为朝政做了一些安排便去世了。她命人宣布由溥仪继位，让光醇亲王载沣监国，并由她的亲侄女隆裕太后裁决重大事件。

在光绪、慈禧去世的半个多月后，溥仪即位，改第二年为宣统元年。从3岁起，溥仪就听不到别人叫他的名字了，听到的大都是"皇上"或"万岁爷"。见到他的人，无论老幼都需要磕头叩拜，就连和他的父亲见面，行的也是君臣之礼。无论什么事情都有人服侍，不用溥仪自己动手。因为所有的人都围绕着他转，于是他便有了以自我为中心的观念。

这时候的大清帝国已经是百孔千疮，岌岌可危。无论是监国摄政王还是隆裕太后都无法挽救这样的局面。他们推出各种措施想保住清王朝，但是却毫无成效，反而加速了清朝的灭亡。

宣统三年（1911年），革命党人在武昌发动起义，南方以及西部数省纷纷响应，辛亥革命的风暴席卷了大半个中国，清政府派出北洋军南下镇压。袁世凯玩起了两面派，一方面以推翻清廷拥护共和为条件诱使革命党人的支持；另一方面又以革命形势迫使清廷自行退位。在清廷犹豫之际，他又抛出《优待条例》，以优待皇室为条件劝诫皇太后和摄政王交出政权。在辛亥革命无情的打击下，隆裕太后和大臣们为了保住皇帝称号和自身性命，在走投无路的情况下接受了袁世凯的《优待条例》。1912年2月12日（阴历1911年十二月二十五日），隆裕太后颁发了清帝溥仪的退位诏书。接着，袁世凯公开声明赞成共和，并当上了中华民国临时大总统。

至此，大清王朝彻底灭亡了，在中国延续2000多年的帝制也宣告结束了。然而，清朝的最后一位皇帝退位后还继续生活在紫禁城中。溥仪退位时刚好6岁，到了开始上学读书的年龄。每天上课，溥仪需要乘轿到毓庆宫，等着师傅进来行礼授课。作为徒弟的溥仪则端坐不动，更不需要向师傅行礼。随着年龄的增长，溥仪逐渐明白了自己的身份和地位，便从心里渴望做一名真正的皇帝。

首先他要向下人们显示他的权威。每当溥仪不顺心的时候，他就借打骂太监来出气，太监们都毫无怨言；碰到溥仪高兴时，他就会想着法测试太监们的忠心，太监们也任凭他摆布。有一次溥仪挑选了一名太监，要他把地上的脏东西吃下去。那个太监二话没说，趴到地上就吃，溥仪见此情景十分满意。就这样，在紫禁城中，溥仪为做皇帝尽了一切努力。

长期待在紫禁城里，让溥仪对外部的世界感到好奇。当时，溥仪有一个英文老师是英国人庄士敦，他不断给溥仪说起外面精彩的世界，并引导他做一个英国式的君主。在庄士敦的影响下，溥仪逐渐"西化"。他爱吃西餐、穿西装。为了吃西餐，溥仪在宫里特别开辟了一间西餐厅。他爱打网球，也爱骑自行车。为了骑自行车，溥仪下令把西六宫里的门槛给通通锯掉。后来溥仪剪了短发，戴了眼镜，并在皇宫里装上了电话。为了满足好奇心，他将第一个电话打给了胡适，邀请他来皇宫逛逛。结果胡适真的来了，能够见到皇帝他似乎也特别高兴。可以说，溥仪基本上接受了西方的生活方式，不过这仅限于表面，真正的西方思想溥仪并没有接受。但是，他的中国师傅们连这些表面的东西也不能容忍。

很快，溥仪到了结婚的年龄。在大臣们的操办下，1922年，宣统皇帝在紫禁城举行了隆重的大婚。民国总统黎元洪还派兵护驾，并以民国政府的名义送上贺礼，其他军阀和政客们更是亲自到场祝贺。溥仪娶了一后一妃，虽然已经不是皇帝了，但是封号仍在，她们分别是婉容皇后和淑妃文绣。婚后溥仪过了两年安稳的日子，却因为一场"北京政变"结束了16年这样的生活。

离宫北上　傀儡皇帝

清帝退位后，北洋军阀张勋为了表示忠于清廷，禁止部下剪辫子，被称为"辫帅"。1917年，他以调解"府院之争"为名，率领辫子军入京，拥戴溥仪第二次登基当皇帝。然而历史的车轮已经向前发展了，这场闹剧持续12天就结束了。鉴于这次事件，冯玉祥认为只要溥仪留在皇宫中就会有复辟的可能性。便在1924年发动北京政变，将溥仪逐出皇宫，并废除帝号。北京警备总司令鹿钟麟限溥仪等人2个小时内搬出皇宫，否则就开炮。溥仪被逼离开皇宫，从此成为普通公民。

回到父亲的居所后，旧臣遗老纷纷聚集于此，为溥仪出谋划策。最后，溥仪决定先前往天津，再谋求发展。回顾以前的经历，溥仪认为要想重登大宝必须要依靠军队。因此，凡是军阀上门求见，溥仪总是热心接待。而且只要是愿意为恢复大清而效力的人，溥仪就会设法笼络。同时，溥仪还积极结交友人，与各国领事及驻军司令来往，还经常以宣统皇帝的身份参加天津日本驻军的阅兵式。在长期的接触中，溥仪认为最可信任的伙伴是把他当作皇帝保护的日本，而且日本军界也准备支持他重登大宝。

1931年"九一八"事变后，日本帝国主义决定邀请溥仪去东北"复国"。溥仪以为恢复大业的机会到了，便欣然前往。然而到达目的地后，事情并没有如溥仪想象的那样发展。日本政府要建立"满洲国"，由溥仪出任国家"执政"。溥仪十分气愤，但因惧怕日本人的势力，不敢贸然反抗。于是最后决定，暂任执政一年，届期如没能重登大宝，就自行引退。

执政期间，溥仪一心勤政办公，希望能早日复国。可是不久便发现他的任务只是签名，并没有决定权。不过溥仪并不放弃，希望通过满足日本人来换取支持。他签署了日本人为他准备好的"日满议定书"，出卖了大量的国家主权。日本人对此十分满意，为了更好地利用溥仪，加强殖民统治，日本决定给予他"满洲国皇帝"的称号。1934年，溥仪终于如愿地登上了"满洲国"皇帝的宝座。日本人开始称呼他为"皇帝陛下"，在公开场合就像尊敬日本天皇一样的尊敬他。"满洲国"内的所有团体都供奉了他的照片，所有人都要按时向照片行礼。而且溥仪每次的出行都会有军队保驾。在这里，溥仪确实享受到了"皇帝"才有的尊荣，但也忍受了不少屈辱。例如，关东军每年都安排溥仪参加对侵华日军亡灵的祭祀。不仅如此，溥仪无论做任何事情都需要请示日本人，自己做不了主。慢慢地，溥仪连基本的人身自由也没有了。日本人加强了对他的控制，甚至不准他与外人接触。

溥仪过了而立之年，仍然没有子女。日本人曾经劝说溥仪娶一位日本妻子，被溥仪断然拒绝。于是他们便找了一名日本女子与他的弟弟溥杰结婚，想让有日本血统的清室子孙来继承皇位。然而，这和溥仪恢复祖业的愿望背道而驰，甚至会断绝大清的命脉。溥仪虽然看清了局势，但无力反抗，而是选择了忍辱负重。溥仪继续当着傀儡皇帝，处处看着日本人的眼色行事，生怕违背了日本人的意愿而性命不保。他不敢再公开祭拜自己的祖先，甚至帮助日本人毒害中国人民。在这种无形的压力下，溥仪的精神高度紧张，心理也变得极度扭曲。如此痛苦的生活一直持续到1945年日本宣布投降，溥仪才得以从牢笼中解脱出来，不过却被作为第二次世界大战的重要战犯被押往苏联。

引渡回国 接受改造

溥仪被押解到苏联后不久，便被送到收容所里，在那里度过了5年的拘留生活。在这期间，溥仪虽然不用担心会有性命之忧，但是他害怕引渡回国后会被以叛国罪处以极刑。于是，他将自己随身携带的有价值的珠宝全数捐献给苏联政府，支援他们战后的经济建设。同时，溥仪还几次向苏联政府递交申请，希望能留在苏联。不过溥仪的愿望并没能实现，苏联政府没有批准他的申请。

中华人民共和国成立之后，苏联政府便将他和其他战犯一起转交给了中国政府。之后的9年里，溥仪接受改造，成为了公民。回到中国后经历的一切都让溥仪感到困惑。政府并没有处死他，而是把他送到抚顺战犯管理所。保全性命后，溥仪便开始努力学习，积极改造，争取得到政府的宽大。

一直以来，溥仪都过着皇帝生活。即使在苏联生活的5年里，他也从不自己穿衣服、叠被或洗脚。他的弟弟、侄子和岳父都会自觉地以臣仆的身份服侍他。在这个家族里，溥仪仍然是"皇上"。所以，战犯管理所为了更好地改造溥仪，便把他与其他的家族成员分开了，让他和其他的战犯住在一起。此后，溥仪就需要自己面对生活中的一切问题了。

除了自己端饭洗衣，整理床铺，溥仪还要和别人一样轮流做值日，打扫房间卫生，甚至提马桶。最初溥仪认为这是故意刁难他，因为他不会做这些事。一开始的时候，溥仪刚起床还没穿好衣服，别人就已经跑操去了；而他还没洗漱完，别人又开始吃饭了。他的行动总是落后于别人，每当这个时候，溥仪就会因自己的无能而烦恼。战犯管理所的同志发现后，总会适时地开导劝解，并鼓励溥仪好好改造。另外，战犯管理所还会带着溥仪等人到东北各地走访，请当地的人讲述当年日本的种种罪行，试图加强战犯们的思想教育。同时还允许战犯们的亲属写信探望，促使他们认识自己的过去，看到未来的希望。在这样耳濡目染之下，溥仪也开始慢慢地认识自己的过错，对自己的行为进行反思。

之后，溥仪认真地对自己进行改造，重新认识了生活。1959年，溥仪被特赦释放，恢复了自由之身。回到北京后，溥仪开始了自食其力的新生活。在工作的闲暇之余，溥仪撰写了自传《我的前半生》。1962年，溥仪与北京关厢医院的一名普通女护士结婚了，婚后组建了一个幸福美满的小家庭。溥仪受到了人民政府和各方人士的关心与帮助，为了表示感谢，他尽自己的努力为国家做贡献。他和普通人一样自觉地打扫街道卫生，热情地为群众排忧解难，并且常把孩子带到家里游戏玩耍。溥仪时刻以一个普通公民的标准严格要求自己，生活上勤俭节约，工作上努力认真。

正当溥仪沉浸在新生活的欢乐之中时，不料病魔却向他袭来。虽然有专家的特殊治理，但无法挽救他的生命。1967年的一个凌晨，溥仪因病去世，享年62岁。溥仪的这一生可以说是跌宕起伏，从皇帝到平民，从战犯到公民。多种角色的转变，让他经历了一个特殊的人生。

作为清朝的末代皇帝，他的前半生以匡复祖业为己任，妄图以自己的努力来延续年少时的皇帝梦，却没发现历史的轨迹不会因此而改变。当梦醒时，他花了10多年时间重新认识自己，最后过上了普通人的幸福生活。命运就是这样的奇特，而溥仪的命运也是因为有了皇帝的光环更加耐人寻味。